本书获贵州医科大学马克思主义理论重点学科资助

·中华文化研究丛刊·

礼乐的乡愁
孔子政治哲学述要

刘 崧◎著

九州出版社

图书在版编目（CIP）数据

礼乐的乡愁：孔子政治哲学述要／刘崧著．--北京：九州出版社，2023.6
ISBN 978-7-5225-1882-4

Ⅰ.①礼… Ⅱ.①刘… Ⅲ.①孔丘（前551-前479）—政治哲学—研究 Ⅳ.①B222.25

中国国家版本馆CIP数据核字（2023）第101593号

礼乐的乡愁：孔子政治哲学述要

作　　者	刘　崧　著
责任编辑	王　宇
出版发行	九州出版社
地　　址	北京市西城区阜外大街甲35号（100037）
发行电话	（010）68992190/3/5/6
网　　址	www.jiuzhoupress.com
印　　刷	唐山才智印刷有限公司
开　　本	710毫米×1000毫米　16开
印　　张	25.75
字　　数	458千字
版　　次	2023年6月第1版
印　　次	2023年6月第1次印刷
书　　号	ISBN 978-7-5225-1882-4
定　　价	99.00元

★版权所有　侵权必究★

礼乐复兴是中国现代化必由之路

仁斋曰："《论语》者，最上至极宇宙第一书也。"古人云："半部《论语》治天下。"此类赞辞，初看似觉言过其当。幼读《论语》，蒙稚未开，第以孔子为一忠厚长者，立言朴实，不务玄虚，所言无非"正确之废话"。黑格尔讥之"常识道德"者，果其然乎哉？及年岁渐长，体验日丰，复读《论语》，始觉辞微而旨大，言有尽而意无穷，且所言皆有所针对，有所指向，譬如良医把脉，因病而出方。其病者何？反观自省，夫子所诊之病，胥出人类自身之所为；其所开之方，实属人之为人所必由而趋之者，殊非自建一套理论者可媲。于是益信孔子非等闲之人，《论语》非等闲之书，可谓极高明而道中庸，致广大而尽精微，爰起深研细究之趣，欲罢而不能。伊川曰："读《论语》，有读了全然无事者；有读了后，其中得一两句喜者；有读了后，知好之者；有读了后，直有不知手之舞之足之蹈之者。"又曰："今人不会读书。如读《论语》，未读时是此等人，读了后又只是此等人，便是不曾读。"此为体知之见，由体验而真知，非今人所谓"知识"可与伦比。盖孔子之学问与方法，原非截然二事，而实属一体。立其学问斯涵其方法，行其方法斯明其学问。兹事体大，不容不辨。

孔子之学问与方法，实属一事，何谓也？曰：孔子之所学所思，即包涵其方法在焉。故非孔子学问所内在规定之方法，非孔子之方法也；非孔子内在之方法而研究孔子之学问，非孔子之学问也。孔子之措思立言，命义无非问病出方，对症下药，以导天下之无道归乎有道，重建吾人之美好生活。其所问者，人道之病也；其所治者，亦人道之病也。人道本乎天道。天道固无病矣，然则人道之病也奚自？曰：非天也，人自为也。人类之无道，非由人性自身之恶，而由于人与人之关系（权力）不当所致。推其不当之源，主因在上位者。盖上位者执掌权力，而不知权力之正当本源，所为非所当为，故曰妄为。孔子之学思，一究于人之虚妄而复归于天之本源，遂有"天生德于予""畏天命""不知命无以为君子"等语，皆敬天立极之义。天地之大德曰生，人道所当为者，无非顺此大德而生生不息，举凡人类一切经纶作为皆本于是，人道乃可复归于正，故孔子曰"政者正也","为政以德","道之以德",皆不外此义。然则何从而下手乎？孔子乃又提出"仁"。夫仁者，人道之根据也，故曰"我欲仁"；又仁者，行道之过程也，故孔子屡言"为仁"，"仁者先难而后获"，对颜子曰"为仁由己"；又仁者，行道之方法也，故对子贡曰"能近取譬，可谓仁之方也已"；又仁者，人道之目的也，故曰"士志于仁""苟志于仁矣，无恶也"；又仁者，人道之重任也，故曾子曰"仁以为己任，不亦重乎"。诸如此类，可见"仁"之一字，实包含人道之根据、过程、方法、目的与任务诸义，兼仁德、仁行、仁事、仁功、仁境而统言之，非后世所谓"名词""动词""形容词"所能限定，明甚矣。明乎此，乃知仁决非概念，非定义所能罄其义。凡可下定义而明者，皆非时间性之物；而仁不在此例。推而言之，一切外在于孔子所学所思之方法，皆无能于澄明孔子之道，乃反有遮蔽其道、惑乱其学之大害者。苟方法不当，则阐之弥多，而违之弥远。子曰："吾道一以贯之。"实不得已之辞，意在使人闻言而开悟。孔子既云"述而不作，信而好古"，其道本于先王之道，昭然明甚。斯道也，乃本然之道，本来如此也；乃同然之道，人人如此也；乃自然之道，自己如此也；乃当然之道，应当如此也；乃必然之道，必定如此也。斯道也，贯通天人，绵亘古今，而孔子括以一"仁"字，诚可谓一字而定乾坤矣。朗朗乾坤，天何言哉？而孔子以一"仁"字启明之，厥事大矣，厥功伟哉！昔儒云："天不生仲尼，万古如长夜。"孔子以仁字而撬动宇宙乾坤，吾人之生命大道由是而照亮万古，试问此事何谓？此仁何谓？身为炎黄子孙而麻木不仁，非炎黄子孙矣。

　　仁乃学问与方法之统一，此孔子学问之最精妙处。而所以行仁者无他，必取礼乐，是先王之道亘古传承者，故有子曰"礼之用和为贵，先王之道斯为美"。何以先王之道斯为美？此问题蕴意深邃，不容不察。欲明美之本源，须明仁知礼义之关联。以孔子之义，人之知力有限，有能知者，有不能知者，能不能知，一赖于由道与否。由其道则知其道，不由其道则不知其道，故子曰"由诲女，知之乎"，由者由道也，由道则诲，自启其知，故曰"知之为知之，不知为不知，是知也"，知或不知，咸赖于由。苟无其由，而欲使知道，无有是理。故子曰："民可使由之，不可使知之。"考其深意，谓民可由道而知道，不可不由道而知道。是故由之为大：由之则易简而有功，不由则繁难而寡效。"道行之而成"，行者由也，一统于习。故子曰："性相近也，习相远也。"孔子悬置人性善恶之论，而归重于习，有教无类，此其方法之大者，非哓哓乎善恶争辩之徒可比也。习其事而美其事，由其道而乐其道，人道自然如此，无假他证。故知之限度，即美之承诺。知其限度，是以敬生焉；美其承诺，是以乐生焉。敬与乐,乃孔子生命之本源情感,亦其学问规摹之统贯。由之而知之,知之而乐之,乐之而美之,人道自然如此,无假他证。庄子曰:"已而不知其然谓之道。"不知其然,即知之限度,故人之于道,唯敬之由之而已。人非天神,迥非全知全能,所知必有限度,此乃人之大限,故人当敬天为本,以明人之所以为人者,仁而已矣。故曰:"仁者人也。"人之所以为人者,仁也;所以行仁者,礼乐也;礼乐者,人道也。试问礼乐何由而生乎?曰:"已而不知其然谓之道。"不可究诘也。庄子言之尽矣。人有能知者,有不能知者。知之大限即意谓秩序之必要且必然;而秩序之美且大者,非礼乐莫属。人若全知全能,何需秩序乎?何需礼乐乎?仁与礼、礼与知之关联,大略如是。

孔子又每以仁知并提,曰"仁者安仁,知者利仁",曰"知者乐水,仁者乐山;知者动,仁者静;知者乐,仁者寿"。仁知并提者何也?无他,知有其限度,以有限之知而逞无穷之事,必至泛滥无归,故庄子诫曰:"以有涯随无涯,殆已。"故知贵知仁,知人之所以为人者,先立其大之义也。樊迟问知,子曰:"知人。"知人斯知仁矣。是故仁与知,不可割裂而视之。孔子论仁知之关联曰:"择不处仁,焉得知?"又曰:"未知,焉得仁?"可见仁知互构而成义,仁必备知,知必知仁。仁知缺一,其义不立;仁知双彰,美乃可期。所以彰之者,礼乐是也。故子曰:"知及之,仁不能守之,虽得之,必失之;知及之,仁能守之,不庄以莅之,则民不敬;知及之,仁能守之,庄以莅之,动之不以礼,未善也。"孔子之学一统于礼乐,通读《论语》可知。礼乐以时为大,故有损益之事。所以损益之道,曰义。明其义曰知,故樊迟问知,子曰:"务民之义。"两番问知,所答各异。统体观之,非有异也。务民之义,即"知人"之大者。孔子又曰:"君子之于天下也,无适也,无莫也,义之与比。"义者民之所行,百姓日用而不知,知之者君子之事。《易》曰:"惟君子为能通天下之志。"君子所以能通之者,下学而上达,以礼乐通之也。礼主敬,乐主和,和能通,通能久,久能大,大能化,而一准于时义,于是有"正名"之说焉。正名者,所以通于时义也,岂止名实相符之谓哉?孔子正名之旨,起点在礼乐,归宿亦在礼乐,此又不容不知,故曰:"名不正则言不顺,言不顺则事不成,事不成则礼乐不兴。"兴者,生命之自力也。其力兴兴焉,勃勃焉,苟日新,又日新,未有止息之时。唯其与时推移,故名亦与时俱正。明乎此,则孔子正名之说,实蕴含至深之革命义,浅人或讥之以"守旧""复古"者,不知道之说也。仁与知、知与义之关联,大略如是。

孔子学问之博大精深如此。惜哉当今之世,道术已裂,专业竞起,知识窠臼盈天下,门户之见蔽学林,欲得孔学之真,洵非易事。今人所谓政治、经济、文化、社会、道德、伦理、心性、宗教、美学、艺术之属，凡此种种，领域分裂，蔽于一曲，均不足以发明孔子学问之大。言有古今之隔，名有意象之殊。人类作茧自缚，陷于语言之囹圄，坐今日之井以观孔子之天，乌得见其天乎？然而人之不能脱离其时代，犹若不能超脱一己之皮肤。今日之人而欲言孔子之学，舍今日之言而何适哉？此诚大无可如何之事也。苟不欲自限一己之得，而分享所见于同道，固不能尽废今日之语言。故衡以当今学术，取用"政治哲学"一词，切入孔子学说之讨论，庶几较近于本然。谈及政治哲学，今人畅言自由、平等、民主之说，皆西方舶来之语，而以"天赋人权"视之——想当然耳。殊不知人类一切权利皆从时义而来，有其时义即有其权利，无其时义即无其权利，所谓天赋人权，神化之空言耳。试问若无近代工商业与个体产权之兴起，何来自由、平等之现实诉求？若无个体视角之设定，何来自由、平等之观念诉求？是知此类权利均非天赋，实为历史所赋予者，所谓时义是也。

　　孔子学问之大，肯在礼乐。诚能洞明礼乐大义，乃知自由、平等之谈，皆有谓无谓之言。何者？礼乐已然包容自由、平等诸义而犹上之矣。何以谓"犹上之"也？夫仁者，"己欲立而立人，己欲达而达人"，孔子此语之深，今人多未之察。夫"己欲立而立人，己欲达而达人"，"己""人"虽分言，其实不可分，深味二"而"字，人己之本然关联，可思而得。孔子"毋我"、庄子"吾丧我"之深意，盖在此也。此不可分之本然状态曰"仁"。故个体与集体、私域与公域之划分，纯属现代"定见"，以之解说孔子，乃以今度古，无谓且无效。此乃中国文化之本然规定。礼乐之所以美者，无他，以其切入此一本然状态也。不特人己不可分割，人与天地亦不可分割。礼乐也者，天地人一体共在之本然规定也。欲切近此一本然规定，必须破除一切凿枘之见。所谓本然规定，即本源事实、终极事实、第一事实。为学而不触及此事实，其学何谓哉？孔子之提出"仁"，即根据公私无分之本然而定位人道之规橅者，"先王之道斯为美"，谓此耳。然则何克臻此？曰：舍礼乐莫能。礼乐非以个体视角为预设，而以天人统体为观照。人可由己行仁以达诸天下，未有悖天固己而能立其个体者。故以礼乐视之，"个体"纯属抽象之构造。其为抽象也，脱离本源，违背本然，非学之大者矣。"天地有大美而不言"，其谓礼乐乎？"乐由天作，礼以地制"，礼乐之大美，岂个体主义所能梦及乎？故曰：能行礼乐者，自由、平等自在其中；不能行礼乐者，自由、平等终成隔空取物。子贡问曰："贫而无谄，富而无骄，何如？"子曰："未若贫而乐，富而好礼者也。"贫富之殊，乃人类亘古之实情。以孔子之义，美好生活非由根绝贫富之殊而期至，而仍可基于贫富之殊而求得。求得之道，礼乐是也。贫以乐言，富以礼言，何也？礼有其物，非贫者可及，故不强求于贫者,所谓"礼不下庶人"是也。乐则不然,贫者亦可同体而共乐。故礼乐相须,不可或缺,而一统于仁。礼乐所以统摄人群于一体者以此。是皆人类存在之实情如此,无假任何预设。若必言预设,则"生生"是也。而此预设实非预设,因人类之存在,必默认此"生生",否则即无人类之存在。孔子切入生命之本源与终极而立说,此其平实处,即其高明处,迥非以理性虚构一套意识形态者可比,此之谓"能近取譬",此之谓"切问而近思",而仁在其中矣。子曰"政者正也",吾国政治之道义属性,必取礼乐,自古皆然。礼乐之极,贫而乐,富而礼,同化于无迹,以至于无为而治,藏天下于天下。孔子曰"为政以德",此"德"非现代之"道德"。《乐记》云:"礼乐皆得,谓之有德。德者得也。"此"德"之古义。孔子又云,"文之以礼乐",乃可谓"成人"。可知孔子之"德",更近于"文化"。《易》曰:"观乎天文,以察时变;观乎人文,以化成天下。"此"文化"之本义。是故易以今言,"为政以德"者,"为政以文化"也。"以"字兼含根据、途径、目的诸义。据文化而为政,用文化而为政,为文化而为政,是谓"为政以德"。此乃政治正当性之终极要求,吾国政治之道义属性由是而立焉。是故"政治"者,所以澄明人道之"正"也。"文化"不存,焉能"正"乎?

礼乐之义极深,万古绵延以至于今,实为中华文明之伟大创造,本然固有之大道,非舶来之辞所能穿凿。今人侈言"现代化",且默认"现代化"必取西方"个体"之途,而遗忘本源之礼乐。邯郸学步,失其故步,其可乎哉?窃谓中国之现代化,固不能外于资本逻辑,然其终极决非个体主义,而必取天地人共体之道。能成其共体者,仁也;所以行之者,礼乐也。资本之增殖本性,须绳以礼乐之和合,以礼乐范导资本,扬其长而避其短,经由"以义制利"之权力建构,实现"义者利之和""以美利利天下"之政。此之谓"政者正也",仁政之美,固若是焉。礼乐与资本,并非截然不可共生之物,即以今日中国观之,二者之同构共生,乃已然之事象,而诸多问题亦渐浮出水面。资本乃社会联结之抽象机制,礼乐乃安身立命之正义根本。所谓"本立而道生",未有根本不立而人道能生者。吾国自古无"个体",乃以人己之本然关联而安身立命,仁孝礼乐,莫不如是。礼乐以切于时义而成就人群之美善,无往而不在,或隐或显而已,此乃中华民族之"天命"。天命悠悠,亘古恒然。孔子曰"君子有三畏","畏天命"冠其首。至于美善之成就与否,不在礼乐自身,而在人之由不由耳。子曰:"谁能出不由户?何莫由斯道也!"由之则同臻美善,不由则民免而无耻。"君子之德风,小人之德草",仁道荡荡,郁郁乎文哉,端赖在上之君子。君子知天命而畏天命,文之以礼乐,下民自然风化。方今华夏,万象俱兴,生机涌流，生命固有之兴力勃然不可遏止。此之谓天降大任于斯人，正当其时。人若仍为人而不拔高为神或降低为兽，人若仍为历史之存在而非超历史之存在，其可欲而可由者，舍礼乐而奚取哉？

谨陈管见，以为序焉。

刘崧

壬寅年四月廿二日

目 录
CONTENTS

第一章　导论 ·· 1
　第一节　政治哲学之界定 ·· 2
　第二节　理性建构论辩谬 ·· 5
　第三节　中国政治之定位 ·· 31

第二章　浚源 ·· **49**
　第一节　好古 ·· 49
　第二节　通变 ·· 60
　第三节　六经 ·· 77
　第四节　论语 ·· 83
　本章概要 ·· 94

第三章　原仁 ·· **96**
　第一节　分论 ·· 96
　第二节　总论 ·· 120
　第三节　君子 ·· 142
　第四节　溯源 ·· 151
　本章概要 ·· 160

第四章　明德 ·· **162**
　第一节　释德 ·· 162
　第二节　明德 ·· 178
　第三节　政德 ·· 187

第四节　中庸 ………………………………………………… 194
  本章概要 …………………………………………………… 204

第五章　敷教 …………………………………………………… 206
  第一节　性习 ………………………………………………… 207
  第二节　教法 ………………………………………………… 222
  本章概要 …………………………………………………… 237

第六章　敬天 …………………………………………………… 239
  第一节　敬意 ………………………………………………… 239
  第二节　天人 ………………………………………………… 244
  第三节　天命 ………………………………………………… 253
  第四节　鬼神 ………………………………………………… 265
  第五节　生死 ………………………………………………… 275
  本章概要 …………………………………………………… 279

第七章　立政 …………………………………………………… 280
  第一节　正义 ………………………………………………… 280
  第二节　正德 ………………………………………………… 320
  第三节　由道 ………………………………………………… 340
  本章概要 …………………………………………………… 370

结　语 …………………………………………………………… 372
  第一节　行仁辟世 …………………………………………… 372
  第二节　致敬木铎 …………………………………………… 381

参考文献 ………………………………………………………… 384

致谢辞 …………………………………………………………… 396

后　记 …………………………………………………………… 399

第一章

导 论

　　哲学与思想，俗言每混为一谈；其中差别，容有所辨。哲学义狭，思想义广。哲学必可称为思想，思想未必可称为哲学。政治思想与政治哲学之殊义，亦复如是。[1] 孔子之思考政治问题，其用心与规摹，已然切入思辨维度，足以称为政治哲学。唯此政治哲学，较之西洋政治哲学，旨趣迥殊而境界霄壤，亟待吾人之觉解与阐释也。

　　孔子之政治哲学，立足吾国上古以降之政治实践。远肇尧舜之时，吾国之政治实践即绽出特定样态，包蕴特定内涵。经由孔子之总结与衡定，其义渐趋明朗，本文以"道义信托"界定之。"道义信托"乃吾国政治实践之内在精神，一以贯之，穿越终始，而赖孔子启明之，蔚然集其大成，并表述为政治哲学。《大学》曰："物有本末，事有终始。"言"终始"而不言"始终"者何也？"终"者目的，"始"者开始，有其"终"斯有其"始"，故曰"终始"。吾国政治之"终"者，道义也；其"始"者，信托也。"物"者，教之物也，礼乐也。"事"者，政之事也，亦礼乐也。礼乐贯事物，乃得其终始，是故礼乐者，成就道义信托所必由者也。

　　孔子之政治哲学，可视为吾国政治实践之哲学表达；抑准确言之，吾国之政治实践，自始即生发其哲学旨趣与价值归趋；逮春秋之际，借孔子之发问而显题化，表达为哲学。孔子殊非凭空创造一套理论，所谓"述而不作，信而好古"，孔子自始即关注吾国政治之"事情本身"[2]，抉发其中问题所在，而探求

---

[1] 政治思想外延宽泛，政治哲学外延较小。施特劳斯尝论二者之区别，大略如下：（1）政治思想关注各种政治观念之反思与阐述，对意见与知识之差别漠不关心，政治哲学则遵循一贯之道，以有关政治基本原则之知识取代意见；（2）政治思想可能至多详述某一确信或某种神话，为此确信与神话而辩护，政治哲学则悟及信仰与知识之根本差别，并将其投入运转（be set in motion）之中；（3）政治思想对特定之秩序或政策感兴趣，或依附于此，政治哲学聚焦于真理，或依附于真理；（4）政治思想同人类一样古老，政治哲学则出现在有史可载之某一可知年代。（列奥·施特劳斯：《什么是政治哲学》，李世祥等译，华夏出版社，2014，第3-4页。）

[2] "事情本身"取自胡塞尔现象学"回到事情本身"口号，意指前概念、前逻辑、前反思之纯粹经验或原始经验，此经验乃一切概念、逻辑、反思之根本前提。

根本解决之道也。

吾国政治实践之事情本身即包含其内在问题,故事情本身即问题本身。本文力图表明,孔子解答政治问题之思路,有其一贯之道。此一贯之道,一则表达为孔子之政治哲学,一则展开为吾国之政治实践。此套政治哲学赖孔子而阐明,亦为吾国政治所独有。子曰:"吾道一以贯之。"简称"一贯之道"。一贯之道乃孔子政治哲学之原理意识所在。古来学者,多未及深究孔子政治哲学之原理意识,未及深察吾国政治实践之一贯之道;而以理性建构某一理想模型,以此反照吾国政治实践,务求其适应此理性建构之模型。现代学者之批判古代政治,恒以自由、平等、民主、法治之属自居,视为当然之物,预设为永恒真理,而不深究其得以可能之本体论前提。此一思路,本文以"理性建构主义"或"理性建构论"称之。理性建构论,其义虽美哉,而其蔽良深矣。非去其蔽,奚以得其真相乎?故先行批判此一思路,实为必不可少之步骤也。

本章先行界定何谓政治哲学,再综述理性建构论之路数,以为孔子政治哲学之出场鸣锣开道焉。

第一节 政治哲学之界定

俗语云:一个和尚挑水喝,两个和尚抬水喝,三个和尚没水喝。凡有人类生活,必有政治活动。政治活动或简单,或繁复,视群体生活之简繁而定。初民之生活虽简朴,亦必有人群组织,必有群体共生之相互关系;缘此关系即生发政治活动。毋论人群如何简单,必有群体与群体关系则无可疑,此即政治之所以生发也。是故政治可言繁简,而不可言有无,理甚明了。政治虽与人类相伴而生,政治哲学之起源则较晚,论其萌芽,盖与文字之出现相随。文字之出现,表明人群已然进入某一共识状态,此即所谓"社会意识",否则文字无由产生，亦无由定型。深究此一共识状态，必有某种自发之哲学在焉。① 政治哲学之萌芽与文字伴生，政治哲学之成熟则又晚之，盖以"轴心时代"为突破期。中国政治哲学之演进，以孔子最为重要，可谓集远古之大成，而定后世之规格者也。

人乃会许诺之动物。许诺必蕴含特定之价值期许。凡政治行为，皆受价值驱动所引导。所谓价值驱动，即人关于何者更可欲之驱动。可欲之谓善；政治行为或隐或显指向善之追问：何为好生活或好社会？人群生活而结成共同体，必隐含其诉求。若问共同体何以成为共同体，则"共同"乃其根本前提。何谓"共同"？群体之可欲也，善也。故共同体皆为某种善而结成，以善为企求。② 此共同之善趋于自觉而明朗，并视为政治活动之目标，政治哲学即宣告出现。③

政治始于人群活动。然并非所有人群活动皆可称为政治。政治活动之初始单元与效用边界，曰共同体。共同体并非一定之物，其边界可大可小，其属性可互有差异。共同体之间，或对立，或交错，或共融。共同体可叠加或组合为更大之共同体。某一共同体亦可分解为更小之共同体。"叠加""组合""分解"之发生，取决于共同体之自足需求。

共同体以自足性而得名。不能自足之人群组合，非共同体也。人群之组合，能自足或近乎自足，始称共同体，亚里士多德谓之"城邦"。亚氏谓城邦自然而形成，并以自身为目的，此系城邦之本性使然，非外力所能塑造。共同体以其自足为目的，故先于家庭与个人。何以故？无他，家庭与个人皆无自足性可言也。何谓自足？自足即共同体之目的与至善。④ 大概言之，凡可称共同体者，皆政治共同体。人天然生存于共同体之中，一如人天然生存于某一文化之中，外

---

① 参考马克思、恩格斯如下论述："'精神'从一开始就很倒霉，注定要受物质的'纠缠'，物质在这里表现为震动着的空气层、声音，简言之，即语言。语言和意识具有同样长久的历史；语言是一种实践的、既为别人存在并仅仅因此也为我自己存在的、现实的意识。语言也和意识一样，只是由于需要，由于和他人交往的迫切需要才产生的。……因而，意识一开始就是社会的产物，而且只要人们还存在着，它就仍然是这种产物。"（马克思、恩格斯：《马克思恩格斯全集》（第3卷），人民出版社，1960，第34页。）亚里士多德亦云：人乃唯一具有语言之动物。声音可以表达苦乐，而语言则能表达利弊，诸如公正或不公正之属。（亚里士多德：《政治学》，颜一、秦典华译，中国人民大学出版社，2003，第2页。）按亚氏所论，语言即已包含政治哲学之思。《韩非子·五蠹》云："古者苍颉之作书也，自环者谓之私，背私谓之公，公私之相背也，乃苍颉固以知之矣。"是公私二字之出现，已然包含公私之"社会意识"在焉。
② 亚里士多德：《政治学》，颜一、秦典华译，中国人民大学出版社，2003，第1页。
③ 列奥·施特劳斯：《什么是政治哲学》，李世祥等译，华夏出版社，2014，第1-2页。
④ 亚里士多德：《政治学》，颜一、秦典华译，中国人民大学出版社，2003，第1-2页。

于共同体与文化，人即不成其为人。亚氏谓人乃天生之政治动物，以此故也。

政治哲学探究共同体之自足，其根本问题可表述为：自足何以产生？自足何以定性？自足何以维系？此中包含双重旨趣：描述性研究与规范性研究之统一。描述性研究，试图揭示共同体之"事实如何"，规范性研究则探究共同体之"应当如何"。① 政治科学、政治思想大多关注共同体之"事实如何"，故多采取描述研究之方式。政治哲学不同，必兼顾"事实如何"与"应当如何"而予以整全之思，必兼取描述研究与规范研究而熔于一炉，而重点探究二者固有之本体论张力。无"事实"之描述，则"规范"悬荡而无根；无"应当"之期许，则"事实"胶固而无向。"事实"生发出"应当"，"应当"本源于"事实"。二者之所由分，盖源于生存之时间性。凡重于"事实如何"之研究进路，本文以"历史主义"名之；凡重于"应当如何"之研究进路，本文以"理想主义"名之。而偏废任何一端，人之为人即丧失存在之根据。

政治哲学，简言之，即以哲学方式探究政治问题。依俗常之见，"政治哲学"之"哲学"，表示处理之方式，"政治"则表示处理之内容。然深究以言，"政治哲学"之首要含义，与其谓以哲学方式处理政治问题，毋宁谓以政治方式处理哲学问题，或曰以政治导引哲学，以驱哲学由玄想而切入现实维度。② 所谓"哲学"，其使命在于以整全之思取代各类"领域"意见之尝试。政治思想、政治科学，殆皆囿于"领域"之探究而未触及根本，故难免"意见"之讥也。

政治哲学之终极追问，或可表述为：何谓最佳政治秩序？③ 最佳政治秩序，即最佳政制所在。最佳政制问题，乃政治哲学之终极问题，引导政治哲学之基本定向。政制意指特定生活方式，以此而赋予某一共同体以自足之特性，借此而成其为自身。④ 人群之生活，创化日新，不竭其功；人群之互动，与时推移，错综不定，故自足并非恒定不变之物，唯其如此，最佳政制始成为问题，而政治哲学乃赖是而生也。

孔子之政治哲学，聚焦最佳政制问题而展开运思。然最佳政制问题，并非纯理论问题，而为当下践行之现实问题。孔子不仅明确最佳政制之所指，且阐

---

① 乔纳森·沃尔夫：《政治哲学导论》导言，王涛、赵荣华、陈任博译，吉林出版集团有限公司，2008，第2页。
② 列奥·施特劳斯：《什么是政治哲学》，李世祥等译，华夏出版社，2014，第80-81页。
③ 施特劳斯视此问题为古典政治哲学之导引性问题，而现代政治哲学（政治科学）则醉心于某一类问题：方法论问题。（列奥·施特劳斯：《什么是政治哲学》，李世祥等译，华夏出版社，2014，第25、67、74页。）按施氏限于西方政治哲学而言，若论孔子之政治哲学，则未必然。孔子之思，古今一贯，谓之古典可也，谓之现代亦无妨。
④ 列奥·施特劳斯：《什么是政治哲学》，李世祥等译，华夏出版社，2014，第25页。

明趋向此一政制之基本方略。且引二语以释之。

  子曰："周监于二代，郁郁乎文哉！吾从周。"（《论语·八佾》）
  子曰："志于道，据于德，依于仁，游于艺。"（《论语·述而》）

上章表明，孔子有"从周"之理想，其心所认之最佳政制，即周公所奠立之礼乐制度，又曰"文"，或曰"道"。下章表明，践行趋近此一最佳政制之基本方略，可解析为四问题，对应孔子四句话，如下所示：

（一）政治之终极目标何在？（目标：志于道）
（二）政治正当之根据何在？（根据：据于德）
（三）如何趋向政治之目标？（途径：依于仁）
（四）如何调适目标与现实？（过程：游于艺）

此即孔子政治哲学之问题结构，言其大概也。大略以言：问题（一），确立政治之终极目标；问题（二），确立政治正当性之根据；问题（三），表明趋向政治目标之根本途径；问题（四），回应理想与现实之张力如何调适。详解请俟后文。①

要之，守护秩序之本源（礼乐），立足现实（义）而追求理想（道），养育自生自发（兴）之力，澄明人道之正轨（正），实现美好之生活——此孔子政治哲学之纲要也。本文先行标明此义，以分判孔子政治哲学与流俗政治哲学，其旨趣与规模，皆不可同日而语矣。

第二节　理性建构论辩谬

言政治者，必涉及或隐含秩序问题。秩序事关政治之本源。探究政治哲学，秩序之所以然，不可不究。秩序乃习用语，衡以古文，犹言道也，在天曰天道，在人曰人道。道通天人，无往不在。道（秩序）缘何而发生？此问题之解答，最见思想之深浅与功力。若云最佳政制问题乃政治哲学之终极问题，则秩序之如何发生乃政治哲学之本源问题。谬误乃真理之前导；欲明秩序之如何发生，

---

① 参见本书第四章第二节"道德仁艺"部分。

莫如讨论理性建构论之谬误。

一、理性建构论释义

深究秩序之如何发生，概而言之，古来见解大致有二。其一曰设计论，其二曰自发论。设计论者，以秩序之发生，出于人为之设计。人之能设计某一秩序，在于人之有理性，有智慧，有理想，人据此而构想某一秩序，遵之而行，以规范人群生活。自发论者，以秩序之发生，非出于人为之设计，实为人群缘构特定境遇而活动，不知不觉，自然而生发也。设计论之典型，即为理性建构主义。①

众所周知，理性主义精神贯穿西方思想史。而理性一词之含义并非前后一致。以笛卡尔为分际，理性之意义发生重要转变。笛卡尔之前，理性意谓人类之认知能力，如认知真理之能力，认知道德之能力。笛卡尔以降，理性之含义则聚集于某种推演能力，即根据明确之前提进行演绎推理之能力。培根、霍布斯，尤以笛卡尔为代表，对理性含义之转变及理性能力之开拓，如近代科学、几何学之兴起，助力甚大。笛卡尔诸人相信，根据明确之前提，经由演绎推理，可以达至真理，几何学如是，人类制度亦不例外，故一切有用之人类制度，皆可由人之理性自觉设计而成。对此，哈耶克曰：

> 这种观点在17世纪的兴起，实际上意味着思想又回到了早期的幼稚方式，回到了这样一种观点，它习惯于假定，人类一切制度都有一个发明者，不管这制度是语言或文法，法律或道德。笛卡尔的理性主义对历史演化的力量视而不见，绝非偶然。它宣布，适用于历史的观念，也是适用于未来的纲领：对自己行为了如指掌的人类，应当运用理性赋予的设计能力，按部就班地创造一种文明。这种意义的理性主义假定，使人类获益的一切制度，过去是因为清楚地知道它们的好处而被设立，今后也应当如此。②

鉴于"理性主义"一词之多义与含混，为清晰界定笛卡尔派之谬误，嗣后，

---

① "理性建构主义"一语出自哈耶克，中文译为建构论理性主义或理性建构论，英文原文为 constructivist rationalism 或 rationalist constructivism，其核心含义在于用"理性"而"建构"，本文据其核心含义而灵活用之，或简曰"理性建构"。
② 哈耶克：《哈耶克文选》，冯克利译，河南大学出版社，2015，第767页。引文有删减。

哈耶克以"建构主义"代替"理性主义"①一词。

> 这种建构主义的基本含义，大概可以用最简单的方式，以一种听起来十分天真的说法来表达：既然是人类自己创造了社会和文明中的各种制度，那么，他为了满足自己的欲望或需求，肯定也能够根据自己的意愿去改变它们。②

"人类创造文明"，此一表述属于常识，尽人皆知；然而，"创造"一词极具混淆与遮蔽之力，不容不辨。

> 人"创造"了自己的文明及其制度这种说法，好像既没有什么害处，也是一种常识。不过，正如经常出现的情况那样，一旦它衍生出人能够这样做是因为他具有理性这层含义，它便很值得怀疑了。在文明存在之前，人并不具备理性。这两者是一起演化的。我们只要考虑一下语言即可，今天没有人还相信，语言是理性动物为了理解理性和文明在不断相互交流中"发明"出来的。③

糅合"理性主义"与"建构主义"之因素，哈耶克认为"理性建构主义"一词最为允当。

> 在我看来，这种幼稚的理性主义最恰当的称呼应是理性建构主义④。自那时以来，姑不论这种观念在技术领域取得了多么伟大的成就，却给社会领域造成了难以估量的灾害。⑤

理性建构主义之所以谬误，根源在于夸大理性之作用。实则理性固有其限

---

① "建构主义"一词亦富歧义，哈耶克为表明其批判立场，认为"constructivistic"比"constructivist"更恰当。（哈耶克：《哈耶克文选》，冯克利译，河南大学出版社，2015，第784页。）
② 哈耶克：《哈耶克文选》，冯克利译，河南大学出版社，2015，第784-785页。
③ 哈耶克：《哈耶克文选》，冯克利译，河南大学出版社，2015，第785页。引文有删减。
④ 英文原文为rationalist constructivism。
⑤ 哈耶克：《哈耶克文选》，冯克利译，河南大学出版社，2015，第766-767页。

度，自康德以来，此义可谓常识。人类并非全知全能，"限制性无知"① 乃人之天然大限，任何人皆不能掌握社会整体活动由以建构之所有事实与细节。只此之故，人类天然需要规则；规则实为人类应对"限制性无知"之基本手段。试想：人类若全知全能，何必需要规则？无知乃规则之前提也。② 人类智力远不足以理解社会之纷繁细节，欲图兼顾所有环节而安排其秩序，绝非理性所堪胜任，故人类不得不诉诸规则，企求于抽象原则。诚如托克维尔所言，普遍观念并不证明人类智力之强大，恰恰相反，倒证明其天然之不足耳。③ 理性固然有其用处，然其用处仅限于帮助人类认清所面临之选择，廓清价值之存在与冲突，分辨终极性价值与中介性价值，诸如此类，如是而已。至于价值自身之所以然，理性完全无能为力，必须视之为天经地义。④

价值之为"天经地义"，决定价值必然"自圆其说"，欲由理性为价值提供绝对支撑，乃理性之僭妄。价值之生成，一如语言之出现，出于自生自发过程，绝非理性所能设计或发明。进而言之，即如理性自身之特性，亦可视为"文化遗产"。

> 即使是人类的思维能力，也不是个人的天赋，而是一项文化遗产，它不是通过生物学的渠道，而是经由示范和教育的手段，主要是经由语言教育，才得以延续。我们幼年时学到的语言，决定着我们的思维方式和我们对世界的观察与解释，其程度远大于我们所能了解的范围。不仅先辈的知识经由语言媒介传递给我们，语言结构本身也包含着某些关于世界性质的观点。通过学习特定的语言，我们获得了一种世界观，一种我们进行思维的框架，我们与它相伴而行，但并没有察觉到它的存在。⑤

问题在于：秩序既非人为所能发明或设计，是否出于自然之力？此一提问方式，已先行预设"自然/人为"二分法之正当性。欲明秩序之所以然，必须考问此二分法之正当性能否成立。

---

① 英文原文为 constitutional ignorance，中译本翻为"构成性无知"，可谓僵硬。中译参见哈耶克：《法律、立法与自由》（第二、三卷），邓正来、张守东、李静冰译，中国大百科全书出版社，2000，第11页。
② 哈耶克：《法律、立法与自由》（第二、三卷），邓正来、张守东、李静冰译，中国大百科全书出版社，2000，第11页。
③ 哈耶克：《哈耶克文选》，冯克利译，河南大学出版社，2015，第772、773页。
④ 哈耶克：《哈耶克文选》，冯克利译，河南大学出版社，2015，第770-771页。
⑤ 哈耶克：《哈耶克文选》，冯克利译，河南大学出版社，2015，第769页。

自然与人为之区分，渊源甚古，中西率然。古希腊语表示"自然"之词（physis）初义为"生成"（growth），与"做成"对言："生成"凭自然，"做成"凭人工。① 先秦诸子所言"自然"，皆谓自己如此、非假他力、自然而然之义。无论如何理解"自然"，"自然"本身不可见，隐匿于"自然"之中，必须由人而发现。② "自然"之发现，遂致人类行为之"方式"或"习惯"一分为二：或归诸"自然"或"天然"，或归诸"约定"或"法律"。③

然而，审慎以思，"自然/人为"二分法实包含一重大混淆；因混淆而致混乱。哈耶克洞察及此：

> 显然，自然秩序是既定的，它独立于人的意志和行为，然而还存在着另一种秩序，它是人类有意安排的结果。但是，如果所有明显独立于人的意志和行为的事物，从这个意义上说都是明显的"自然现象"，而所有人类行为有意造成的事情都是"人为现象"，那些作为人类行为结果但不是人类设计结果的现象，便没有容身之地了。④

此类"人类行为结果"而非"人类设计结果"之现象，哈耶克称之为自生自发秩序（spontaneous order），或简称自发秩序。自发秩序无法安顿于"自然/人为"框架中，由是而致思想混乱：

> 人们经常发现，社会现象中存在着这种自发的秩序。由于不了解这种牢固的自然/人为用语的歧义性，他们便竭力想用这种术语去表达自己看到的事情，于是造成了不可避免的混乱：他们会把某种社会制度说成是"自然的"，因为它从来不是有意设计的，同时又会把这同一个制度说成是"人为的"，因为它是由人的行为造成的。⑤

具言之，"自然/人为"二分法作为概念机制，无能于澄清——故而混

---

① 列奥·施特劳斯、约瑟夫·克罗波西：《政治哲学史》（上）绪论，李天然等译，河北人民出版社，1993，第2-3页。
② 赫拉克利特曰："自然喜欢躲藏起来。"北京大学哲学系外国哲学史教研室编译：《西方哲学原著选读》（上卷），商务印书馆，1981，第26页。
③ 列奥·施特劳斯、约瑟夫·克罗波西：《政治哲学史》（上）绪论，李天然等译，河北人民出版社，1993，第3页。
④ 哈耶克：《哈耶克文选》，冯克利译，河南大学出版社，2015，第742页。
⑤ 哈耶克：《哈耶克文选》，冯克利译，河南大学出版社，2015，第742页。引文有删减。

淆——如下两类事实：

> 第一类：
> 独立于人类行为之事实→自然
> 人类行为所造成之事实→人为
> 第二类：
> 未经人类设计而产生之事实→自然
> 出于人类设计而产生之事实→人为

二类事实本有极重要之不同。甚且，"人类行为所造成之事实"所指亦笼统，本身有待澄清，而悉数归诸"人为"，此一做法无异概念强制，已然遮蔽某一重要领域，此即自发秩序之领域。经由语言所造成之混乱，亦须由语言而获得澄清，此外别无二途。哈耶克谓：

> 无论是公元前5世纪的希腊人，还是此后两千年里他们的后继者，都没有发展出一种系统的社会理论，对人类行为的意外结果做出明确的说明，或是对任何行动者都未设想的行为中自发形成的秩序或成规加以解释。[①]
> 因此也必须搞清楚，在完全独立于人的行为这个意义上的自然现象，和人类设计的产物这个意义上的人为或习俗现象中间，还需要插入第三个类别，它是一个独特的范畴，涵盖了我们在人类社会中发现的、应当由社会理论承担起解释任务的全部出乎预料的模式和成规。然而，我们仍然受困于缺少一个得到普遍接受的概念，以便用来描述这种现象。[②]

后文（第七章）将阐明，哈氏所企望之"概念"，孔子语汇中之"由"字[③]，足以当之。《论语》"由"字有由道、行道之义，"先王之道斯为美，小大由之"（《学而》），"何莫由斯道也"（《雍也》），"民可使由之"（《泰伯》），皆其例也。"道"指向秩序，"由道"即行而成道之义[④]。孔子虽并未区分"自然/人为"，亦未使用"自发秩序"，而深究其所想，实已思入此一境域。孔子思

---

① 哈耶克：《哈耶克文选》，冯克利译，河南大学出版社，2015，第672页。
② 哈耶克：《哈耶克文选》，冯克利译，河南大学出版社，2015，第672-673页。
③ 孔子之言"观其所由""由诲女，知之乎"（《论语·为政》），"民可使由之"（《论语·泰伯》），其所指涉，多有发明。其政治含义俟第七章详之。
④ 《庄子·齐物论》云"道行之而成，物谓之而然"，即发明由道之义。

10

想之博大精深，远非后人所已穷尽。发明孔子之所思，辨名析理，探幽阐微，俾其昭彰光大于天下，乃吾侪责无旁贷之义也。

二、理性建构论举隅

近世以来，研究孔子之政治思想者，代不乏人。考其研究进路，大抵不外两类：一曰枝节式研究，二曰回溯式研究。所谓枝节式研究，其进路为：聚焦孔子之核心观念以论之。如孔子倡言"仁"，则聚焦"仁"而论孔子之政治思想。又孔子有"为政以德""道之以德"之说，遂以孔子主张德治主义。又孔子屡言"礼"，有"为国以礼""礼让为国"之说，遂以孔子重在礼治主义。又子路问"卫君待子而为政，子将奚先？"，孔子答以"正名"，遂以"正名"为孔子政治思想之大要。诸此之类，其言固有所见，然何谓孔子之"仁""德""礼""正名"，其义置诸今日，出入甚大，皆须深入阐释；又"仁""德""礼""正名"之目，彼此之关系若何，孔子何以取重此类观念，皆有待探究。是故此一进路，其弊在散漫无归，缺少统率之纲领，不足与语"吾道一以贯之"。所谓回溯式研究，其进路为：聚焦政治哲学之主导观念[①]（多源自西方），诸如民主、法治、自由、平等、正义之属，准此以推，反求孔子之思想，以论其高下得失，"取其精华，去其糟粕"，攫取一二"对口"观念，务求与今日接榫，"古为今用"。此一进路，多袭以今度古、以西释中之弊，较之前者，为害尤巨。

要之，两类研究进路皆非尽善，而足资引鉴。枝节式研究，大抵采取名言分解之路数，其弊在盲人摸象，难窥全貌，不悟本源。回溯式研究，大抵采取概念重构之路数，其弊在主题先行，名相错置，不辨本真。欲得孔子思想之本真，必须先行考察此类路数之失当所在。

（一）政道治道说

论中国古代政治思想者，牟宗三先生多有创发。考其创发，用心虽善，陈义甚高，而所取理路，实与理性建构论无以异。此诚莫大之憾事也。其最著名之论点，学界多所袭取者，则有所谓"政道与治道"之分判，及所谓"内圣开外王"之妙谈。此类论点，虽非专题以论孔子，而与孔子固相关涉，故辨其谬误所在，大有裨于发明孔子之政治哲学也。

牟宗三《历史哲学》谓中国文化精神在政治方面"只有治道，而无政道"。

[①] 所谓"主导观念"，与西洋近代以来之资本扩张相应而生，而不顾其余文化之所以然，故此类"观念"之于他方文化，多为"概念强制"。

牟氏自陈，此二名词乃袭孙中山先生"政权与治权"而来。中国以往知识分子，"只向治道用心，而始终不向政道处用心"①。然则，何谓政道与治道？其所以分划二者之理据何在？其理据能否成立？此须先行辨明，再论其当否。

简言之，所谓政道，即关于政权之道理；所谓治道，即治理天下之道。牟氏以二者非一事，乃截然分判之，命之曰"政道"与"治道"。牟氏论政道曰：

> 政道者，政治上相应政权之为形式之实有、定常之实有，而使其真成为一集团所共同有之或总持有之之"道"也。如无此道，则在概念上，虽认识政权为一形式之实有、定常之实有，而仍不能于事实上恢复其本性，而常为个人所夺取，此即不能实现其为集团共同有之或总持有之之义。是以实现政权之为政权，政道乃必须者。此道即政权与治权分开之民主政治也。②

按牟氏此论，先行设定政权为"形式之实有、定常之实有"，以之为某一集团"共同有之或总持有之"之"道"。苟无此"道"，则"概念"与"事实"脱节，政权"常为个人所夺取"，不能实现"共同有之或总持有之"。所谓"个人所夺取"，谓君主制也。"共同有之或总持有之"，谓民主制也。所谓政道，意在"实现政权之为政权"，牟氏以为，"此道即政权与治权分开之民主政治也"。以政道归诸民主政治所独有，再以此衡断往古政制，此即牟氏之理路。然考察古今中外之政制，无论君主制或贵族制，皆有其必然产生之缘由，此缘由不变，岂可谓之非"定常之实有"哉？同理，民主制亦必有其所以产生之条件，此条件不备，民主制亦非"定常之实有"。其理本极显白，而牟氏偏执而不见，良可叹息。其所偏执者，奉"民主政治"为圭臬也。细究牟氏所论，未经批判而以现代民主政治为蓝本，默认为理想范型，反求于古代政治。此一路数，可谓之

---

① 杨泽波：《贡献与终结：牟宗三儒学思想研究》（第一卷·坎陷论），上海人民出版社，2014，第365页。按牟宗三"外王三书"（《历史哲学》《政道与治道》《道德的理想主义》）。杨氏《贡献与终结》详究牟宗三儒学思想，洋洋五大卷，各卷皆分"论衡"与"学案"两部分。其学案部分，依据牟氏理路，广罗相关论述，庶几一览无遗，助裨学林，功莫大焉。

② 杨泽波：《贡献与终结：牟宗三儒学思想研究》（第一卷·坎陷论），上海人民出版社，2014，第366页。为避繁复起见，引文略有改动，文义不变。后文引用原文凡有改动者，皆注明；读者可参原文。

"以今度古",或曰"主题先行",参以理性建构论,并无二致。①

且看牟氏论治道:

> 治道就字面讲,即治理天下之道,或处理人间事务之道。其本质乃"自上而下"者。无政道之治道,尤其顺治道之本质而一往上遂,故言治道唯是自"在上者"言。端本澄源,理固应如是。治道之本义只是一句话:"君子之德,风;小人之德,草。"它表示一种"智慧之明"。是以在上者涵盖愈广,则治道亦随之愈广大精微。②

按牟氏所论,政道为政权之道理,或曰"形式之实有""定常之实有";治道乃治理天下之道,或处理人间事务之道。然究极而言,无论政道还是治道,皆以道(秩序)为本,而道(秩序)出于社会构造之自生自发,殊非人为所能设计。治理天下之道岂能外于政权之道而独行乎?政权之道岂可脱离治理天下之道而独立乎?所谓治道之本质乃"自上而下"云云,亦不必然也。以民主制而论,其治理之道或为"自下而上",或为"自上而下",或为平行制衡,皆不碍其为民主制。而其所以如此,皆发端于社会结构之支撑。又"君子之德风,小人之德草",乃孔子描述秩序生成之一般方式。此为最根本者,所谓政道、治道,皆本源于秩序之生成,岂可独视之为治道乎?明乎秩序之所由来,则政道、治道之属,皆无外于秩序。故以秩序断之,所谓政道、治道,一道而已;谓之二道,理性建构之谬也。

细察牟氏之谬,实为语言所迷惑。所谓"上""下"云者,比拟之辞也。谓君在"上",民在"下",或天在"上",地在"下",皆缘人而起意,设身处地而拟用之焉耳。君固在"上",然君不可离民而自足,"上"不能离"下"而自存也;反之,民固在"下",然民不可离君而自足,故"下"亦不能离"上"而自存也。究极言之,"上""下"互为前提,同归于道,岂可据此而分判政道与治道乎哉!

要之,政道与治道之分判,似富启示,而深究之,二者皆非严格之概念构造,无助于解释政治现象之兴起。政道与治道,一道也,非二道也,分而立名,

---

① 牟氏所犯理性建构论之谬误,已有学者见及。(方朝晖:《政道重要还是治道重要?》,《江汉论坛》2014年第4期,第5页。)

② 杨泽波:《贡献与终结:牟宗三儒学思想研究》(第一卷·坎陷论),上海人民出版社,2014,第367页。引文略有改动。

似是而非。质言之，政权之道即体现于治理天下之道，治理天下之道即涵摄于政权之道，二者一道也，非二道也。所谓"政权之道理"，所谓政权"形式之实有、定常之实有"，纯属理性建构之物，抽象而空洞。舍离"治理天下之道"（治道），绝无所谓"政权之道理"，绝无政权之"形式之实有、定常之实有"（政道）。牟氏谓中国只有治道而无政道，复以主观论治道而以客观论政道，皆理性建构之说，均非谛见。

> 以前的儒者、思想家，每至此而穷。须知以道德教化的形态来限制皇帝是不够的，光是"自天子以至于庶人，一是皆以修身为本"这一层，光是内圣的正心诚意这一层，对于君民之间真正的客观的政治关系之建立是不够的。这即表示以前儒者所讲的外王是不够的，有推进一步的必要。①

> 中国以往只有治道而无政道，有政道之治道是治道之客观形态，无政道之治道是治道之主观形态，即圣君贤相之形态。②

所谓"客观形态""主观形态"，皆本于同一秩序事实，无所谓主观、客观之分。"圣君贤相"之出现，乃现实之不得不然者，岂可谓之"主观形态"乎？若必用主观、客观之分，则"圣君贤相"亦"客观形态"也。举凡不得不然者，皆"现实"使然之"客观形态"也。

牟氏不自觉陷入理性建构论，乃云政道即"安排政权之道"③，以其所见，政权乃可以人为"安排"者，不知政权之兴起与构造，绝非人为所能设计，而本于历史之实情，演化久之而不得不然者。苟不具备历史条件，人绝无凭空设计或"安排"政权之可能。牟氏为理性建构论所惑，论及中国政治之诸多断语，其实无关痛痒。如谓中国以往之君主专制，"政权在皇帝，根本不合理"；又中国政治治乱相循，"打天下"乃政权更替之唯一方式。④殊不知，政权在皇帝，乃特定社会条件之自然法则，不得不然者；"打天下"为取得政权之唯一方式，亦小农社会之自然法则，不得不然者。据此而评断中国政治"只有治道而无政

---

① 杨泽波：《贡献与终结：牟宗三儒学思想研究》（第一卷·坎陷论），上海人民出版社，2014，第367页。
② 杨泽波：《贡献与终结：牟宗三儒学思想研究》（第一卷·坎陷论），上海人民出版社，2014，第367页。
③ 杨泽波：《贡献与终结：牟宗三儒学思想研究》（第一卷·坎陷论），上海人民出版社，2014，第276页。
④ 杨泽波：《贡献与终结：牟宗三儒学思想研究》（第一卷·坎陷论），上海人民出版社，2014，第389页。

道""只有吏治而无政治",皆无关痛痒之戏论。①

以牟氏之见,国家制度可以理性而建构。然而,欲先验赋予某一民族以某一制度,纵使此制度多少合乎理性,而此一想法恰恰忽视一关键因素:国家制度远非只是思想之物。遍考人类历史,每一民族之生活,皆自然生出与其精神相契之制度形态。拿破仑欲以先验方式赋予西班牙人某一制度,结果事与愿违。② 史事昭彰,焉能无视!

老子曰"道法自然"(《老子》第二十五章),法者象也,道所法象者,自己如此也。庄子曰"道行之而成""已而不知其然谓之道"(《庄子·齐物论》),道行而成之,谓道自己如此而人之理性不知其然也。要之,探察秩序之

---

① 牟宗三谓君主制"不合理",其中蕴含之道德主义谬误,与马克思所批判之海因岑,实无二致。既云君主制"政权在皇帝,根本不合理",以牟氏之见,"合理"之制度当为民主政治。其所谓"合理",纯出于"人之理智",而不问历史实情如何。问题在于,君主制如何生成?民主政治如何生成?马克思云:
首先要明白:君主和君主制是某一个人产生的呢,还是某一个东西产生的?
有一种情况,人民为了公共的利益曾经必须以最优秀的人物作为自己的首领。后来,这个职位开始在一定的家族内部一代一代地传下去。最后,由于人们的愚蠢和堕落,这种滥用现象得以维持数百年之久。
坚实的"人的理智"以为宣布自己是君主制的反对者,就是对它做了解释。但是对这个正常理智来说,最困难的似乎应当是说明:人的理智和人的道德品格的反对者来自何处,他又怎样把自己那种惊人顽强的寿命延长了好几百年加以说明。这是再简单没有了!没有人的理智和人的道德品格,这几百年也过来了。换句话说,数百年的理性和道德同君主制相适应而不是同它相矛盾。我们这个时代的"人的理智"所不能了解的正是以往数百年的这种理性和这种道德。它不了解它们,可是却看不起它们。它从历史的领域逃到道德的领域,所以,它在这里也可以把自己的道德愤怒的重炮全部放射出来。(马克思、恩格斯:《马克思恩格斯全集》(第4卷),人民出版社,1958,第338-339页。)
按海因岑不了解君主制之起源,只能从"历史的领域逃到道德的领域"。海因岑以道德之老生常谈论证君主制之起源,与牟宗三以道德理智之建构论证君主制之"不合理",何其相似乃尔!

② 黑格尔论述国家制度与民族精神之关系,云:"其实,国家制度不是单纯被制造出来的东西,它是多少世纪以来的作品,它是理念,是理性东西的意识,只要这一意识已在某一民族中获得了发展。拿破仑给予西班牙人的国家制度,比他们以前所有的更为合乎理性,但是它毕竟显得对他们格格不入,结果碰了钉子而回头,这是因为他们还没有被教化到这样高的水平。一个民族的国家制度必须体现这一民族对自己权利和地位的感情,否则国家制度只能在外部存在着,而没有任何意义和价值。"(黑格尔:《法哲学原理》,范扬、张企泰译,商务印书馆,1961,第291-292页。)

本源发生，君主制亦政道也，"打天下"亦政道也。① 凡必然如此者，谓之道。政道、治道，一道也，非二道也。离而二之，理性建构之谬哉！

（二）内圣外王说

自《庄子·天下》首提"内圣外王"，学者倡言之，援以论儒学之高妙。按《天下》篇所言，"内圣外王"本以况道之全者，视为儒学专利，大乖事实，不可从也。然孔子之学，兼备内圣外王之实，则无可疑者。

> 判天地之美，析万物之理，察古人之全，寡能备于天地之美，称神明之容，是故内圣外王之道，暗而不明，郁而不发，天下之人各为其所欲焉以自为方。悲夫！百家往而不反，必不合矣！后世之学者，不幸不见天地之纯、古人之大体，道术将为天下裂。（《庄子·天下》）

据原文可知，"内圣外王"，所以喻道术未裂之全也，其为道也，判美天地，通贯古今。后世之人，"多得一察焉以自好"，一察者，一隅之见，察其一端而不知全体也。"内圣外王"，所以言道也，故曰"内圣外王之道"。王雱曰："道藏于己则圣也，显于外则王也。"② 钱基博曰："'圣'之为言'通'也，所以适己性也，故曰'内'。'王'之为言往也，所以与物化也，故曰'王'。'内圣外王'，盖庄生造设此语以阐'道'之量，而持以为扬榷诸家之衡准者。"③《庄子·天下》纵论六家之学，皆"一曲之士"，而不言及孔子，何也？盖孔子之学，即内圣外王之道也。内圣外王之道，一道也，非二道也。后世学者分判心性儒学、政治儒学，各取所好，据"一察"以自喜，裂道术之罪人也。

论者多以"内圣"即心性之学，"外王"即政治之学；又以心性为政治之本源，政治为心性之表现。言似允当，实则大乖古义。人者，合群之生物也。君者，合群者也。苟无政治，心性何来？苟无心性，政治焉立？要之，心性与

---

① 毛泽东同志有一著名论断，曰"枪杆子里面出政权"，语似浅白，实蕴深机。中国历代王朝之更替，皆取"打天下"方式，深加考究，诚不得不然。盖政权之取得方式，殊非主观构想所能决定，而取决于社会抟结方式。中国历代王朝之更替，并未触及小农社会结构及其经济基础，王朝治乱循环，小农模式依然故我，二者看似无关，实则互为条件。传统中国以小农模式为基础，小农分散而孤立，生活单一，交往单调，不足以形成统一力量，遂铸成"行政权支配社会"之格局。坐此格局，行政权之取得，必由武装而始有可能，此势所必然者，殊非主观所能决定。马克思《路易·波拿巴的雾月十八日》论小农之政治影响殊为精湛，可资参考。
② 张丰乾：《〈庄子·天下篇〉注疏四种》，华夏出版社，2016，第180页。
③ 张丰乾：《〈庄子·天下篇〉注疏四种》，华夏出版社，2016，第104页。

政治，皆本源于秩序之发生。是故以心性为政治之本源，或以政治为心性之本源，皆不通之论。"内"云"外"云，设譬之辞，非谓"内""外"可离而二之也。孔子曰"吾道一以贯之"，岂可离心性与政治而二之乎？

牟宗三论学而陷于理性建构主义，其所言"内圣开出外王""外王不能背乎内圣"，尤为显著。其所谓内圣，即道德心性之学，外王即政治事功之道。其所欲开出之外王，乃"新外王"，即"现代化""政道""科学"之属。"夫既曰外王，则其不能背乎内圣亦明矣。并列言之，曰政道，曰事功，曰科学。总持言之，皆赅于外王。内圣之学即儒家之'心性之学'。""政道、事功与科学，亦必统摄于心性之实学，而不能背离此本源。"① 牟氏以内圣为心性之学，而心性为外王之本源。其论之不通，上已论及。且看牟氏论外王：

> 外王者，根据内圣方面之道德礼乐之本，再撑开逆之以建立第一义之制度，下贯第二义之制度之"事功之道"也。前贤论"外王"，原则上是视为内圣之直接延长，其落实之致曲表现，便只落在第二义之制度以及随之而生的附带诸义，如经世致用，反空疏空谈之朴学实学，……而转为与内圣为对立。②

按此段以"礼乐"归诸内圣，已属不妥，礼乐乃圣人平天下之道，岂可独归诸"内圣"哉？其所谓"第一义之制度"，谓政道也，"第二义之制度"谓治道也。如何解决内圣与外王之"对立"？且看牟氏之药方：

> 本讲内圣外王，何以转为对立？在此种情形下，外王总无成，内圣亦有憾。吾常为此痛苦，辗转思之，不得其解。今知此中之关键，唯在第一义制度转不出。徒视为内圣之直接延长，或只落在第二义之制度上，则外王事功总不得成，而亦必转为与内圣为对立。此亦为中国历史文化症结之一。今欲消融此对立，解除此症结，则必以第一义之制度为完成外王事功，消融其与内圣对立之总关键。③

---

① 杨泽波：《贡献与终结：牟宗三儒学思想研究》（第一卷·坎陷论），上海人民出版社，2014，第170页。
② 杨泽波：《贡献与终结：牟宗三儒学思想研究》（第一卷·坎陷论），上海人民出版社，2014，第393页。
③ 杨泽波：《贡献与终结：牟宗三儒学思想研究》（第一卷·坎陷论），上海人民出版社，2014，第393页。

按牟氏之思路，所谓"内圣"与"外王"之对立，纯属理性建构。所谓第一义制度之"转"不出，亦纯在理智内部说事。夫秩序之兴发，必有其条件。秩序乃制度之本。若条件不备，"第一义之制度"如何能"转"出？其所谓中国历史文化之"症结"，实非症结，所以谓之"症结"者，以民主政治为准绳也。若必言"症结"，民主政治岂全无"症结"哉？不深察秩序之本源兴起，徒以概念建构而论历史文化，宜乎"辗转思之，不得其解"矣。

牟氏又有诸多区分，所谓（一）"综合的尽理之精神"与"分解的尽理之精神"，（二）"理性之运用表现"与"理性之架构表现"，（三）"理性之内容的表现"与"理性之外延的表现"，（四）"社会世界实体性律则"与"政治世界规约性律则"，以此分判中西文化之殊。① 此类区分，略可分判中西之殊，而牟氏不能切入本源以论，故只知其然而不知所以然。牟氏不明道之"自己如此"，热衷理性建构而不觉，故喜言"转"，喜言"推"。

> 我们需要解答以下问题：如何从运用表现转出架构表现。运用表现自德性发，是属于内圣的事。内圣的核心是正心诚意。修身、齐家、治国、平天下，都是内圣的通出去。如果外王只限于治国平天下，则此外王亦是内圣之直接通出去。但如果治国平天下之外王还有其内部之特殊结构，即通着我们现在所讲的科学与民主政治，则即不是内圣之作用所能尽。显然，从内圣之运用表现中直接推不出科学来，亦直接推不出民主政治来。②

牟氏所谓"转"，所谓"推"，皆头脑之事③，不触及"现实"。试问：科

---

① 杨泽波：《贡献与终结：牟宗三儒学思想研究》（第一卷·坎陷论），上海人民出版社，2014，第266页。
② 杨泽波：《贡献与终结：牟宗三儒学思想研究》（第一卷·坎陷论），上海人民出版社，2014，第397页。引文有删节。
③ 哈耶克有"工程型头脑"（engineering type of mind）之说，以况牟氏，可谓毕肖。哈耶克：《哈耶克文选》，河南大学出版社，2015，第767页。

学、民主之出现，皆有其历史条件①，岂可言"推"出来乎？"转"不出，"推"不出，如之奈何？牟氏乃抛出"曲通"之药方：

> 外王是由内圣通出去，这不错。但通有直通与曲通。直通是以前的讲法，曲通是我们现在关联着科学与民主的讲法。我们以为曲通始能尽外王之极致。如只是直通，则只成外王之退缩。如是，从内圣到外王，在曲通之下，其中有一种转折上的突变，而不是直接的推理。这即表示：从理性之运用表现直接推不出架构表现来。②

按科学与民主之诞生于西方，并非人为之设计，而皆有特定条件以为因缘而助成之。牟氏所谓转折之"突变"，实无"突变"可言。一切政制，必然自根自生，方有生命力。苟无因缘以助之，人为设计某一政体，决然无法长成。换言之，制度必与人伦配合，方有生命力。试问：民主政治可否全然不与某一文化传统相关联，徒赖几位"有识之士"之提倡，便可落地生根？③

牟氏以为，西方之民主政治、科学、事功精神、对列之局，"卑之无甚高论，境界不高"。④ 若思人秩序之本源发生，不论中西，制度皆有其所以然之故，抽离其故而论其高下，只见树木不见森林，"卑之无甚高论"耳。

牟氏又有所谓"坎陷论"，其方案曰"让开一步""下降凝聚""摄智归仁"

---

① 马克思、恩格斯批判费尔巴哈之"直观"，而论自然科学之历史条件曰："费尔巴哈特别谈到自然科学的直观，提到一些秘密只有物理学家和化学家的眼睛才能识破，但是如果没有工业和商业，自然科学会成为什么样子呢？甚至这个'纯粹的'自然科学也只是由于商业和工业，由于人们的感性活动才达到自己的目的和获得材料的。这种活动、这种连绵不断的感性劳动和创造、这种生产，是整个现存感性世界的非常深刻的基础，只要它哪怕只停顿一年，费尔巴哈就会看到，不仅自然界将发生巨大的变化，而且整个人类世界以及他（费尔巴哈）的直观能力，甚至他本身的存在也就没有了。"（马克思、恩格斯：《马克思恩格斯全集》（第3卷），人民出版社，1960，第49—50页）按所谓"感性活动"，乃人类一切创造（制度、法律、观念）之存在论基础；牟宗三显然不知"感性活动"为何物也。

② 杨泽波：《贡献与终结：牟宗三儒学思想研究》（第一卷·坎陷论），上海人民出版社，2014，第397页。

③ 钱穆：《中国历代政治得失》，九州出版社，2014，第1、2页。钱氏论中国历代政治之得失，颇能切实而立论，所言多允当者。

④ 杨泽波：《贡献与终结：牟宗三儒学思想研究》（第一卷·坎陷论），上海人民出版社，2014，第399页。

云云①，考其思想路数，皆未深究秩序之本源，唯在理智内部说事，一仍理性建构之旧，无关痛痒。牟氏所谓"坎陷"，近乎"否定"。其论曰：

> 人之成德与知识的多少并无关系，可是"诚心求知"这一行为却必然为道德理性所要求所意欲。既要求此行为，而若落下来真的去作此行为，则从"主体活动之能"方面说，却必须转为"观解理性"（理论理性），即由动态的成德之道德理性转为静态的成知识之观解理性。这一步转，我们可以说是道德理性之自我坎陷（自我否定）。经此坎陷，从动态转为静态，从无对转为有对，从践履上的直贯转为理解上的横列。②

牟氏所谓"对列之局"，所谓"横列"，取义于民主政治，诸如三权分立之类。殊不知三权分立之提出与实行，岂无其历史条件乎？英国之能行三权分立，造端于其社会固有之三大势力集团（国王、贵族、第三等级），三者相互抗衡而势均力敌，不能消灭任何一方，故不得不以三权分立应和之。可知三权分立并非理性建构，实由社会构造所逼出者也。牟氏以为，欲"开出"民主与科学，主体活动必须转为"观解理性"。试问：何以转出？牟氏乃归诸"道德理性之自我坎陷"，此乃同义反复，空谈概念，不及本源，"卑之无甚高论"。

人类一切观念，皆非空穴来风，而本源于特定之生活形式与现实基础。"观解理性"不可能凭空具备，必有其生活缘由。熊彼特曰：商品经济乃所有逻辑之母体。③ 逻辑学之诞生于古希腊，岂哲人之向壁创造乎？自然科学亦然；苟无近代工商业之兴起，何来近代自然科学？

马克思论"交换价值过程"之现实力量，视之为自由与平等之现实前提，足堪启发。且引《资本论》手稿两段论述为参：

> 流通中发展起来的交换价值过程，不但尊重自由和平等，而且自由和平等是它的产物；它是自由和平等的现实基础。作为纯粹观念，自由和平等是交换价值过程的各种要素的一种理想化的表现；作为在法律的、政治的、社会的关系上发展了的东西，自由和平等不过是另一次方上的再生产

---

① 坎陷之含义，参见杨泽波：《贡献与终结：牟宗三儒学思想研究》（第一卷·坎陷论），上海人民出版社，2014，第36-45、238-240页。
② 杨泽波：《贡献与终结：牟宗三儒学思想研究》（第一卷·坎陷论），上海人民出版社，2014，第37页。
③ 苏国勋：《理性化及其限制——韦伯思想引论》，上海人民出版社，1988年，第101页。

物而已。

因此，如果说流通从各方面来看是个人自由的充分实现，那么流通过程就其本身来看，也就是从它的经济形式规定来看，则是社会平等的充分实现。①

基于"流通"始有可能生发"交换价值过程"，而"交换价值过程"为自由、平等奠定现实基础。"流通"过程为生长其上之价值奠基，自然生发"个人自由"与"社会平等"。无此"流通"以为基础，侈言"自由""平等"，皆理性建构之属。民主政治之道，不外乎是。洞明此义，乃知近世以来，凡所谓"改造国民性""新民说"之类，皆难免理性建构之谬。苟无现实基础，徒灌输思想理念，譬诸水浇鸭背，"国民性"何由而"改造"乎？"民"何由而"新"乎？②

牟宗三之撰作"外王三书"，志趣"重在说明以前所以不出现科学与民主之故，以及今后如何转出之之理"③。循其理路以观，其所谓"说明"，与理性建构论无异；其所言"不出现科学与民主"之"故"以及"如何转出"之"理"，其"故"其"理"，与同义反复无异，变换花样纠结同一问题，均未切中"现实"④。牟氏之"同义反复"，不自觉而表现于修辞之窘：

政道之出现，唯在对于皇帝有一政治、法律形态之回应上而转出。这一步回应是须要转一个弯，须要从"顺着君、相一条鞭地想"再转出来，

---

① 马克思、恩格斯：《马克思恩格斯全集》（第46卷上），人民出版社，1980，第477、473页。
② 梁启超曰："普通之思想，由言论听受可以得之；实际之思想，由学问讲求可以得之。言论听受者，数月而其效可睹矣；学问讲求者，数年而其效可睹矣。故欲进无思想者为有思想者，其事犹易；欲进无能力者为有能力者，其事实难。"（梁启超：《论政治能力》，载梁启超《新民说》，商务印书馆，2016，第63页）按梁氏之叹，固有深察。能力之成，必经演练，政治能力之养成，必由政治演练而得，苟无此现实基础以为资，"政治能力"奚以养成乎？宜乎其难为矣。鲁迅《呐喊》自序以"铁屋"比喻旧世界，虽文学笔法，而无意间暴露其顽固不化，纵然思想者振臂"呐喊"，不过警醒个别同类，"现实"固难触动矣。观念构造并不能触动现实，以词句批判词句无济于事，马克思谓"物质力量只能用物质力量来摧毁"，命义深矣。
③ 牟宗三：《道德的理想主义》序，吉林出版集团有限责任公司，2010，第4页。
④ "现实"之义甚关重大，黑格尔启明之，马克思光大之。现实不同于事实："事实"系指事物之实存，"现实"则指实存与本质之统一，即事物之必然性。探明"事实"乃科学（自然科学、社会科学）之任务，探明"现实"乃哲学之任务。"现实"之义容下文详之。

从人民方面再作对立地想。但是以往儒者的用心就是这一个弯转不过。①

牟氏侈言"转出",试问:无此现实基础,如何"转出"?即便"转出",如何生根?但凭书生意气,玩转理论,纵然"转一个弯",无现实基础以为资,焉能有济于事乎?此绝非"用心"问题。不探寻秩序本源,坐叹"一个弯转不过",理性建构之荒谬可笑,穷形尽相矣。

牟先生之弟子林安梧先生,指出其师之问题所在:

> 牟先生之论极为精审,但此中有一极有趣之问题,须得解开。牟先生所构成的是一"诠释"的系统,是往上追溯,而通极于道德理性的方式。这是一种"理论的次序",而与西方政治传统之转出之为一"发生的次序"并不相同。特别是牟先生将此归到"良知的自我坎陷"一话头上去说时,极易引起一从心灵意识转换的方式来理解。②

林氏所谓"理论的次序",旨趣与理性建构论略同。牟宗三未自觉区分"发生的次序"与"理论的次序",混淆以言,遂致理性建构之蔽。林氏以民主、科学为例,进而细分三种次序:

> 就"民主""科学",乃至其他人类之活动而论之,其于历史之发生而言,原先由无而有,如此创造之发生,此为一;再者,既已有之,再以学习而体现之,此为二;又者,省察此如何可能,此为三。一是"发生的次序",二是"学习的次序",三是"理论的次序",三者不可混淆为一也。华人社会之走向现代化,施行民主,开启科学,此是一"学习的次序",非原先"发生之次序",亦不是以"理论之次序"所能做成的。当代中国学者论及于此,多未能分别清楚,殊可叹也。③

林氏所析,颇为清晰。依其分析,牟宗三之阐释属于"理论之次序",所做

---

① 杨泽波:《贡献与终结:牟宗三儒学思想研究》(第一卷·坎陷论),上海人民出版社,2014,第37页。
② 林安梧:《道的错置:中国政治思想的根本困结》,台湾学生书局,2003,第208页。
③ 林安梧:《道的错置:中国政治思想的根本困结》,台湾学生书局,2003,第208-209页。

无非"省察此如何可能",而未触及问题之本源层面——"如此创造之发生"①;牟氏所谓"转出""开出"云云,其极无过于"学习而体现之"。故林氏诊断其师之"开出论",实为"儒学智识化"之前展,"咒术型"之转出。②

(三) 民主专制说

吾人今日喜言民主,言则心向往之。然则纵观人类历史,无论中西,民主实属罕物。古希腊之民主,选举权唯属于极少数人,妇女、奴隶、侨民均无缘与之,其民主亦昙花一现。近代以来,伴随工商业革命,民主方大行其道。此间二千余年,皆难觅民主之踪迹。③ 考察人类一切政制,皆有其特定因缘。无论古今,民主皆有其条件,古希腊民主与其城邦生活形式相关④,现代民主与工商业之兴起相关。古今之民主,虽皆称民主,赋义自有不同。虽赋义不同,而皆缘于特定条件而兴起则无二致,舍离其缘而泛论其义,此亦理性建构之属也。

何谓民主?此则殊难定义。考其词源,"民主"出自古希腊文 demockratos,由 democ ("人民""地区") 与 kratos ("权力""统治") 复合而成,基本含义为:由人民进行统治。⑤ 学者多以"民有、民治、民享"界定之,然此说甚富歧义。何谓"民有"?如何方能"民有"?边沁谓民主之存在以"被统治者之利益"为归。此说默认"统治者""被统治者"之分划为前提⑥。若云民主意谓由人民统治:人民集体自治——此即"民享""民治"所意指者。若此,则"民有"(of the people) 如何安顿?"民有"之反面即"非民有"(not of the people),意谓"失去被统治者"。"失去被统治者",则政治之意义何在?故"of the people"译为"民有",实有未切。"民有"意谓权力归民"所有",然细索"of the people"原文,并无以"所有"而论政治之含义者,其真实命义,谓人

---

① 牟宗三谓儒家心学已确立道德主体(道德本体),而比附于康德之主体学说。实则康德之主体包含道德主体与法权主体二义,前者与义务相关,后者与权利相关,缺一不可。儒家之道德主体,绝无法权主体之义,坐是亦无由而生成"个体"。"个体"之确立,乃西式民主、法治之前提。牟氏所论,终嫌未明本源。(谢遐龄:《论中西文化差异之根与当代中国文化之趋向》,《复旦学报》(社科版) 1988 年第 3 期,第 20 页。)
② 林安梧:《道的错置:中国政治思想的根本困结》,台湾学生书局,2003,第 199 页。
③ 乔纳森·沃尔夫《政治哲学导论》,王涛、赵荣华、陈任博译,吉林出版集团有限责任公司,2009,第 68 页。
④ 古希腊哲人论政治哲学,皆默认城邦为基本生活形式而论之。
⑤ 刘泽华:《中国政治思想通史·综论卷》,中国人民大学出版社,2014,第 7 页。
⑥ 默认统治者与被统治者之分划实为政治之基本事实,可谓政治哲学之核心问题之一;如何处理此一问题,遂成中西政治哲学之分水岭。亚里士多德谓:统治与被统治不仅必需而且有益;一部分人天生注定治于人,一部分人则注定治人。(亚里士多德《政治学》,颜一、秦典华译,中国人民大学出版社,2003,第 8 页。)

民所结成之共同体或以人民为主体之政治。① 然"以人民为主体之政治",亦有歧义,此则涉及:"主体"何谓?"人民"何谓?

深思民主概念,实内含根本矛盾。其一,人皆视民主为"多数统治",而又主张民主须"尊重个人"。所谓"多数统治",即视"人民"为"多数";然"多数统治"未必导向"尊重个人"。托克维尔有"多数暴政"之论,不为无据。考其根源,诚如密尔所言,视"人民"为同质单一之利益群体,此谬之大也。"人民"乃一集合称谓,其间诸色人等,各自层次、利益、目标、诉求、计划参差不齐,焉能同质如一? 此一矛盾,民主唯旨在提供一合理之程序形式,以达成"少数服从多数"与"多数保障少数"之有效统一,故民主之精义,唯关涉政治之形式而止,不宜强求政治之内容。② 孔子之政治哲学,则既关注政治之形式,尤注重政治之内容。民主概念之不宜于"安放"孔子者,此其一也。

其二,民主复有代议民主与直接民主之争。若政治所辖范围小,如古希腊城邦者,自可实行直接民主。若政治所辖范围大,广土众民如中国者,绝无推行直接民主之可能,必取间接民主或代议民主之制。若以代议民主非纯正民主,则纵观全人类之历史,几未曾出现大规模之纯正民主也。③

此二矛盾,乃民主概念所固有。故论者曰:民主确是个好东西,但我们从未得到它。④ 语似俏皮,而一语道破天机。马克思亦谓代议制乃"一个未加掩饰的矛盾"。⑤ 古来哲人如柏拉图、亚里士多德者,对民主多持批判态度,而宁取"哲人王"之治与贵族政治,固有深察焉。

与"民主"相对者,"专制"是也。以"专制"论中国政治而大加诟詈者,其人多矣,至今不绝。"专制"之始作俑者,盖以孟德斯鸠为大端,其《法意》谓东方国家(包括中国)皆为专制政体。孟氏主张,理想之政制,以法律为基石,三权分立,实行君主立宪。该书总览世界政体,括之以共和、君主、专制三大类型。三者之义,孟氏尝有界定,严复译之曰:

---

① 因此,遂有学者翻译"of the people"为"民政",可备一说(乔纳森·沃尔夫:《政治哲学导论》,王涛、赵荣华、陈任博译,吉林出版集团有限责任公司,2009,第67页。)
② 民主限于政治之形式而不关涉政治之内容,徐复观先生发明甚详。(徐复观:《中国政治问题的两个层次》,载徐复观《学术与政治之间》,华东师范大学出版社,2009,第30-44页。)
③ 关于民主之讨论,参见《政治哲学导论》第三章"谁应当统治"。
④ 乔纳森·沃尔夫:《政治哲学导论》,王涛、赵荣华、陈任博译,吉林出版集团有限责任公司,2009,第69页。
⑤ 马克思:《黑格尔法哲学批判》,载马克思、恩格斯《马克思恩格斯全集》(第3卷),人民出版社,2002,第95页。

> 公治（引按：即共和）者，国中无上主权，主于全体或一部分之国民者也；君主者，治以一君矣，而其为治也，以有恒旧立之法度；专制者，治以一君，而一切出于独行之己意。①
>
> 夫专制者，以一人而具无限之权力，唯所欲为，莫与忤者也。②

孟氏论专制政体之特点，散见其书多处：一人单独执政，既无法律又无规则，全凭个人意愿与喜怒无常处置一切；专制君主之"无限权力"每转交委托之人，设置宰相乃其"基本法"；其政体"需要畏惧"，人人皆"奴隶"，要求"绝对服从"；专制政体之教育"窄而又窄"，乃至"无教育"；诸如此类。③

准此以论中国，可以秦为界：前此回溯至西周，为封建时期，封建实行分权自治，中央无与地方政事，固无"集权"可言，"以一人而具无限之权力"无从谈起；秦以后，封建转为郡县，虽中央"集权"，而中央各部皆有专司，权力虽"集中"而不至于"无限"，多数朝代"君主统而不治"，且"皇权不下县"，广大民间唯以风俗自化，其与政权之关系，一则有赋税、力役之供，一则有察举、科举之制，以沟通上下。至于"既无法律又无规则"，则无论秦之前后，法律规则非唯有之，尚嫌其多而漫。至于"教育"，中国非唯有之，且发达极早。此皆有目共睹之事实，不待多言。中国政制成熟之早，学者多已见及。福山谓秦孝公及谋臣商鞅所奠立之国家，乃世界首个推行"非人格化"官僚体制之"现代国家"。④ 政治发展之三大组件——国家建设、法治、负责制，中国

---

① 孟德斯鸠：《论法的精神》，严复译，上海三联书店，2009，第7页。
② 孟德斯鸠：《论法的精神》，严复译，上海三联书店，2009，第6页。
③ 孟德斯鸠：《论法的精神》（上卷），许明龙译，商务印书馆，2012，第17-18、29、37、38、39、46页。
④ 弗朗西斯·福山：《政治秩序的起源：从前人类时代到法国大革命》，毛俊杰译，广西师范大学出版社，2014，第95、107页。

最早获得第一件,"绝对世界第一",无可争议。①

奈何近世以来,论者囿于西学概念,未经深察而陷溺"民主—专制"窠臼,视为不刊之论,引以绳中国政治,徒滋无谓之争。钱穆先生有见于此,谓生搬硬套西学概念,无益深究中国政治之实情。

> 中国传统政治,自秦以后有君主,无宪法,而又非专制。此项政体,实无法将之硬归纳入西方人所定的范畴格式之内。②
> 中国传统政治,既非君主专制,又非贵族政体,亦非军人政府,同时亦非阶级专政,此更不烦再说。然则中国传统政体,自当属于一种民主政体,无可辩难。吾人若为言辞之谨慎,当名之曰"中国式之民主政治"。③

钱氏虽见及"民主—专制"对立之蔽,而犹依恋"民主"一词,不忍弃之不用,遂有"中国式之民主政治"之说。

实则,"民主"既包含严重矛盾,诚难称为严格之哲学概念。④ 孟德斯鸠之政体分类,本非严谨之论;其所谓"专制",界定随意而模糊,亦不足称严格之哲学概念。"民主—专制"之对立,既无描述性意义,亦无规范性意义。人可凭

---

① 弗朗西斯·福山:《政治秩序的起源:从前人类时代到法国大革命》,毛俊杰译,广西师范大学出版社,2014,第283页。福山囿于"民主—专制"窠臼,以为中国无法治与负责制机构,"无疑是一个专制国家","越是现代和制度化,专制越是有效"。然有无法治,与专制与否,并无必然关联。至于负责制,福山仍未透彻理解中国政治,故曰:"中国制度确有一种负责制,但唯一正式的负责制是向上的,即对皇帝负责。"(同前书,第137、283、284页。)殊不知中国政治以"平天下"为归,君主"奉天承运"而统治天下,天意本于民意,故"向上负责"与"向下负责",似二而实一,对皇帝负责,即所以对天意负责,即所以对人民负责,二者虽有对象之殊,而未始无一贯之义。可见福山亦蔽于"上""下"之类语汇,未能思入本源也。
② 钱穆:《中国历史研究法》,《钱宾四先生全集》(第31册),联经出版社,1998年,第25页。
③ 钱穆:《中国民主精神》,载钱穆《文化与教育》,九州出版社,2014,第104页。
④ 梁漱溟先生尝总结民主之五点特征曰:承认旁人、彼此平等、协商讲理、取决多数、尊重个人;复论之曰:"民主是一种精神或倾向,而不像是一件东西,所以难于斩截地说它没有。它表见得一点,就算民主;表见得多,更算民主。反之,表见得少,就是不够民主;假如缺的太多,就是反民主。它在正面负面一长一消上见,在彼此比较相对上见,而非绝对如何的事。"又谓,中国唯缺乏近代法律上之民主,特别缺乏个人本位权利观念。"一句话总括:中国非无民主,但没有西洋近代国家那样的民主。"何以缺乏西洋近代民主?"归结来说:中国不是缺乏民主,乃是缺乏集团生活,缺乏政治和法律。其缺乏于此,实以缺乏集团生活之故。"(梁漱溟:《中国文化要义》,上海人民出版社,2011,第229、230、232页。)

己之所好，视"民主—专制"为对立之两端，两端之间，譬如光谱之浓淡相渐，而其"浓淡"殊难定量描述，欲以"民主—专制"循究政治之真谛，收效甚微。"民主—专制"之窠臼，混淆力十足，而解释力几希，深考其实，可视为理性建构论之别致类型。坐此窠臼，非但无益阐明中国政治，甚且徒设理障而增迷乱，不容不察也。

政治哲学必须考究政治活动之"事情本身"。理性建构论之路数，或主题先行，或概念强制，或名相错置，均以理性建构为其能事，而无能于抉发本源与现实。

与"民主/专制"说应和而出现者，又有自由宪政之说。论者谓西方之自由传统与耶教之"幽暗意识"[①] 密切相关，而儒家虽有幽暗意识，却未能充分发挥。儒家之圣王理想与"《大学》模式"虽引发抗议精神与批判意识，而始终停留于道德理想层面，未能落实为客观制度；即便引发制度之构想，其所谓制度仍停留于"治道"制度而非"政道"制度。[②] 实则，"《大学》模式"即为周代政体之意识形态反映，其现实基础——所谓"客观制度"——即为家国同构之封建制度，岂可谓"未能落实为客观制度"乎？况且，"幽暗意识"既非自由民主之充分条件，亦非必要条件。儒家"没有"发展出自由民主，不等于儒家"无法"发展出自由民主。其所以"没有"发展出自由民主者，无其现实基础也；而不等于"无法"发展出自由民主者，此现实基础可由历史变动而造就也。由"没有"出现某一现象，而推论"无法"出现某一现象，混淆事实描述与逻辑规范[③]，其蔽在于从观念（幽暗意识）出发而解说现实（自由民主），可谓"头足倒立"，与理性建构论如出一辙。

综上，理性建构主义，徒逞概念构造之能事，而无能于发明政治现实之本源。此一路数，自宋儒以迄当代学者，踵武相袭，在所难免，诚为中国哲学史之一大耻辱，能毋叹乎！

[①] 张灏《幽暗意识与自由传统》一文界定"幽暗意识"曰："所谓幽暗意识是发自对人性中与宇宙中与始俱来的种种黑暗势力的正视和省悟：因为这些黑暗势力根深蒂固，这个世界才有缺陷，才不能圆满，而人的生命才有种种的丑恶，种种的遗憾。"（张灏：《转型时代与幽暗意识》，上海人民出版社，2018，第43页。）

[②] 张灏《转型时代与幽暗意识》，上海人民出版社，2018，第43-58页。

[③] 白彤东：《〈幽暗意识与民主传统〉之幽暗——对张灏的批评》，《社会科学》2016年第10期，第9页。

三、哲学之现实使命

政治之表达为秩序，非出人为之设计，实为兴起之现象。① 政治之兴起，必有其所以然之理。其理何在？曰："现实"。本文意在发掘孔子思想之"现实"维度。无能于切中现实者，理性建构主义堪称代表，上文列举其典型而论之，以资殷鉴。切中现实，乃哲学之首要任务与最高使命。何谓"现实"？黑格尔哲学倡论"现实"，颇具启发。且看黑氏关于"现实"与"合理"之分辨：

> 凡是合乎理性的东西都是现实的；
> 凡是现实的东西都是合乎理性的。②

此句论断，核心要义在于理性与现实之一致。臻此一致，乃哲学之重大使命也。黑格尔所谓"现实"，并非"现存"或"实存"。现存、实存之物，如制度规范、山河大地，人凭感官即可感知。现实则必待概念（哲学）始能知之。"现实"之要义有二：其一，现实乃本质与实存之统一；③ 其二，现实性在其展开过程中表现为必然性。④ 本质与实存之统一，表明实存之物若背离本质，即非现实。现实性在其展开过程中表现为必然性，此必然性乃理性自我活动之历史

---

① 刘晓竹：《孔子政治哲学的原理意识：思辨儒学引论》，中国妇女出版社，2003，第 191 页。
② 黑格尔：《法哲学原理》，范扬、张企泰译，商务印书馆，1961，第 11 页。此句断语，邓安庆译为："凡是有理性的都是现实的；凡是现实的都是有理性的。"邓氏谓德语 vernunftig（有理性的）与 rational（合理的）不同，vernunft（理性）源自古希腊词 logos，rational（合理）则为希腊文拉丁化之后方始出现。"理性"有自在自为之义，而"合理"则附加"算计"等主观因素。黑格尔之理性主义属于希腊式，而非现代式。（黑格尔：《法哲学原理》，《黑格尔著作集》（第 7 卷），邓安庆译，人民出版社，2016，第 12 页。）今按：邓氏之分辨甚是，然汉语"合理"一词并无"算计"等主观义，且"合理"乃"合乎理性"之缩语，其中仍含"理性"，窃谓"合理"更得汉语神韵，故仍用旧译。
③ 黑格尔：《逻辑学》（下卷），杨一之译，商务印书馆，1966，第 177 页。
④ 黑格尔：《小逻辑》，贺麟译，商务印书馆，1980，第 295 页；马克思、恩格斯：《马克思恩格斯全集》（第 4 卷），人民出版社，1995，第 215 页。恩格斯分析黑格尔此命题云：据黑格尔之辩证法，凡人类历史领域之现实者，必定随时推移而成为不合理性，一开始即包含不合理性；凡人之头脑合乎理性者，皆注定会成为现实，无论其与现存之物如何矛盾。故此一命题，必定导出另一命题：凡是现存的，都一定要灭亡（参见同前，第 216 页）。坊间以"存在即合理"解说黑格尔之命题，纯属不知所云之谬见。

必然性，而非逻辑必然性或因果必然性。① 切中现实，犹孔子所言"知天命"也。②

据黑格尔，理念之外别无现实；而理念即有理性之物，二者同义。故哲学之内容，即指向现实。③ 无能于发明并切中现实者，非哲学也。譬如国家，其自身即有理性；所谓哲学，即以国家作为自身有理性之物而把握之，阐述之。哲学力图避免国家"应该如何存在"之建构，而唯旨在教导，国家应该如何被认识。哲学之任务，即在于把握现在所是者，此一所是，即理性也。故其结论曰：哲学即把握在思想中之时代。④ 此一"把握"，意谓"以概念把握现实"，哲人理性之洞察，务求切中现实，即以概念切中现实而与之达成"和解"。

凡合理者皆现实；凡现实者皆合理。二句以前者更为重要。凡现实者皆合理，此句重在理性化（现实之概念化）；凡合理者皆现实，此句重在现实化（理性之外在化）。哲学之把握时代，即把握作为现实之必然性。把握此一必然性，殊非易事。一则此必然性之生成必需时间，二则哲学之把握此必然性亦需时间，二者每有先后之滞差，故哲学"总是来得太迟"。哲学之为现实之思想，唯在现实结束其形成过程并自我完成之时，方始出现。所谓"密纳发之猫头鹰要等到黄昏到来时，才会起飞"，即此义也。概念所教导者，必为历史所呈示者；易言之，须俟现实"成熟"之时，理想之物相对于现实之物，方始显现。当此时也，哲学方可把握此一理想之物，而建立其"理智王国"。唯其如此，哲学始可谓"教导世界应该如何存在"，此即"凡合理者皆为现实"之义。⑤

黑格尔尝区分两类规律：自然规律与礼法规律。自然规律绝对有效，其尺度在人类之外。礼法规律一方面同样如此，另一方面则不同，此即实然与应然之"争执"，哲学之使命即在于直面此一"争执"：

> 在自然中，存在着一般规律，就是最高的真理；在礼法规律中，事情

---

① 逻辑必然性乃形式必然性，因果必然性乃经验必然性，二者皆非历史必然性。历史必然性犹言"存在之天命"（海德格尔语）。存在之天命，唯可领会，不可以认知把握。存在之天命并非逻辑思维之对象，亦非因果思维之对象，总之非知识之对象，故以"天命"言之。
② 《尔雅》："知，匹也。"知有切中、匹合之义，并非纯理智认知之事。
③ 黑格尔：《小逻辑》，贺麟译，商务印书馆，1980，第43页。
④ 黑格尔：《法哲学原理》，《黑格尔著作集》（第7卷），邓安庆译，人民出版社，2016，第13页。
⑤ 黑格尔：《法哲学原理》，《黑格尔著作集》（第7卷），邓安庆译，人民出版社，2016，第14-15页。

并不是因为它存在着就有效，而是每个人都要求，事情应该符合他的固有标准。因此在这里就有可能发生实然和应然之间的争执，亘古不变的自在自为存在着的法和对什么作为法应该是有效的这种规定的任意性之间的争执。①

依黑格尔，"应当"有意义之前提，在于以思想切中现实，即以哲学把握"事情本身"，把握现实之"实体性内容"，由此而彰明"应当"之所趋。否则，将"应有"与"现有"无限分割，撇开"事情本身"之实体性内容，唯以主观偏好而空谈"应当"，此之谓"主观意识"，或曰"外在反思"。外在反思表现为忽此忽彼之推理能力，无视现实之实体性内容，徒知以抽象原则运用于（强加于）任何内容之上。② 此一思维之非哲学，黑格尔讽之曰：

> 惯于运用理智的人特别喜欢把理念与现实分离开，他们把理智的抽象作用所产生的梦想当成真实可靠，以命令式的"应当"自夸，并且尤其喜欢在政治领域中去规定"应当"。这个世界好像在静候他们的睿智，以便向他们学习什么是应当的，但又是这个世界所未曾达到的。③

明乎"现实"与"合理"之辩证关系，则秩序之所以然，即寓于此一辩证关系中。孔子虽不言"现实""合理"，而其所言"时""义"诸字，寓意尚可沟通。吾国政制所以如此者，绝非主观喜好而然，实以吾国之现实如此而然。西方政制所以如彼者，理无二致。

理性建构论乃现代意识形态所主导下之知识样式。此一知识样式，徒逞概念构造之能事，而无能于切中现实。现代学者侈言"自由""平等""正义""公平"等概念，未经批判而滥用于解说、建构吾国之政治。实则一切概念均导源于特定现实，生长于特定生活形式，配合于特定文化传统。④ 不明现实而空谈概念，此哲学之大可悲者也。子曰"思而不学则殆"，此之谓乎？不妨别解夫子

---

① 黑格尔：《法哲学原理》，《黑格尔著作集》（第7卷），邓安庆译，人民出版社，2016，第16页。
② 吴晓明：《从社会现实的观点把握中国社会的性质与变迁》，载吴晓明《黑格尔的哲学遗产》，商务印书馆，2020，第349页。
③ 黑格尔：《小逻辑》，贺麟译，商务印书馆，1980，第44-45页。
④ 吴晓明：《论马克思政治哲学的唯物史观基础》，《马克思主义与现实》2020年第1期，第15页。

此言：徒"思"者，理性建构也；"不学"者，不明现实之所以然也。

第三节 中国政治之定位

以上聚焦孔子政治哲学，撷取近贤之典型观点而综述之，辨明得失，抉发本真。兹当据实以正名，缘真而定义，衡定吾国政治之旨趣曰：道义信托。道义，言其理也；信托，言其事也。理寓于事，事证其理。理以事显，事以理明。孔子"信而好古，述而不作"，其政治哲学不外此。本节缘事以明理，探究如下问题：何谓道义政治？何谓信托政治？二者之统一何以必取礼乐政治之模式？

一、礼治与道义信托

讨论政治之性质，必须切入现实，即切入政治实践之本质必然性维度而论定之。决定政治之本质维度者，盖有三端：一为政治之结构要件，二为政治结构要件之相互关系，三为政治结构要件及其相互关系所内蕴之动力形态，包括事实动力与价值动力。所谓事实动力，即结构要件及其关系自身所内蕴之力量模态；所谓价值动力，即此一力量模态自身所必然包含之价值期许，或曰价值允诺。

（一）二重信托：道义政治之结构

吾国传统政治之结构要件，可从"人""物"两方面分析。就"人"而言，其主体结构要件有二，君与民是也；就"物"而言，其核心结构要件亦有二，政权与土地是也。吾国政治之结构要件，其相互关系包含一建构原则：所有权与使用权分立，包括政权之所有权与使用权分立，以及土地之所有权与使用权分立。具言之，政权之所有权在民，使用权在君；土地之所有权在君，使用权在民。所有权与使用权分立，乃决定"信托"之必然性。略可表述为：以政权言之，民以政权信托于君；以土地言之，君以土地信托于民。故吾国政治包含二重主体与二重要件：二重主体以"人"而言，即君与民，或曰统治者与受治者；二重要件以"物"而言，即政权与土地，二者之所有权与使用权分立。"分立"之势，决定"信托"之用。有其势必有其用，此之谓本质必然维度。

吾国政治之建构原则，曰所有权与使用权分立。此乃吾国政治之根本原则，关系极大，不可小觑。所有权以理念而言，使用权以实行而言。由此而建构吾国政治之内在张力与能动原理。为明此理，可从"人""物"两方面分论之。

先论"人"之方面。以理念言,民为政治之主体;以实行言,君为政治之主体。此二重主体之对立,贯穿中国政治实践之终始。中国政治思想,恒以消解人君之主体性,以凸显天下之主体性,为根本导向。所谓消解人君之主体性,即压抑统治者之好恶与才智,而作"自我之否定",以彰显天下之存在,达成"以天下治天下"之无为而化。政治之最高使命,在于达成"以天下治天下"。诚能如是,人君乃客观化于天下之才智与好恶之中,而臻乎"无为而治"。人君无为,天下乃能有为。① 为政之道,无非养生遂性,"民之所好好之,民之所恶恶之",天下自发其生机,生生自庸,无有穷极。是故天下之信托于君,客观要求君之恭己而正,解除"生"之障碍,以顺遂天下之"生"德,此即道义之所由生也。德治之旨归,莫过于是。

再论"物"之方面。以理念言,民为政权之所有者;以实行言,君为政权之使用者。以理念言,君为土地之所有者;以实行言,民为土地之使用者。土地与政权之关系,实为吾国政治之核心关系。土地与政权既分属不同之"物",又相互建构对方,而同构乎一体。所以能建构对方而同构一体者,必赖"人"而达成之。"人"力有限,固不可兼营政权与土地,此既为客观势态所使,亦坐此而成道义之趋。吾国自古义利分途②,士农与工商分品,不得不然也。"道义"与"信托"之为本质必然性,皆源于此。有道义斯有信托,有信托斯有道义,二者一以贯之,立言之侧重不同耳,故可简之曰"道义信托"。道义信托乃吾国政治之主脉,较之西洋之"契约信托",取义自殊焉。道义信托必取礼治形态,契约信托必取法治形态。

吾国政治之重道义信托,钱穆先生论之甚为剀切。

> 盖中国帝王本以民众信托而居高位,故曰"天生民而立之君",又曰"作之君,作之师"。君师合一,为君者宜为贤圣杰出之人才,而天下之大非可独治,故物色群贤而相与共治之。若依卢梭《民约论》,谓西国政权之理论来源为由于民众之契约,则中国传统政权之理论来源乃在民众之信托。若目西国政权谓"契约政权",则中国政权乃一种"信托政权"。西人亦自有所信托,其所信托者在教会不在政府。③

---

① 徐复观:《学术与政治之间》,九州出版社,2014,第88-89页。
② 孔子曰:"君子喻于义,小人喻于利。"又曰:"君子谋道不谋食。"皆发明其义也。
③ 钱穆:《政学私言》,九州出版社,2010,第105-106页。

第一章 导 论

钱穆谓吾国政权之"理论来源"在民众之信托，实则非限于理论。"信托"之义，不分理论与实践，融贯如一。所以成其"信托"者，自理想言，一则贤能在位而治国理政，一则融教于政而化民无迹；以实际言，则自古即有举荐、察举、科举等制度沟通上下，联系官民，政学相资为用。① 故"中国政治之终极责任在教，中国政治之基础条件亦在教"。② 审钱氏"西人亦自有所信托，其所信托者在教会不在政府"之语，可知其所谓"信托"，实蕴宗教义。准此以观，吾国政治之道义信托，亦实蕴宗教义。唯吾国所谓宗教，并非"彼岸世界"之建构，即在"此岸世界"而证成其宗教内涵也。唯此中道理，极高明而道中庸，非身体力行者，殊难领悟尔。

中西政制之异，总括言之，西方重"力"之平衡，中国重"道"之教化。西方以"多数"为"力"之表现，中国以"贤能"为"道"之寄托。西方主"契约"，中国主"信托"。"契约"之落实必由法律，故西方重"法治"，而主司法独立。"信托"之贯彻必赖教化，故中国重"学治"，而应教育独立。西方政治与宗教分立；中国政治与教育合一，甚且与宗教合一。是故中国政治之两大重心为"学校"与"选拔"。由学校与选拔两制度，达成贤者在位、能者在职之理想。③ 可见"道义信托"能否达成，实取决于教化之力，其根本则在教育。百年大计，教育为本，洵非虚言矣。

钱穆论中西政体之异，而以"商铺"与"学校"设譬云：

> 西国政府如一商铺，商铺经理特为店主经营业务，经理之黜陟及其设施营为，凡一铺之股东皆有权过问。中国政府如一学校，学校师傅对其子弟负教诲护导之责，而师傅之所以为教诲护导者，则不能转听命于子弟。故国君之最大责任在为天下得人，必使贤者在位，能者在职，而贤能之识拔，非必民意所能胜。④

以商铺喻西洋政体，以学校喻吾国政体，颇得神韵。西洋政体之为"商铺"，必伸民权而重民意，竞选之制由是而生焉。吾国政体之为"学校"，必重教化而尚熏陶，举贤之制由是而生焉。然此中有一关键义，钱先生未曾论及。"学校"之为教育机构，其重心在师生之互构：教师履教导之责，而终以学生之

---

① 中国政治之政学关系，详见第七章。
② 钱穆：《政学私言》，九州出版社，2010，第106页。
③ 钱穆：《文化与教育》，九州出版社，2014，第117-118页。
④ 钱穆：《政学私言》，九州出版社，2010，第105页。

自觉为本，以学生之自主为归，故其最终主体，仍在学生。"学校"之根本使命，唯在营造良好育人环境，以成其习行熏陶之功效。故教化之终极目的仍归于"无为而治"。

"信托"本为现代经济学概念，本文借而用之，并赋予新义，以阐发吾国政治之义。道义信托之义，与孔子之思想相契乎？曰：然。今据《论语》以证斯义。孔子之重"道"重"信"，处处皆是。

孔子之重"道"，以下章句可见。

> 子曰："朝闻道，夕死可矣。"（《论语·里仁》）
> 子曰："士志于道，而耻恶衣恶食者，未足与议也。"（《论语·里仁》）
> 子曰："志于道，据于德，依于仁，游于艺。"（《论语·述而》）
> 子曰："以道事君，不可则止。"（《论语·先进》）
> 子曰："人能弘道，非道弘人。"（《论语·卫灵公》）
> 子曰："君子谋道不谋食。……君子忧道不忧贫。"（《论语·卫灵公》）

道者，人之所由也。由其道而知其道，知其道而信其道，信其道而乐其道。道也者，不可须臾离也。须注意，孔子所言"道"，多主理想义，而理想与现实之张力，多以"义"字表之，故有"道义"之说。"义"乃孔子思想之又一枢纽，容后文详论之①，兹且从略。

孔子又极重"信"。《论语》载其言"信"者甚富。"信"之意指，略可分为二类，一侧重德行之操持言，一侧重政治之信托言。此虽分析言之，而二者本属一贯，非截然之两事。

"信"之侧重操持者，举凡弟子、君子、士人之修养德行，皆以此言。例如：

> 子曰：主忠信。（《论语·学而》《论语·子罕》《论语·颜渊》）
> 子曰：弟子入则孝，出则弟，谨而信，泛爱众，而亲仁。（《论语·学而》）
> 子以四教：文、行、忠、信。（《论语·述而》）

---

① 详见第七章第二节。

"主忠信",孔子屡言之,《论语》凡三见,其重要不待多言。"子以四教"乃孔子教学之纲领,"信"居其一。

孔子重信,视为教学之一大纲领。盖人而无信,不能成人。下章所论,可见信乃人群之必不可无者。

> 子曰:"人而无信,不知其可也。大车无輗,小车无軏,其何以行之哉?"(《论语·为政》)

本章设譬言之,大车、小车喻群之大小,犹今之言社会;輗、軏皆车之辕端持衡者也。辕端与衡木之中,俱凿圆孔相对,以輗軏交贯而缚之,为衡上之键。① 旧注以为横木者误。凌焕曰:"大车鬲以驾牛,小车衡以驾马,其关键则曰輗軏。辕所以引车,必施輗軏而后行。信之在人,亦交接相持之关键,故以輗軏喻信。"② 车无輗軏必散其架构,人而无信则不能成群。车者所以载人,群者所以成人,譬诸政者所以立群,而信为立政之本。政一如车,以其信而可托焉。此章载《论语·为政》篇,盖非随意而为之。

"信"之侧重政治而言者,《论语》所见尤多。

> 子曰:"道千乘之国:敬事而信,节用而爱人,使民以时。"(《学而》)
>
> 子曰:"上好信,则民莫敢不用情。"(《子路》)
>
> 子夏曰:"君子信而后劳其民,未信则以为厉己也;信而后谏,未信则以为谤己也。"(《子张》)
>
> 子曰:"君子义以为质,礼以行之,孙以出之,信以成之。君子哉!"(《卫灵公》)

诸此"信"字,皆以在位为政之道而言,昭然明白。

《论语》又以"信""任"相关而言:

> 恭则不侮,宽则得众,信则人任焉,敏则有功,惠则足以使人。(《阳

---

① 钱穆:《四书释义》,九州出版社,2010,第73页。
② 程树德:《论语集释》(上),中华书局,2013,第147页。

货》)

宽则得众，信则民任焉，敏则有功，公则说。(《尧曰》)

二章略异，而"信"皆主在位者言，或取信于人，或取信于民。上章"子张问仁于孔子"，孔子答以"恭、宽、信、敏、惠"，而曰"信则人任焉"。下章易"人"为"民"。《论语》"人""民"取义有别，然"人"有时亦包括"民"，二者之辨，详见第七章。上章答行仁之要，行仁者，在位君子也。故此章"人"以在位任事者言，"信则人任焉""惠则足以使人"，二"人"字同义。下章"信则民任焉"，"民"非在位者，"信"之主语为君，"任"之主语为"民"，故"任"字有信任、信托之义，句谓：君以信临民，则民信任而托付之。

孔子发明道义信托之旨，尤备于子贡问政章。

子贡问政。子曰："足食，足兵，民信之矣。"子贡曰："必不得已而去于斯，三者何先？"[1] 曰："去兵。"子贡曰："必不得已而去于斯，二者何先？"曰："去食。自古皆有死，民无信不立。"(《论语·颜渊》)

此段问答包含孔子政治思想之"基本轮廓"，亦包含孔子学术思想之"基本精神"。[2] 误解其义，势必误解孔子思想之大义。此段之解，古来多歧，尚容深辨。

此章歧义，聚焦"信"之主体指谁而言，或曰指向为政者，或曰指向人民。前者以孔安国为代表，后者以郑康成为代表。何晏《集解》引孔安国曰："死者古今常道，人皆有之，治邦不可失信。"[3] 孔注以信指为政者而言。郑康成注曰："言人所特急者食也。自古皆有死，必不得已，食又可去也。民无信不立，言民所最急者信也。"郑注以信指民而言。"民所最急者信也"，而"食可去"，推其言，必至于民宁可饿死而不可无信。朱子《集注》，似觉孔说过浅，又觉郑注过高，乃调和折中云：

---

[1] 此句通行本断句为"必不得已而去，于斯三者何先"，今据仪封人请见曰"君子之至于斯也"(《论语·八佾》)，子在齐闻韶而曰"不图为乐之至于斯也"(《论语·述而》)，曾子曰"昔者吾友尝从事于斯也"(《论语·泰伯》)，子贡曰"有美玉于斯"(《论语·子罕》)，可知"于斯"皆属上文，故断句如是。
[2] 徐复观：《学术与政治之间》，九州出版社，2014，第443页。
[3] 程树德：《论语集释》(下)，中华书局，2013，第967页。

民无食必死，然死者人之所必不免，无信则虽生而无以自立，不若死之为安。故宁死而不失信于民，使民亦宁死而不失信于我也。①

朱注以君民相互不失信于对方，君则"宁死而不失信于民"，民则"宁死而不失信于我（君）"。以"死"为言，立意至高。孔子之义，果若是乎？

刘宝楠以"足食"谓"能制国用，有余蓄，则藏谷以备凶荒"，犹今日之财政；足兵，犹今日之军备国防；"民信之"谓"上予民以信"。可知足食、足兵、民信之，乃立之"三政"。"去兵"谓"去力役之征"；"去食"谓"凡赋税皆蠲除"；"自古皆有死，民无信不立"谓：

去兵、去食，极其祸难，不过人君国灭身死，然自古人皆有死，死而君德无所可讥，民心终未能忘，虽死之日，犹生之年，况民戴其上，犹手足之卫身，子弟之卫父兄，虽值危难，其犹可以济。是故信者，上所以治民之准也。苟无信，虽足兵、足食，犹不能守，况更值不得已，而兵食皆将去之乎？②

此系引发孔注之义，于辞于义皆安。何者？子贡问政，子曰："足食，足兵，民信之矣。"（《论语·颜渊》）三者分明就为政者立言，言政治之三要件，语脉极清晰。且"民信之"加一"之"字，分明指代为政者，谓民信任为政者也。可知信可立国，无信则不立。③

又细味原文"足食，足兵，民信之矣"，民所以"信之"者，为政者足堪信托故也。为政者所以足堪信托者，足食、足兵故也。足食、足兵、民信，皆就为政者立言，十分显然。"民信之矣"与"民无信不立"，二"信"字皆对为政者而言。"民信之矣"，谓为政者取信于民也。"民无信不立"，谓为政者不能取信于民，则不能立其政也，"立"谓政之立，非谓民之立，犹言"民无信于君

---

① 程树德：《论语集释》（下），中华书局，2013，第967-968页。
② 刘宝楠：《论语正义》（下），中华书局，1990，第491、492页。
③ 《晋语》云：晋饥，公问于箕郑曰："救饥何以？"对曰："信。"又云："于是乎民之君心，贫而不惧，藏出如入，何匮之有？"以信立国之义，箕郑固知之矣。

则政不立"也。① 王若虚《论语辨惑》云："民信之者，为民所信也。民无信者，不为民信也。为政至于不为民信，则号令日轻，纪纲日弛，赏不足以劝，罚不足以惩，委靡颓堕，每事不立矣。故宁去食，不可失信。"此辨最澈，二"信"字皆为国政之信，"立"亦国政之立，文顺理明，无可疑矣。②

朱子所以谬袭郑康成之误，皆坐不明修己与治人之别也。修己以严，治人以宽，孔子不以律己之严而求之于民，以遂民生而成大义，此仁道也。区别修己与治人，乃仁道题中必有之义。其故何也？《礼记·表记》多有发明，兹引两段：

> 子曰："无欲而好仁者，无畏而恶不仁者，天下一人而已矣。是故君子议道自己，而置法以民。"

> 子曰："仁之难成久矣，唯君子能之。故君子不以其所能者病人，不以其所能者愧人。是故圣人之制行也，不制以己，使民有所劝勉愧耻，以行其言。"

二段皆以孔子之口，发明修己与治人之别：修己以"道"以"仁"，治人则不能强以"道"以"仁"。《论语》孔子告冉有"先富后教"（《子路》），告樊迟"先难后获"（《雍也》），皆明此义。董子《春秋繁露·仁义法》阐释其义曰：

> 是故内治反理以正身，据礼以劝福。外治推恩以广施，宽制以容众。孔子谓冉子曰：治民者先富之而后加教。语樊迟曰：治身者先难而后获。以此之谓治身之与治民，所先后者不同焉矣。《诗》曰："饮之食之，教之诲之。"先饮食而后教诲，谓治人也。又曰："坎坎伐辐，彼君子兮，不素餐兮。"先其事，后其食，谓治身也。《春秋》刺上之过，而矜下之苦。……求诸己谓之厚，求诸人谓之薄；自责以备谓之明，责人以备谓之

---

① 朱子解此章，两"信"字取义互殊，陈天祥《四书辨疑》驳之曰：一章中两"信"字本是一意，注文解"民信之矣"则云"民信于我"，此以信为国家之信也。解"民无信不立"则云"民无食必死，无信则虽生而无以自立"，此却说信为民之信，立亦民之自立也。前一句信在国，后一句信在民，后又分人情民德二说，不唯信字交互无定，而兵食与信先后之说自亦不一，圣人本旨，果安在哉？［程树德：《论语集释》（下），中华书局，2013，第968页。］
② 程树德：《论语集释》（下），中华书局，2013，第968页。

惑。是故以自治之节治人,是"居上不宽"也;以治人之度自治,是"为礼不敬"也。

董子区分"内治"(治身)、"外治"(治人),视二者不可混一,引孔子之言及《诗》为证,可谓善解圣人之义也。

徐复观谓区分修己、学术之标准与治人、政治之标准,乃先秦儒学之要义。其论云:

> 修己的、学术上的标准,总是将自然生命不断地向德性上提,决不在自然生命上立足,决不在自然生命的要求上安设人生的价值。治人的、政治上的标准,当然还是承认德性的标准,但这只是居于第二的地位,而必以人民的自然生命的要求居于第一的地位。治人的、政治上的价值,首先是安设在人民的自然生命的要求之上,其他价值,必附丽于此一价值而始有其价值。①

区分修己与治人,何以如此重要?无他,意在保障政治清明与人民自由,使政治不断向上而人民自由创造,共创"生生"之大功。若以修己之度以治人,如宋儒所谓民宁可饿死而不可失信,势必导致"思想杀人"而后已。若以治人之度以律己,误将儒家停顿于自然生命状态,则与禽兽无异,将修己以"立人极"之工夫完全抹杀。②

修己与治人虽必须区分,而之所以区分,旨归在于贯通二者更深层之关联,以收终趋一致之功效。

> 先秦诸子百家,几乎都要求人君无为而治。"无为"即是不自有其好恶,这是统治者的修己。以无为去成就人民的好恶,使人民能遂其好恶以保障其基本权利,这是统治者的治人。唯修己以超越于自己的自然生命的好恶之上,才能达到成就人民好恶的治人的目的,在这种地方,修己与治人有其必然的关联。这种修己与治人的关联及其区分,几乎可以说是儒家精神的全部构造。③

---

① 徐复观:《儒家思想与现代社会》,九州出版社,2014,第61页。
② 徐复观:《儒家思想与现代社会》,九州出版社,2014,第61页。
③ 徐复观:《儒家思想与现代社会》,九州出版社,2014,第68页。

为政之道，一则必须区分修己与治人，"修己以安人""修己以安百姓"，以保障政治之清明与人民之创造；二则借由修己与治人之区分，复以搭建二者之深层关联。唯其"关联"，乃有"信托"。一言以蔽之：修己与治人之"区分"与"关联"，乃"信托"之本体论根据也。盖政权与土地互易其主，必生信托之义。互易其主者，政权与土地之所有权与使用权相分立也。总之，君以土地信托于民，民以政权信托于君，此二重信托相互同构而彼此均衡，庶可企及"以天下治天下"之极功。要之，政治为天下而存在，非天下为政治而存在，此信托政治之要义也。

（二）土地伦理：信托政治之基础

吾国之取信托政治，其故何也？此绝非主观喜好，实为社会构造所使然。举凡政治现象，皆自然兴起之事，非主观设计之物。政治之兴起，出于社会构造。社会构造既有其自发之必然，政治制度固不能任意设计。中国古代社会之构造何如？此中头绪万端，探其关键之点：一曰个人（所有权）之缺失，二曰礼乐（秩序）之确立。二者互为表里，而皆可归于同一基础，本文以"土地伦理"称之。土地伦理取广义，包括一切与土地相关之伦理生活、制度施设、风俗习惯、生产方式、交往结构、信仰形态，诸如此类。

先讨论"个人"问题。以中西相较而概言之，近代以降，西方政治立足个体，其制度设施无不以个体为原则；中国政治立足整体，其制度设施无不以整体为观照。尚人际而泯个体，乃同一事实之两面。"个体"之含义可析为二层：一曰道德层面，一曰法权层面。道德意义之个体，吾人自孔子时即已有之（仁）；然法权意义之个体，至今犹未完全生成也。法权个体之缺乏，遂致法权人格无由产生。法国汉学家谢和耐尝叹中国社会之特殊，谓中国之基本传统（政治、宗教、美学、法学）均与印度社会、伊斯兰世界、西方基督教社会全然异趣，中国人不懂先验论之真谛，亦无严格意义之财产所有权观念。[①] 何以至此？考察西方"人格"演进之历程，中国何以无"人格"，庶可比照而明。"人格"之产生，依赖于"抽象"过程。黑格尔云：

> 当主体不单具有对自身的一种一般的自我意识，而是相反地具有一种对自身作为完全抽象的自我的自我意识（在抽象的自我中，一切具体的限制和规范统统消除了并且是无效的），只有这时候才开始有人格。个体和民

---

① 谢和耐：《中国社会史》，耿昇译，江苏人民出版社，1995，第30页。

族，在还没有达到这种对自身的纯粹思想和知识的时候，就还没有人格。①

人格（person）一词，易与主体相混。人皆自然而成为主体，却未必即成为人格。黑格尔论人格与主体之区别云：

> 自为存在的或抽象的意志就是人格。人的最高使命就是成为一个人（person）。人格本质上不同于主体，因为主体只是人格的可能性，就可能性而言，每个一般的生命体都是一个主体。②
>
> 人格一般包含着法权能力，并且构成抽象的、因而也是形式的法的概念和其本身权利的抽象基础。所以法的命令是：成为一个人，并尊敬他人为人。③

人格包含法权能力，故人格之出现，乃所有权之前提；所有权无非人格之外化表达。个人自由在西方萌芽甚早，其间基督教之传播居功至伟，而所有权之确立则为时甚晚也。

> 个人自由通过基督教的传播诚然开始开花了，并在另外的一小部分人类中间成为普遍原则，迄今已达1500年。但所有权的自由在某些地方被承认为原则，可以说还是从昨天开始。这是世界史中的一个例子，说明精神在它的自我意识中前进，需要很长时间，也因此告诫俗见，少安毋躁。④

西方精神之演进有赖基督教之功者甚大，尚且费时1500年；中国并无基督教之教化，其精神之演进历程可想而知。

中国古来即无"人格"及相关制度设施，马克思亦曾论及。1853年，马克思阅读东方社会史著作，致信恩格斯，断言东方一切现象之基础，在于不存在土地私有制；马克思视之为了解东方天国之"真正钥匙"。恩格斯回函表示赞

---

① 黑格尔：《法哲学原理》，《黑格尔著作全集》（第7卷），邓安庆译，人民出版社，2016，第83页。
② 黑格尔：《法哲学原理》，《黑格尔著作全集》（第7卷），邓安庆译，人民出版社，2016，第84、85页。
③ 黑格尔：《法哲学原理》，《黑格尔著作全集》（第7卷），邓安庆译，人民出版社，2016，第85页。
④ 黑格尔：《法哲学原理》，《黑格尔著作全集》（第7卷），邓安庆译，人民出版社，2016，第123页。

同，"东方全部政治史与宗教史"之基础即在此；而其原因，恩格斯归结为地理环境与气候之影响。马克思回函，谓中国除政府之外，整个国家分为诸多村社，皆有完全独立之组织，自成一方小天地；此一格局，据马克思之见，实为亚洲"专制制度与停滞状态"之坚实基础。①

中国不存在土地私有制，此一论断初看似武断，尚须深入细究。马克思尝区别"所有"与"占有"，谓东方之土地，归属于更高之统一体。此总合之"统一体"表现为更高之"所有者"或唯一之"所有者"，而公社不过表现为世袭之"占有者"，至于每一单个之人，则：

> 在事实上失去了财产，或者说，财产对这单个的人来说是间接的财产，因为这种财产是作为这许多共同体之父的专制君主所体现的统一总体，通过这些单个的公社而赐予他的。因此，剩余产品不言而喻地属于这个最高的统一体。②

总之，个人并非财产之直接所有者，而为公共财产之"共有者"。故马克思言：

> 在亚细亚的（至少是占优势的）形式中，不存在个人所有，只有个人占有。财产只是作为公共的土地财产而存在。③

"个人占有"自不能与"个人所有"等量齐观。此一构造之结果，即个人对家族与国家而言，并非独立之存在，既无此可能，亦无此必要。故马克思断言，在中国，"我们看不见独立的人"④。

马克思之区分"所有"与"占有"，虽一字之差，而命义之深远，洵属灼识，非如此不足以发明中国体制之深意。相反，黑格尔则以"占有"（使用）与"所有"混为一谈，谓使用与所有权之关系，犹如力与力之表现之关系：

> 力只有当它表现自己的时候才是力，耕地只有当它有收成的时候才是

---

① 马克思、恩格斯：《马克思恩格斯〈资本论〉书信集》，人民出版社，1976，第80-81，84-85页。
② 马克思、恩格斯：《马克思恩格斯全集》（第46卷上），人民出版社，1980，第478页。
③ 马克思、恩格斯：《马克思恩格斯全集》（第46卷上），人民出版社，1980，第478页。
④ 马克思、恩格斯：《马克思恩格斯全集》（第23卷），人民出版社，1972，第60页。

耕地。所以谁使用一块耕地,谁就是整块耕地的所有人。如果在对象本身上还承认有另外一个所有权,这是空洞的抽象。①

然而,此"抽象"用以解释中国体制,绝不"空洞"。中国人对土地之"占有",并非完全自主之"占有"。非完全自主,即意味可能易主,此中隐藏一大玄机,堪称理解中国体制之一大锁钥。②

据以上分析,中国之土地制度,并未确立自由、完整之所有权。③ 试问:此一土地制度究竟属于"公有制"抑或"私有制"? 答曰:在"公私"范式之外。质言之:公私对立之概念图式,不能解释中国体制之奥妙。有论者谓中国土地公私属性问题一直处于拉锯状态④,"拉锯"表明此间隐藏二重主体之张力。此一张力贯穿中国历史,乃治乱循环之总根,张力均衡则治,张力失衡则乱。改朝换代之实质,无非重新分配土地⑤,以缓解此一张力;而二重主体并未发生实质改变,岂非意味深长乎?

二重主体之张力,并非主观设计之物,实由吾国社会构造所使然。政权与土地之"占有"与"所有"分立,归属不同主体,此即"二重主体"之义。有"二重主体",必有"二重信托",而成其"总体道义"——此势所必然也。然又须知,"二重主体"之"二重"亘古恒在,而"主体"自身并非凝固之物。概言之,可以信托则信托之,不足以信托则更迭之,故"主体"可以易主,此即改朝换代。学者侈言改朝换代,而于"二重主体"与"二重信托"之义,多未之深思。此一构造,乃吾国体制之本源。要言之,"家国同构"之制度体系,

---

① 黑格尔:《法哲学原理》,《黑格尔著作全集》(第7卷),邓安庆译,人民出版社,2016,第121页。
② 观察今日中国之土地制度,犹存古义。新中国成立后,尝推行纯粹公有制,而终不可行者,何也? 而后转为"包产到户",乃释放生民之自由活力者,何也? 曰:前者脱离现实,后者切中现实故也。此中"现实"何谓也? 曰:家庭乃中国社会结构最坚实、最恒定之单元也。家庭犹如机体之细胞,乃吾国社会之原生结构体。政制若不顾及此一坚硬现实,必行不通。今有所谓所有权、使用权、经营权"三权"分置之法,所有权归公有,使用权归家庭,经营权可转让,此亦古道之余韵。较诸土地归属私人永有之制,其特征或可括之曰:以私用行公有,以时间换空间。"以私用行公有"者,以家庭之私用而行使国家之公有也;"以时间换空间"者,以土地租期换取土地之使用也。租期必有其限,可长可短。所以定其期限者,为时势变动而预留改革余地也。"以私用行公有"者,立其根本之道焉;"以时间换空间"者,行其变通之权焉。
③ 何谓"自由、完整之所有权",请参阅黑格尔《法哲学原理》第62节。
④ 胡曲园:《从〈老子〉说到中国古代社会》,载胡曲园《哲学与中国古代社会论集》,复旦大学出版社,2015,第188页。
⑤ 谢遐龄:《释"分"》,《复旦学报》1990年第3期,第49页。

实赖此而奠基也；礼乐文明之秩序，实赖此而奠基也；政治之道义信托，亦实赖此而奠基也。何以言之？政权之所有者在民而使用者在君，与土地之所有权在君而使用权在民，二者相互兴起，适成同构互动之关联。民以政权信托于君，君以土地信托于民，此即"家国同构"之最深义。[1] 至于礼乐秩序，则经纬其间，文而化之，所以调适二重主体之根本方法也。二重主体之构造，必取礼乐以成其治。主体若为一重，如西方社会者[2]，徒法足以善其事，无需礼矣。孟子曰："徒善不足以为政，徒法不能以自行。"（《孟子·离娄·上》）此语以况中国可谓至理，移之他者则未必然也。

二、思想与研究方法

方法乃思想研究之生命线。研究孔子之思想，方法尤为关键。严格言之，方法即内含于思想自身："如何"思想，即意谓方法之"如何"。本书之方法，分为根本方法与辅助方法。所谓根本方法，即与思想本身相关联之方法，由思想本身所规定之方法，是为根本大法。所谓辅助方法，乃为澄清此一思想而采取之技术性辅助方法，是为外围方法。

为澄清孔子之思想，本书借鉴一切有益方法以资辅助。其中，日本近代学者伊藤仁斋之古义学方法与荻生徂徕之古文辞学方法，足堪分辨字义、文辞、语法之历史性，而避免以今度古，故本书多所借鉴而取用。与此相应者，语言学研究法亦堪借鉴，即以同时代文本之语言特征所享之共性，寻求自洽之内证，以准确获取"历史性"也[3]。

本书之根本方法包括"本体诠释学"与"形式指示法"，二者同其根底，而侧重略殊。"本体诠释学"，自读者进入文本而言；"形式指示法"，自孔子面向读者而言之。根本方法事关孔子研究之成败，极端重要，容稍作解释。

"本体诠释学"，谓本体论与方法学内在统一之诠释学方法。此非外人所强

---

[1] 此云"土地"，不限于土地自身而言，而包括与土地相关涉之一切生活秩序与教化伦理，即上文所谓土地伦理。吾国古代"皇权不下县"，广大民间唯以伦理自化，此亦君信托于民之一大端。试问其故何也？则土地奠其基，而伦理成其功。盖政权与土地既分属不同主体，必然互生"信托"之义。"信托"之有效，必以政权与土地互易其主体为之基，而礼乐教化润泽乎其间。礼乐之大义，所以统摄权属与教化为一体者也。故为政之道，以富民为先，以教化为大，而总摄之于礼乐。

[2] 西方制度以契约为底色，契约虽由双方或多方建立，而以主体言，实为一重主体。

[3] 语言习惯可反映时代信息，如《尚书》全书无"也"字，可知其时代之古；《论语》全书无"此"字而有"斯"字，《老》《庄》《孟》《墨》《大学》等并用"斯""此"，《孝经》有"此"无"斯"，皆其时代之证也。

加者，实为孔子学说之独特性所规定者也。孔子学说之独特性在于：本体与方法内在统一。"统一"谓"纳方法于本体体认之中"。研究孔子思想，欲得其门而入，必须摆脱与其思想独特性不相容之哲学虚构与理解框架，此类方法以知性理解为特征，谓之"纳本体于方法认知之中"。本体论与方法学同时并存而成为一体之两面，乃孔子学说之根本特征。譬如孔子所言之"仁"，本身即为人性之根据，所谓本体是也，同时亦即实现此本体之方法。此则"由本体衍生方法"，再"由方法揭示本体"，而寻求诠释学与方法学之融合也。本体乃一切德行之根据。孔子学说"思想与方法内在统一"，表明其"方法"之互动性：既由反省自己之仁以诠释他人，亦由反省他人之仁以诠释自己，故孔子每以"人""己"对言也。其中最具哲学意味者，仁既为本体（我欲仁），又兼方法（仁之方）；既为目的（志于仁），又兼过程（为仁由己）。总之，本体生方法，方法见本体，此即"本体诠释学"之要义。[1]

"形式指示法"乃现象学方法，经由海德格尔而获得自觉。此法之关键在"形式"二字，因其为"形式"，故所指示者（仁、道）不能被表象、意指或表明，因其不指示某一具体对象。形式所指示者，虽无寻常意义之具体内容，而指示实行之动力、途径、方向、目的。故形式指示不诉诸定义，而诉诸隐喻与事例。何故也？盖所指示者皆非严格之概念，故不可定义矣。夫定义之所施（种+属差），唯在非时间之事物，如数学、物理之概念然，至于时间性之事物（仁、道），决不能纳入定义而明之。子曰："我欲载之空言，不如见之于行事之深切著明也。"（《史记·太史公自序》）所谓"见之于行事"，即形式指示也。形式所指示者虽不能定义，而自有其确定之关系与效准：经由指示，明其动力（仁），明其方向（仁），明其目的（仁），而以永无止境之力行（任重道远），敞开人生之意义焉。[2]

本书之方法体系如下图 1-1 所示。

---

[1] 本体诠释学由成中英阐发甚明，参见成中英：《本体诠释学体系的建立：本体诠释与诠释本体》，《安徽师范大学学报》2002 年第 3 期，第 252-264 页。
[2] 海德格尔之形式指示法，详见孙周兴编译：《形式显示的现象学：海德格尔早期弗莱堡文选》，同济大学出版社，2004 年，第 1-161 页。另可参张汝伦：《作为哲学问题的"哲学"》，《哲学研究》2021 年第 11 期，第 12 页。

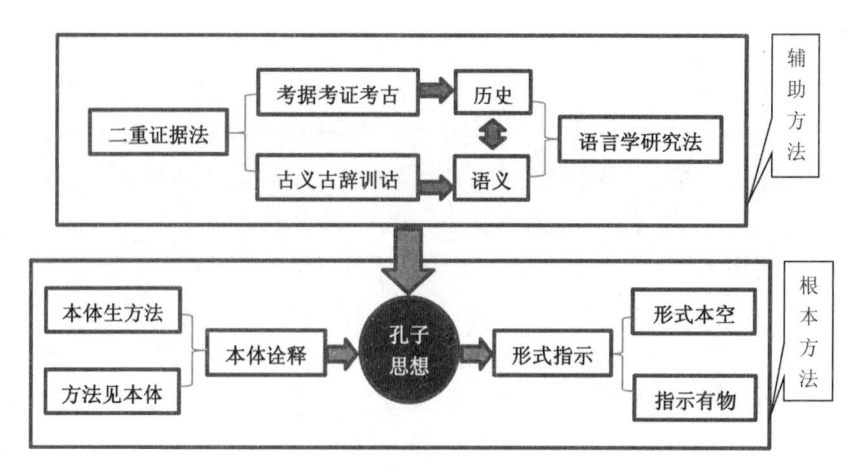

图 1-1

三、礼乐与本书线索

本书以孔子如何理解政治而始，探究孔子思想之"基础问题"与"基源情感"，而导出礼乐之追索。"基础问题"指谓具有决定意义之问题，为问题域之一切思考提供动力之源，并支配其他一切问题之解答。"基源情感"与"基础问题"相伴而生，出自天人之源初关联。孔子"基础问题"之显性表达为：如何实现天下有道？具体表达为：如何重建礼乐秩序？此问题必诉诸天人关系而求得根本解决。天人关系乃"人与存在之本源关联"问题。此问题可具体化二子问题：第一，何以天可敬畏且可效法？第二，何以人能学习且能成德？前者乃"敬感"之根据，后者乃"乐感"之来源。孔子"基础问题"之隐性表达为：人为何要敬畏天命？此问题内含孔子思想之"存在论差异"，表达为天与人之分别而非断裂，由此而承认"人"之有限与"知"之限度。人之有限性乃"敬感"之根据与"乐感"之来源。二者一贯，构成"仁"之本体论处境。

政治乃趋向理想之现实行动，展开为"命令之实行"，其中包含固有悖论：其一，就性质而言，"命令"承载"理想"与"现实"之张力；其二，就实行而言，"命令"之出令者与行令者皆为"人"；有限之"人"如何保证出令与行令之统一？孔子提出"政者正也"，即包含消解悖论之思想努力。"政者正也"之终极所归，指向"各正性命"。"正"非由逻辑理性所推定，故异于一般法则，实为天地人共在结构之形式指示。"正也者，所以正定万物之命也"（《管子·法法》），"万物之命"唯有基于天地人共在结构始能澄清而安顿。消解政治悖论之终极思考，曰"政者正也"；所以行之者，礼乐是也。为重建礼乐秩序,"正名"乃孔子之下手处。"正名"出于上层君子之作为,其底层支撑在于民众"中庸"之德。"中庸"之本体论根据曰"生生"。"生生"可视为孔子政治哲学之本体论承诺,"天命"可视为孔子化解政治悖论之关联性意象。"生生"之承诺引出"天命"之意象。"天命"乃天人关联之表达。君子有三畏,"畏天命"居其首。"唯君子为能通天下之志",君子乃沟通上下之关键群体,孔子赋予弘道重任之核心力量也。君子之天职在洞察民众之所由(中庸),以正礼乐之时义(正名)。孔子以生活与政治贯通而思考,由生活秩序(民众由道)生发政治秩序(君子知道),复以政治秩序风化生活秩序,实现生活与政治之互嵌互动,达成"君子成人之美"之理想。

礼乐者,经纬二重主体而节限人生万事之大道也。吾国欲求长治久安,舍礼乐莫能为。此义殊深,难以三言两语所能尽。孔子生逢礼乐崩坏之时,思以拯救之道,其政治哲学之根本问题,多寓礼乐而措思焉。本书以礼乐为问题基型而结构全篇,聚焦孔子之核心观念而阐释成章,而礼乐之大旨寓乎其中。礼乐者,先王之道,成就道义信托所不可或缺者也。全书共八章,除本章外,其余各章要旨概述如下:

第二章曰《浚源》,揭明孔子思想之古道传统,阐发吾国政治"道义信托"之本源。孔子自称"述而不作,信而好古"(《论语·述而》),其学旨在"祖述尧舜,宪章文武"(《艺文志·诸子略》)。欲明孔子学问之大,必先浚其源流,以明"好古敏求"之义。

第三章曰《原仁》,发明道义信托之人道规模。"仁"乃孔子学说之核心,不明"仁"则不能明孔子之学。孔子所以言"仁"而反复揭示之者,意在因时损益而拯救"礼"序于将坠。惜乎古今之论"仁"者,率多任意发挥,逞一得以自快,多不切本旨,难辞"孔子注我"之咎。论孔子之学,以原仁最为关键,故"原仁"次之。

第四章曰《明德》,澄明道义信托之德性根据。子曰"为政以德"(《论语·为政》)"道之以德"(《论语·为政》),"德"与孔子政治哲学关系极大。然"德"之为义,古今殊甚。后人言"德",以今度古,不探本源,任臆骋说,误导极大。故"明德"次之。

第五章曰《敷教》,阐释道义信托之教化原则。孔子重教,不待多言。教主教化,而礼乐乃其不二之通途。孔子何以重教化,人何以能教化,教化之大道何以在礼乐,政治之无为而治何以必赖礼乐而行,何以吾人之文明必由礼乐而成之,皆此章之基本问题。故"敷教"次之。

第六章曰《敬天》,厘清道义信托之信仰本源。敬天立本,古之道也。敬天乃孔子政治哲学之统摄原理与最高根据。"天"之提出,与中国社会构造及其思想形态密切相关,论孔子之政治哲学,"天"乃不可或缺之要目。故"敬天"次之。

第七章曰《立政》,阐发道义信托之秩序原理。前五章之论皆为导出"立政"而设,本章据前六章之铺垫而总论孔子政治哲学之义。或"照着讲",或"接着讲",探幽阐微,抉发孔子政治哲学之大纲与细目。故"立政"次之。

第八章曰《结语》。总括全文核心观点,简论道义信托与孔子思想之未来意义,以收束全书。

本书之逻辑思路如下图 1-2 所示。

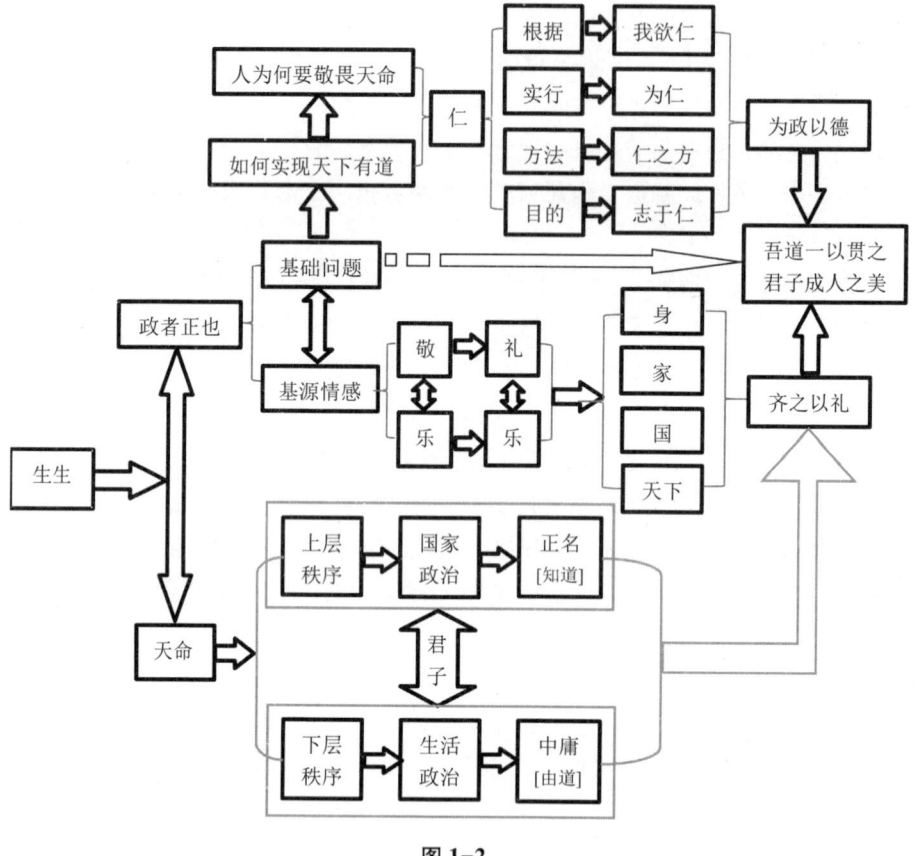

图 1-2

第二章

溯 源

华夏文明，世推悠久。有文字记载之信史，在三千年以上。三皇五帝之传说，遥溯上万年。今之论史者，多追及夏代，以其有文字与考古为据也。而论文化者，庶可不泥于史事，更上溯帝尧之时，《书》以《尧典》开篇，不为无据。孔子生春秋之世，遭文明之巨变，逢政治之鼎革，时势造英雄，遂启一代思想之大观。吾国思想之主题观念，吾人精神之核心价值，多以尧舜开其端，周公立其统，孔子成其大：此不争之事实也。孔子之思想，殊非无源之水，实有所传承者在焉。[1] 苟不明其渊源所自，只于孔子论孔子，则孔子之创造何在，不可得而明，孔子之传承何在，必有所昧焉。是不知其传承，则不知其创造，不知其创造，则孔子何以伟大，终不知其所以然也。

第一节 好古

论孔子之思想，《论语》最可信据，其为第一参考书，众所默认也。《论语·述而》篇，多载孔子学问之大纲者[2]，首章即开宗明义曰：

　　子曰："述而不作，信而好古，窃比于我老彭。"

此孔子自述其学问之本源、旨趣与原则也。本源者，古也，往圣之学也。旨趣者，信而好之也。原则者，述而不作也。

---

[1] 萧公权谓：研究政治思想史者，不能不断自晚周为始。三代以前，社会浅演，书契无征。夏商之世，文物制度尚属草创，学术思想方见萌芽。故吾人今日欲取中国政治思想作统系之研究，至早只能以周代为起点。[萧公权：《中国政治思想史》（一），辽宁教育出版社，1998，第1页。] 按思想与时代密切关联。孔子固一代巨擘，然其学说实为总结前代文明而来，殊非凭空立说。考其渊源，近者周公，远者尧舜，《论语》多记孔子叹美往圣之言，渊源有自，昭然若揭。论中国政治思想断自晚周为始，庶几可也；而论孔子之政治思想，苟不溯及往圣，焉能明其本源乎？

[2] 《论语》之结构线索，详见本章第四节。

同篇又载孔子之言曰：

> 子曰："我非生而知之者，好古，敏以求之者也。"（《论语·述而》）

此章复提"好古"，孔子自道其学问本源，明白如是。孔子尝言"生而知之者，上也；学而知之者，次也"（《论语·季氏》），孔子自居其次，殆非谦辞。盖生而知之者，圣人之能，虽不可断言绝无其人，而实所罕见。孔子自称"学而知之者"，好古敏求之义也。

一、释古：文化增量之传承底蕴

孔子自云好古，岂徒发思古之幽情乎？盖必有其理据与深思焉。古文"古""故"相通。① 古之事而凝为故，犹乎履地而成路然，岂无端之事哉？前言往行，辗转因袭，因以成故。"识前言者，口也。至于十，则展转因袭，是为自古在昔矣。"② 上古无文字，述古必借口口相传，此其学问传承所必由者。③ 古有故义，而故必有其所以然之故。④ 故之为字，即包含所以然之意。是故者，古事之所以然而成故者也。

《论语》载孔子谈"故"之言，可明其义。

> 子曰："温故而知新，可以为师矣。"（《论语·为政》）

此章载《为政》篇绝非偶然，厥旨深矣。夫为政必有所师，必有所因袭创发。温故而知新，温、知对言，故、新对言。温，寻也。寻、燖古通用。燖，以火煮肉也。郑玄注："温读如温燖之温。谓故学之孰矣，复时习之，谓之温燖。"其解甚确。何晏《集解》云："温，寻也，寻绎故者。"朱注踵之。刘宝

---

① 《说文》云："古，故也。从十口，识前言者也。"段注："故者，凡事之所以然，而所以然者皆备于古，故曰：'古，故也。'"
② 许慎、段玉裁：《说文解字注》（上），凤凰出版社，2015，第158页。
③ 徐锴《系传》云："古者无文字，口相传也。"马叙伦《六书疏证》卷五引汪荣宝云：古文古字，从十口而外，又从皇，盖三皇无文，取其事之十口所传者而记之，所以为古。[汤可敬：《说文解字今释》（一），上海古籍出版社，2018，第299页。]
④ 《说文》云："故，使为之也。从攴，古声。"段注："使为之也，今俗云'原故'是也。凡为之必有使之者，使之而为之，则成故事矣。引伸之谓故旧，故曰：'古，故也。'《墨子·经上》曰：'故，所得而后成也。'从攴，取使之之意。"[许慎、段玉裁：《说文解字注》（上），凤凰出版社，2015，第219页。]

楠驳之云："温无绎理之训。温为寻者，'寻'与'燖'同，不谓绎理也。"① 按温训燖最切，比喻之辞也。故者去今或近或远，犹陈肉转凉，须燖之使热，乃可食用。曰"温故"而不曰"温古"者，以故既含古之义，亦含所以然之义，如"天下之故""幽明之故"，要之无非古之恒道也。韩昌黎曰："吾谓故者，古之道也。新，谓己之新意，可为新法。"新固有己之新意，然岂限于是乎？新、故对言，新生之义也。故者已逝，新者方生，是亦"告诸往而知来者"之义。新者，古人所不言，先师所不传，事变无穷，苟不明其故，焉能知新乎？"可以为师矣"，朱注曰："可以为人师。"其解非矣。师者，言温故而知新即称师也，非谓为别人之师也。人之患在好为人师，孔子岂沾沾焉自居人师而立言乎？② 况孔子之时，学在王官，私学方萌，人师者几希矣。总上，整句意谓：温燖古道之所以由来，而知将来之所以趋往，可资取法而师之矣。取法而师之，谓师范于当下也。此章置《论语·为政》篇，对为政者而发也。后之解者，多以泛论温习所学，所见狭哉。

故者，犹言传统。人类历史之有传统，亘古恒然。历史由人而结成，历史之整体一如人之生命：今日之我已非昔日之我，然今日之我必仍袭昔日之我，否则何以言"我"哉？故变中有不变焉，不变中有变焉。历史讵能外是？其所不变者，传统也。即如文字之产生，苟无同类共识传承久之，文字焉能凭空而造乎？是文字本身即已说明传统之难以违拗，遑论遽改之矣。

夫事虽万变，其道未始不一；今古虽殊，人情不曾有二。通乎天地之道而察乎人情之实，古今可一而贯矣。所谓新者，因革损益，礼之流动也。明古道之所以，知因革损益之所是。是故温故者，即所以复古而活今，因故而趋新也。《匏瓜录》云："今人性分与古人同，古人所能为，皆我之所当为者也。不好古，则聋于前言，昧于往行，师心而已。好而不信，慕其人，难其事，不唯以古人为不可几及，且将曰古之人亦未必果若是其神奇夐绝也。信不及，故行不尽，此今人所以远逊于古人也。"③ 其论精审矣。

"古"义既明，则孔子屡云"好古"，绝非保守之义，实富谛见也。盖古道所传，众圣所积，经年累月，必有大义。由历史之演历而生机能，自然之道也，不徒人为然，一切生物皆然。彻底疑古，斩断一切传统，人根本无法行动。孔子"信而好古"，深究其理，盖有三焉。其一，人之知能（理性）必有其限度，

---

① 程树德：《论语集释》（上），中华书局，2013，第110页。
② 程树德：《论语集释》（上），中华书局，2013，第111页。
③ 程树德：《论语集释》（上），中华书局，2013，第504–505页。

"知之为知之，不知为不知，是知也"（《论语·为政》），此之谓也。其二，人之知能本身即来自传统，由传统所塑造，"民可使由之，不可使知之"（《论语·泰伯》），此之谓也。是故其三，人不能超然于传统之外，加以局外式评判或重建，犹如人不能超出一己之皮肤然。①

孔子"好古"之谛见，至少有三。其一，人之知能有限，一己之生命有终，古道所传，久历年所，其知识增量超越任何个人之知识成就与生命限度。故学问之道，好古为大，取前贤所积，奉古以知今，古今通义也。其二，古道之传承，积久而成传统，然时代有殊，故好古必以敏求，奉大义以损益，因时代之泰否。其三，古道即传统，传统即秩序。秩序之所以然，人虽未必尽知，而敬之畏之，遵奉以行，陶冶忘机，由道而乐，久而自得之。

二、述作：孔子何故"述而不作"？

孔子自称"述而不作"，后世解者多视为谦辞，是不知述作之义，又昧于古今学问之殊也。今之读者，不识古文，揣今度古，望文生义，以"作"为著作、撰作，殊不知孔子之时，并无私人著作之事。且战国之前，书记之事，不称"作"，而称"书"。遍览六经之文，"作"字多训兴作、起始、作为之义，而绝无一例可训撰作之义者。"作"之为写作、撰作，乃战国以后之事。即如"书"字，亦非私人著作之义，而谓书之于竹帛，记录政事之大者也。② 古者其事掌诸专人，多以史官为之。

《汉书·艺文志》云："昔仲尼没而微言绝，七十子丧而大义乖，故《春秋》分为五，《诗》分为四，《易》有数家之传。战国从衡，真伪分争，诸子之言，纷然肴乱。"孔子时，六艺犹存，诸子未起，私人撰著之事，无缘而兴。章实斋谓"至战国而著述之事专"③，明史之言也。又战国之书，立说多有针对，

---

① 哈耶克谓：以为人类之理性可以超然于文明价值之上，从外部加以评判——此纯属幻觉。简言之，理性本身即为文明之一部分。吾人所能者，将其一部与另一部加以对照而已。甚者，此一过程亦处于漫长而不间断之演化运动。在间之任何阶段，决不可能遽做全盘重建，因吾人必须利用可供利用之材料，本身即为此过程不可分割之产物也。（哈耶克：《哈耶克文选》，冯克利译，河南大学出版社，2015，第810页。）

② 《说文》云："书，箸也。从聿，者声。"许君《说文解字叙》云："著于竹帛曰书也。"段玉裁注"篇"字云："书，箸也，箸于简牍者也，亦谓之篇。"《周礼·地官·党正》云"书其德行道艺"，郑玄注："书，记之。"《荀子·劝学》曰："故书者，政事之纪也。"

③ 章学诚：《文史通义校注》（上），中华书局，2014，第57页。

出辞多指对象，本非文人铺排之文，多为学者辩论之作。① 方其时也，王政不逮，列国纷争，学以干政，政以挟学，由是而辩论之文骤兴焉。孔子时诸子未起，时势殊异，文无由而作矣。观《论语》之文，鲜有针对之意，较之《老》《庄》《墨》《孟》《荀》《韩》之文，其异显然。所以异者，时势殊也。

何以谓"至战国而著述之事专"？古者官师合一，未尝有私人著述之事。官师守其典章，史臣录其职载，百官以治，万民以察，其用备矣。圣王书同文以平天下，未有不用之于政教典章者。由是而知，以文字为一人之著述者，孔子时所未有。② 后之论者，揣今以论古，每有考证孔子有何著作，可谓不知史矣。孔子之时，六艺犹存周公旧典，何来私人著作之事邪？③ 子曰"予欲无言"（《论语·阳货》）"吾无行而不与二三子者"（《论语·述而》），明示其以行事教人也。④《论语》明载"子以四教：文、行、忠、信"（《论语·述而》）⑤，岂不彰彰明乎？

或问："至战国而著述之事专"，然则《论语》岂非春秋之书乎？答曰：《论语》虽记孔子之事，亦战国之书也。何以知之？《论语》记曾子之殁，吴起尝师曾子，曾子高寿（享寿八十），殁战国初年，故《论语》成于战国，明甚矣。第《论语》之成书，非一蹴而就，盖世代累积而成；先秦古籍之成书多类此尔。⑥

故知"述而不作，信而好古"，孔子自述其教学之大纲者，非谦辞也。"述"者，由故道而遵循之，循其旧而申明之也⑦。"作"⑧者，创始之谓，原本

---

① 傅斯年：《性命古训辩证》，上海三联书店，2018，第214页。
② 章学诚：《文史通义校注》（上），中华书局，2014，第59页。
③ 傅斯年谓：孔子生平无著述，作《春秋》赞《周易》之说，皆不可信。其言语行事在后世杂说百出，今日大体可持为据者，仅《论语》《檀弓》两书耳。（傅斯年：《性命古训辩证》，上海三联书店，2018，第166页。）
④ 详见第五章第二节"不言之教"部分。
⑤ 文，谓礼乐也，非后世所谓"文章"也。
⑥ 《论语》结构与要旨，详见本章第四节。或曰：管子生孔子之前近两百年，今有《管子》一书，岂非其著作邪？答曰：春秋之时，管子尝有书矣，然载一时之典章政教，犹之周公之有《官礼》也。记管子之言行，乃习管氏法者所缀辑，非管仲所著述也。［章学诚：《诗教·上》，载章学诚《文史通义校注》（上），中华书局，2014，第60页。］
⑦ 《说文》："述，循也。从辵，术声。"徐灏《段注笺》："戴氏侗曰：'循已行之迹也。'"朱骏声《通训定声》："由故道为述，故凡循其旧而申明之亦曰述。"
⑧ 王夫之《说文广义》云：作，起也。"三嗅而作""舍瑟而作"，其本训也。借为"造作"之作。人将有为，必从坐起，从人从乍，乍然而起，将有为矣。故缓曰"造"，急曰"作"。乍然而起，无所因仍，故创始曰"作"；乍为之，前未有也，故与"述"对。［王夫之：《船山遗书》（第八册），中国书店出版社，2016，第259页。］

所无之事而创始之也。制作礼乐,皆作之事。"窃"者,不待人许之而自取之也。"我"者,心尚其人而窃比之也。老彭其人,生平莫详,今难确考。包咸曰:"老彭,殷贤大夫,好述古事。"(《论语·注疏》卷七)《大戴礼记·虞戴德》篇记孔子之言曰:"昔商老彭及仲傀,政之教大夫,官之教士,技之教庶人,扬则抑,抑则扬,缀以德行,不任以言。庶人以言,犹以夏后氏之衬怀抱褐也,行不越境。"① 苟所记不虚,则老彭盖古之善教人者。孔子窃慕之,故曰"窃比于我老彭"尔。

述作之义,皇疏释之明矣:

> 述者,传于旧章也。作者,新制作礼乐也。孔子曰:我但传述旧章而不新制作礼乐也。夫得制作礼乐者,必须德位兼并,德为圣人,尊为天子者也。所以然者,制作礼乐必使天下行之。若有德无位,既非天下之主,而天下不畏,则礼乐不行;若有位无德,虽为天下之主而天下不服,则礼乐不行,故必须并兼者也。孔子有德无位,故述而不作也。②

明乎述作之义,则孔子之言,理甚浅白。孔子有德无位,安能作乎?述而不作,有不能作者,有能作而不自作者。能作,其德堪作也;不自作,无位以作也。能作而不自作,故曰"述而不作",是知天命又畏天命之言也。

《中庸》载孔子之言曰:

> 子曰:愚而好自用,贱而好自专;生乎今之世,反古之道。如此者,灾及其身者也。非天子,不议礼,不制度,不考文。今天下车同轨,书同文,行同伦。虽有其位,苟无其德,不敢作礼乐焉;虽有其德,苟无其位,亦不敢作礼乐焉。

按《中庸》晚出,此段虽未必为孔子之言,而所以发明"述而不作"之义,则甚为明白。是故不作,无缘而作也,无由而作也,不敢作亦不必作也。此义非徒古时为然,即以今日论之,譬诸平头百姓而颁布治国纲领,人微而言大,岂不贻笑天下乎?

古者,古之道也,谓尧舜禹汤文武周公之道也。信之故好之,好之故博学

---

① 王聘珍:《大戴礼记解诂》,中华书局,1983,第178页。
② 程树德:《论语集释》(上),中华书局,2013,第502页。

之详尽之，是以能述焉。朱注云："作非圣人不能，而述则贤者可及。"[1] 孔子述而不作，岂不至当乎！何谦辞之有哉？

兹复引孔子之言以明之。

> 子曰："贤者辟世，其次辟地，其次辟色，其次辟言。"子曰："作者七人矣。"（《论语·宪问》）

是章连记孔子之言，义本相关，编者或析为二章，或并为一章，皆不碍文义之一贯，《论语》之文往往如是。惜哉千载以来，解者咸以"辟"同"避"，以为孔子论隐士之高下次第，遂不得其解。孔子论隐者，悉备《论语·微子》篇，何必于《论语·宪问》多此一论？可谓不伦矣。果然孔子论隐者，此章当置《论语·微子》篇，方为切题。况"作者七人"，隐士岂止七人耶？且"作"或训始（《说文》），或训为（《尔雅》），绝无训"隐去"之例。[2] 隐士无为者也，焉能言作乎？且《论语·微子》篇孔子尝论"逸民"，明列七人之名，何以在此又云"作者七人"而不具其名邪？以"作者七人"言隐者，断不通矣。

细索文脉，此章"辟"字不训"避"，即训其本义为是。《说文》："辟，法也。从卩，从辛。节制其罪者也。从口，用法者也。"辟之为义，源自古之君长制。上古之时，君长称号各殊：以行政而言则称尹，以立法而言则称后[3]，以司法而言则称辟，合立法、行政而言则称君。[4] 故辟之为义，行法之谓也。然此章辟字，取义灵活，兼含取法之义，亦含开辟之义。法所以行政，而法非凭空创设，必有所取法焉。取法而行法，皆开辟之谓。世者，世代也，犹言时代精神

---

[1] 本文凡引"朱注"或"朱子云"，若非特别说明，均取自朱熹《论语集注》，不逐一标示引文来源。
[2] 颜元曰：恐"作"字无"隐去"之解，还训创起、始立、著撰等意为妥。[颜元：《四书正误·论语·上》，载颜元《颜元集》（上），中华书局，1987，第219页。]
[3] 《周易》泰卦大象传云："后以财成天地之道，辅相天地之宜，以左右民。"姤卦大象传云："后以施命诰四方。"
[4] 刘师培：《古政原始论》，载李帆《中国近代思想家文库·刘师培卷》，中国人民大学出版社，2015，第133-134页。

也。地者，地域方国也。色者，容色风仪也，犹今言政治风度耳。① 言者，德言也，有德者必有言也。贤者辟世，谓贤之最上者取法而行法乎世，开辟某一时代也。② 其次辟地，谓贤之其次者取法而行法于地，开辟某一地域也。再次辟色，谓贤之又其次者取法而行法于色，开辟某一风度也。③ 最后辟言，谓贤之更其次者取法而行法于言，开辟某一德言也。

"作者"之作，即"述而不作"之作。《乐记》曰："作者之谓圣，述者之谓明。""作者七人矣"，谓如是而作者，已有七人矣。七人者，尧舜禹汤文武周公是也。著一"矣"字者，谓止此七人也。尧舜之前，虽伏羲神农黄帝之圣，去今复久，史事无征，孔子不以也。言七人而不道其名者，不必道也。刘原父《七经小传》谓："仲尼序《书》，始尧舜。尧舜以来始有典籍，故道典籍以来，圣人得位而制作者凡七人，即尧舜禹汤文武周公也。此章偶与辟世章相属，学者遂穿凿妄解。"④ 按此章与辟世章岂偶相属哉？谓之偶相属，不识辟字之义焉耳。

三、敏求：好古何以必须"敏求"？

孔子自称"好古"，又曰"敏以求之"。古者，古圣人之道也。古圣人之

---

① 色字之义，解者多误，容稍辨之。《说文》云："色，颜气也。从人卪。"段注："颜者，两眉之间也。心达于气，气达于眉间，是之谓色。颜气与心，若合符卪，故其字从人卪。《记》曰：'孝子之有深爱者，必有和气；有和气者，必有愉色；有愉色者，必有婉容。'《孟子》曰：'仁义理智根于心，其生色也，此然见于面。'此皆从人卪之理也。引伸之为凡有形可见之称。"［许慎、段玉裁：《说文解字注》（上），凤凰出版社，2015，第755页。］今按：举凡容色之类，皆谓之色。色者，情之候，气之华，神之旗。故缘色可感人情，可察人气，可通神志。《管子·揆度》云："色者，所以守民目也。"色之可以资政，于此可见。
② 时代必有其时代精神，能切入时代精神而开辟之，非圣哲深识莫能为，此贤之最上者也。
③ "辟色"之"色"指容色风仪，近于风度一词。钱穆先生论政治风度曰：政治家所宝贵者，固在政才与政绩；而更可宝贵者，则在其政治之"风度"。"风"者乃一种"风力"，"度"者指一种"格度"。风力者，如风之遇物，披拂感动，当者皆靡。格度者，如寸矩尺规，万物不齐，得之为检校而自归于齐。凡此政治家风度潜力之所及，自足以感摩伦类，规范侪偶。如风偃物，同趋一向。如度规形，同成一式。风力之所感靡，格度之所检正，常使一群体一社团同时响应，有不自然而然者，遂以形成一共有之趋势，与共认之局面。故政治风度，可谓"无形之才能""不可计量之功业"。（钱穆：《政学私言》，九州出版社，2010，第204、205页。）今按：孔子所谓"晋文公谲而不正，齐桓公正而不谲"（《论语·宪问》），既言二公之人格，兼言其风度之殊，盖非褒贬之辞也。
④ 程树德：《论语集释》（下），中华书局，2013，第1182页。

道，殊非一圣所能建，乃历万千载，群智所渐，众圣所积，虽孔子之敏，不学则不能知之也。而学之之道无他，敏以求之而已。敏字之义灵活，后之解者不悉其义，所见或狭焉，或误焉。何晏《集解》引孔安国曰："应事疾则多成功也。"朱注踵之："敏，速也，谓汲汲也。"《说文》云："敏，疾也。"敏固可训速矣，然训速仅其一端，非全义也。敏可训疾，又可训达，复可训审。其训达者，如"回虽不敏""雍虽不敏"是也。其训审者，则"敏以求之""敏则有功"是也。今以《论语》"敏则有功"及《中庸》"人道敏政"为例，阐明其义。

（一）敏则有功

"敏则有功"，《论语》二见，摘录如下。

> 恭则不侮，宽则得众，信则人任焉，敏则有功，惠则足以使人。（《阳货》）
> 宽则得众，信则民任焉，敏则有功，公则说。（《尧曰》）

敏字之训，焦循《论语补疏》引传注以释之，甚为明白，足矫过往之谬。兹摘其引据如下：

> 僖四年《公羊传》注云："生事有渐，故敏则有功。"徐彦疏云："敏，审也，言举事敏审，则有成功矣。"是敏之义为审。僖廿三年《左传》："辟不敏也。"注云："敏犹审也。"卅三年《左传》："礼成而加之以敏。"杜预注云："敏，审当于事。"亦以敏为审。《周礼·地官·师氏》："二曰敏德。"注云："敏德，仁义顺时者也。当其可之谓时，顺时则审当之谓也。"①

细思《公羊传》注云"生事有渐，故敏则有功"，既云"渐"矣，何"速"之有哉？渐者，渐进也，速之反也。既云"生事有渐"，亦云"故速则有功"，岂不大谬乎？故此处敏训审，不容辩矣。况孔子论政，本不以疾速为高。子夏为莒父宰，问政。子曰："无欲速；无见小利。欲速则不达；见小利则大事不成。"（《论语·子路》）岂不彰彰明乎？

---

① 刘宝楠：《论语正义》（下），中华书局，1990，第683-684页；程树德：《论语集释》（下），中华书局，2013，第1375页。

"好古，敏以求之"，敏当训审，谓我好古道，审当以求其义也。敏以求之，岂谓敏捷以求之哉？《论语》"敏"字多取是义。如"敏于事而慎于言"（《论语·学而》），谓审当于事而谨慎于言也。"君子欲讷于言而敏于行"（《论语·里仁》），谓君子于言似木讷而于行必审当也。"敏而好学"（《论语·公冶长》），谓审当而好学也。好学而不审当，焉能保其学之不诬乎？孔子立言之审，可以见焉。徒以疾速训敏，微言晦矣。

（二）人道敏政

敏有审当之训，故近于义。义者，宜也。《中庸》哀公问政章，引孔子之言，有"人道敏政，地道敏树"之句，其义深哉！后儒不识字义，注解虽多乎，奈何无的放矢，圣义不彰，殊堪痛惜！兹引其文，以资发明。

> 哀公问政。子曰："文武之政，布在方策。其人存，则其政举；其人亡，则其政息。人道敏政，地道敏树。夫政也者，蒲卢也。故为政在人：取人以身，修身以道，修道以仁。仁者，人也，亲亲为大；义者，宜也，尊贤为大。亲亲之杀，尊贤之等，礼所生也。

是章孔子答哀公问政，阐发为政之道，可谓千古不磨之义，适与《论语》相发，而解者多不切旨。朱子解曰：

> 敏，速也。蒲卢，沈括以为蒲苇，是也。以人立政，犹以地种树，其成速矣，而蒲苇又易生之物，其成尤速也。言人存政举，其易如此。①

朱子以沈括之言为据，易"蒲卢"为"蒲苇"，谬哉。② 朱子之解，以蒲卢喻为政之易，其解本于程子，谬亦同程子。

> "政也者蒲卢也"，言化之易也。螟蛉与蜾蠃，自是二物，但气类相似，

---

① 卫湜、杨少涵：《中庸集说》，漓江出版社，2001，第184页。
② 毛奇龄曰：蒲卢，《尔雅》云即蜾蠃，又名细腰蜂。每取螟蛉为己子，祝之而化。《诗》曰"螟蛉有子，蜾蠃负之"，可以作人存政举之证，故《孔子家语》载哀公问政章，有"孔子曰：'天道敏生，地道敏树，人道敏政。夫政也者，蒲卢也，待化而成'"。其著"待化"句所以解蒲卢，而著"敏生"句，则不必以蒲卢承"敏树"可知也。乃改"卢"为"芦"，以蒲与芦并未连文者，而强为连之，不信诸经，而信沈存中无学之一宋人，亦已可怪！[毛奇龄：《四书改错》（上），华东师范大学出版社，第51页。]

然祝之久，便能肖。政之化人，宜其甚于蒲卢矣。然蒲卢二物，形质不同，尚祝之可化。人与圣人，形质无异，岂学之不可至耶?①

程朱之解，咸以蒲卢指喻为政之易，其不审事理一也。原其谬误之本，皆坐不识敏字之义。试问，朱子以蒲苇为易生之物，苟置之沙漠，岂易生邪？程子以蒲卢之喻，言化之易，夫化之易者多矣，奚必以蒲卢为喻乎？此类不切旨之解，不劳多辨。

欲明此章之义，须辨事理与字义。

先辨事理。蒲卢之喻到底何谓也？苟不明蒲卢之性，则不能得其喻旨。蒲卢，即蜾蠃，俗名细腰蜂是也。考其习性，则以泥土作窝，捉螟蛉置其中，待产卵孵幼虫，则食之。螟蛉者，绿色小虫，蜾蠃恒喜捕之，负而置窝内，以为幼虫之寄体，待幼虫孵化，就近以螟蛉为食。古人不察，误以蜾蠃不产子，喂养螟蛉为义子，故《诗》有"螟蛉有子，蜾蠃负之"之句。古人比兴之法，以表情达意为归，虽有乖乎事实，不碍表情达意可也。蜾蠃之与螟蛉，天然相依为命者也，犹花粉之与蜂蝶然，相互建构其生态，成全其命运者也。其所以相依为命而相互成全者，天意也。《中庸》"政也者蒲卢也"，谓政之与人，犹如蜾蠃之与螟蛉，相依而成全者也。故曰"人存政举""人亡政息"，譬诸无螟蛉则蜾蠃无以成全其命焉，其理一也。

再辨字义。"人道敏政，地道敏树"，敏者，审当之谓，犹言适宜也。人道敏政，谓政以人道所宜为归。苟不然，政不敏（适宜）于人道，其政必息。地道敏树，谓树以地道所宜为命。苟不然，树不敏（适宜）于地道，其树必死。地必有地气焉，地气不同，所宜生之树亦不同。故南橘北枳，地气不同故也。地面之植物所以各种各样者，以此。同理，人必有人伦焉②，人伦不同，则其所宜之政必不同。世界之政体所以五花八门者，以此。故下文曰："义者宜也，亲亲之杀，尊贤之等，礼所生也。"礼者，所以经纬天地之五彩缤纷者也。

是故蒲卢之喻，非喻为政之易，而喻政与人相互建构其生态也。政非其人不举，树非其地不生，一如蜾蠃与螟蛉之相依为命然。人道之所宜，以政而显；地道之所宜，因树而彰。政之由人，一如树之由地。其人存，则其政举；其地存，则其树生：自然之道也。后儒弗察，徒以为政之易解之，乌得其义乎！易

---

① 卫湜、杨少涵:《中庸集说》，漓江出版社，2001，第181页。
② 此所谓人伦者，不限于狭义之伦理；举凡人伦日用、生活方式、生产方式、交往结构、价值信念，莫非人伦之义也。

生之物多矣，何必专以蒲卢为喻耶？苟置蒲卢于沙漠，安能易生耶？孔子所以好古敏求者，审求古道之义也。温故而知新，鉴古以知今，大义通也。

第二节　通变

作者之谓圣，述者之谓明。作必有德有位焉，述则有德无位可也。故孔子"述而不作"；又曰"作者七人矣"，谓自开辟以来，作者已有七人矣。此七人者，或辟世焉，或辟地焉，或辟色焉，或辟言焉，虽高下有等，要之无非作者。以孔子之义，作者断自尧为始，何以故？此中大义，殊堪覃思深察。思其所以然，必以通乎时变为根本。通乎时变，则道之所由而渐，终至于成，可循而知焉。盖自夐古以来，久历万千载，往圣虽多乎，而道自尧始立，此尧之所以为大也。

自吾生民有史以来，时变之剧者，莫甚于殷周之际，由是而有周公之制作焉。有周以降，时变之剧而全者，莫甚于周秦之际，由是而有孔子之传述焉。剧者，谓其变更之剧烈显著也。全者，谓其变更之全面周遍也。欲明周孔之道之所以然，苟不察乎时变之何由兴，焉能得其门而入乎。

一、殷周之变：中华大一统之建立

夏商周三代，华夏国家肇始，政权确立，此习见所共识者。此论之当否，涉及国家之定义，考索颇繁，此不详究。征诸史实，三代之说，本含二义：一曰纵向意义，二曰横向意义。以纵向言之，则夏为商所替，商为周所替，三代前赴后继。其时间跨度，据《竹书纪年》，夏自禹至桀十七世，凡四百七十一年；商自汤至纣二十九王，凡四百九十六年；周自武王伐纣至秦统一，凡八百六十七年。三代相加，用岁凡一千八百余年。以横向言之，则夏商周地域各异，夏人在中，商人在东，周人在西。三代祖先，分别为禹、契、后稷，皆任职于尧舜之时。商灭夏之前，商夏共存有时，周灭商之前，周商共存有时，故夏商与商周，其时代本有重叠。又商代夏之后，以杞继夏祀，杞为商、周之侯国之一；周灭商之后，以宋继商祀，而宋为周之侯国之一。据此可知，三代之关系，一为朝代继承之纵向关系，一为列国并存之横向关系。[①] 考究三代之变，此不容

[①] 张光直：《从夏商周三代考古论三代关系与中国古代国家的形成》，载张光直：《中国青铜时代》，生活·读书·新知三联书店，2013，第71-102页。

不知者。

凡言变者，主以纵向言之。然三代本有并存之实，故考其变，横向关联亦不容忽视。三代纵横交错，论其世变颇多争议，概略以言，主张有二：一以不变为主，一以变为主。以不变为主者，谓三代大同小异，文化本属一系，差别不过地域之殊。"纵观三代文化，纵有异同之处，未逾损益相因，寻其本则一脉相承，未尝有变焉。"① 此就大处言之，未为不可。考诸社会组织与国家结构，夏商周皆为城邑制宗族统治机构，其政治模式大略相同，皆属史前部落时代与秦汉帝国时代之中间形态，所谓王国阶段是也。② 诸如此类，其论固有所当，惜见著而忽微，执表而昧里，无裨乎察变以明道。兹不具论其非，俟下文细考殷周之变，自然明了。

以变为主而论之者，以王静安先生《殷周制度论》最称卓识，其言曰："中国政治与文化之变革，莫剧于殷周之际。"③ 此一论断，非凭空立说。王氏细考文物，深察制度，切入纵深以窥人文，屡发灼见特识，非徒大言无当者比。

夫殷周之变著矣深矣，周公当其变之方殷，思所以定鼎天下以安万世，爰有所创发制作焉。殷周之变，头绪多端，以本文之关注者言，概有四端：一曰政权之变，二曰宗法之变，三曰姓氏之变，四曰信仰之变。四者交错互融而成一缜密之共生结构。兹且论前三变，以勾勒其轮廓；信仰之变，详见第六章。

（一）政权之变

以政权关系而言，殷周之变可概括为：由霸权协商关系变为正当从属关系。商与列国之关系，基于协商而建立均衡。商以外之列国，皆自治之族群。商王之为共主，借田猎及征伐活动展示实力，近乎霸权式存在。商与列国之间，尚无王室政府与列国政府之整合结构。商与列国之间，近于松散之联邦。且商之实际控制区域，随其实力而损益，颇富弹性。商朝既无永久之成员，亦无永久之敌人④。

西周政权之建立，情形乃为之大变。西周之初，虽武王之崩引发数年叛乱，及至周公与召公再次东征，平定叛乱，反因乱而启智，激发诸多制度创设，进而成体系而强结构。较商代之松散联邦，周与列国之关系经重塑而为政治之生态结构，迥然不同于昔矣。请略举其要者。首先，营建东都"成周"（洛邑），

---

① 张光直：《中国青铜时代》，生活·读书·新知三联书店，2013，第78页。
② 张光直：《中国青铜时代》，生活·读书·新知三联书店，2013，第78-79页。
③ 王国维：《殷周制度论》，载王国维：《观堂集林》，浙江教育出版社，2014，第247页。
④ 李峰：《西周的政体：中国早期的官僚制度与国家》，吴敏娜等译，生活·读书·新知三联书店，2010，第30页。

建立政府分支，达成"多中心"结构。其次，周之军事控制力远胜于商，扩及部分封国区域。西周军事主力有二，一驻扎东部成周地区，一戍守西部渭河流域，二者可配合作战。再次，周派遣皇室成员及亲属建立地方封国，范围扩及王畿战略要地及东部平原，远者可北抵幽燕之地。各封国之政，虽仍属自治，然皆臣属周王，较商与列国之松散关系，迥然有殊。况周之封国，非徒以政权分封而已，犹且植入周之文化精神，周王室与封国之间，皆为此文化精神所形塑，而建构为全新之政治文化生命体——此点甚关紧要，容下文详之。简略言之，西周重建政权关系，重塑文化精神，重释天命观念，蔚然以新世与新民自期自励，纳全体列国于正义之体，焕然结为一全新之政教体系，由是而确定华北平原数百年之政治规模。① 秦之能统一全国，固赖其近功卓著，而其远因实奠基于此。

（二）宗法之变

西周行封建，以宗法为基。宗法者，古来氏族相传之习惯法，非自西周而始。然西周重塑宗法，缘旧制以赋新义，又迥然不同于昔矣。王静安曰："殷周间之大变革，自其表言之，不过一姓一家之兴亡与都邑之转移；自其里言之，则旧制度废而新制度兴，旧文化废而新文化兴。"其所兴者何也？其所以能兴者何也？"自其里言之，则其制度、文物与其立制之本意，乃出于万世治安之大计，其心术与规摹，迥非后世帝王所能梦见也。"② 要言之，古来之宗法，其义止于亲亲；西周重塑而后，由亲亲而尊尊，由尊尊而贤贤，于是亲亲、尊尊、贤贤统摄于同一政治从属结构，而天下赖以定焉。

周制之大异于商者，概有三端，一曰立子立嫡之制，二曰庙数之制，三曰同姓不婚之制。第一点至关重要，后二者无非配合前者。夏商之时，继嗣之制多传弟不传子，虽偶有传子，实因无弟可传。西周明定立子立嫡之制，由是而有封建子弟之制，君天子、臣诸侯之制。"此数者，皆周之所以纲纪天下。其旨则在纳上下于道德，而合天子、诸侯、卿、大夫、士、庶民以成一道德之团体。"③ 何以立子立嫡之制甚关根本？无他，顺天故也。"兄弟之亲本不如父子，而兄之尊又不如父，故兄弟间常不免有争位之事。"此非天意而何？故舍弟而传子，顺天意也，所以息争也。"天下之大利莫如定，其大害莫如争。任天者定，

---

① 李峰：《西周的政体：中国早期的官僚制度与国家》，吴敏娜等译，生活·读书·新知三联书店，2010，第35-37页。
② 王国维：《观堂集林》，浙江教育出版社，2014，第248页。
③ 王国维：《观堂集林》，浙江教育出版社，2014，第248页。

任人者争；定之以天，争乃不生。"① 故周制之大者，皆以敬天立本，顺天故也。

由传子之制，而嫡庶之制生焉。由嫡庶之制，而宗法之制生焉。宗法之制生，而名分之大义立焉。盖商周之前，宗法不过合一族之人，限于亲亲而无以扩之。经西周重塑宗法，则宗统与君统扣合为一，由亲亲而尊尊，由尊尊而贤贤。"周人以尊尊之义经亲亲之义，而立嫡庶之制；又以亲亲之义经尊尊之义，而立庙制。"亲亲、尊尊、贤贤，三者各有所重："周人以亲亲、尊尊二义，上治祖祢，下治子孙，旁治昆弟，而以贤贤之义治官。"宗法之制主世袭，然周之世袭，止限于天子、诸侯，其下之卿、大夫、士皆不世袭，由是而有贤贤之义。天子、诸侯者，有土之君也，故世袭以弭天下之争。卿、大夫、士者，治事之臣也，不任贤，无以治天下之事。② 当西周方建，首务在稳固天下，此制甚为合理；沿袭至春秋之际，世易时移，上下互动日繁，下层渐趋扩张，其弊凸显，终至礼坏乐崩之局而难以收拾。此皆历史之必然者，非周公所能逆料，而为孔子所亲见者也。

由宗法之重塑，亲亲、尊尊、贤贤扣合为一体，因制度而生名分、典礼。名分之大者，曰天子。自殷以前，虽有事实之盟主，而天子与诸侯，君臣名分未立。之所以未立，以盟主出自霸权，列国与盟主之间，并无缜密制度借以维系，名分无由而立也。盖周初时亦然，观《牧誓》《大诰》皆称诸侯曰"友邦君"，君臣名分未定，据称谓可知。周初之叛乱，与此关系甚大。周公平定叛乱，何以定天下于一尊，纳松散之诸邦于一体，此周公所以宵旰忧思者也。周公开辟宗法，彰显名分，重作礼乐，整合天下于一统，其意深焉。"贤者辟世"，其斯之谓乎？

（三）姓氏之变

吾国姓氏渊源甚古，其演进复多流变。姓氏含义之衍变，每与社会政治变迁配合，此于殷周之际尤称显著。周初宗法之变，实配合姓氏之变。据徐复观先生考证，姓氏之含义在殷周之际发生重大变化。明乎姓氏之变，周初宗法如何演进，更为清澈可感。

上古姓氏分立，各有其义。考姓之本源，当与母系氏族有关。《说文》云："姓，人所生也。古之神圣母，感天而生子，故称天子。从女从生，生亦声。《春秋传》曰：天子因生以赐姓。"母系之时，人但知其母，不知其父，"感天而生子"者，不知其父故也。人之生，因母而得姓，故姓字从女从生。观古代

---

① 王国维：《观堂集林》，浙江教育出版社，2014，第248-249页。
② 王国维：《观堂集林》，浙江教育出版社，2014，第255、257页。

之姓多从女旁，可证其实。盖上古之姓，所以建构生活秩序者也。氏族生活于某地，即以其地名为氏族之名。甲骨文姓字，盖为血缘部落之通称。顾亭林《日知录》卷二十三云："余尝考之，古之得姓者，未有不始于封者也。"此说犹姓之起源义。盖母系之时，人因母而得姓，亦因母之所在而生活，则姓字实融血缘、地缘于一体。

氏之本源，与族关涉。族者，部落也，乃上古生存之基本结构。《说文》云："族，矢鏠也，束之族族也。从㫃从矢。"族之原义为部族，㫃为部族互别之标志，矢为部族自卫能力之象征。部族若由特定之姓表之，则称"族姓"；若以氏表之，则称"氏族"。氏与族，单言则氏可为族，族可为氏。西周以前，氏族无别。① 殷商后期之国家组织，多以氏族奠其基础。此时之氏族，即大小部落之名称。氏族之大者，可吸纳周边氏族而结成氏族联盟，即部落联盟是也。古时之氏，必有其土，无土则无氏。故曰某氏，犹言某地。氏与部近义。《说文》云："部，天水狄部，从邑。"盖中国人分别而居，则曰某氏某氏，于四裔之分别而居，则曰某部某部。②

考姓氏之别，则姓者血统之符号也，氏者政权之符号也。上古之时，血统与政权固难分离，政权必由血统而建，缘地域而成，以期坚固。故姓氏单举可以互涵，对举则各有所偏。一政权（氏）可包含一血统（姓），可包含多血统（姓）。此时之氏，实大于姓。③《左传》曰："天子建国，因生以赐姓，胙之土而命之氏。"可见姓氏之别：姓者因生而得，氏则赐土而来。上古之民，游牧为生，以旗帜而区牧地，而部落以分。刘师培云：

> 古代之所谓部落者，不称国而称氏，古《孝经讳》有言，古之所谓氏者，氏即国也。吾即此语而推阐之，知古帝所标之氏指国言，非指号言。如盘古氏即盘古国，陶唐氏即帝尧之国，有虞氏即帝舜之国，夏后氏即大禹之国。足证古代之氏，犹言国也，无国则无氏。④

---

① 徐复观：《中国姓氏的演变与社会形式的形成》，载徐复观：《两汉思想史》（一），九州出版社，2014，第269页。
② 氏、部、方、国，古时并称。部指部落。方指方国，《易》《书》多见之。大体言之，称氏最前，称方次之，称国称人在后。如陶唐氏有虞氏夏后氏皆称氏，而商人周人皆称人，然则陵阪穴居，其风或自殷商以下而渐息也。[钱穆：《中国古代山居考》，载钱穆《中国学术思想史论丛》（1），生活·读书·新知三联书店，2019，第74-75页。]
③ 徐复观：《两汉思想史》（一），九州出版社，2014，第273页。
④ 刘师培：《古政原始论》，载李帆《中国近代思想家文库·刘师培卷》，中国人民大学出版社，2015，第129页。

西周以后，宗法重塑，姓氏因以重构。周初封土建国，赐土即同时赐姓，姓氏与宗法吻合，乃宗法制度之骨干。周室宗法，《礼记·大传》记其概云："别子为祖，继别为宗，继祢者为小宗。有百世不迁之宗，有五世则迁之宗。百世不迁者别子之后也。宗其别子者，百世不迁者也。宗其继高祖者，五世则迁者也。"百世不迁者称大宗，五世则迁者称小宗。宗之立，本于人道之孝悌。孝悌情感之兴发，有其自然限度，盖及于父祖三代而止，上推之亦不过五代而极，故小宗五世则迁，皆人心之自然者。周公重建宗法，欲定天下于一统，必纳小宗于大宗，以收百世不迁之固，此其可依赖者，姓之凝聚力也。郑玄驳《五经异义》云："姓者所以统系百世，使不别也。"此即百世不改之宗，而姓实为百世不改之标志，兼一国政权之标志也。

西周之氏异于曩昔者，可引《左传》为据。"无骇卒，羽父请谥与族。公问族于众仲。众仲对曰：天子建德，因生以赐姓，胙之土而命之氏。诸侯以字为氏，因以为族。官有世功，则有官族，邑亦如之。公命以字为展氏。"（《左传》隐公八年）此段二"氏"字有别："胙之土而命之氏"，此氏即国也，与周前之氏同；"诸侯以字为氏"，此氏乃周初之新事，标族而不标国，谓诸侯命同姓之卿大夫以氏而言。"官有世功，则有官族，邑亦如之"，谓诸侯赐异姓者以氏而言。官，仕于朝廷也。邑，仕于都邑也。因赐氏而有其族，掌其权，此西周之氏迥然异于曩昔者。要言之，西周以前，姓氏虽分立，而常可互用，西周而后，则姓以标国，氏以标族；西周以前，姓不变则氏亦不变，西周以后，"姓一定而不易，氏递出而不穷"[1]。西周以降，姓氏分立，各有所用，皆所以统贯血缘、地缘以铸成宗法政治之骨干者也。演至春秋，氏之意义复生变化，此容后文详之。秦汉以降，姓氏趋于合一，言姓不言氏，以至于今。

二、周秦之变：制度与兴起之滞差

周公当殷周剧变之时，思所以定鼎天下，乃有制礼作乐之事。制礼作乐，言其概也。考其翔实，则所谓制礼作乐，实为整套制度之创建。此套制度，大而言之，则封建诸侯，而定于一尊；小而言之，举凡政治、宗法、伦理、信仰诸多层面，莫不由以重塑。西周以前，氏族分立，生活局限于地域，一循自然之演进，天下未曾一统，即"天下"之观念亦无由发生。经周公制作而后，始有一统制度之创建，与一统政治之生成。一统之根本，实奠基于宗法；宗法之

---

[1] 徐复观：《两汉思想史》（一），九州出版社，2014，第276-279页。

根本，又因家庭而缘构。此义钱穆先生论之甚详。

  周公之封建制度，其主要精神，实寄托于其所定之宗法。此在近人，亦多能言之。然不知周公封建之主要义，实在于创建政治之一统性，而周公定宗法之主要义，则实为社会伦理之确立。而尤要者，在使政治制度，俯就于社会伦理而存在。故政治上之一统，其最后根柢，实在下而不在上，在社会而不在政府，在伦理而不在权力也。而就周公定宗法之再进一层而阐述其意义，则中国社会伦理，乃奠基于家庭。而家庭伦理，则奠基于个人内心自然之孝悌。自有个人之孝悌心而推本之以奠定宗法，又推本之以奠定封建，封建之主要义，在文教之一统。故推极西周封建制度之极致，必当达于天下一家，中国一人。太平大同之理想，皆由此而启其端。故论周公制礼作乐之最大最深义，其实即个人道德之确立，而同时又即是天下观念之确立也。①

  封建本为分权之制。以分权之制而成一统之局，其行之有效，秘诀何在？其理万端，概而言之，曰礼治是也。盖权力之分散与集中，欲行之有效，所赖者固有不同。集权之制，必赖强力与峻法。分权之制，必赖文教与礼治。故周公之礼乐，非徒治化之器，兼含信仰之实。诸侯之服膺周室，舍礼莫能焉。

  然而，正所谓"祸兮福所倚，福兮祸所伏"，能成其大事者，复埋其隐患焉。时移势易，周东迁之后，天下形势渐生变局，周公所创之整套制度，面临严峻挑战。封建之天下分权，日益趋向势力集权演进。能成集权之事者，以后来史实言之，则为郡县制。故后人所谓周秦之变，就政治而言，乃由封建分权之一统，渐变为郡县集权之一统。春秋之世，正当此过渡转型之期，其时变之要者，即所谓"礼坏乐崩"②是也。何以进至春秋之时，遂致礼坏乐崩之局，此间深层根源，殊堪措思深察。所谓礼坏乐崩，实质在于礼乐未能跟进时势变动，时势之兴起与礼乐之损益，存在时间之滞差。时势兴起在先，礼乐损益滞后，遂体现为礼坏乐崩，秩序混乱之局。

  礼坏乐崩，言其概也。备细言之，举凡生活之方方面面，诸如政权、宗法、姓氏、社会、学术之属，皆发生重大变动。就政权而言，诸侯实力日见坐大，权力下移扩散加速。周室权力下移诸侯，诸侯权力下移卿大夫。孔子所谓"礼

---

  ① 钱穆：《中国学术思想史论丛》（1），生活·读书·新知三联书店，2019，第96—97页。
  ② "礼坏乐崩"出自《论语·阳货》篇宰我问三年之丧章。

乐征伐自诸侯出""陪臣执国命",谓此也。与此相应,士民之地位日渐上升,上下互动趋繁,"礼不下庶人,刑不上大夫"诚难为继。探其因由,盖多缘同构而成此大势也。以经济言之:生产发展,人口繁衍,流动频繁,乃最大动力。以政制言之:贤贤之制,实为士民搭建升进之阶。以文教言之:官学日趋开放,教权随之下移,私学渐成风气,如孔子收徒授学,即其显例也。

今且以姓氏之变,勾勒其演变之迹。西周时,宗法与封建同构,国君掌赐氏之权,赐氏即所以授权也。姓氏之变,以春秋隐公至桓公时为分际。① 隐、桓之世,赐氏之权多由国君所控,以赐氏而掌控贵族之权力。隐、桓以下,政权下移于贵族,贵族则"无不赐氏",以此坐实其既成之势力,国君无奈何也。考其赐氏,诚有不得不然者,盖人口繁衍,不赐氏以统帅之,则散漫无所系属。据徐复观考索,春秋之世,氏之产生,大体经历四阶段。其一,以赐氏为特典。其二,以赐氏为例行政治行为。此二阶段,赐氏出于国君,尚合礼制。其三,不待赐而自行命氏。命氏之方,或以父字为氏,或以邑为氏,或以官为氏。自行命氏,则氏已然脱离宗法之牵制。此一演变,实关重大。由此可知,封建与宗法双双崩坏,不复同构之实。其四,至春秋战国之际,上下流动愈益频繁,更有以职业为氏、以居地为氏者。氏之形成,已然与宗法、政权均无关涉。此一阶段,姓氏之政治意义丧失殆尽,姓之宗统意义荡然无存,氏之权力意义不复曩昔。逮战国而后,姓与氏,二名而一实。② 太史公撰《孔子世家》,谓孔子"字仲尼,姓孔氏",已混言孔子之姓与氏矣。③

三、时代问题:周孔之近忧与远虑

中华文明,上下五千年,众所公认。然细考其脉络,则前二千年与后三千年,实有重大之转捩,所谓殷周之变是也。此中至关重要之人物,必推周公。《论语》所载,孔子之景仰周公,至于梦寐相思,其心可知。

子曰:"甚矣吾衰也!久矣吾不复梦见周公!"(《述而》)

---

① 顾亭林《日知录》卷四云:"《春秋》隐、桓之时,卿大夫赐氏者尚少,故无骇卒而羽父为之请族。如挟如柔如溺,皆未有氏族者也。庄、闵以下,则不复见于经,其时无不赐氏者矣。"
② 徐复观:《两汉思想史》(一),九州出版社,2014,第281-283页。
③ 孔子为商之后裔,本姓子,孔其氏也。顾亭林《日知录》卷二十三:"姓氏之称,自太史公始混而为一。"按姓氏混一,非自太史公始,第以太史公"姓某氏"之言,可知其时已然混一矣。

子曰:"周监于二代,郁郁乎文哉!吾从周。"(《八佾》)

上章实录孔子心事,思慕周公,乃至魂牵梦萦。下章载孔子从周之志,其问题在于:孔子之"从周",所"从"者何也?从周之"文"乎?从周之"监于二代"乎?细索语脉,后者为是。苟非周之"监于二代",何来"郁郁乎文哉"?盖西周以前,氏族分立,国小民寡,罕有往来,历史之动力受制于集团、地域,人物心力之发挥固有所限,领袖人物德慧之效力,囿于一地而难以铺张天下。尧舜禹汤诸圣,其重大功绩自不容疑,然其效力则以集团、地域为主,其影响亦不过风化之迹,未臻制度之普及。故往圣虽贤乎,奈何难破天然之局限,其功不过开辟一地之盛,殆所谓"其次辟地"者乎?[1] 故孔子"从周",非从周之"文",从周之"监"也。[2] 监者鉴也,因时损益之谓也。

(一) 周公之伟业与近忧

周公之巍然而大者,以其突破地域、集团之天然局限,启动人文教化而容纳群邦于一统也。中国之有大一统,实自周公开其端。[3] 周公之丰功伟业,可谓"贤者辟世"矣。其所以能"辟世"者,系乎周公之历史际遇、个人睿智,加以德位相兼,庶乎天造地设,千载以来,独此一人。周公格局之大,于其制作可见焉。而其制作,本于问题关切。究其问题意识,可分析为二,表述如下:

(一) 如何建构天下万邦于一统?
(二) 如何使此一统长久而不坠?

周公当殷周变革之际,其宵旰忧思,固在如何革殷政之弊而鼎新之;其深

---

[1] 钱穆谓:中国古史之神话,不如谓之圣话,更为允惬。尧舜禹汤诸圣,其真实地位,不能与后世人物相提并论。因其时历史之动力,尚属氏族性、集团性、地区性,为自然之演进,尚未跃进而达于因个人之动力而影响历史之时代。后人以此诸圣为其时历史演进之代表,乃后人之观念,非属当时历史之真相。[钱穆:《中国学术思想史论丛》(1),生活·读书·新知三联书店,2019,第92-93页。]

[2] 宋儒杨时曰:"吾从周,非从其文也,从其损益而已。"语见《龟山语录》,永瑢、纪昀等编纂:《四库全书》(第1125册),上海古籍出版社,2012,第214页。

[3] 论者曰:大一统自帝禹而建,夏商皆大一统之制,此论殊昧古史。(吴稼祥:《公天下:多中心治理与双主体法权》,广西师范大学出版社,2013,第217页。)按夏商二代,虽邦国共尊夏、商为共主,实非统一之国,大抵仍为氏族邦联制,氏族联盟之盟长由殷族子姓一氏之子弟承袭,称曰王。王于本盟氏族可行指令,如是而已。(严耕望:《中国政治制度史纲》,上海古籍出版社,2013,第9页。)此与西周之全面大一统,融摄政治、社会、文化于一体,岂可同日而语?"天子"成为诸侯之共尊观念,实自西周而始。

谋远虑，乃在于如何致万世于太平。而其所用之方法，已如前述，行封建、塑宗法、作礼乐是也。封建关乎政治权力之构造，宗法关乎社会伦理之奠基，礼乐关乎文化精神之形塑，三者环环相因，而结成一缜密之共生结构。所谓文武之道，实成于周公；郁郁乎文哉，实赖于周公。就问题（一）而言，周公之近忧也，考察周公之创制，已然成其大功；就问题（二）而言，周公之远虑也，验诸历史事实，则周公止成其半。所谓"成其半"者，曰：周公所奠定之文教一统，历数千载，至今犹不绝如缕，谓之长久而不坠，诚不虚矣；而其分权一统之政治，演至春秋战国而趋乎土崩瓦解，此则周公所始料未及也。

（二）孔子之苦恼与远虑

周公之近忧、远虑，皆孔子所关注之问题也。何以演至春秋之际，周公所创之礼乐遂一坠而成此崩坏之局？此一关键问题，孔子继周公而措思者也。秦始皇以中央集权之郡县制取代地方分权之封建制，固孔子所未及见，而当春秋之际，以孔子之圣智，岂无所洞察乎？孔子屡叹道之不行，而又坚信天之未丧斯文，苟于时势无所察觉，安能如是其信誓旦旦乎？故孔子之问题意识，复可分析为二，表述如下：

（一）礼坏乐崩之局缘何发生？
（二）如何挽救礼坏乐崩之局？

此二问题相互包含。问题（一）之解答，即问题（二）之提示。孔子当变革转型之世，新旧交替，时代之矛盾凸显思想之矛盾。[①] 矛盾之所在，正创造之所在也。孔子之问题意识凸显深邃之矛盾性，孔子之苦恼胥郁于是。孔子之苦恼，《论语》明白载之矣。

子曰："谁能出不由户？何莫由斯道也？"（《论语·雍也》）

[①] 傅斯年曰：春秋之为转变时代，自必为矛盾时代，乃中国史最明显之事实。自政治以及社会，自宗教以及思想，弥漫皆是。又曰：春秋时代，神鬼天道犹颇为人事之主宰，而纯正之人道论亦崭然出头。人之生也，犹辨夷夏之种类，上下之差别，而斯民同类说亦勃然以兴。（傅斯年：《性命古训辩证》，上海三联书店，2018，第163、166页。）今按：傅氏断春秋为矛盾时代，诚然；而论其矛盾所在，则不得厥旨。夫神鬼天道与人道岂截然二事哉？详究《论语》，孔子并未视之为二事，唯所重有殊耳。视之为二事，宋儒与今人之陋也。又上下差别与斯民同类，岂可谓之矛盾乎？上下差别，人道亘古之常，与斯民同类何矛盾之有哉？岂谓斯民同类，即上下无别乎？傅氏可谓不知人，又不知礼矣。

门户者，人之出入所必由也。一扇曰户，两扇曰门。《说文》云："户，护也。半门曰户。象形。"人之出入必由门户，文明之演化亦必有其道。周公所奠立之礼乐文明，"郁郁乎文哉"，如斯其美也，何以人舍之不由哉？斯道之美，人所共见，何以舍之不由哉？此孔子之苦恼也，亦其问题意识也。

孔子之意，谓人之有礼乐，实属天经地义，正如居处之有门户，皆人道之不得不然；而今礼坏乐崩，一如人之出入不由门户，岂非怪事？《礼记·礼器》曰："礼有大有小，有显有微。大者不可损，小者不可益。显者不可掩，微者不可大也。故经礼三百，曲礼三千，其致一也。未有入室而不由户者。"当时之势，人之出入由户依然如故，而礼乐已然崩坏，故《礼运》有"大道既隐"而《老子》有"大道废"之说。"隐"与"废"殊：隐，匿于微也，道固犹在焉；废，废弛也，道已然不在。何以如此？曰：非道远人，人自远尔。故孔子曰："人能弘道，非道弘人。"（《论语·卫灵公》）明示事在人为，砥砺人以弘道，得其人则能弘其道，无其人则不能弘其道。其人安在？君子是也。孔子所以寄予君子以厚望者，其用心之良苦与谋虑之深远，可揣而知矣。

上文论周秦之变，已言及礼坏乐崩之概略；今且从政治视角，作一细部考察，以明孔子致思之端倪。

凡言政治，必涉权力与权威。二者之不同，学者论之众多。简言之，权力涉及资源之掌控，有强制之力；权威涉及秩序之维护，有自愿之意。以功能言之，权力可以有效掌控资源；权威可以有效提供秩序。然二者皆有自然限度与寿命问题。权力之寿命，取决于掌控资源之能力及资源之可再生性。权威之寿命，取决于提供秩序之能力与持续性。以此观之，西周初年所建之权力与权威，演至春秋之际，均已失其效力。何以故？此则关乎封建宗法所内涵之悖论也。

考封建制度之功，概有二端：一曰分化，二曰同化。所谓分化，谓将同一之精神及组织，分布于各地，使各地因地制宜而自由发展。天子与诸侯，"俱南面而治，有不纯臣之义"。周天子与各侯国之行政模式大略相当，而共尊周天子。所谓同化，谓将诸多异质之低度文化，以礼乐秩序而醇化于同一高度文化，以形成大一统之民族认同。[①] 同化之动力，以宗法为基缘，以礼乐为陶冶。此即周公之制作也。

封建所以可行，天然基础在宗法。封建与宗法同构，其权威认同基于血缘认同，而以礼乐为辅。血缘权威遵循两大原则，一曰长幼尊卑原则，二曰亲疏

---

① 梁启超：《先秦政治思想史》，中华书局，2016，第60页。

贵贱原则,"亲亲之杀,礼所生也"是也。当西周新建之时,此二原则行之有效。其所以然者,复经双重拟制,一曰血亲拟制,二曰政治拟制。血亲拟制,谓凡非血缘关系皆以血缘关系比拟而建制,视异姓为同姓,无此拟制,则血缘权威止于血亲关系,难以通达天下,遑论蛮夷。政治拟制,谓以血缘之长幼亲疏拟制为政治之尊卑贵贱,由是而有礼、名、分之属,与之表里。此二重拟制,周初固可吸纳诸侯于一体,稳固天下。然时势变迁,血缘权威渐生弊端。盖血缘权威须源源供血方可持续,而以分封之制,诸侯须持续分封子弟,由是小宗渐多,而土地、人民有限,一旦土地耗竭,供血机制势必衰竭而断裂,于是小宗自动脱落宗法体系而自成一体。学者譬此悖论曰"咬尾自噬",犹如蛇自咬其尾以充饥,咬完则死期亦至,颇得神韵。①

由此,西周封建宗法,其制度所内含之悖论,坐致周王室势如权力之大漏斗,诸侯势如权力之小漏斗,权力不断下漏扩散,而漏斗终有漏尽之时。其补漏之方,以时势言之,则郡县制乃应运而生,实不得不然也。据文献记载,诸侯最早设县者,为楚武王,其执政初期,兼并权国,直属楚中央管辖,由楚中央任命行政长官。② 一旦设县,垂直管理,行政效力远胜分封。遂一发不可收,诸侯群起效尤。秦武公十年(前687),设立二县,邽、冀戎,次年又设二县,杜、郑。③ 楚庄王十六年(前598),灭陈建县。④ 晋景公六年(前594),以县赏赐功臣。⑤ 至前514年,晋国所设不下五十九县。⑥ 楚、秦、晋三国率先设县,与其地处边缘有关,一则较少宗法之牵制,二则边地利于扩张领土。设县之效,一则弥补权力沙漏,二则满足土地需求,三则借以繁衍人口。当春秋之时,欲扩张国力,此乃势所必然者也。

且封建宗法之失效,本于亲缘之天然限度。所谓天然,一为时间,二为空间。凡血亲关系,其亲情之浓淡,一般限于五代,五代以上,情感势必疏淡,

---

① 吴稼祥论西周体制之悖论颇多发明,可资参考。(吴稼祥:《公天下:多中心治理与双主体法权》,广西师范大学出版社,2013,第165-178页。)
② 《左传》庄十八年:"楚武王克权,使斗缗尹之。以叛,围而杀之,迁权于那处,使阎敖尹之。"
③ 《史记·秦本纪》:"武公元年,伐彭戏氏,至于华山下,居平阳封宫。三年,诛三父等而夷三族,以其杀出子也。郑高渠眯杀其君昭公。十年,伐邽、冀戎,初县之。十一年,初县杜、郑。"
④ 《史记·楚世家》:"十六年,伐陈,杀夏徵舒。徵舒弑其君,故诛之也。已破陈,即县之。"
⑤ 《左传》宣十五年:"晋侯赏桓子狄臣千室,亦赏士伯以瓜衍之县。"
⑥ 吴稼祥:《公天下:多中心治理与双主体法权》,广西师范大学出版社,2013,第206页。

此天数也。血亲犹且如此，矧论血亲拟制者乎？所谓空间限度，即地缘之远近亲疏，此亦天数也。楚、秦、晋诸国地处边远，率先设县，皆此天数之明证也。

封建宗法失效，礼坏乐崩遂不可免。《论语》载孔子"觚不觚"之叹，可见其洞察之微，思想之敏。

> 子曰："觚不觚！觚哉？觚哉？"（《论语·雍也》）

哉者，感叹而诘问之辞。古者饮酒之礼，献以爵而酬以觚。古人制器尚象，觚之为器，上圆象天，下方象地，取其置顿之安稳焉。《礼器》备记各种酒器，皆有取义，以符其礼。韩婴作《诗说》有云："一升曰爵，爵，尽也。二升曰觚，觚者，少也，饮常寡少也。三升曰觯，适，饮之体适适然也。四升曰角，角，触也，不能自适，但触罪过也。五升曰散，散者，讪也，饮不知节，徒为人谤讪也。"① 觚不觚，言觚之形貌虽在，而制器者大其体量，以适饮者之欲，虽名为觚，而所容乃如三升之觯，四升之角，不复觚之礼义矣。盖其时酗酒成风，献酬之礼不复存矣。即仍有献酬之礼，以觚不觚，徒具其表，此孔子所以叹之也。

夫袭用觚之器，则先王之旧制犹在；而大其体量，则时势之新生可窥。盖春秋之时，宗法日颓，人欲释放，互动频繁，仍循旧制饮酒，难以适人欲之新与互动之频，故觚不觚矣。此虽细枝末节，而管中窥豹，大体可知。世有古今，古今殊矣，奚以见其殊也？曰：观物。夫觚一物也，而物非空来，故观物可以知世。世以物殊，物以世殊，通古以立极，知今以体之，察世以观来。觚虽一物也，观觚而知今古，小者可知民气，大者可窥政局。此孔子所以叹之而深寓意焉。

当此礼坏乐崩之际，孔子生逢其时，奚以挽而救之乎？言其大概，无非如下之端：以社会言，则广开教化，兴盛人才，所谓"有教无类"是也；以政治言，则"正名"为先，重塑政治权力关系，以切合时宜；以文化言，则重审礼乐，因时损益，义之与比；以经济言，则民生为先，所谓"庶之、富之、教之""足食，足兵，民信之"，皆是也。诸如此类，其所归向，不外于仁，故孔子有"人而不仁，如礼何？人而不仁，如乐何？"之叹。此先言其概，详释请俟后文。

顾孔子虽有"从周"之想，而绝非保守不化之义。孔子之义，在求古之道，

---

① 程树德：《论语集释》（上），中华书局，2013，第476页。按：爵与尽音通，觚与孤音通，觯与适音通，角与触音通，散与讪音通，可见古人制器命名之妙焉。

以应今之世，故虽尊往古之圣贤，亦认后生之可畏。其言"好古"，必以"敏求"；其言"后生"，必以"可畏"。后生可畏，可畏者何也？畏其能闻古道也。后生不学，无闻其道，"斯亦不足畏也已"（《论语·子罕》）。盖宗法之制，虽有贤贤之义，而诸侯以上皆世袭，下民无由受教，故人才日趋禁锢，此其大蔽也。春秋时礼坏乐崩，人才反而大兴，岂不昭然乎？

四、祖述宪章：中庸与礼乐之光大

子曰：作者七人矣。七人者，尧舜禹汤文武周公是也。孔子断作者自尧而始，其理深焉。道也者，非一圣之智所能为，非一代之功所能就，时变所驱，事势使然，渐形渐著，而后道彰。庄子曰"道行之而成"，此之谓也。道之彰也，而不知其所以彰，故曰"已而不知其然，谓之道"（《庄子·齐物论》）。庄子可谓善论道者矣。夫可形其形而名其名者，皆道之故，非道也。道者，万事万物之所以然，而非万事万物之所当然也。人可得而见者，则其当然而已。故道非一圣所能建，必行之而后成。后圣法前圣，非法前圣也，法其道之渐形而渐著者也。三皇无为而自化，五帝开物而成务，三王立制而垂法，后人见其治化不同有如是尔。① 周公承文武之后，而身为冢宰，德位集一身，故制礼作乐，为一代之宪，皆理有所趋，事有必至，可谓天之大命，集于周公。

《中庸》曰："仲尼祖述尧舜，宪章文武。"文武之道，前圣启其绪，周公集其成。于尧舜而曰祖述，于文武而曰宪章，何谓也？祖，源始也。述，遵循也。祖述，言孔子所遵循者，自尧而始。宪，法之也。章，明之也。宪章，言孔子所取法而章明者，文武之道也。论者曰："尧舜垂衣裳而天下治，法度犹未大备也，故曰祖述。文武之道，尧舜之道也，法度章礼乐备，有仪可象，有物可则，故曰宪章。"② 其说近是，而义犹未尽。

孔子祖述于尧舜者何也？又宪章于文武者何也？

尧之为圣也，固法于前圣。然尧之所以为大也，不在其所法，而在其所作。其作何也？曰：正德也。德正而后文明。盖自开辟以来至于尧而道始立焉，尧之前圣如伏羲神农黄帝者，所为不过利用厚生之事，逮尧之时，利用厚生庶备，而正德未兴焉。尧之所思，其在正德乎？正德之教，至中而极。《书》以《尧典》开篇，其辞曰：

---

① 章学诚：《文史通义校注》（上），中华书局，2014，第112页。
② 卫湜、杨少涵：《中庸集说》，漓江出版社，2011，第314页。

曰若稽古帝尧，曰：放勋钦明，文思安安。允恭克让，光被四表，格于上下；克明俊德，以亲九族；九族既睦，平章百姓；百姓昭明，协和万邦；黎民于变时雍。

此章断句，向有争议。细索文脉，当断如上。曰若，发语词，又作粤若、零若。稽古，考古也。曰若稽古帝尧，谓考古以察帝尧之道也。其后八字，总括尧之德也。或以放勋为尧名，非是。① 放，仿也，又大之也。勋，功也。钦，敬也。明，聪明也。文，文谋也。思，睿知也。安安，安所当安者也。八字总言尧放上世之功化，以敬以明，著文谋睿知以安天下之当安者。马融云："威仪表备谓之钦，照临四方谓之明，经纬天地谓之文，道德纯备谓之思。"（《尚书正义·尧典》）允恭克让，礼之精髓，言尧之所行者，以礼为备也。光被四表，格于上下，言尧以礼所行之效也。格，古祭祀名，所以请祖先来临也。② 由神降临之意，引申为至、来等义；由祝祷而引申，复有告之义。祭祀主精诚，故格又有感动、感召之义。③ 格于上下，谓感召天人，贯通上下。下文九族、百姓、万邦、黎民，自上而下，皆上下之属。九族，帝尧之九族也。百姓，百官也。万邦，天下群邦也，万言其多也。黎民，庶民也。④ "万邦"而言"协和"者，以古时之邦为数众多，且邦之民族、语言、习俗、典礼、信仰各殊，殆自成体系，苟以后世大一统观念类比之，则非矣。万邦互殊，不能强求一律，故云"协和"，和而不同也。

---

① 马融、郑玄、皇甫谧皆谓放勋为尧名，同今文说。然二孔注疏及蔡传皆释"放勋"为赞美尧之功勋之辞，不作尧名。"允迪"既不可为皋陶之名号，则"放勋""重华""文命"亦不可为尧、舜、禹之名号，审矣。夫尧、舜、禹乃三帝谥号，《谥法》为周公所定，既已称谥号，旋又称其名，岂礼也哉？后人不知礼，以讹传讹，每不可免。《孟子》云"放勋曰：劳之，来之"（《滕文公上》），又云"放勋乃殂落"（《万章上》），《离骚》乃以重华为舜名。盖战国之时，古书多生误解，不知礼之失也。此问题顾颉刚、刘起釪所著《尚书校释译论》亦有辨焉，见顾颉刚、刘起釪《尚书校释译论》（一），中华书局，2018，第9页。
② 格，昔儒皆训为至，此引申之义也。格字甲骨文、金文通作各，其用法多与祭祀有关。考格之初义，当为请祖先来临之祭礼。（李宗侗：《中国古代社会新研 历史的剖面》，中华书局，2010，第28页。）
③ 屈万里：《尚书集释》，中西书局，2014，第5-6页。
④ 孔安国传云："九族"，谓帝之九族。"百姓"，谓百官族姓。"万邦"，谓天下众民。自内及外，从高至卑，以为远近之次也。知"九族"非民之九族者，下句不当复言"协和万邦"，以此知帝之九族也。（孔安国、孔颖达、正义：《尚书正义》，上海古籍出版社，2007，第37页。）按万邦非谓天下众民，而指天下之群邦也。万邦为众民，则下文不当复言"黎民"，审文脉可知矣。

《论语》载孔子论尧之语，可见尧之所以为大也。

> 子曰："大哉尧之为君也！巍巍乎，唯天为大，唯尧则之！荡荡乎，民无能名焉！巍巍乎，其有成功也，焕乎其有文章！"（《伦语·泰伯》）

此赞尧之大，及其所以大之故也。"巍巍乎"赞尧之大也，非赞天也。唯天为大，唯尧则之，故曰巍巍乎。朱注以"巍巍乎"赞天，非矣。巍巍本以山言，岂可以赞天哉？以天与山等视，岂古圣敬天之意乎？《尚书·尧典》所载，"钦若昊天"，此尧则天之事也。又曰"放勋钦明"，此尧敬天之意也。又曰"文思"，在天曰文，在地曰理，文者天之道也，则天之文以行人事，故曰"文思"，谓礼乐也。文思所以安天下，故曰"文思安安"。尧思所以安天下万世，非中不可行也，非礼不能明也。考礼之源，固非自尧而始①，而以礼行诸政教，则自尧而始也。及舜当位，命伯夷典三礼，作秩宗；复命夔典乐，教胄子；其余职事，各有专司。皆前代所无之事。礼乐俟其人而后兴，尧虽圣知，不能独作，故举舜而让焉，此其文思之一端也。故《书》颂舜而曰"文明"，颂禹而曰"文命敷于四海"，皆文思之行也。故礼乐由尧而立，俟舜而兴，逮禹而洽。《尚书·舜典》赞舜而曰"协于帝"，《尚书·禹贡》赞禹而曰"承于帝"，皆协承于帝尧也。②

舜禹皆顺承尧之道，故孔子赞舜禹有"不与"之辞：

> 子曰："巍巍乎！舜禹之有天下也，而不与焉。"（《论语·泰伯》）

此章赞舜禹与赞尧章并列《论语·泰伯》篇，义相承也。"舜禹之有天下也"，谓舜禹顺承尧之天下也；"而不与焉"，谓舜禹顺承尧之文思，以成其文明、文命，无所干预也。

---

① 古礼之义甚广，可包后世所谓伦理、政治、法律、宗教诸义。上古氏族之制，各邦区隔，礼义互殊。礼之本源盖与汉字同其悠久。以火为例，上古部落无不崇拜火，火之永燃不熄，乃部落永续之征。甲金文诸多汉字即本诸上古祀火之礼。如主字，吴大澂释其从火，王从火者，因王为祀火之教主也。又父字，《说文》云"从又举杖"，李玄伯以为"从又奉火"，古时祀火由家长，家长即父也。又灭字，亦从火，古时灭人国者，必"毁其宗庙"，火灭而国亡。（李宗侗：《释主》，载李宗侗：《中国古代社会新研 历史的剖面》，中华书局，2010，第18-21页。）观今日吾人仍有"香火"之说，可知李说非虚。

② 松平赖宽：《论语征集览》，上海古籍出版社，2017，第660-661页。

综二章之义,"荡荡乎民无能名焉",盖有二指。一则尧之治天下,唯允恭克让而已,似无所为而为者。其见于《尚书·尧典》者,咨四岳而用鲧,允恭也;登用虞舜,克让也。尧之不自贤而让贤,民唯见舜禹之功,故民无能名焉。二则尧治天下以礼乐,民唯见礼乐之效也安安,似无能名者。细察"巍巍乎其有成功也,焕乎其有文章",上有"也"字,下无"也"字,语意相承而下,言尧所以有成功者,以文章也。文章者礼乐也。苟非礼乐,其成功焉能若是其巍巍乎?是尧之文思在礼乐,礼乐兴而民生化,不期然而然,故民无能名焉。

尧舜禹之一脉相承,观其谥号亦可窥见。《谥法》曰:"翼善传圣曰尧,仁义盛明曰舜,渊源流通曰禹,云行雨施曰汤。"是知尧舜禹汤皆谥号也,非人名也。按《谥法》,人死立谥,乃周公所创。谥者,累也,累其行而号之也。尧舜之时无谥,《尚书》乃后人追记,故以谥号称之,礼也。《释名》曰:"其尊高尧尧然物莫之先,故谓之尧也。"(《尚书正义·尧典》)是尧之为号,称其大也。

尧上绍先圣,承其利用厚生,而放勋钦明,文思安安。盖自鸿荒以来,道不外人伦日用之间,无人揭明其大原,而尧舜始发之,故曰祖述尧舜。道因中而立,以礼而彰,此尧之所以为大也。中立而德正,礼彰而文明。华夏文明之始基,实自尧而启其端。尧思文明之光大也,忧其道之未继,故不传子而传之贤,以成其文思焉。舜缵尧之文思,忧斯文之未继也,加以水患未弭,故不传子而传之贤,以弘其文思焉。至禹而水患弭,文明大洽,故传之子,以稳其文思焉。方其时也,尧舜之道大行天下,虽传之子,无往而非尧舜之道也。

据以上梳理,简略言之,盖孔子祖述尧舜者,中也①;宪章文武者,礼也。言中则庸在焉,言礼则乐在焉。② 中庸、礼乐,此孔子所祖述而宪章者。具体言之,殆有如下之端:一曰敬天立本,二曰天人一贯,三曰政教一统,四曰修己治人,五曰德福一致。③ 是故道者,尧启之,周公成之,孔子述之。孔子之述也,非徒沿袭而已,而有所创发焉。孔子仁智大德,好古敏求,乐学不倦,总此数端而归诸仁。先王之道,一言以蔽之:仁也。

---

① "中"乃尧舜以来递相传授之大经大法。《论语·尧曰》篇载尧之让舜,有"允执其中"之语:尧之让舜,曰:"咨!尔舜!天之历数在尔躬,允执其中,四海困穷,天禄永终。"舜亦以命禹。《尚书·大禹谟》载舜之让禹,亦有"允执厥中"之语:舜授位于禹,曰:"人心唯危,道心唯微,唯精唯一,允执厥中。""中"之精神,通贯全《书》,其中《尧典》《皋陶谟》《洪范》诸篇论德,尤为显然。

② 中庸之释义,详见本文第四章第四节。

③ 宇野哲人:《孔子》,陈彬龢译,山西人民出版社,2015,第23-24页。又:日本教育学会:《四书研究》(上),王向荣译,山西人民出版社,2015,第108、126、129页。

第三节 六经

夫道不离器，故缘器以求道。先王之道，不离日用人伦之常，百姓日用而不知。其道广矣大矣，可据以求之者，六经也。六经者，载道之器也。① 《中庸》曰："苟不至德，至道不凝焉。"至道而曰"凝"，何谓也？仁斋曰："圣人未生，道在天地。圣人既生，道在圣人。圣人既殁，道在六经。道在天地，微不可见。道在六经，空言无补。唯圣人在世，焕乎其有文章，上下与天地同流，斯之谓凝焉。"② 圣人者，德位相兼之称。古者学在王官，六经各有专司。诗领太师，书在外史，礼自宗伯，乐有司成，易掌太卜，春秋则各国有史。先王之道微不可见，即六经之可见者而求之，故孔子述六经以教弟子，开万世之宪法。春秋时，六经多有散佚，孔子周游四方，席不暇暖，广采敏求，厘诗书，正礼乐③，厥功大哉！微孔子，六经弗传焉。欲明孔子学术之由来，必本六经，舍六经则无本可求矣。孔子述而不作，表章六艺④，尊周公之旧典，不敢舍器而言道，所谓"宪章文武"是也。⑤

一、作为经纶：人为与自然之外

人者，天地之精华，万物之灵枢也。人生天地间，必有所作为，毫无作为者，非人也。即如吃喝拉撒睡，所以承续生命之必须者，固有所作为矣。然此为天然之事，与动物无异，非人之作为也。人之作为，谓人本于天之自然而启发我之当然，以成其人道者也。故人之作为，非如动物一本天性之自然，而必赖此天性之自然，进而启明人类之当然，而有所奋发，有所营为，有所造就，是之谓作为也。徂徕曰：

> 孔子之道，先王之道也。先王之道，先王所造也，非天地自然之道也。

---

① 章学诚有"六经皆器"之说。[章学诚、叶瑛：《文史通义校注》（上），中华书局，2014，第123页]。
② 北村泽吉：《儒学概论》，山西人民出版社，2015，第78页。
③ 子曰："吾自卫反鲁，而后乐正，雅颂各得其所。"（《论语·子罕》）
④ 六经又称六艺。六艺有二指：一曰六经，诗书礼乐易春秋是也，一曰礼乐射御书数。
⑤ 文武之道，周公成之。宪章文武，实为宪章周公，不言周公而言文武，以文武创业，周公继志述事，孝之义也。

盖先王以聪明睿知之德，受天命，王天下，其心一以安天下为务，是以尽其心力，极其知巧，作为是道，使天下后世之人由是而行之。岂天地自然有之哉？

先王率人性之自然作为是道也，非谓天地自然有是道也，亦非率人性之自然不假作为也。譬如伐木作宫室，亦率木性以造之耳，虽然，宫室岂木之自然乎？大抵自然而然者，天地之道也；有所营为运用者，人之性也。后儒不察，乃以天理自然为道，岂不老庄之归乎？①

徂徕析自然、人为而二之，强调人之营为运用，固有所当也。然究极言之，人为岂非本于自然乎？人之伐木作宫室，即禀木之可作宫室之性，是即自然也，不然，人何以不搹水作宫室邪？② 宫室为人所作，然人之作宫室，亦禀木之自然而成就之。故曰：人之作为宫室，既曰人为，亦曰自然也。要之，人之作为经纬，超乎自然与人为之划分之外。夫人之营为运用，必本自然而顺畅之，条理之，老庄之重自然，岂外此乎？人之伐木作宫室，而不搹水作宫室者，无他，顺自然之可为，用自然之可造也。自然之可为可造者，天也；顺自然而为而造者，人也。故道也者，发于天，成于人，天人不二，道一而已矣。

是故人之营为运用，必以经纬之功，而后可成其道焉。《易》曰："云雷屯，君子以经纶。"《中庸》曰："唯天下至诚，为能经纶天下之大经，立天下之大本，知天地之化育。"经纶，喻辞也。经者，大纲领也。"天下之大经"，谓经营天下之大纲领也。有经则有纬，经以夹持众纬言之。如"经礼三百，威仪三千"，经礼者，礼之纲，其中兼有诸多节文威仪，如经持纬然，故谓之经礼。③ 朱子曰："经、纶，皆治丝之事。经者，理其绪而分之；纶者，比其类而合之也。经，常也。大经者，五品之人伦；大本者，所性之全体也。唯圣人之德极诚无妄，故于人伦各尽其当然之实，而可以为天下后世法，所谓经纶之也。"④ 孔子述六经以昭万世，此孔子之经纶也。盖人之生于世间，与天地万物缘构共生，其组织、经营、创造，本天道以成人道，本自然以成人为，必有以成其统系者焉，经纶言其统系之妙理也。

吾人一生，自一身以至家国天下，不可一日无作为经纶，以实现人生之理

---

① ［日］物茂卿：《荻生徂徕全集》（第一卷），河出书房新社，1973，第414页。
② 北村泽吉曰：徂徕之偏重人为，不愿自然，徒驰末而忘本，殆与法家相近。北村泽吉：《儒学概论》，山西人民出版社，2015，第78页。
③ ［日］物茂卿：《荻生徂徕全集》（第一卷），河出书房新社，1973，第458页。
④ 卫湜、杨少涵：《中庸集说》，漓江出版社，2011，第328-329页。

想也。然则所谓作为活动,经纶生活,必如何而可以达成之,是不可无道也,不可无术也,故有所谓道术之学焉。道术之学,欲考究一切作为活动、经纶生活之共法通式,而定立之者也。六经之学,作为之学也,经纶之学也,道术之学也,规范之学也。① 孔子之学,本于六经。孔子所祖述宪章者,不外是也。孔子平生欲"为东周",晚岁知事不可为,乃转而订正六经,教育弟子,使各成其材,将以用之焉。夫学不厌,教不倦,或为东周,或教弟子,孜孜焉而不自弃,是孔子之作为经纶也。

孔子之道,先王之道也,存诸六经者也。考其学也,畏天命而作为之经纶之,探究人类共通之道术规范,订立人类共通之原则法式,殊非一科特殊之法则规范可比,如今者政治、法律、伦理、教育之科目,不可相提并论矣。孔子殁而微言绝,道术为天下裂。演至近世,学术分化愈甚,囿一科特殊原理之探究,而鲜少切入普遍原则以求其根据,殆不免为"一科特殊原理之学"。现代学术,胥坐此通病。六经者,先王所以经纶天下之大经大法,而孔子祖述宪章之者,其旨趣则"考定一切作为活动之原则",与夫近世之学,不特有广狭之异,即性质亦有截然不同者在焉。此不容不辨者,否则无以明孔子之学。北村泽吉辨之曰:

> 儒学者,以订立原则为主,而此等诸科学与哲学,则以认识原理为主。以认识原理为主者,起自特殊,溯至普遍,归著于根本原理,终成一统合之观念,或形式之概念而止。所谓人生观及世界观者是也。以订立原则为主者,先据普通之根本原理,以订立共通之原则,而指示其实际生活作为经纶之诸法式,所谓人生及世界实际作成之诸道术是也。②

六经之学,所以能订立共通之原则法式者,以其不离实际生活之作为经纶也。其根本之旨趣,则摒弃空头学问,缘行事而立通学,"六经皆史"庶几尽之。

二、六经皆史:缘行事以立通学

章实斋曰:"六经皆史也。古人不著书,古人未尝离事而言理,六经皆先王

---

① "作为经纶"之说,取于北村泽吉先生。(北村泽吉:《儒学概论》,山西人民出版社,2015,第33-36页。)
② 北村泽吉:《儒学概论》,山西人民出版社,2015,第36-37页。

之政典也。"① 详考六经之实，其言非虚。史，不外于事也。《说文》："史，记事者也。从又持中；中，正也。"② 又云："事，职也。从史。"可知史、事同源。史为掌书之官，古居要职。古之官名，多由史出。③ 孔子时，并无六经之说。孔子既殁，微言绝而大义乖，于是门人弟子，各以所见、所闻、所习者，或授口耳，或习子弟，称述而传之。左氏《春秋》、子夏《丧服》诸篇，皆名为传。有传之名，遂区以别之，乃有经之名。"因传而有经之名，犹之因子而立父之号"④，起于势之不得已也。庄子曰："孔子言治诗、书、礼、乐、易、春秋六经。"（《庄子·天运》）荀子曰："夫学始于诵经，终于习礼。"（《荀子·劝学》）杨倞注："经，谓诗书。"庄荀皆出子夏门人，所言如是，则六经之名，当起于孔门弟子或再传弟子。

六经皆史，所记皆先王之行事，而道亦寓焉。孔子之前，六经无书，书唯《书》耳，其时言书则专指《书》，非谓别有书也。诗三百，传诵在人，未必集结为书。后儒以孔子删《诗》《书》，殆为虚传。⑤ 易掌太卜，事有专司，孔子时虽有卦爻辞，而并无书传。太史公谓孔子作《十翼》，纯属道听途说。孟子言

---

① 章学诚、叶瑛：《文史通义校注》（上），中华书局，2014，第1页。
② 饶炯云："盖史之所记，如其事而实书之，不参己见，亦无偏倚，故从又持中。"［汤可敬：《说文解字今释》（一），上海古籍出版社，2018，第414页。］按此释"中"盖臆说耳。"又"，手也。"中"，书也。王静安谓"中"乃无形之物德，手不可持，"中"实为筭，筭与筴通。筴（同策）者，古之书也。（王国维《观堂集林》，浙江教育出版社，2014，第139-142页。）
③ "史"本义为持书之人，引申为大官及庶官之称，又引申为职事之称。司徒、司马、司空，《诗·小雅》谓之"三事"，《左传》谓之"三吏"。小篆"史""吏""事"三字截然有别：持书者谓之"史"，治人者谓之"吏"，职事者谓之"事"。此盖出于秦汉之际，《诗》《书》之时尚无甚区别。（王国维《观堂集林》，浙江教育出版社，2014，第139-145页。）
④ 章学诚、叶瑛：《文史通义校注》（上），中华书局，2014，第88-89页。
⑤ 诗三百，盖古来相传之篇，非孔子删之。考其因由，慎思可明，略举其端。其一，《论语》云："诗三百，一言以蔽之：思无邪。"（《为政》）又云："诵诗三百，授之以政，不达；使于四方，不能专对。虽多，亦奚以为？"（《子路》）察其语气，则诗三百，古来相传之定篇，非孔子删定。其二，诗三百之言，非止孔子言之，墨子亦有诗三百之语（《公孟》），墨子素反儒，苟孔子果删《诗》为三百，似不宜以孔子之删定为言也。其三，《左传》《国语》等所引逸诗，仅十之一二。若诗有三千，则飨晏之际，所赋在三百篇以外者，何其少也。有此三证，则孔子无删诗之事，殆可断言。孔子自言："我自卫反鲁，而后乐正，雅颂各得其所。"意其所为，乃将诗加以整理排序，而非删定之。其序《书》传，亦与此同。（宇野哲人：《孔子》，陈彬龢译，山西人民出版社，2015，第11-12页。）又钱穆亦主孔子实无删诗之事，其论允惬。［钱穆：《中国学术思想史论丛》（1），生活·读书·新知三联书店，2019，第137-138页。］

"孔子作《春秋》"，所谓"作"者，援古史而编订之而已。孔子时，古经残缺。《史记·儒林传》云："礼至孔子时，其经不具。"又《孔子世家》曰："周室微而礼乐废，诗书缺。"故六经之名，虽不自孔子立，而六经之实，幸赖孔子而存焉。具言之，孔子编诗书，正礼乐，订春秋。至于易，孔子唯学之，非有作也。

后人以六经唯乐经不传，其余皆有书，昧于史矣。乐者事也，受之在人，无人则无乐，乐岂有书乎？声容有谱，器物有度，此乐之不可无者，非书之谓也。礼之经，既不言其义，而乐之经，乌得言其义乎？战国以降，《礼记》出，其中有《乐记》之篇，多玄言妙理，类乎经文，考其文辞语气，盖七十子之后学所为也。①

孔子时，以书行世者，唯《书》耳。观《书》之体例、文辞，不难辨明。《书》汇编先王政史之大节，多见史官直录之迹。史官秉笔直书，所记从简，亦多直记方言，殊少润色修饰。职是之故，全《书》无一"也"字，甚可思焉。盖"也"字乃后世句读之需而加者，古时无用"也"字之例，《易》之卦爻辞及甲骨卜辞均无"也"字，可资互证。②《书》之早出，殆与《易》之卦爻辞相近，其在西周之初，可推断也。

三、言以事徵：学问通贯之恒道

太史公自序，记孔子之言曰："我欲载之空言，不如见之于行事之深切著明也。"孔子施教，主于行事；其学问之本，亦在行事。所言必以事徵，此孔子之为孔子也。"子以四教：文、行、忠、信。"（《论语·述而》）文指文学，诗书礼乐是也；行，指德行；忠，主政事而言；信，主言语而言。四者之要，皆主行事见之，非玄谈之类也。③ 子曰："三人行，必有我师焉：择其善者而从之，其不善者而改之。"（《论语·述而》）。孔子学无常师，尤重行事以自明学问之本源者如此。

六经之教，懿矣哉！请言其概。六经之教，有言有事，或主于言，或主于事。要之，易、诗、书、春秋以言教，诵之，读之。礼、乐以事教，执之，作之。言必徵于事，言事不离也。六经之教，有圆有方，或主于圆，或主于方。

---

① ［日］物茂卿：《荻生徂徕全集》（第一卷），河出书房新社，1973，第510页。
② 《诗》屡见"也"字，盖与诗之注重节奏，用于乐舞有关。（钱宗武：《〈尚书〉无"也"字说》，《古汉语研究》1994年第2期，第5页。）
③ 孔子之教法，详见本文第五章。

诗、易、春秋圆也，周流不居，莫为典要，故君子推其义而无穷焉。书、礼、乐方也，祖述尧舜，宪章文武，故君子守其典而弗失焉。①古之学，妙在自得，置身诗书礼乐之中，陶然生德而不自知也。

明乎六经之为教，孔子之学乃可得而明。诗存讽咏，礼乐在人，则孔子之学，不外好古敏求，察世识人，征诸文献。孔子欲正礼乐，必征以文献，可见其学问之本矣。且看《论语·八佾》篇所载。

断句（一）：
子曰："夏礼吾能言之，杞不足征也；殷礼吾能言之，宋不足征也。文献不足故也，足则吾能征之矣。"

断句（二）：
子曰："夏礼吾能言，之杞不足征也；殷礼吾能言，之宋不足征也。文献不足故也，足则吾能征之矣。"

此章断句方式，（一）为通行断句法，（二）为王懋、王闿运之断句法。②据《礼运》，孔子尝至杞求夏道，至宋求殷道③，故以断句（二）为确。征，信验也。孔子征礼，以文献为据，非欲杞、宋而征之也。夫子能言夏殷之礼，而之杞之宋观礼，皆不足征其言，盖杞宋之礼已坏，不复其旧矣。"文献不足"，非谓杞宋之文献不足，总论其时征礼之文献不足也。"文献"何义？解者多释"文"为典籍，"献"为贤才。或曰：献通宪，谓法度也，审"文献不足"之语，似为允惬。④然"献"若释为法度，则"文"释为典籍殊不伦，当释为"文胜质则史"之"文"。或曰：献、仪古通⑤，文献即文仪。书之所载谓之文，典章制度是也。身之所习谓之仪，动作威仪是也。⑥按诸语境，后说为确。"文

---

① ［日］物茂卿：《荻生徂徕全集》（第一卷），河出书房新社，1973，第496页。
② 王懋《野客丛书》："据《礼运》'之杞''之宋'之文，知《论语》'夏礼吾能言'、'殷礼吾能言'，盖当于'言'字上点句，'之'字各连下句。"王闿运《论语训》亦同其说。[程树德：《论语集释》（上），中华书局，2013，第187页。]
③ 杞为夏之后，宋为殷之后。《礼记·礼运》载，孔子曰："我欲观夏道，是故之杞，而不足征也，吾得夏时焉。我欲观殷道，是故之宋，而不足征也，吾得坤乾焉。"
④ 竹添光鸿：《论语会笺》（壹），凤凰出版社，2012，第174页。
⑤ 《尚书》屡见献字。《虞书》"仪献"，汉碑作"黎献"；《周书》"民献"，《大传》作"民仪"。
⑥ 刘师培：《文献解》，载李帆《中国近代思想家文库：刘师培卷》，中华人民大学出版社，2015，第431-432页。按刘氏释"文献"甚确，然其断句孔子之言，亦误袭前人。

献不足故也，足则吾能征之矣"，言当今之世，礼之典制仪法皆不足，若典制仪法足，则吾能征验之矣。此殆孔子定礼乐时之语。细思其义，孔子之学与夫后世之学，迥然殊趣矣。

又子贡论夫子之学，亦可见孔子学问之本源。

> 卫公孙朝问于子贡曰："仲尼焉学？"子贡曰："文武之道，未坠于地，在人。贤者识其大者，不贤者识其小者，莫不有文武之道焉。夫子焉不学？而亦何常师之有？"（《论语·子张》）

文武之道，成于周公，礼乐是也。礼乐不言，行之在人，行之既久，默而识之，故贤不贤异其识，古之道也。学，主礼言之，谓学礼也。古以知礼不知礼判贤愚。明乎礼，则举凡政教风俗之类，莫不可知焉。大小，谓礼之大小也。[1] 贤者能识礼之大者，不贤者识礼之小者。无论大小，夫子皆有所资取焉，此其学问之所以大也。

夫思曰睿，睿作圣，未有圣人而不深思远虑者。圣人之思，存诸六经。善读书者，读《典》《谟》而见尧之思焉，读《周官》而见周公之思焉，读六经而见孔子之思焉。尧之思，可见其高大；周公之思，可见其详备；孔子之思，可见其通贯。"通贯"何谓？曰：诗书言也，礼乐艺也，易者礼乐之原也，春秋者诗书之流也，寓理于艺，徵言于事，六经之相互为用者如是焉。[2] 六经之教，上下通贯，周流不息，至孔子而著明也。

第四节　论语

孔子思想言行之记录，其最忠实者，首推《论语》。考其所记，或出孔门弟子，或出弟子之弟子，要之皆孔门后学编撰而成书，无可疑焉。《论语》屡言弟子"闻诸夫子"（《阳货》《子张》）；又子张问行，孔子告以"言忠信，行笃敬"之语，子张闻之，当即"书诸绅"（《卫灵公》）。此类皆可证《论语》出于孔门弟子及后学，至迟不晚于再传弟子。至其成书年代，以孔子弟子及再传

---

[1] 松平赖宽：《论语征集览》（下），上海古籍出版社，2017，第1403-1405页。
[2] ［日］物茂卿：《荻生徂徕全集》（第一卷），河出书房新社，1973，第510页。

弟子之年代断之，其在战国之初，庶无疑义。①

读书贵在得法，读《论语》尤然。《论语》何以名之《论语》，此与孔子思想之渊源传承，关系甚大，不可不究。《论语》之编撰，何以成此二十篇之次第，此则涉及《论语》之结构，关系甚大，不可不察。《论语》所记之言语行事，虽多直白浅近，亦每穿插隐晦难解之处，此则涉及古学之微言，关系甚大，不可不明。《论语》用字之法，犹存古意，苟以后世语法视之，难免毫厘千里，乖谬不通，此亦关系甚大，不可不审。以下逐一论之。

一、书名："论语"二字如何释读？

《汉书·艺文志》云："《论语》者，孔子应答弟子、时人及弟子相与言，而接闻于夫子之语也。当时弟子各有所记，夫子既卒，门人相与辑而论纂，故谓之《论语》。"此说出自班固，为时较早。至东汉，郑玄释论字尤备，谓一字而兼多义："论者，纶也，轮也，理也，次也，撰也。"北宋邢昺又释郑玄之言曰："以此书可以经纶世务，故曰纶也；圆转无穷，故曰轮也；蕴含万理，故曰理也；篇章有序，故曰次也；群贤集定，故曰撰也。"然则何以谓之"语"乎？郑玄《周礼》注云"答述曰语"，《说文》云"直言曰言，论难曰语"。邢昺谓："以此书所载，皆仲尼应答弟子及时人之辞，故曰语。"②然《论语》所记，并非全为答述之辞，记孔子直言者，殆居其半焉。论语何义，仍须考索。

論字左言右侖。侖为論之本字。侖之甲骨文，上为亼，集合也；下为册，典籍也。故侖之义，集合典籍之谓也。所以集合典籍者，讨论其义也。侖本有评说、思考之意。《说文》侖有二解，一曰："侖，思也。从亼，从册。"另曰："侖，理也。"曰思曰理，其义本通。"聚集简册，必依其次第，求其文理。"后金文加言另造論字。段玉裁注云："凡言语循其理、得其宜谓之論，故孔门师弟子之言谓之《論语》。"可知"論语"之"論"，谓循其理而得其宜之论也。

"论语"之"语"亦有专指。《说文》云："直言曰言，论难曰语。"《论语·乡党》云"食不语，寝不言"，言、语固有不同。段玉裁云，"一人辩论是非"或"与人相答问、辩难"皆谓之语。之所以辩论是非，以本有是非之道理

---

① 《论语》成书之年代，或可据子思与曾子之卒年而推定。子思为孔子之孙，曾子为孔子晚年弟子，子思尝受业于曾子。曾子卒于公元前436年，《论语》记曾子临终行状，可知编定于曾子卒后。子思卒于公元前402年，此可定为《论语》成书之时间下限。据二子之卒年，可推《论语》大致集结于公元前436—402年，战国之初。

② 何晏、邢昺：《论语注疏》，中国致公出版社，2016，第1页。

可论。苟无道理可论，则无所谓"语"。故"子不语怪力、乱神"（《论语·述而》）①，所以不语者，以怪力、乱神无道理可资论难也。故"语"者，有所甄别、有所裁取，可资立教之语也。先王之道，或口口相传，或记之于书，皆语也。《论语》屡记"请事斯语"《论语·颜渊》，"吾闻其语"（《论语·季氏》），皆古来相传之语也。

字义之外，复可求诸义理。孔子"述而不作，信而好古"，其所论所语固有所传承，有所阐述焉。先王创业垂统，必有其道，必有其教。以《尚书》为徵，其教义虽富，要之可归于三：典、谟、论。典者，典礼制度，《尚书·尧典》《尚书·舜典》是也。谟者，文德嘉言，《尚书·大禹谟》《尚书·皋陶谟》是也。典、谟一脉相承，可尽《尚书》之大义。其余贡、誓、诰、命、训之属，体裁各殊，应时以制义，皆可归诸论。典乃常经而不可擅变，谟乃嘉言而不可直用，故后世所取，必有所论；无论则不切时宜，典谟悬空，难以活用。

伯慎先生曰：

> 先王之所以垂统创业，有三道焉。一曰典，谓建礼乐制度，使后世循而守之，而不可变者也。二曰谟，谓后世君臣苟有其人，则使知活用典礼制度之方也。三曰论，谓典既不可变，谟亦不可直用，故论其谟以制义，义以制事也。

> 论者论道也，语者可诵以服膺者也。

> 循其谟训之道，不可直用之，故立论道之方，以诗书礼乐教之，论之而制义，制义而制事，故三公之职，以论道言之。故其诗书礼乐之教，所以成其论道也。故《论语》者，诗书礼乐之教，以成其论道之语，故云《论语》也。②

可知《论语》之"论"，本有论道以切时之义，孟子赞孔子"圣之时者"，亦秉此义。准此以观，《论语》二字，或读为"论［lùn］语"，或读为"论［lún］语"，均属通达，不必拘泥。古字本一音而多义，后世训诂家始以音别义，乃有一字多音之说。《论语》用字犹存古蕴，大可不必拘泥。

---

① 此章断句与释义详见第六章第四节。
② 三野象麓：《论语象义》，上海古籍出版社，2017，第12–13、15页。

二、结构：编撰原则与意义嵌套

总览《论语》全书，其编撰殊非紊乱无序，乃遵循特定结构原则而成书。所谓结构原则，可指出者，至少有三：一曰不载空言原则，二曰内部统一原则，三曰语言极简原则。第一原则关乎文本选材取向。空言谓无意义之言，《论语》不载无谓之言。第二原则关乎文本内部关系。此可分二端言之，一曰义理统一，二曰文本统一。文本总括语法、文辞而言之。《论语》内部统一，故其义理、文本必统一，绝无自相矛盾之处。第三原则关乎文本记录方式。《论语》之编撰，遵循语言极简原则，不记多余之废话。明此三项原则，大有助于《论语》之诠释，后文时有涉及，特提要于此。

今通行本《论语》凡二十篇。读者多以为结构散乱，毫无逻辑可言，此不善读书之过也。结构可自大者言之，可自中者言之，可自小者言之。大者，谓全书编撰之框架；中者，谓篇章次序之关联；小者，谓篇内章句之关系。三者互有嵌套，《论语》之意义结构，可借此而窥也。

（一）全书框架

细索《论语》二十篇之旨，大致可分上下两部。上部自《学而》至《乡党》，简称上论；下部自《先进》至《尧曰》，简称下论。上下所载，一以贯之；所贯之者，仁也。然所以区分上下者，以上论所重在学，下论所重在用。上论以《学而》篇置第一，首章以"学而时习之"开头，明点出"学"，是为上论之纲领；亦为全书之纲领也。下论以《先进》篇置第一，首章论"先进于礼乐""后进于礼乐"之殊，而孔子曰"如用之，则吾从先进"，明点出"用"，是为下论之纲领；亦谓全书之纲领也。

> 上论之纲领：学——子曰："学而时习之，不亦说乎？有朋自远方来，不亦乐乎？人不知而不愠，不亦君子乎？"（《论语·学而》）
>
> 下论之纲领：用——子曰："先进于礼乐，野人也；后进于礼乐，君子也。如用之，则吾从先进。"（《论语·先进》）

曰学曰用，所学所用，不外仁也。仁者，先王之道，众圣所集，孔子明定之曰仁也。下论《子张》篇记孔门弟子之言，明诸子皆传孔子之道也。《尧曰》篇记尧舜相授之语，明孔子所传之道即尧舜以来之道也。以全书观之，首篇《学而》以"学而时习之""不亦君子乎"开篇，末篇《尧曰》以孔子"不知命无以为君子"收束，遥相呼应，此凤头豹尾也。《子罕》篇首章曰：子罕言利，与命与仁。与，语及而赞许之谓也。《论语》全书之义，"与命与仁"足以尽之，故此章实为全书之中核，此猪肚也。①

  凤头：子曰："学而时习之，不亦说乎？有朋自远方来，不亦乐乎？人不知而不愠，不亦君子乎？"（《学而》）
  猪肚：子罕言利，与命与仁。（《子罕》）
  豹尾：子曰："不知命，无以为君子也。不知礼，无以立也。不知言，无以知人也。"（《尧曰》）

  上论所重在学，因学而明，修己之学也；下论所重在用，因用而行，治人之用也。修己治人，一以贯之，非两截也。唯笔之于书，有所侧重，示所先后，学者赖以得其门而入焉耳。此义非细读《论语》莫能明也，而观孔子之论仁可知已。上论孔子论仁，重在学仁；下论孔子论仁，重在用仁。其最显著之例，莫过孔子答子贡、颜渊问仁。孔子答子贡问仁，载上论《雍也》篇，所重在学仁，所谓"能近取譬"，示学仁之方也。孔子答颜渊问仁，载下论《颜渊》篇，所重在用仁，所谓"为仁由己"，明行仁在我也。

  上下之间，一以贯之，互有映射，分梳如下：
  《学而》第一与《先进》第十一映射，前者重在学仁，后者重在用仁。
  《里仁》第四与《颜渊》第十二映射，前者重在明仁，后者重在行仁。
  《为政》第二与《子路》第十三映射，前者为政之经，后者为政之纬。
  《公冶长》第五、《雍也》第六与《宪问》第十四映射，前者重在择人以学仁，后者重在择人而用之。②
  其余篇章之关联，见下文梳理。

（二）篇章次序

  《论语》篇章之间，亦有结构关联可循。且以上论与下论之框架，探其结构线索。以意义关联审视，上下两论各可分为四组，各篇之间复有结构线索可循焉。

  上论可分四组：
  第一组：《学而》《为政》《八佾》：学也者，学为君子之道，故《学而》开

---

① 《论语·子罕》篇之结构解析，详见第三章第二节"仁无止境"段。
② 以篇幅论，《论语·公冶长》《论语·雍也》二篇之和，与《论语·宪问》篇大略相当。

篇；学而能正，政者正也，故《为政》次之；政之兴替在礼乐，故《八佾》次之。

第二组：《里仁》《公冶长》《雍也》：《里仁》总论明仁以修德，并引出《公冶长》《雍也》两篇。其线索则《里仁》第一章（子曰：里仁为美。择不处仁，焉得知?）引出《公冶长》篇，择人以学仁也；《里仁》第七章（子曰：人之过也，各于其党。观过，斯知仁矣）引出《雍也》篇，学仁而德见于行也。

第三组：《述而》《泰伯》《子罕》：孔子继志述事、立教兴学之大纲，《述而》是也。其第七章（子曰：志于道，据于德，依于仁，游于艺），引出《泰伯》《子罕》两篇。《泰伯》论至德以教化天下；《子罕》论知命以行仁，复可细分为二：以第十七章（子在川上曰：逝者如斯夫，不舍昼夜）为界，此章之前重在"与命"，此章及其后诸章重在"与仁"。《子罕》第四章（子绝四：毋意，毋必，毋固，毋我），引出《乡党》。

第四组：《乡党》：记孔子行礼之范，以行事展现前九篇之大义。

下论可分四组：

第一组：《先进》《颜渊》《子路》《宪问》：四篇总明行仁之次第——行仁（礼乐）以修己，故《先进》起首；修己而后行仁于天下，故《颜渊》次之；行仁于天下而国善其政，故《子路》次之；善其政者，重在择人而用之，故《宪问》次之。

第二组：《卫灵公》《季氏》《阳货》《微子》：邦之无道，由于人君，《卫灵公》是也；诸侯失道，政在大夫，《季氏》是也；大夫失道，政在陪臣，《阳货》是也；陪臣秉政，贤人远隐，《微子》是也。四篇各以人物命名，人物地位依次降低，隐喻"以上率下"之义也。

以上两组，由前一组引出后一组。以《颜渊》为核心，引出《卫灵公》《季氏》《阳货》三篇。具言之，《颜渊》第十一章"齐景公问政于孔子"引出《卫灵公》篇；《颜渊》第十七章"季康子问政于孔子"引出《季氏》篇；《颜渊》第二十二章"樊迟问仁问知"引出《阳货》篇。《阳货》可分为两节：以第十一章"礼云礼云，玉帛云乎哉"为界，此章（含）之前，所重在"爱人"；此章之后，所重在"知人"。"爱人""知人"皆由"樊迟问仁问知"所引出。

第三组：《子张》：孔子弟子言论之汇集，讲学以延道脉，孔子所授，弟子所传，悉在是章。然观曾子之言"堂堂乎张也，难与并为仁矣"，亦可见孔门后学分裂之绪矣。

第四组：《尧曰》：自尧舜以至孔子，道统一脉相承，以总结下论十篇，收束全书二十篇。《尧曰》末章与《学而》首章，草蛇灰线，遥相呼应。

(三) 章句关系

《论语》各篇之内，亦非随意编排，复有语意相属或相承之关联者。今以《述而》篇相邻之五章为例，发明其义。

第十三章：子在齐，闻《韶》三月，不知肉味。曰："不图为乐之至于斯也！"

第十四章：冉有曰："夫子为卫君乎？"子贡曰："诺。吾将问之。"入，曰："伯夷、叔齐何人也？"曰："古之贤人也。"曰："怨乎？"曰："求仁而得仁，又何怨？"出，曰："夫子不为也。"

第十五章：子曰："饭疏食饮水，曲肱而枕之，乐亦在其中矣。不义而富且贵，于我如浮云。"

第十六章：子曰："加我数年，五十以学《易》，可以无大过矣。"

第十七章：子所雅言：诗、书。执礼皆雅言也。

第十三章，俗解以"三月不知肉味"连读，不确。"闻《韶》三月"，犹云"学《韶》三月"，不言学而言闻者，以乐主于听闻，又闻有知闻之义也。必知闻其义，震撼至深，其余感官咸聚焦于此，故有"不知肉味"之效。第十六、十七章，本当合为一章，上文已明，不再赘述。

上引各章，粗疏读之，必以为随意编排，散漫而无关联者。然伯慎先生独具慧眼，论其关联曰：

五章为一段。孔子之德，至议大舜之乐焉，所以置第一章也。以其盛德，游历于诸侯，试天之命，所以置第二章也。其试天之命也，见义与不义，以为进退，所以置第三章也。其为进退也，皆由《周易》之义，所以置第四章也。虽皆由《周易》之义，其盛德大业，皆成于诗书礼乐，所以置第五章也。①

《论语》篇内之意义关联，本文后续章节多有涉猎，此不详举。又《论语》各篇之首章，皆有提纲挈领之义，容后文适当之处略释一二。

---

① 三野象麓：《论语象义》，上海古籍出版社，2017，第238-239页。按《论语》各篇内章句之意义关联，伯慎先生论之尤备，其所著三野象麓：《论语象义》，上海古籍出版社，2017，第阐发各章意义之相属或相承，饶有创发，足资参考。

三、微言：礼有微情与诗涵微旨

《汉书·艺文志》云："昔仲尼没而微言绝，七十子丧而大义乖。"可知孔子固多发微言。颜师古注云："微言，精微要妙之言。"以其精微要妙，故隐微不显。孔子多发微言，何以故？盖人之言也，以明道而有助于相交也，有可直言者，有不可直言者；其不可直言者，则以微言发之，礼也，亦诗之意也。《礼记·檀弓·下》云："礼有微情者。"疏云："微者，不见也。"《逸周书》云："明王是以敬微而顺分。"（《度训解》）又曰："微言入心。"（《大戒解》）皆微言之义也。

诗有比兴之法，多以微言而成。孔子雅言诗书，宜其深谙微言也。《论语》多记孔子之微言，后儒解此等章句，往往不通，不识微言之失也。微言大义，不可不察。兹以二例明之。

> 子曰："道不行，乘桴浮于海。从我者其由与？"子路闻之喜。子曰："由也好勇过我，无所取材。"（《公冶长》）

此章孔子以"道不行"发端，以"无所取材"收束，寄微言以慨叹为仁之难也。桴，航海之具。编竹木为船，大者曰筏，小者曰桴。《易》屡言"利涉大川"，谓涉艰难也。涉大川且艰难，况浮于海乎！孔子之意，谓事之至难者，非独力所能济，必有同舟共济之人，方能成其事。而同济之人难得也，唯子路好勇，故假设为言，非实许子路可以同济也。子路不解假设之意，喜夫子赞己之勇。故孔子又曰，"由也好勇过我"，是其可取之处；然无处可取桴材，以为航海之具。夫子之意，谓兴大事，必须人才、器具齐备，方可成事。大事者，行仁于天下也，观"道"字可窥矣；又子贡问为仁，夫子答以"工欲善其事，必先利其器"（《论语·卫灵公》），可以见焉。

何晏《集解》引郑氏曰："'无所取材'者，无所取于桴材。以子路不解微言，故戏之耳。"① 是郑氏知其为微言也。程子乃训"材"为"裁"，谓子路"不能裁度事理"②，程氏不解微言正与子路同。果材训裁，"取"字岂非赘疣乎？且"取"字安能与"裁"连言乎？又有训"材"为"哉"者，则夫子明取子路之勇，又言"无所取哉"，不通之甚矣。且据"内部统一原则"，《论语》

---

① 何晏、邢昺：《论语注疏》，中国致公出版社，2016，第64页。
② 朱熹：《四书章句集注》（上），上海古籍出版社，2006，第97-98页。

用"哉"字多矣，何故此处以"材"代"哉"邪？皆不通之论也。

孔门诸子，善解微言者，以宰我最为优胜。孔门四科，言语科唯宰我、子贡二人，宰我冠其首。下章宰我与孔子之问答，可见师徒共解微言之妙焉。

> 宰我问曰："仁者，虽告之曰：'井有仁焉。'其从之也？"子曰："何为其然也？君子可逝也，不可陷也；可欺也，不可罔也。"（《论语·雍也》）

此章之义，后儒坐实解之，皆莫得其解。不知宰我所问，发微言以警孔子者也。宰我知孔子行仁心切，特以井设譬，喻险难之境也；"井有仁焉"，"井"喻可资行仁之险境也；"仁"为动词，可行仁也。"仁者"，暗讽孔子也。孔子窥知宰我微意，而告以"君子"者，不敢以"仁者"自居也；设若宰我明言其事，则孔子必以"丘也"承之；设若宰我泛问仁人，则孔子自当承以"仁人"。今宰我以"仁者"暗指孔子，孔子不以"仁者"自居，而以"君子"答之，君子者，所以行仁者也。逝，往也，往视其可为与否也。陷，陷溺于井也。"君子可逝也，不可陷也"，言君子临事必有勇而善断，知其可为与否也。"可欺也，不可罔也"，言君子所以能如此之故也。孟子曰，"君子可欺之以方，难罔以非其道"（《孟子·万章·上》），发此义也。欺，欺诳也。罔，迷惑也。君子不逆诈，故可欺也；有所守，故不可罔也。孔子以君子之行作答，安宰我之心也。① 宰我之善出微言，师徒心领神会，有如是之妙者。《论语》之妙，每每如是。

朱注以"井有仁焉"之"仁"作"人"，谓有仁人落井，"身在井上，乃可以救井中之人，若从之于井，则不复能救之矣"。宰我何许人也，名冠孔门言语科，岂发如此愚蠢之问乎？至云"宰我信道不笃"②，盖以宰我有昼（画）寝之失而小视之，可谓不知宰我矣。人非圣贤，孰能无过？贤如孔子，且云"五十以学易，可以无大过"，则小过自所不免，五十以前大过亦所不免。后儒不识微言，坐实解此章，焉能得其解哉。

《论语》之微言尚多，后文屡有涉及，此处姑释两例，以明读书不可不慎，微言不可不识。孔子论仁，多用微言，以仁之难以直言故也。"井有仁焉"，其

---

① 此章之解，据笔者所见，徂徕先生发之最善，可谓善解微言者也。[松平赖宽：《论语征集览》（上），上海古籍出版社，2017，第487-488页。]
② 朱熹：《四书章句集注》（上），上海古籍出版社，2006，第115页。

一例耳。

上文提及宰我，《论语》有"宰予昼寝"章，后儒莫之能解，所解多荒谬不通。殊不知此章亦微言也。后儒所以不能解者，误以"畫寝"为"晝寝"故也。今既及言，且稍辨之。

> 宰予畫（晝）寝。子曰："朽木不可雕也，粪土之墙不可杇也，于予与何诛。"子曰："始吾于人也，听其言而信其行；今吾于人也，听其言而观其行。于予与改是。"（《论语·公冶长》）

按人之生理节律，昼兴夜眠，而午间小寐，蓄锐养精，本养生之常法，自然之恒道也。果也宰予昼寝，孔子责以"朽木""粪土"，岂非大可怪乎？盖"晝寝"当为"畫寝"，形近而讹，以讹传讹，以至于今。观孔子"朽木不可雕""粪土之墙不可杇"，皆"画"之类比，细索文脉可知也。误以"畫"为"晝"者，前人亦知之矣。清人沈涛《交翠轩笔记》卷三云：

> 《论语》宰予畫寝，《笔解》"畫"字作"畫"。案《齐东野语》：尝见隋人侯白所注《论语》，谓"晝"字当作"畫"字；盖夫子恶其畫寝之侈，是以有朽木粪墙之语。又《资暇集》引梁武帝《注》云："晝"当作"畫"字。此皆《笔解》所本。①

是知"畫寝"乃奢泰行为，而奢泰非礼也。《论语·八佾》篇云："礼，与其奢也宁俭。"与此章之义相发焉。② 孔子之义，寝不宜于画，犹之朽木不宜于雕，粪土之墙不宜于杇，非礼也。子曰"义以为质，礼以行之"（《论语·卫灵公》），义者宜也，画于寝，非宜也，故非礼也。故知"朽木不可雕""粪土之墙不可杇"，非责宰我之辞，乃喻礼之微言，孔子因宰我之事而发明礼之大义也。后儒弗察，徒发无谓之解，悲哉！

四、字法：一字多义与名动合训

《论语》之文，不特微言屡见，字法亦甚讲究。其用字之法，殊堪注意者，

---

① 赵纪彬：《论语新探》，人民出版社，1976，第354-355页。
② 此章之义，刘宝楠《论语正义》亦辨之云：春秋时，大夫、士多美其居。故土木胜而知氏亡，轮奂颂而文子惧；意宰予畫寝，亦是其比，夫子以"不可雕""不可杇"讥之，正指其事。

曰一字兼多义，多义故可兼训。上文论"论语"之"论"字已及之。读《论语》，字法甚关紧要，苟不明所以，误解歧见遂不免焉。

钱钟书尝论古文一字多训，略有二端。一曰并行分训，如《论语·子罕》篇"空空如也"，"空"可训虚无，可训诚悫，两义不同亦不背。二曰背出或歧出分训，如"乱"兼训"治"，"废"兼训"置"，《墨子·经上》曰："已：成，亡"；古人所谓"反训"，两义相违亦相仇。心理事理，错综交纠，赅众理而约为一字，并行或歧出之分训得以同时合训焉，使不背者交协、相反者互成。如《周易》之"易"，"变易"与"不易""简易"，背出分训也；"不易"与"简易"，并行分训也。"易一名而含三义"者，兼背出与并行之分训而同时合训也。①

古文一字多义，训义之活，非止钱氏所言能尽。兹且增补一端，曰名动合训。名者名物，名词是也。动者动作，动词是也。古人造字，每融名物动作于一字。如古之职事，由事得职，因以名焉，诸如"宰""相""守""侍中""尚书""司马"之类，本指事务，动词习久为名词，爰以名官。又如"县"字，本谓悬而待封，后以名行政区级，借动词为名词也。《说文》："县，系也。"《秦纪》：武公"十年伐邦、冀戎，初县之。十一年，初县杜、郑"②。二"县"字，皆名动合一。名动合训，《论语》不乏其例，上文宰我所言"井有仁焉"之仁，即名动二指，名者谓仁境、仁功，动者谓其际遇可资行仁者，而括以一"仁"字。故此处"仁"字，须名动合训方备。

古时造字，以象取义。象者圆活，初无定指，故缘象而生义，往往一象多义。象以生字，字以定象，象圆而字一，象活而义多。字义虽多，字音则一，以象虽圆活而恒定故也。如"学而时习之，不亦说乎"，"说"字本含说话、喜悦之义，此观《周易》兑卦之象，不难推知。后世训诂师，因义以别音，又因音而辟字，遂另造"悦"字，单表喜悦之义，而音亦别焉。③ 又如"知"字，本兼含知晓、智慧、匹合诸义，训诂师乃别其音而另造"智"字，以示音义之别。此法虽利后人读书解义，然古书字义亦坐此而晦焉。《论语》全书，有

---

① 如《易传·系辞·下》云："为道也屡迁，变动不居，……不可为典要，唯变所适。"变易之谓也；又云："初率其辞，而揆其方，既有典常。"不易与简易之谓也。[钱钟书：《管锥编》（一），生活·读书·新知三联书店，2008，第4、10页。]
② 严耕望：《中国政治制度史纲》，上海古籍出版社，2013，第3、42页。
③ 王船山曰：一字而发为数音，起源于训诂之师，欲学者辨同字异指、为体为用之别，而恐其遗忘，乃以笔圈破，令作别音，而纪其义之殊。若古人用字，义自博通，初无差异。[王夫之：《说文广义》（《船山遗书》第八册），中国书店出版社，2016，239页。]

"说"字而无"悦"字,有"知"字而无"智"字。"说"云"知"云,字义圆活,读者缘语境而明义。苟必以"知""智"截然分殊,反失《论语》用字之法。即如"人不知而不愠,不亦君子乎","知"字本圆活,未尝不兼"智"义,纯以"知晓"训之,未免迂执。又如"愠"字,兼有"怨怒""郁结"之义,二者本相关联,析而二之,圆活之义遂偏执矣。

《论语》文法简妙,用字犹存古法,往往兼取多义。所谓"兼取"者,后世之见耳,古人本无所谓"兼取",其字义原本浑活混一也。是否"兼取",宜分而论之。凡字义背出分训者,须据语境而明确其义,不可兼取。如"易"训"变易"与"不易","乱"训"治"与"乱"者,皆背出分训之例,宜因语境而明确所指,不可囫囵兼取。如"天下有道,丘不与易也"(《论语·微子》),"易"训变易,不可反训;"予有乱臣十人"(《论语·泰伯》),"乱"训治,不可反训。凡字义并行分训者,宜因语境而灵活兼取,如"人不知而不愠","知"兼取知晓、智慧、匹合诸义,"愠"兼取怨怒、郁结之义,方能见孔子立言之圆融而不偏。至于名动是否合训,亦须因语境与文法而定,不可一概而论之。

后世训诂法,必分析字义而执定某一义项为准,未免"今之视昔",乖乎古义矣。譬如孔子之言"为政以德","以"字之义,富且活也。后世训诂必析"以"字而分其义项,曰表凭借、表方式、表目的,古人用字,何尝如是其判乎?"为政以德"之"以",孔子未始不可"兼取"三义而语之。[①] 苟必分判字之多义,执定某一义为定解,反失古蕴。《论语》一字多义,其例夥矣,最著之例莫如"仁"字。后儒不察,必以一义训之,一理括之,焉能得其确解哉!明乎《论语》用字之法,下章乃可论孔子之仁。

本章概要

孔子信而好古,述而不作;《中庸》谓仲尼祖述尧舜,宪章文武。示孔子学术之本源也。论孔子之学,不可不明其本源。孔子所以祖述尧舜者,中庸是也;所以宪章文武者,礼乐是也。古道流传久远而成传统,必有其所以然之故。孔子好古敏求,即敏求其所以然之故也。周公绍前圣而开新局,以礼乐制度而奠立中华之大一统。孔子生逢春秋之世,礼乐崩坏,时变方殷,乃探礼乐兴废之

[①] "为政以德"释义,详见本书第四章第三节。

由，思所以重建之道，此其问题之枢纽也。孔子一切思想，莫不据此问题而发焉。孔子思想散见六经，而集中《论语》。六经所记，不外先王作为经纶之义，故曰六经皆史。《论语》所载，大要皆论说先王治道之言，而变通于时宜者。故六经与《论语》，可资互证。《论语》之文，犹存古蕴，如何释读，必有其法，苟不得其法，则不得其解。后世学者，不辨古言，不识微旨，以后世之见读之，大乖古义，致孔子之学，本源不明，大义不彰，殊可惜也。

第三章

原 仁

明道先生曰："学者须先识仁。"① 识仁乃学者先务，不待言也。而何以须先识仁，学者未必彻知其所以然。欲窥孔子学问之堂奥，识仁乃第一关口。苟识得其仁，孔学之大旨，思过半矣。人谓孔学即仁学，大体不差。然识仁洵非易事，识孔子之仁尤非易事也。古来论仁者夥矣，而窥透孔子仁说之真机者，其几人也邪？韩退之《原道》云："博爱之谓仁。"仁者固博爱矣，然博爱岂能尽孔子之仁乎？② 果其然也，孔子之仁与墨子之兼爱何以异邪？朱子曰："仁者，心之德，爱之理也。"③ 孔子之仁，岂理也哉？又曰："仁者无私心而合天理之谓。"仁者固无私心矣，固合天理矣，然无私心、合天理焉能切中孔子之仁乎？即如明道所言"仁者浑然与物同体"④，仁者固浑然与物同体矣，然"与物同体"岂孔子论仁之旨乎？此类议论，其言非不美矣，其论非不高矣，惜乎大而无当，妙而不切，去孔子论仁之旨远甚。孔子言仁，绝无此类虚玄飘荡之说。其余论仁者尚多，大抵如盲人摸象，据一隅以立说；甚者南辕北辙，言之愈多而仁旨愈晦。悲夫！

孔子论仁，悉备《论语》。外是而求仁，不可得也。然孔子之仁殊非空穴来风，其来有自，其源可考。细考其源，不外《诗》《书》。兹先就《论语》论仁之要者，逐一梳解，以明孔子之仁；而后以《诗》《书》与孔子之渊源关系，稍加辨察，以明孔子"好古敏求"之义。

第一节 分论

孔子之仁，囊括多义，其义奥旨，殊难遽断。立言必有立言之语境，道说

---

① 程颢、程颐：《二程集》（上），中华书局，2004，第16页。
② 伊川先生曰：退之言"博爱之谓仁"，非也。仁者固博爱，然便以博爱为仁则不可。（朱熹、吕祖谦：《近思录》，上海古籍出版社，2016，第28-29页。）
③ 朱熹：《四书章句集注》（上），上海古籍出版社，2006，第59页。
④ 程颢、程颐：《二程集》（上），中华书局，2004，第16页。

必有道说之辞气，非缘语境审慎而求，循辞气玩味以辨，往往不得其义。古来欲以一义括仁，以一语尽仁者，用意虽美，而能如愿者，向未之有。此无他，仁虽一字，而殊难一言而尽也。孔子曰："言不可以若是其几也。"（《论语·子路》）《礼记》云："夫言岂一端而已，夫各有所当也。"（《礼记·祭义》）言非一端，故不可一概而论；各有所当，故可缘事以求。言以尽意，意非一指，乌可一言而尽乎！唯其如此，欲明孔子之仁，诚不得不分析以言之，而后融会而贯通之。词不害意，神解于心，庶几得之，如是而已。

一、仁兼多义：取义须据语境而推定

孔子言仁，或谓仁德，或谓仁人，或谓仁行，或谓仁事，或谓仁功，或谓仁政，或谓仁境，而总括之以一"仁"字。以今日语法言之，仁既可为名词，亦可为动词，复可为形容词，乃至可为状语，诚难一言而尽矣。其所言仁，或单取一义，或兼取二义，或统摄多义：此不容不辨也。一字多义，本语言之常则，而古汉语尤著。故仁可分析而言之，复须总括以明之。唯仁兼二义或多义者，虽可分析而言，而必归乎融贯，方不失其本旨：此又不容不察也。以下援《论语》之例以分梳之。

其谓仁德者，例如：樊迟问仁，子曰："爱人。"（《论语·颜渊》）此"爱"固从心而发，然"爱人"若止于心，不可谓之仁，必兼行事始可谓之仁。故"爱人"亦兼仁德、仁行而言之。后人括之曰"仁者爱人"，非谓爱人即仁，亦非谓仁即爱人，而谓爱人乃仁之所必由者也。

其谓仁德而以仁貌况之者，例如："巧言令色，鲜矣仁！"（《论语·学而》《论语·阳货》）或释此仁字为真诚[1]，仁者固真诚矣，然真诚岂能尽仁乎？又如："刚毅木讷，近仁"（《论语·子路》）；"仁者其言也讱"（《论语·颜渊》），皆言仁德之样态也。

其谓仁人者，例如："泛爱众而亲仁"（《论语·学而》）；"殷有三仁焉"（《论语·阳货》）。

其兼仁德、仁人而言者，例如："求仁而得仁，又何怨？"（《论语·述而》）此"仁"指仁人，何以知之？推"求"字之义可知也。"求"也者，必

---

[1] 傅佩荣：《傅佩荣译解〈论语〉》，东方出版社，2012，第3页。傅氏又解"人而不仁，如礼何"之仁为真诚（同前书，第29页），解"仁者安仁"后一仁字为"走在人生正途上"（同前书，第45页），皆坐宽泛之病，未能明仁之义。孔子之仁固为人生正途，然人生正途何谓也？岂能尽仁乎？

有所求者在焉,《论语》之例如:"富而可求也"(《述而》),所求者富也;"好古,敏以求之"(《述而》),所求者古道也;"求善贾而沽诸"(《子罕》),所求者善贾也;"君子求诸己,小人求诸人"(《卫灵公》),所求者己或人也。诸如此类,求必有所求者在焉。"求仁而得仁",谓伯夷、叔齐求得仁人而归之也。苟非仁人,奚以"求"之?又仁人者,必有仁德,故此处兼言之也。俗解以仁心为解,取义狭矣。

其谓仁境者,例如:"仁者乐山""仁者静""仁者寿"(《论语·雍也》),此言仁境,而未始不可兼象仁德也。"仁者不忧"(《论语·子罕》《论语·宪问》),此兼仁境与仁德言之也。又如:"仁远乎哉?我欲仁,斯仁至矣!"(《论语·述而》)"欲仁而得仁,又焉贪?"(《论语·尧曰》)凡言"欲仁"者,心志所向,必指仁境。仁境非仁行无以致之,非仁事无以成之,故又可兼仁行、仁事而言之也。

其谓仁政者,例如:"知及之,仁不能守之,虽得之,必失之。知及之,仁能守之,不庄以莅之,则民不敬。知及之,仁能守之,庄以莅之,动之不以礼,未善也。"(《论语·卫灵公》)此所谓"仁政",侧重取义,非止于"政"而言也。夫仁政者,苟无仁人、仁德、仁事、仁行、仁功以成之,奚以趋于仁政哉?政之于仁,仁之于政,本相关涉,殊非两截。故《论语》之两大问目,即问仁与问政,二者相互成就;而孔子之答,盖有小大近远之别焉。问政者,多就小而近者言之;问仁者,多就大而远者言之。① 大而远者,以小而近者为所本,故有"能近取譬"之旨;小而近者,以大而远者为所归,故有"任重道远"之说。今人语"仁政",不得已之辞耳,深察孔子之旨,可知非政无以成仁,非仁无以成政。视仁、政为两截之事,复以"仁政"构词,乃为后世之见所囿,不得不然耳。

其谓仁事者,例如:"君子笃于亲,则民兴于仁"(《论语·泰伯》),此仁可兼仁事、仁德、仁行而言也。"仁以为己任,不亦重乎?"(《论语·泰伯》),谓仁事甚重大,此仁犹言仁道也,故曰"任重而道远"。又《论语》凡言"为仁"者,皆以行仁言之,谓仁事、仁行,故特著一"为"字以彰之也(详见下文)。

其谓仁行、仁事与仁功者,最显著之例,莫如孔子之许管仲曰:"如其仁!如其仁!"(《论语·宪问》,详见下文)又如:"如有王者,必世而后仁。"(《论

---

① 徂徕曰:"问政者,一邑之政也,皆其人为宰而问今日所行焉。问仁者,一国之政也,皆为其他日或得为一国之政而预问焉。"[[日]物茂卿:《荻生徂徕全集》(第一卷),河出书房新社,1973,第425页。]

语·子路》）王者世而后仁，谓仁功也；此又可兼仁境言之：仁功以成仁境，仁境以见仁功。又孔子不以仁自许，曰："若圣与仁，则吾岂敢。"（《论语·述而》）是皆以仁事、仁功言之也。俗解以为孔子自谦之辞，非矣。孔子有德无位，故不以圣、仁自居，何谦之有哉？盖有仁心者未必有仁功，有仁功者必有仁心；有仁功而无仁心者，未之闻也。孔子岂无仁心乎？第无位以成其功耳，故何敢以圣与仁自居乎！其屡言"不知其仁也"（《论语·公冶长》），"仁则吾不知也"（《论语·宪问》），所谓"不知"，皆以仁事、仁功言之，苟以仁心为解，必至迂塞不通。生而为人，无论贤愚，孰无仁心？善念之发，点滴之微，人皆有之。贤愚之殊，不在仁心之有无，而在仁心之小大、久暂与自觉与否，如是而已。宋儒以仁为"心之德，爱之理"，语虽高明，而一俟解说此等章句，则迂谬不通。可知"心德爱理"之说，朱子自创其家学耳，迥非孔子论仁之本旨。

以上解仁，皆分析言之，而分析之中复可融贯焉。孔子言仁多如此。子曰："志于道，据于德，依于仁，游于艺。"（《论语·述而》）此四句乃孔子总括其学问之大纲也。①"依于仁"，此处仁乃总括言之，仁可兼仁心、仁德、仁人、仁事、仁行、仁政、仁境诸义。依者，不违之谓。孔门之教，以仁为至，以依于仁为务。道者，先王之道也。道在彼，而德在我，仁则合道、德之术，唯依于仁而后道与我得而合焉。②圣学之大，此为根本。

仁兼多义，遂有论者谓"仁"可兼"人之性""人之道""人之成"而言之。③盖"人之道"者，仁事也；"人之成"者，仁功也。然深究孔子之思，"仁"不可以"性"言，亦不可以"心"言，此义深微，关系极大，容下文详之。

二、仁重于行：动词时代之思想方式

孔子论仁，未有单就心而言之者。即如答樊迟问仁而曰"爱人"，亦非单就心言之，已如上述。仁若止于心，则何者非心？何者非仁？孔子言仁，特重于

---

① 详见本书第四章第二节"道德仁艺"部分。
② ［日］物茂卿：《荻生徂徕全集》（第一卷），河出书房新社，1973，第425页。
③ 傅佩荣曰：孔子之"仁"兼具"人之性""人之道"与"人之成"三义。由此可以解开"仁"字歧义之困难。譬如，"我欲仁，斯仁至矣"系就人之性而言：人性向善，因此随时随地可以发出向善之动力。"若圣与仁，则吾岂敢"系就人之道而言：人之道是"择善固执"，蕴含无穷与至高之要求，自然不易达成。孔子不轻易许人以仁，则是就"人之成"而言。（傅佩荣：《儒家哲学新论》，中华书局，2010，第121页。）

行，单言仁字即包含行仁之意。仁非行无以致之，非事无以成之，故《论语》有时特著一"为"字而言"为仁"，强调之意也。为仁犹言行仁。《论语》言"为仁"者凡八见，例举如下：

（一）孝悌也者，其为仁之本与！（《学而》）
（二）恶不仁者，其为仁矣，不使不仁者加乎其身。（《里仁》）
（三）（四）克己复礼为仁。一日克己复礼，天下归仁焉。为仁由己，而由人乎哉？（《颜渊》，"为仁"二见）
（五）克、伐、怨、欲不行焉，可以为仁矣？（《宪问》）
（六）子贡问为仁。子曰："工欲善其事，必先利其器。居是邦也，事其大夫之贤者，友其士之仁者。"（《卫灵公》）
（七）子张问仁于孔子。孔子曰："能行五者于天下，为仁矣。"（《阳货》）
（八）曾子曰："堂堂乎张也，难与并为仁矣。"（《子张》）

上举诸例，"为仁"皆谓行仁，无一例外。其中两例易生误解，须加辨识。"孝悌也者，其为人之本与"，此句之"为"，后人为白话所惑，多视为系动词，犹言"是"，不知《论语》之"为"字，无一例可解为今语之"是"者。"为仁之本"，犹言"行仁之本"也。[①] 又"克己复礼为仁"，后人率以"为"字为系动词，犹言"是"，复引《左传》（昭公十二年）之语为证："仲尼曰：'古也有志：克己复礼，仁也。'"不知《左传》引仲尼之语，所谓"仁也"，犹言"行仁也"。"克己复礼为仁"，言克己复礼，所以行仁也（详见下文）。

言仁即包含所行，以今日语法言之，仁兼名词义与动词义。名词、动词之区分，上古所无。盖汉字初创之时，多以动态象事态，故每含混视之，兼融用之。此动词时代之思想方式也。动词习久而成名词，其例多有，如古代官职之称：宰、相、尚书、司马之类，本为专司某事之动词，习久即以所事为官名，

[①] 朱子《论语集注》曰："为仁，犹曰行仁。"程子曰："行仁自孝悌始，孝悌是仁之一事。谓之行仁之本则可，谓是仁之本则不可。盖仁是性也，孝悌是用也，性中只有个仁、义、礼、智四者而已，曷尝有孝悌来。"程子辩"为仁之本"甚当，然谓"仁是性也"，其谬甚矣。谓仁是性，孝悌是用，盖以宋儒体用之辨而立言。然孔子未尝区分体用，亦未尝以仁为性。有子之意，孝悌即所以行仁，非谓孝悌以仁为体也。以仁为体，必诉诸心，去孔子言仁之旨远矣。孔子岂不知心乎，然专就心言仁，岂能得仁乎！

动词遂转为名词。① 东周之世，动词时代渐变为名词时代，而孔子立言，犹存古蕴。《论语》之仁，多以行言，故每与动词匹配成语，"为仁"而外，其例尚多：

亲仁（《学而》：泛爱众而亲仁）
里仁（《里仁》：里仁为美）
处仁（《里仁》：择不处仁，焉得知）
安仁（《里仁》：仁者安仁）
利仁（《里仁》：知者利仁）
好仁（《里仁》：我未见好仁者，恶不仁者）
知仁（《里仁》：观过，斯知仁矣）
得仁（《公冶长》：未知，焉得仁）
违仁（《雍也》：回也其心三月不违仁）
依仁（《述而》：依于仁）
求仁（《述而》：求仁而得仁，又何怨）
欲仁（《述而》：我欲仁，斯仁至矣）
兴仁（《泰伯》：君子笃于亲，则民兴于仁）
辅仁（《颜渊》：以友辅仁）
近仁（《子路》：刚毅木讷近仁）
害仁（《卫灵公》：无求生以害仁）
成仁（《卫灵公》：有杀身以成仁）
蹈仁（《卫灵公》：未见蹈仁而死者也）
当仁（《卫灵公》：当仁不让于师）

细味上列言仁之语，皆与动作搭配成语。孔子言仁即包含所行在焉，往往如是。明乎此，知孔子论仁，非专以心言之，昭然明白。谓予不信，不妨以"心"或"仁心"置换上述语句之"仁"，其辞之不达，可立见焉。

三、仁有次第：行仁之功贵切己而渐

如上所论，仁之所重在行，言仁即包含所行在焉。

行仁必有次第，并无一定之则、不变之法。恃一言以为万灵之药，非为仁

---

① 严耕望：《中国政治制度史纲》，上海古籍出版社，2013，第3页。

之要也。推次第之义，不唯先后之序，近远之殊，复因人而异，因事而殊。孔子答弟子问仁，往往因人而异辞。所以异辞者，非谓仁之义不同，实因个人资质有差，性习有异，不得不因材施教，以显为仁之殊方，殊途而同归可也。次第之义亦多，举其要者，其一曰：为仁由己；其二曰：能近取譬；其三曰：先难后获。

（一）为仁由己

孔子答问仁，莫圆于颜子，莫切于子贡。① 兹先论其答颜渊问仁，再论答子贡问仁。两相比较，大义弥彰。

孔门诸子，多豪峻之士，学问荦荦而大者，首推颜子。孔子许诸子以仁者，唯颜子而已；许以好学者，亦唯颜子而已。以颜子之卓然特立，超迈群伦，故孔子答其问仁，取义最为圆融，取径最为阔大，乃至以天下言之，可谓至矣。孔子答仁而语及天下者，孔门唯颜子、子张二人而已，以二子才大志卓故也。

孔子答颜渊问仁，以"克己复礼"为指示，以"为仁由己"为切入，而一总于"天下归仁"。原文如下：

> 颜渊问仁。子曰："克己复礼为仁。一日克己复礼，天下归仁焉。为仁由己，而由人乎哉？"颜渊曰："请问其目。"子曰："非礼勿视，非礼勿听，非礼勿言，非礼勿动。"颜渊曰："回虽不敏，请事斯语矣。"（《论语·颜渊》）

此章之解，向多歧义，谬亦纷纭。谬之大者，莫过宋儒。朱子解之曰：

> 仁者，本心之全德。克，胜也。己，谓身之私欲也。复，反也。礼者，天理之节文也。为仁者，所以全其心之德也。盖心之全德，莫非天理，而亦不能不坏于人欲。故为仁者必有以胜私欲而复于礼，则事皆天理，而本心之德复全于我矣。归，犹与也。又言一日克己复礼，则天下之人皆与其仁，极言其效之甚速而至大也。②

朱子之解，字字皆错。其解仁、克、己、复、礼、归、为仁，无一是处。

---

① 徂徕曰："孔子答仁，莫成于颜子，莫备于子张，莫切于子贡。"[[日]物茂卿：《荻生徂徕全集》（第一卷），河出书房新社，1973，第543页。]
② 朱熹：《四书章句集注》（上），上海古籍出版社，2006，第171页。

第三章 原 仁

此章所谓"问仁"者,非问何谓仁也,乃问如何行仁于天下也。何以知之?观孔子之答,反推颜子之问,可以知之也。《论语》之文,用语简奥,记所问者,多简曰"问某",如"问仁""问政""问孝""问君子"之类,而不详及如何问。欲知如何问,须借如何答以反推之。以孔子育人之敏,其答语岂无谓乎,必有所针对而答也。若夫子偶有答非所问,乃至问而不答者,必有其缘由。观此章答颜渊问仁,圆融若是,阔大若是,切近若是,可知颜子之问,乃问如何行仁于天下,岂不彰彰明乎?朱子乃曰"仁者本心之全德",是以颜子问何谓仁,谬矣。其解克为胜,亦不切旨。至解己为"身之私欲",又犯增字解经之过。己训身,常训也,何以加"私欲"二字邪?况"克己"若为"胜私欲",下文复言"为仁由己",是为仁"由私欲"乎?文辞不通,一至于斯!其解复、礼、归诸字,皆不通达。

此章之解,克字至为关键;苟错解之,难免一字障义,大旨乖矣。《诗》《书》二典,克字多见,其义或为能,或为胜,或兼取二义,以二义本通故,而无一例可训"克制"者。克制乃后起之义,春秋之前所无。《论语》克字三见,皆无克制之义。《说文》云:"克,肩也。象屋下刻木之形。"① 徐锴系传:"肩,任也,负何之名也。与人肩膊之义通。能胜此物谓之克。"段玉裁注:"凡物压于上谓之克。"俞樾《儿笘录》:"克字从高省,从尸,尸与人同意。举物高人上,故其义为肩。小徐曰:肩者任也。正得其恉,因而引申为能、为成、为胜。"是"肩"为克之本源义,训胜训能,皆引申义,不容辩矣。肩之义,谓承也,任也,犹言承担也。能承担一己之身,自我做主,是谓克己。②

己训身,常训也。《说文》云:"己,中宫,地象。万物辟藏诎形。"段注曰:"戊己皆中宫,故中央土,汉《律历志》云:理纪于己。"《释名》:"己,

---

① 董莲池《说文解字考正》云:"考克字甲骨文,像人下蹲以承负物之形,无屋下刻木之象,许慎从篆文之讹而附会为说,不确。"许君"象屋下刻木之形"或有所误,而"克,肩也"之解,乃得其要旨。
② 钱穆云:或又说:克己犹言任己,谓由己身肩任。然下文四勿,明言约束,非肩任义。(钱穆:《论语新解》,九州出版社,2011,第281页。)实则肩任之义甚广,能肩任己身者,必能约束己身,反之,能约束己身者,未必能肩任己身。盖约束之为言,有自觉者,有被动者。被动之约束,非出自律,不可谓之肩任己身。故克训肩任可包含约束之义,反之则不然。克训肩任,与下文四勿字,本无矛盾可言。盖"克己复礼"者,纲也;"四勿"者,目也。颜渊"请问其目",可见其条理焉。四勿者,所以释肩任己身之义尔,故谓之目。若克为约束,孔子何不言"约己"乎?"以约失之者鲜矣",孔子常用"约"字者,不言"约己"而言"克己",其义自殊焉。且颜渊在陋巷,箪食瓢饮,不改其乐,本寡欲之人,孔子以克制私欲语之,言非其人若是,岂孔子诲人之术乎?学者其慎思焉。

纪也。"皆有定形可纪识也。引申之义为人己。己在中，人在外，可纪识也。故己者，独立统理一体之称也。人之能统理一己之身，自觉其己也，"君子求诸己""为仁由己"，皆此义也。① 单言己，特重一己之自然生命。一己之自然生命，人禽所共也。唯人能超拔一己之自然生命，而自觉自反自承自任自主，此之谓克己。人能克己，此其所以异于禽兽者也。超拔一己之自然生命，破除人己之区隔，而以己与人通，共融于天下。② 故曰：一日克己复礼，天下归仁焉。是故克己者，承担一己也，自我做主也。承担一己，自我做主，故可自觉自立而复礼焉。

复，为復之本字，又作夏。復，甲骨文上部象房室（復之初文），两端有出入口，下为止，表人之出入，字象从覆室出入貌。《说文》："復，往来也。从彳，复声。""覆，地室也。从穴，复声。《诗》曰：'陶覆陶穴。'"朱骏声《通训定声》："凡直穿曰穴，旁穿曰覆。地覆于上，故曰覆也。"《说文》夊部："夏，行故道也。"复、復、覆、夏，四字意义关联为：人由窖室出入，故加止而成"复"；又强调行止义，加彳而成"復"；又因"復"窖穴义不显豁，乃加穴而成"覆"③；人之出入居室必有往来反覆，反覆则"必行故道也"。故"复"可训践行，与"信近于义，言可复也"（《论语·学而》）之"复"同义。《易·系辞·下》云："复，德之本也。"德生于行，践行久之，德因以生，犹人之履地而成路然。《论语》复字，多取此义，如《先进》篇所记：

南容三复白圭，孔子以其兄之子妻之。

"白圭"者，《诗·大雅·抑》之句也。④ 何晏《集解》引孔安国曰："南容读诗至此，三反覆之，是其心慎言也。"训复为反覆，孔氏之陋也。古人学诗，未有止于诵读者，必发于行动，说之歌之舞之乐之，盈盈乎我心，荡荡乎我行，始可谓学诗。此复不训反复诵读，训践履方切。三，言其屡也。南容三

---

① 古希腊之世，人心驰外，举世饰词诡辩，逮苏格拉底出，警人曰"先知汝自己"，以知己为凡智慧之首端。与孔子"为仁由己"之说，虽有仁智注重之异，然以己为修学之本，其揆一也。（北村泽吉：《儒学概论》，山西人民出版社，2015，第18页。）
② 徐复观：《释〈论语〉的"仁"——孔学新论》，载徐复观：《中国思想史论集续篇》，九州出版社，2014，第412页。
③ 《王力古汉语字典》释覆云："地上累土为半地穴式的房屋。"（王力：《王力古汉语字典》，商务印书馆，2000，第864页。）
④ 《大雅·抑》诗云："敬尔出话，敬尔威仪，无不柔嘉。白圭之玷，尚可磨也。斯言之玷，不可为也。"

复白圭，谓南容践行"白圭"之诗所见之意，至于屡也。① 以是而孔子知其人品，乃以兄女妻之。若谓南容反复诵读"白圭"，孔子即以兄女妻之，岂不可笑之甚？果如是，天下之剩男皆可反复诵读"白圭"，何患不得良女为妻邪？

禮，本字为豊。《说文》："禮，履也。所以事神致福也。从示，从豊，豊亦声。"饶炯《部首订》："夫以器贮物，奚明其为礼器？故下加豆注之。后乃以器为事名，凡升降、拜跪、酬酢、周旋诸仪，亦谓之豊，又旁加示别之。"礼字渊源甚古，且流变多端，难以尽述，此言其略耳。礼主于敬，无敬不成礼。《礼记》开篇云："毋不敬。"（《礼记·曲礼·上》）人不能克己，斯不能自立；不能自立，斯不能承担一己之身；不能承担一己之身，斯敬无所从来，故放僻邪侈，无不为也。

综上，"克己复礼"者，谓承己之身以纳之于礼也。一日，犹言一旦。一日克己复礼，言一旦自承己身而纳诸礼，则天下归向仁焉。归，归向、归趋之谓。朱子解为"与"，取称许义，非也。"为仁由己，而由人乎哉"，谓仁至大至广，而行之在己，行仁于天下必由己而始，不可强求于人，此亦修己与治人之所以别也。行仁由己而不由人，亦修己以安百姓之谓，故曰"而由人乎哉"？非谓不由人，盖由人必起于由己，而后方可推之于人。人、己相对而言，人皆有其己，有己斯有与己所对之人，行仁以自承己身为始，由己而后及于人。由者，用也，行也。由己，行己也，修己也，恭己也。子曰"行己有耻"（《论语·子路》），"修己以敬"（《论语·宪问》），"恭己正南面"（《论语·卫灵公》），皆由己之事也。深味由字之为行，可知克己复礼所以行仁，而非克己复礼即是仁，审矣。②

非礼者，似礼而非礼也。礼谓先王所作之礼。夫礼，敬天为本。其所以似是而非者，不敬之故也。礼而不敬，徒具其表，岂礼也哉，故谓之非礼。子曰："非礼勿视，非礼勿听，非礼勿言，非礼勿动。"视听言动，总括一身之行，然不限于一身之行，必扩及一家一国乃至天下。举凡修身、齐家、治国、平天下，其所摄之视听言动，一是皆以由己为本，由己以敬，而以礼行之。人人皆能自

---

① 颜元曰：南容先生三复白圭，必不止口头反复诵读，定是实地反复践履。[颜元：《颜元集》（上），中华书局，1987，第206页。]
② 松平赖宽：《论语征集览》（中），上海古籍出版社，2017，第918页。徐复观曰："不知命，无以为君子也"，"为君子"之"为"字，即是"克己复礼为仁"之"为"字，乃是用工夫去作之意。（徐复观：《中国人性论史》，华东师范大学出版社，2005，第53页。）故"不知命，无以为君子也"，犹言"不知命，无以行君子也"。孟子谓"人皆可以为尧舜"，"为"字亦当如是解，苟训"为"为"成为"，人皆可以成为尧舜，谬之大者也。

克其己，即能自克其家①，而后国治而天下归仁。天下归仁，止于至善，大学之道也。颜子大才，故夫子答仁，语以大学之道，因材施教也。

（二）能近取譬

孔子答颜渊问仁，圆融悉备，止于至善，庶几圣域矣，非王佐之才，焉能语乎此！子贡者，孔门豪俊，荦荦大才，然好学不及颜子，敏悟亦少亚之。《论语》屡以二子并提，可窥其意。

> 子谓子贡曰："女与回也孰愈？"对曰："赐也何敢望回。回也闻一以知十，赐也闻一以知二。"子曰："弗如也，吾与女弗如也。"（《论语·公冶长》）

此章夫子以二子相较，子贡自陈不敢望回，非自谦也，实不如也。夫子亦可其自陈，以为不如颜子，并以己俱不如，非安慰之辞，共勉之辞也。② 夫子劝学之诚，于斯可见。《论语》又尝并论二子之平生志向，益可见其殊趣焉。

> 子曰："回也其庶乎，屡空。赐不受命而货殖焉，亿则屡中。"（《论语·先进》）

"回也其庶乎"，古来多歧解。庶，庶几，言其切近也。何晏谓"庶几圣道"③，朱子谓"近道"④，皆以修持乐道为解。然观颜渊问仁，孔子语及天下；又尝告以四代礼乐⑤，皆王佐之事，故知"其庶乎"，盖谓颜子有伊吕之才，必将受命而兴也。颜子不幸而短命，孔子之言未及验，遂有"天丧予"之恸，复可征已。且以颜子"其庶乎"与子贡"不受命"对言，"屡空"与"屡中"对言，益可见已。命者，爵命也。颜子拥王佐之才，抱伊吕之志，不愿降志屈才而小用其学，故虽屡至空匮，犹守陋巷而不改其乐。子贡不受爵命，而喜用其

---

① 《易经》蒙卦九二爻辞有"子克家"之语，克家即治家、齐家之义，能承担一家之任，谓之克家。今人有当家之说，本此。
② "弗如也吾与女弗如也"，亦有断句为："弗如也；吾与女，弗如也。"以"与"为赞可，姑备一说；然似不及读为"吾与女弗如也"，夫子俱以为弗如，其义为胜。
③ 程树德：《论语集释》（下），中华书局，2013，第900页。
④ 程树德：《论语集释》（下），中华书局，2013，第901页。
⑤ 《论语·卫灵公》：颜渊问为邦。子曰："行夏之时，乘殷之辂，服周之冕，乐则韶舞。放郑声，远佞人。郑声淫，佞人殆。"

才，货殖以治生，又擅用其智，亿则屡中。① 二子殊趣，相比而彰。

赐不受命，德不兼位，而其问仁，乃语及至大至艰之域。孔子知其无当，遂巧用微言，引诗"能近取譬"启之②，切合中庸之旨。此章子贡问仁，紧随孔子论中庸之下，殆非偶然。兹并录二章，以资相互发明。

> 子曰："中庸之为德也，其至矣乎！民鲜久矣。"（《论语·雍也》）
> 子贡曰："如有博施于民而能济众，何如？可谓仁乎？"子曰："何事于仁，必也圣乎！尧舜其犹病诸！夫仁者，己欲立而立人，己欲达而达人。能近取譬，可谓仁之方也已。"（《论语·雍也》）

如者，假设之辞。博，言其广，犹天下万邦也。施，普施政教之惠。能，才堪也。济，拯也，犹言拯救险难也。民与众对言，其义互殊焉：民，谓普罗万民；众，谓士人以上。子贡之问，具言以释，犹曰：如有君子，博施政教于万邦之民，使之浸润教化而生生不息，复能济天下士人于险难，以揽持四方之心而善之，如此者何如，可谓仁乎？③ 子贡所问，极言至善之道，堪与天地同功，与日月并明矣。孔子知其言大无当，乃告之曰："何事于仁？必也圣乎！尧舜其尤病诸！"何事，言何所事于仁也。"必也圣乎"④，言若必界定其事，可谓圣矣。病，犹难也。孔子之意谓：如是者何所事于仁乎，真可谓圣矣，尧舜犹难之也。夫仁以德言，圣兼德位。博施济众，安民长人之极功，非圣德在位者，不能与之。赐不受命，德位不兼，固非所及。其言大而无当，高而难企，殊非行仁之方，故夫子旋以己立立人、己达达人告之，以发能近取譬之旨，复明上章中庸至德之义。

夫仁者之德，中庸之德也，苟非能近取譬，徒寄空言大语而不能切近以行，非仁也。曾国藩曰："立者，足以自立也。达者，四达不悖之谓也。己欲足以自立，则不可使人无以自立；己欲四达不悖，则不可使人一步不行。"⑤ 此《大学》絜矩之道也。

---

① 松平赖宽：《论语征集览》（中），上海古籍出版社，2017，第886页。
② "能近取譬"语出《诗·大雅·抑》末节："于乎小子，告尔旧止。听用我谋，庶无大悔。天方艰难，曰丧厥国。取譬不远，昊天不忒。回遹其德，俾民大棘。"
③ 三野象麓：《论语象义》，上海古籍出版社，2017，第224页。
④ "必也……"句式乃《论语》固定用法，假设之辞也，犹言"若一定……则……"。如"君子无所争，必也射乎""必也临事而惧""必也使无讼乎""必也正名乎""必也狂狷乎""必也亲丧乎"，皆此类，无一例外。
⑤ 姚永朴：《论语解注合编》，黄山书社，2014，第105页。

（三）先难后获

为仁之次第，始乎为仁由己，贵乎能近取譬，复有先后之序。孔子答樊迟问仁，曰"仁者先难而后获"，明示为仁之先后次第也。此所谓"仁"，明以行仁言之，行仁方有先后可言，否则"先""后"不成辞矣。

> 樊迟问知。子曰："务民之义，敬鬼神而远之，可谓知矣。"问仁。曰："仁者先难而后获，可谓仁矣。"（《论语·雍也》）

樊迟问知复而问仁，问知容下节分解，此先解说问仁之要。孔安国曰："先难后获，先劳苦而后得功，所以为仁也。"① 此说得之。此章所记，盖樊迟从政时所问，故夫子特以居位临民言之，"务民之义"，可见其语境。朱子曰："民亦人也。"失其旨矣。② 此章言"民"不言"人"者，一则以居位临民言之；一则对"鬼神"言之，故特易"人"以"民"也。以临民言之，"获"字取义遂灵活，谓之得功可也，谓之得禄可也。"难"字取义亦灵活，言化民从善之艰难可也，言从政导民之劳苦亦可也。

为仁不易，从政者有化民从善之责，在下者有谋生营利之累，苟非持之以恒，守之以义，何以望其成功乎？他日司马牛问仁，孔子复以为仁之难答之。

> 司马牛问仁。子曰："仁者其言也讱。"曰："其言也讱，斯谓之仁已乎？"子曰："为之难，言之得无讱乎？"（《论语·颜渊》）

司马牛名耕（一名犁）③，宋人，孔子弟子，宋司马桓魋之弟也。此章牛所问，亦当其从政之时，故其问仁，问如何行仁也，非问何谓仁也，观孔子答语"为之难"，明矣。"仁者其言也讱"，《说文》："讱，顿也。从言，刃声。"徐遵明《公羊疏》申解《论语》云："言难言之事，必须讱而言之。"盖讱而言，正所以致其不忍之情，故夫子以为仁。④ 朱子曰："仁者心存不放，故其言若有所忍而不易发，盖其德之一端也。夫子以牛多言而躁，故告之以此。"⑤ 朱子从心

---

① 程树德：《论语集释》（上），中华书局，2013，第470页。
② 程树德：《论语集释》（上），中华书局，2013，第469页。
③ 《史记·仲尼弟子列传》："司马耕，字子牛。"一说司马牛名犁。耕、犁皆与牛相关，古人之名多如此，不妨并存。
④ 程树德：《论语集释》（下），中华书局，2013，第953页。
⑤ 程树德：《论语集释》（下），中华书局，2013，第954页。

108

为解，又以牛"多言而躁"，故以讱为戒，恐非本旨。

孔子"其言也讱"之"言"，非泛指寻常之言，而谓从政为仁之言也，政令号令之属是也。① 孔子言政，主乎正名。言者所以定名，不可不慎。《大戴礼记·四代》篇云："发志为言，发言定名。"《释名》云："言，宣也，宣彼此之意也。"② 此义之言，《论语》多有："君子……敏于事而慎于言"（《学而》），"君子欲讷于言而敏于行"（《里仁》），"君子名之必可言也，言之必可行也"（《子路》），此类"君子"之"言"，皆在上从政者之言，非泛泛之言也。此章夫子答牛之问，明告以"为之难"，谓为仁之难，出号令以行仁也。政者正也，政令苟有差失，或朝令夕改，何以正民乎？故曰："为之难，言之得无讱乎？"宋儒喜言工夫，其解《论语》，多坐此病，佛禅之习哉。

又有宪问耻一章，孔子之答，益可明"先难"之义。

> 宪问耻。子曰："邦有道，谷；邦无道，谷，耻也。""克、伐、怨、欲不行焉，可以为仁矣？"子曰："可以为难矣，仁则吾不知也。"（《论语·宪问》）

宪本名原宪，字子思，孔子弟子。此章凡两问，首问耻，次问为仁。记者③从简，故次问省"问""曰"字，径记所问之语。首问，问士之行。何以知之？古者从政之俸禄，士曰穀，大夫以上曰禄，此章言"穀"，故知其问士之行也。《论语·子路》篇，子贡问曰："何如斯可谓之士矣？"子曰："行己有耻，使于四方，不辱君命，可谓士矣。"此章宪问耻，孔子以邦之有道无道而论士之出处进退，以明何者之耻。次问，"可以为仁矣"？矣者，疑问之词④。宪之所问，犹言杜绝克、伐、怨、欲四者，可以行仁否？马融曰："克，好胜人。伐，自伐其功。怨，小忌怨也。欲，贪欲也。"⑤ 依孔子之意，四者不行，可谓之难能矣，是否足以行仁，以成其仁功，则不能遽断，故曰"仁则吾不知也"。盖四者之不行，但能无损于人，未必进益于仁，尚未企及立人达人之境，遑论天下归仁，

---

① 三野象麓：《论语象义》，上海古籍出版社，2017，第354页。
② 邵晋涵：《尔雅正义》（上），中华书局，2017，第167页。
③ 《论语》记诸弟子皆称字，宪字子思，此不记子思问而记宪问，故朱子疑此篇为宪所自记。
④ 《说文》曰："矣，语已词也。"多表示决断语气。然"矣"亦可表疑问，犹"乎"也。如《论语》此章："克伐怨欲不行焉，可以为仁矣？"又《论语·季氏》篇曰："则将焉用彼相矣？"皆是也。（王引之：《经传释词》，上海古籍出版社，2014，第90页。）
⑤ 程树德：《论语集释》（下），中华书局，2013，第1090页。

故孔子既未断其仁，亦未断其不仁，而曰"仁则吾不知也"，以悬而未决之辞，明行仁之难必也。夫子出言之精审，可见一斑。

综上数例，可见为仁之难，必先难而后获。《论语·子路》篇，孔子曰："善人为邦百年，亦可以胜残去杀矣。"胜残去杀，尚期百年，其难可知。又曰："如有王者，必世而后仁。"纵有王者出，亦需三十年（世）之久，始可趋乎仁。王者且如此，矧非王者乎！仁者先难后获，行仁之功必以渐，彰彰明矣。

四、仁知互涵：仁必备知与知必知仁

孔子论仁，必与知①相兼，仁知彼此互涵，言仁则知俱焉，言知则仁备焉。以孔子之义，得仁必以得知为备，得知必以得仁为归。知者，必知于仁，不知于仁者，非知也。仁者，必兼乎知，未得知者，非仁也。故曰：离仁无知，离知无仁。此中道理深邃，圣人智大思深，特立其义如此，学者尤当慎思明辨。不然，离仁言知，离知言仁，则仁知俱失，莫得其旨。何以知之？曰：《论语》明白载之矣。知之者，善读书也；不知者，不善读书也。今以《论语》之言彰明是义。

（一）知必知仁

孔子于仁知二者之关联，颇有所论，《论语·里仁》篇可见一二。其言极简约，读者极易疏忽而失察。《论语·里仁》篇首章载孔子之言曰：

子曰："里仁为美。择不处仁，焉得知？"

此章仁知并提，知取智义，兼取知晓、匹合之义。孔子立言，多引古语以明先王之道，此章一例也。"里仁为美"，古言也，孔子引之。何以知之？里，居也，处也，谓居于仁为美，处于仁为美。"择不处仁，焉得知"，孔子之言也，以解"里仁为美"也。孔子以"处"释"里"，其义一也。是知"里仁"为古言，"处仁"为孔子解说之言。若皆为孔子之言，一曰"里仁"，一曰"处仁"，用字前后不一，非言说之道也。其道何谓也？遍考《论语》，孔子之言仁，必遵循特定语法：仁字前或为动词，或为虚词，而决无事物名词之例。"动词+仁"者，上文已罗列②；"虚词+仁"者，如"不仁""未仁""非仁"之类；"名词+

---

① 《论语》有"知"字无"智"字，"知"实含"知""智"二义，当取何义，缘语境而定。此处知音智；凡与仁对言者皆然。

② 见上文"仁重于行"一节。

仁"者，仅见于人名，如"子路仁乎"是也。由此可知，以"里"为居所之名，而言"里仁为美"，非孔子言仁之语法也。此亦可见解读《论语》，辨析文法实为基本前提。

郑玄曰："里者，民之所居也。居于仁者之里，是为善也。求是善居而不处仁者之里，不得为有智。"① 郑氏以"里"为居所之名，误矣。如前所述，古者动词习久而成名词，常例也。然"里仁为美"乃古言，此处仍用其动词义。朱子曰："里有仁厚之俗为美。择里而不居于是焉，则失其是非之本心而不得为知矣。"② 朱子亦以里为名词，谬同郑氏。此章乃孔子论知必知仁之理者，岂论居所之美哉！孟子化用本章之言，曰"夫仁，天之尊爵也，人之安宅也"（《孟子·公孙丑·上》），又曰"居仁由义"（《孟子·尽心·上》），可以徵焉。"择不处仁，焉得知"，谓择若不处于仁，则不能得知；换言之，择若不以仁为归，不可谓知也。盖知必有所择，非徒择居而已，举凡择君、择友、择师、择偶、择事、择道之属，皆择之事也。有所择，故有所宜，由是而义生焉。故孔子答樊迟问知，有"务民之义"之语，明乎义之所在，可谓知矣。择不处仁，焉得知？犹言择不处仁，焉得义？知者，必知所择，择必处仁，始可谓知。故曰：知必知仁。

知必知仁，孔子学问之大，此其一斑也。后儒不识是义，乃以此章言择居之事，陋哉！古人多土著，安土重迁，交通闭塞，择居本非惯常之事，孔子何必大谈择居乎？《论语》之文，凡各篇首章皆有提纲挈领之义，此章亦然。《论语·里仁》篇多论仁之大旨者，首章明知必知仁之理，其论高矣深矣！后儒弗察，乃以孔子论择居之事，可笑之甚。

知者必知于仁，知仁而后能利仁。苟不知仁，不能利仁，甚且害仁。故下章乃记孔子言知者利仁之语。

子曰："……。仁者安仁，知者利仁。"（《论语·里仁》）

试问，知者苟不知仁，安能利仁乎？故知此章实为阐发上章"知必知仁"之义。何晏《集解》引王氏曰："知者知仁为美，故利而行之也。"③ 其解善矣。朱子乃曰："利，犹贪也。"又曰"知者则利于仁而不易所守"，复引谢氏曰：

---

① 程树德：《论语集释》（上），中华书局，2013，第263页。
② 程树德：《论语集释》（上），中华书局，2013，第264页。
③ 程树德：《论语集释》（上），中华书局，2013，第265页。

"安仁则一,利仁则二。安仁者,非颜闵以上去圣人为不远不知此味也。诸子虽有卓越之才,谓之见道不惑则可,然未免于利之也。"① 是朱子惑于后世义利之辨,以利为君子所耻,见利字则避之唯恐不远。宋儒不识古言,解经之可笑每每如是。

考宋儒所谓利,乃己之私利,迥非古之利矣。古所谓利,皆以及物及人而言,并无私利之指。《易》述乾之四德曰"元、亨、利、贞",利岂私利乎?赞《易》者曰,"利者义之和也",以义释利,明古所谓利,即今所谓义,不得已而言之也。② 春秋以降,人第知利己,罕能及物及人,遂遗忘古之利,而别以及物及人之利名之曰"义",遂有孟子义利之辨盛于战国。后儒不察,惑此而言孔子之利,非孔子意矣。③

(二) 仁必备知

孔子论仁,又以仁必备知焉,苟不得知,即不得仁。彰斯义者,备于如下问答。

> 子张问曰:"令尹子文三仕为令尹,无喜色;三已之,无愠色。旧令尹之政,必以告新令尹。何如?"子曰:"忠矣。"曰:"仁矣乎?"曰:"未知,焉得仁?""崔子弑齐君,陈文子有马十乘,弃而违之。至于他邦,则曰:'犹吾大夫崔子也。'违之。之一邦,则又曰:'犹吾大夫崔子也。'违之。何如?"子曰:"清矣。"曰:"仁矣乎?"曰:"未知。焉得仁?"(《论语·公冶长》)

此章素有歧解,而其义本甚明,歧解乃坐不识文辞之过。误解所钟,咸在不识"未知"二字。未知,知读智,即"知者利仁"之知。而解者多误以为不知晓之义。兹就文辞、语意、史实三者详析其误如下。

以文辞而论,《论语》表达不知晓之义,咸用"不知",不用"未知"④。"不知"与"未知",辞近而义殊:"不"者,截然否决之辞;"未"者,趋而未臻之谓。《说文》云:"未,味也。六月,滋味也。木老于未,象木重枝叶也。"

---

① 程树德:《论语集释》(上),中华书局,2013,第265-266页。
② 程树德:《论语集释》(上),中华书局,2013,第654页。
③ 义利关系之讨论,详见本书第七章第二节"义利关系"部分。
④ "不知"之例如:"人而无信,不知其可也"(《论语·为政》),"不知其仁,焉用佞"(《论语·公冶长》),"不知其仁也"(《论语·公冶长》),"可以为难矣,仁则吾不知也"(《论语·宪问》),不胜枚举。

董莲池《说文解字考正》云："许以'未'为训，未达其本义，又本之五行说说其构形原理，更不可从。"考未字甲骨文，象一木枝叶生长之态，示夏季树木枝叶繁茂而尚未成果。循此以究，"未"之为否定，乃否定已往，不否定将来也。孔子言"未知"，犹言尚未得知（智），乃否定已往之未知，而不断定其将来也。《论语》此章而外，"未知"仅一见，"未知生，焉知死"（《先进》）是也。"未知生"者，非截然不知生之谓，乃尚未彻知生之谓，其义在勉子路进而知生，而后始可知死耳。① 以今日语法论之："知"为及物感知动词，"未知"应接宾语，"未知生"即其例也；而"智"为性质形容词兼抽象名词，可不接宾语。②

再以语意逻辑论之。苟"未知"为"不知晓"，明示孔子不知其为仁与否，而后又言"焉得仁"，是以反问断其不得仁也。然前既云未知得仁与否，后又否定其得仁，语意自相矛盾若是，岂不谬哉？③ 孔子岂出此迂谬不通之言哉？知读智，则"未知，焉得仁"乃一因果复句，句意逻辑甚明："未知"，因也；"焉得仁"，果也。

复以史实考之。子张所举令尹子文、陈文子二人，皆未智之人。此不遑详考史实原委，止言其略。令尹子文任免无常，其未智可推而明，是故孔子唯许其"忠"而断其"未智"，不得仁。陈文子去留无常，其未智可推而晓，是故孔子唯许其"清"而断其"未智"，不得仁。忠云清云，止于淑身，岂可得仁乎？夫仁者，己欲立而立人，己欲达而达人。忠清自淑，何以立人？何以达人？孔子不许其仁，可谓独具慧眼。不得仁，斯不能行仁而安社稷国家，遑论安天下！朱子误解"未知"为不知晓，乃谓子文"未知其皆出于天理而无人欲之私也"，谓文子"未知其心果见义理之当然而能脱然无所累乎"④，理学家言，离题万里，良可叹也。

---

① 论者曰：《论语》中"不知"乃孔子表示否定之婉辞，而"未知"则表示尚未达到某一程度。如"未能事人，焉能事鬼"，意谓"事人"且做不好，焉能事鬼？"未知生，焉知死"，意谓生且未能了解，焉能了解死。故"未某"不是"做不到某"，而是"还没做到某"。（蒋绍愚：《论语研读》，中西书局，2018，第93页。）

② 杨逢彬：《论语新注新译》（简体版），北京大学出版社，2018，第87页。

③ 杨伯峻曰："未知和上文第五章'不知其仁'，第八章'不知也'的'不知'相同，不是真的'不知'，只是否定的另一种方式，孔子停了一下，又说'焉得仁'，因此用破折号表示。"（杨伯峻：《论语译注》，中华书局，2012，第69页。）杨氏可谓不知而强为之解矣，皆坐不细察古文辞之过也。遍读《论语》，孔子立言，绝无吞吞吐吐之辞如此杨氏所解者。

④ 程树德：《论语集释》（上），中华书局，2013，第387、390页。

综上，孔子以未知即不能得仁，彰彰明甚。如上所言，知者必知仁，故未知斯未知仁，未知仁斯不得仁，不得仁斯不能行仁。孔子之理路，若是其明也，若是其审也，若是其深也，奈何后儒弗察，大义不彰。仁知互涵，故言仁必备乎知，言知必知乎仁。仁知兼涉，其美双彰；仁知缺一，其义不立。统观孔子言仁知互涵之章句，其明白晓畅，如示诸掌焉：

择不处仁，焉得知？（《论语·里仁》）
未知，焉得仁？（《论语·公冶长》）

二句句法全同，皆因果复句，前一分句为因，后一分句为果，"焉得"则同一反问方式。仁知互涵，不容辩矣。①

又孔子所言之知，乃古之知也，非后世之知。古时之知，非以人之天性言之，而以学而知之者言之。学而知之，斯谓之知，犹言物格而后知至也。故知也者，非性质之知，乃学而知之者。今日所谓知性、理性、逻辑之属，皆性质之知，天赋于人者，不学而能，非孔子所谓知矣。此理紧要，不容不辨。兹复以樊迟问知及其上章并为解释，以明斯义。樊迟问知（兼问仁），《论语》所载有二：

子曰："中人以上，可以语上也；中人以下，不可以语上也。"（《雍也》）

樊迟问知。子曰："务民之义，敬鬼神而远之，可谓知矣。"（《雍也》）

（樊迟）问知。子曰："知人。"樊迟未达。子曰："举直错诸枉，能使枉者直。"樊迟退，见子夏。曰："乡也吾见于夫子而问知，子曰，'举直错诸枉，能使枉者直'，何谓也？"子夏曰："富哉言乎！舜有天下，选于众，举皋陶，不仁者远矣。汤有天下，选于众，举伊尹，不仁者远矣。"（《颜渊》）

---

① 或曰：孔子之认知乃"德性之认知"，非"知性之认知"，其"主智"乃"德性之主智论"，重人格更甚于事物，重道德更甚于知识。因此，"一直无法从性情的主观范畴跨出去建立一个知性的客观范畴。"（林安梧：《道的错置：中国政治思想的根本困结》，台湾学生书局，2003，第323—324页。）今按：所谓"德性之认知"与"知性之认知"之区分，似是而非，认知即认知，无所谓"德性"与"知性"。又以"性情"为"主观范畴"，亦不然；性情人人皆备，如何便为"主观范畴"？如何即非"客观范畴"？以"性情"归诸主观，"知性"归诸客观，非慎思之论，经不起推敲。

前两章相承，非出偶然，实可相互发明。樊迟问知，所以明中人以上可以语上也。樊迟者，中人以上也；何谓知、何谓仁，"上"也。孔子语樊迟以知、以仁，以"上"语中人以上者也。大知也者，莫大乎知道；道也者，以人道为先；人道也者，莫大乎为政。故孔子言知，多主为政而言之。"务民之义，敬鬼神而远之"，此人道之大端，为政之主业。下章孔子答以"知人"，释之曰"举直错诸枉，能使枉者直"，皆政教之事。子夏以用人释之益明矣，且言知而及于"不仁者远"，愈见仁知之不可离而解。

观孔子之答问知，明示其知非性质之知，非逻辑、理性之属，而谓学而能知者也。①"务民之义"，岂逻辑之事乎？"敬鬼神而远之"，岂理性之事乎？"知人"之事，岂逻辑推理者乎？是皆学而知之者，非学则不能知也。孔子自称"我非生而知之者"（《论语·述而》），言"我学而知之"也。逻辑理性之属，乃天所赋予人者，不假学而能，故孔子不论也。孔子敬天畏天，天赋之知，非人所能洞彻，故孔子不与言也。

明乎知之义，仁之义益明矣。非学无以得知，不得知斯不知仁，故非学无以得仁。一言以蔽之：非学，仁知俱不可得。深明此义，乃可了然何以《论语》开篇即言"学而时习之"，亦可了然所谓"仁者心之德爱之理"，非孔子之学矣。

五、仁蓄众德：仁乃大德而决非全德

德者万殊，各有其当，故德目众多，皆各有所当而立名焉。诸如仁、知、勇、忠、信、恕、恭、敬之属，各皆一德。仁，一德也；然仁之为德也至大，可兼统众德而蓄之。细察孔子之义，仁之为德，堪与并等而称者，唯知而已，故有仁知互涵之说，二者同一位阶也。其余之德，均不足与仁并称。仁之为德也至大，故仁可兼蓄众德。苟不违仁，斯众德来集；苟能居仁，斯群美皆臻。上文已论《论语·里仁》篇首章、次章之义，以下续论三章、四章之义，以明仁蓄众德之旨焉。

> 子曰："唯仁者能好人，能恶人。"
>
> 子曰："苟志于仁矣，无恶也。"

---

① 三野象麓曰："后世所谓知者，聪明若张良、陈平，出谋发虑者是也。此性质之知，而非学而得之者。古之所谓知者，中人以上，学而至知者也。故樊迟之问知，问学而至知者也。"（三野象麓：《论语象义》，上海古籍出版社，2017，第215页。）

二章并列，语意相承，皆勉人为仁之言也。上章"唯"字，限定之辞，专就仁者言之。仁者必知仁，故亦兼含知者之义。好，爱好。恶，憎恶。谓唯仁者知仁之所以仁，知不仁之所以不仁，故能好仁者之仁，恶不仁者之不仁。仁者之爱憎分明如此。子曰："乡原，德之贼也。"（《论语·阳货》）乡原，不能好人，亦不能恶人，故曰德之贼也。贼犹害也，乡原之害德，一如其害仁。第仁者之恶人，其所憎本乎好仁之诚，故恶人亦发于所爱，所谓"爱之深，恨之切"是也。又仁者之能好人，能恶人，各著一"能"字，谓仁者不止于好恶而已。好之所以用之，以成人之美，使民被其泽；恶之所以去之，不成人之恶，使民免其害。此谓"能"也。不然，徒好恶而已，止于心，不能尽好恶之用，岂可谓仁者乎。①《大学》曰："民之所好好之，民之所恶恶之，此之谓民之父母。"与此章相发。

下章言志于仁之效，亦勉人行仁之辞也。孔安国曰："苟，诚也。言诚能志于仁，则其余终无恶。"② 其解甚是。此章"恶"（è）与上章"恶"（wù）殊义。③ 无恶也，恶者美之反，无恶乃可趋于美。④ 孔子之义，谓诚能志于仁，则恶可化于仁，而终归于无恶。盖惩恶不如嘉美，譬如去疾不如养元，除污不如清源也。天下之事虽殊乎，而理可通焉。⑤ 夫培本养正，众善皆臻；依仁不违，群德咸至。仁之为德也至大，先立其大，斯小者弗夺，依仁之功，自然如此。

仁之为德也至大，可谓之"全德"乎？曰：不可。子曰"好仁不好学，其蔽也愚"（《论语·阳货》），夫好仁者犹不能不学以去其愚，可见仁非全德矣。

---

① 松平赖宽：《论语征集览》（上），上海古籍出版社，2017，第288-289页。
② 程树德：《论语集释》（上），中华书局，2013，第268页。
③ 有论者以"无恶也"之"恶"同于上章"能恶人"之"恶"，而多难通解，非高妙其说，不能全其义。钱穆谓苟存心在仁，便无所憎恶，其言二章旨意之别云："上章能好人能恶人，乃指示人类性情之正。此章'无恶也'，乃指示人心大公之爱。"（钱穆：《论语新解》，九州出版社，2011，第79-80页。）试问，人类性情之正与人心大公之爱，何以别乎？遍观《论语》，孔子绝无此类悬空蹈虚之言。钱氏之解，亦堕理学虚玄之弊，难以服人。
④ 须注意者，孔子在《论语》中不以善恶并提，而以美恶并提，诸如："恶衣服，而致美乎黻冕"（《泰伯》），"君子成人之美，不成人之恶"（《颜渊》），"尊五美，屏四恶"（《尧曰》）。故知后世伦理学以"善恶"之名以括孔子之义，未免削足适履之嫌。
⑤ 松平赖宽：《论语征集览》（上），上海古籍出版社，2017，第291页。

是仁为全德之说，似是而非也。① 虽然，子曰："苟志于仁矣，无恶也。"仁非全德而能蓄众德，此特以依于仁言之。蓄之为言，生之长之养之辅之成之美之之谓也。顾仁蓄众德，谓行仁以蓄之，非谓仁即包含众德也。此理精微，不容不察。②

仁之为德也至大，其所以能蓄众德者，以其大故也。《论语》载孔子论颜回依仁修德之章句，大义闳深，可明仁蓄众德之义焉。

> 子曰："回也其心三月不违仁，其余则日月至焉而已矣。"（《论语·雍也》）

此章素称难解；其难解程度，可跻《论语》疑难之前列。索解之难，乃有学者以为不可解者，而疑其文句有错简，"三月"或为"素"字之误。③ 然"三

---

① 以仁统诸德或仁为全德之名者，现代学者多持其说。谢无量曰："盖仁与智勇，虽并立为三德，然仁可以兼智勇，智勇不能兼仁，故仁为全德之名也。"［谢无量：《谢无量文集》（第二卷），中国人民大学出版社，2011，第68页。］蔡元培曰："（孔子）平日所言之仁，则即以为统摄诸德完成人格之名。"（蔡元培：《中国伦理学史》，人民出版社，2008，第15页。）冯友兰："唯仁为全德之名，故孔子常以之统摄诸德。"（冯友兰：《中国哲学史》，重庆出版社，2009，第66页。）张岱年反对曰："仁非全德之名。所谓全德之名，即诸德之总称。而仁非诸德之总称，其本身亦自为一德。不过是最高的德，所以兼涵诸德。"（张岱年：《中国哲学史大纲》，中国社会科学出版社，1982，第261页。）按张说较是。然谓仁为"最高的德，所以兼涵众德"，仍待分梳。盖仁之为德可言大，而不可言高。孝悌甚近，而所以行仁；仁至远矣，而欲仁斯仁至。皆谓仁可切近而行，非高不可攀者比。以仁功之难言之，仁可谓之远，而不可谓之高。盖高以上下言，远以久暂言。言其上下，静态之观也；言其久暂，动态之行也。孔子言仁必重行，故动态以言其远。以静态观之，论其上下，非厥旨矣。
② 《论语·阳货》篇，子张问仁于孔子，孔子答以行五者于天下，为仁矣。五者曰"恭、宽、信、敏、惠"。论者曰："恭、宽、信、敏、惠五种德目之合为仁，则仁为众德之会。"又《论语·子路》篇，孔子答樊迟问仁曰："居处恭，执事敬，与人忠。"论者曰："（孔子）显然是以仁统摄恭、敬、忠三者。"（陈赟：《仁的思想与轴心时代中国的政教典范》，《学海》2012年第2期，第118页。）按其论非也。孔子答子张问仁，乃言行仁（为仁）于天下之方，非谓五者之合即仁也。孔子答樊迟问仁，乃言为政者何以行仁，非谓以仁统三者也。此间差别，毫厘千里，不可不辨。
③ 程石泉谓此章必有错简，疑"三月"为"素"字之误。"三月不违仁"殊背常理。《论语·里仁》篇有"君子无终食之间违仁。造次必是，颠沛必是"，且孔子视仁之重要，如水火之于民生。以颜回之贤岂仅三月不违仁乎？按"三月"甲骨金文皆有合书之例，与篆文"素"字形近。岂"三月"乃"素"字错简邪？（程石泉：《论语读训》，上海古籍出版社，2005，第87页）盖孔子言"三月"者，假设而言其久耳，非实指之辞，如《诗》曰"一日不见，如三月兮"是也。三月虽久，亦自有涯限，孔子不言"素不违仁"而言"三月不违仁"者，假设以勉人也。孔子素不以仁自许，岂容以"素不违仁"况颜子乎？至于"君子无终食之间违仁"，亦勉人用力于仁之辞，岂可拘泥而解乎？

月"本孔子习用语，言其久耳，"子在齐闻韶三月不知肉味"（《论语·述而》），可以证已。坐实解"三月"，泥矣。又"日月至焉"何谓，殊堪细酌，不可草草。本章注解，古来歧义甚多，一则聚焦"日月至焉"何谓，一则聚焦"其余"何指。

且先探究"其余"所关涉者何。其歧解者，盖有三焉。其一，乃最常见者，以"其余"对"回也"而言，谓颜回之外其余孔门弟子。何晏《集解》云："余人暂有至仁时，唯回移时而不变。"① 后之解者多从是说，此为通行之解。其二，以"其余"对"三月"而言，谓三月而外，则不能保证不违仁，以引证仁之易于"流失"②。其三，以"其余"对"其心"而言，指依仁以外之诸德也。③ 三类解说，何者称胜，不易遽断，尚须关联"日月至焉"之义，方可统一为说。以下先论"日月至焉"之义，借以反观"其余"之义，庶可逐一排除谬说。

朱子曰："日月至焉者，或日一至焉，或月一至焉，能造其域而不能久也。"④ 此解以"日月至焉"为"三月不违仁"之反，可谓通说，后世解者多踵之。又有解"日月"为太阳月亮者，日月至焉，谓如太阳月亮忽升忽落，言其短暂而不能久也。⑤ 其解拘泥之甚，乖于古文辞气，不可从矣。二解均非正解。细察文辞，日月至焉，"至"显与"不违"对言，皆动作，"日月"以状其"至"，一如"三月"以状"不违"，皆修饰之词也。日月至焉，犹言日日而至、月月而至，古文从简，合言之"日月至焉"，谓日就月将也。⑥《诗·周颂·敬之》曰："日就月将，学有缉熙于光明。佛时肩仔，示我显德行。"此诗勉人进学修德，正合颜子依仁修德之旨，盖孔子化用"日就月将"而言"日月至焉"

---

① 程树德：《论语集释》（上），中华书局，2013，第437页。
② 杨泽波：《释仁》，《孔子研究》1995年第3期，第4页。又日本近世学者山本日下亦从是说，以"其余"指三月之后："其余者，三月之余，谓三月之后也。"又论其旨云："此章言凡人终三月之间，其心苟能依先王之仁道以学之，至其余日，则日至月至，仁道自然来集，成仁德而已矣。"（山本日下：《论语私考》，上海古籍出版社，2017，第133页。）
③ 此解见于日本近世学者伊藤仁斋、荻生徂徕诸人，下文详论之。三野象麓先生兼存两说：一以"其余"对"其心"而言，谓其余仁术；一以"其余"对"回也"言，谓其余门人。对"其心"言，则其余仁术者诸德也，与对"仁"言，实无二致，可并为一说。（三野象麓：《论语象义》，上海古籍出版社，2017，第204-205页。）
④ 程树德：《论语集释》（上），中华书局，2013，第437页。
⑤ 杨逢彬：《论语新注新译》（简体版），北京大学出版社，2018，第103、306-307页。
⑥ 徂徕曰："日月至焉而已者，谓日日而至、月月而至也。"［松平赖宽：《论语征集览》（上），上海古籍出版社，2017，第443页。］

耳。孔子多引古言，亦每化用诗言，"能近取譬"一例也，此又一例也。

若"日月至焉"之解不误，则"其余"对"回也"而言，指其余门人之解，可排除正解之外。颜子乃孔门好学之冠，未有颜子"三月不违仁"而余人犹日日至月月至焉者。若"日月至焉"谓日将月就，则"其余"对"三月"而言，亦乖常理，可排除正解之外。且以仁易"流失"，言殊欠妥。① 二解均之不可取。

排除误解，唯"其余"对"其心"之仁而言，方为可取。违者，依之反。不违仁，即依于仁。仁为德至大，其余之德虽众乎，皆所以辅仁而成之也。依于仁，则其余众德自然来集。又"至"者，唯德可以言"至"，德自彼而至我，如"知至""我欲仁斯仁至"，是其例也。何以唯德可言"至"乎？此关乎德之为义，尚容解说（详见下章）。"德者得也"，古时通训。《礼记》颇有释德之语。《乐记》云："礼乐皆得，谓之有德。德者，得也。"《乡饮酒义》云："德也者，得于身也。"《大戴礼·盛德》篇云："能得德法者为有德。"② 古之言学，皆有所学在，诗书礼乐是也。《左传》曰："诗书，义之府也；礼乐，德之则也。"礼乐得之于身，斯德至也。故唯德可言至，人不可言至，"其余"指诸德，明矣。《论语》言"其余"者屡，均非指人。如孔子谈周公之德，子曰："如有周公之才之美，使骄且吝，其余不足观也已。"（《论语·泰伯》）"其余"亦谓其余之德也。

要之本章主旨，明进学修德，须立其纲要，纲举则目张，纲松则目弛。纲者，仁德也；目者，诸德也。依仁不违，斯纲举而目张矣。又细味"而已矣"之辞，犹白话"罢了"，似与叹颜子好学不谐。盖此章之言，非专以颜回而论，乃泛言依仁进学之益也。③ 颜回好学，夫子特呼之以告尔。"回也！其心三月不违仁"，犹呼曾子以告曰"参乎！吾道一以贯之"，同一类也。"其心"，非专指颜回之心，泛指人之心也。孔子之意，举凡"其心三月不违仁"者，皆可"其余则日月至焉而已矣"。云"而已矣"者，叹依仁之能蓄众德之效也。

日本近世学人多以"其余"非指人，而指德。仁斋先生曰："其余盖指文学

---

① 夫仁非一物也，自何处"流失"？"流失"至何处？是"流失"之为言，已然预设仁如某物，而心有内外。然而，"心有出入而无内外，以在外无寄顿处也。仁则但有隐见而并无出入，以在内、在外总无去留地也。"[毛奇龄：《四书改错》（下），华东师范大学出版社，2015，第432页。]
② 王念孙：《广雅疏证》（上），中华书局，2019，第240页。
③ 此意由徂徕先生首倡，可谓特见，姑备一说。[松平赖宽：《论语征集览》（上），上海古籍出版社，2017，第444页。]

政事之类而言。"① 以"其余"为文学政事，尚不切旨，文学政事岂可言"至"乎？可言"至"者，德也。徂徕先生驳之曰："文学政事，岂容言至乎？且如孔子之意，则文学政事皆依于仁，岂容析而二之乎？"② 田中先生曰："其余者，谓仁德之余德也。言颜渊果能其所言，则如其余诸德，皆不必思求费力，而或日或月，自然来至。"③ 此类解释多有，不劳繁引。

后儒多以心论仁，以仁为心之全德，其论似是而非。细思孔子"其心三月不违仁""依于仁"之语，"不违"即"依"也，皆以行言之。果然仁即心也，又何"不违"之有哉？又何"依"之有哉？以仁为心，"不违仁"犹言"不违心"，"依仁"犹言"依心"，成何文辞哉？可知仁非心矣。阮元曰："颜子但许三月不违，可见为仁之难。心与仁不违，可见仁与人心究不能浑而为一。若直号仁为本心之德，则是浑成一物，无庸用力为之矣。"④ 阮君洞见，可谓善读书者也。

第二节　总论

上节分论孔子之仁，兵分多路，旁敲侧击，一隅三反，仁之大义呼之欲出矣。本节综合上节之义，总而论之，统会厥旨。孔子之仁，本非严格之哲学概念，固不可由寻常方式而下定义。古来之定义仁者，无一可称成功。孔子之仁，又非逻辑对象，固不可以推理而明之。虽然，立言以尽意，苟得孔子之意，庶可以言而喻焉。然意之纷如，事之万端，诚难统一以言，斯固不得已也，故孔子复有一贯之说。此皆仁之难以言尽，不得已而寄诸一贯之辞耳。

一、长人安民：指示仁之命义与旨归

仁不可定义，难以尽言，然必有其旨归焉。仁之旨归者何？曰：长人安民。仁者，长人安民之德也。仁之为德也至大，要之莫非归于长人安民。长者，生长之谓。安者，安定之义。能使人民生长不息而归乎安定者，仁德也。上节言仁知互涵，尝引孔子之言曰"仁者安仁，知者利仁"。仁者，所以长人安民也，

---

① 松平赖宽：《论语征集览》（上），上海古籍出版社，2017，第441页。
② 松平赖宽：《论语征集览》（上），上海古籍出版社，2017，第444页。
③ 田中履堂：《论语讲义并辨正》，上海古籍出版社，2017，第81页。
④ 阮元：《揅经室集》（上），中华书局，1993，第193页。

能长人安民，斯安于仁矣。知者，必知于仁，所以务民之义者，斯利于仁矣。

何以解仁，其解当否，须以《论语》全书统览之，以孔子论仁之言悉验之。其解果当，验诸《论语》，自可贯通无碍，无一不通。其解果不当，验诸《论语》，则或有所不通，或一无可通者。夫仁，难以一言而尽，举其要旨所归而曰：长人安民之德也。凡志在长人安民且能长人安民者，谓之仁。长人安民，非行无以致之，故仁特重行。以此为准，验诸《论语》论仁之全部，无一不可通焉。兹特举《论语》之疑难者以验之，仁之大义庶几明朗。其疑难者，一曰孔子论管仲仁否，二曰孔子屡言"不知其仁"何谓。

（一）孔子论管仲

孔子许管仲曰"如其仁！如其仁！"，又谓"管仲之器小哉"，二者之解，颇富争议，初看似存龃龉，苟明仁之取义，则贯通无碍，大旨可彰。兹先论孔子许管仲"如其仁"到底何谓也。

> 子路曰："桓公杀公子纠，召忽死之，管仲不死。"曰："未仁乎？"子曰："桓公九合诸侯，不以兵车，管仲之力也。如其仁！如其仁！"（《论语·宪问》）
>
> 子贡曰："管仲非仁者与？桓公杀公子纠，不能死，又相之。"子曰："管仲相桓公，霸诸侯，一匡天下，民到于今受其赐。微管仲，吾其被发左衽矣。岂若匹夫匹妇之为谅也，自经于沟渎，而莫之知也。"（《论语·宪问》）

《论语》以二章并列，语意相承故也。以下分别论之。

上章子路问管仲"未仁乎"，孔子之答，以管仲之事功而论，而断之曰"如其仁！如其仁！"似未明断其为仁，亦未明断其非仁，特著一"如"字，而言之者再，盖春秋笔法，冀读者揣思而得之也。孔安国曰："谁如管仲之仁。"[1] 朱子亦踵之为解。邢昺疏曰："孔子闻子路言管仲未仁，故为其说行仁之事，言齐桓公九会诸侯，不以兵车，谓衣裳之会也，存亡继绝，诸夏义安，皆管仲之力也，足得为仁，余更有谁如其管仲之仁。再言之者，所以拒子路，美管仲之深也。"[2] 此解近是。唯释"如"字，恐有未安；又加一"谁"字，增字解经矣。《四书辨疑》质问之曰："注言'谁如其仁'，一'谁'字该尽古今天下之人，

---

[1] 何晏、邢昺：《论语注疏》，中国致公出版社，2016，第225页。
[2] 何晏、邢昺：《论语注疏》，中国致公出版社，2016，第226页。

更无人如管仲之仁，无乃许之太峻乎？"王引之训"如"为"乃"："《诗·常武》曰：'王奋厥武，如震如怒。'言乃震乃怒也。《大戴礼记·少间》篇曰：'臣之言未尽，请尽臣之言，君如财之。'言请俟臣之言尽，君乃裁之也。《论语·宪问》篇曰：'桓公九合诸侯，不以兵车，管仲之力也。如其仁！如其仁！'言管仲不用民力而天下安，乃其仁，乃其仁也。"①"如"训"乃"，固有所据。然与其训"乃"，不如不训为胜，何者？盖孔子特曰"如"者，以如字有神肖之意，又有适往之意②。子路所问"未仁乎"，"未"者，非截然否定之辞，取趋而未臻之义也。故孔子应之以"如"，盖取神肖、适往之义，而惜其未能导事功于仁，美中若有不足，故未直以仁断之。明乎此，"如"训"乃"反泥矣，孰与春秋笔法之妙邪？③

下章子贡问管仲"非仁者与"，孔子之答，不提仁字，但言管仲之功勋卓著。味"微管仲，吾其被发左衽矣"，知孔子深赞管仲之事功，而置其仁否不论焉。又"霸"字"匡"字，可窥孔子之意。匡字训正，子曰"政者正也"，是管仲能正天下，岂不庶几仁矣乎？霸字今人多误会，囿孟子王霸之说而贬视之，不知霸字本无贬义。霸者，把也。邢昺疏引郑玄曰："天子衰，诸侯兴，故曰霸。霸者，把也，言把持王者之政教，故其字或作伯，或作霸也。"当天子微弱之际，桓公帅诸侯以尊周室，一正天下，故曰霸诸侯也。④朱子注云"霸"与"伯"同，当有所本。⑤故霸者，所以把诸侯以尊周室也。审当时之势，欲正天下，舍霸莫能，时势然也。故霸诸侯者，行仁之所必由，至于能否归乎仁，实不可遽断，故孔子之答不提仁字尔。

---

① 王引之：《经传释词》，上海古籍出版社，2014，第144-145页。
② 王夫之释如字云：如，从女从口。女子从父从夫之命，故本训曰："随从也。"借为相肖之辞，从其言则所行皆肖也，故与"似"通。似者形似，如者神意肖，似者有不似，如者无不如矣。又借为所往之辞，言从其道而往也。《春秋》内君大夫交于邻国曰"如"，所以尊内，若非有事，但循道路而往耳。[王夫之：《说文广义》，《船山遗书》（第八册），中国书店出版社，2016，第326页。]
③ 又崔氏《考异》曰："召忽之死，杀生以成仁也。仲虽不死，而有九合一匡之功，则亦得如召忽之仁。再言如其仁，其者，实指之辞，所指正召忽也。"[程树德：《论语集释》（下），中华书局，2013，第1135页。]按此说坐实以解，姑备一说，然似不如以春秋笔法视之为胜。
④ 何晏、邢昺：《论语注疏》，中国致公出版社，2016，第228页。
⑤ 《黄氏日钞》："注云'霸'与'伯'同。愚意诸侯之长为伯，指其定位而名，王政不纲，而诸侯之长自整齐其诸侯，则伯声转而为霸，乃有为之称也。正音为静字，转音为动字。"[程树德：《论语集释》（下），中华书局，2013，第1137-1138页。]据此，"霸"本由"伯"字转义而来，声随义转，名词亦转为动词。语言之变迁适足以见历史态势之转轨。

管仲非完人，孔子尝称其"器小"。明管仲何以器小，则"如其仁"之义弥彰矣。请试一论之。

> 子曰："管仲之器小哉！"或曰："管仲俭乎？"曰："管氏有三归，官事不摄，焉得俭？""然则管仲知礼乎？"曰："邦君树塞门，管氏亦树塞门；邦君为两君之好，有反坫，管氏亦有反坫。管氏而知礼，孰不知礼？"（《论语·八佾》）

器小，何晏注云："言其器量小也。"[1] 然何谓器量小，言之未详。皇侃《义疏》引孙绰云："功有余而德不足，以道观之，得不曰小乎？"[2] 以器小为德不足，然德义何指，仍嫌笼统。朱注曰："器小，言其不知圣贤大学之道，故局量褊浅、规模卑狭，不能正身修德以致主于王道。"[3] 此说近是。索原文语脉，孔子称管仲器小，或人疑因其俭故曰器小，遂有"管仲俭乎"之问。孔子以管仲之奢反诘，明其非俭。或人又以"管仲知礼乎"为问，孔子斥管仲之僭而明其不知礼。由是以观，管仲器小者，不知礼之谓也。

夫不知礼何以谓之器小乎？孔子好古敏求，有志乎先王之道。先王之道万端，要之莫不归乎安天下之仁道。仁道万端，要之莫不归乎礼乐。礼者，所以自治而治人之大器也。[4] 朱子所谓"圣贤大学之道"，外礼乐岂有圣贤大学之道乎？礼乐同源，言礼而乐在焉，故礼可统乐言。管仲能成事功，而不识礼之为大，不能以礼让为国，故孔子许其仁而小其器，盖深惜之也，非讥之也。[5] 孔子言仁，恒连于礼，必复礼而始仁，如云"克己复礼为仁""人而不仁如礼何"

---

[1] 何晏、邢昺：《论语注疏》，中国致公出版社，2016，第47页。
[2] 程树德：《论语集释》（上），中华书局，2013，第240页。
[3] 朱熹：《四书章句集注》，上海古籍出版社，2006，第85页。
[4] 扬雄《扬子·先知》篇云，或曰："齐得夷吾而霸。仲尼曰小器。请问大器。""其犹规矩准绳乎？先自治而后治人之大器也。"［程树德：《论语集释》（上），中华书局，2013，第249页。］
[5] 朱子曰："愚谓孔子讥管仲之器小，其旨深矣。"（朱熹：《四书章句集注》，上海古籍出版社，2006，第85页。）

皆是。管仲不知礼，则其事功虽大，而仁德犹嫌未备，故曰"如其仁"也。①管仲去文武近五百岁，正当礼坏乐崩之际。管仲但以事功匡天下，而不能因时损益，重振礼乐以行之久远，故孔子有"器小"之叹，深惜之也。明乎此，可知"器小"之叹，与"如其仁"之言，实相互发明焉。

（二）不知其仁也

据《论语》，屡有人以"某人仁乎"问孔子，孔子咸以"不知其仁"答之。此类章句，若以"仁者心之德爱之理"为解，全然不可通。

> 或曰："雍也，仁而不佞。"子曰："焉用佞？御人以口给，屡憎于人。不知其仁。焉用佞？"（《论语·公冶长》）
>
> 孟武伯问："子路仁乎？"子曰："不知也。"又问。子曰："由也，千乘之国，可使治其赋也，不知其仁也。""求也何如？"子曰："求也，千室之邑，百乘之家，可使为之宰也，不知其仁也。""赤也何如？"子曰："赤也，束带立于朝，可使与宾客言也，不知其仁也。"（《论语·公冶长》）

上章或人以冉雍"仁而不佞"，似有不足。孔子反诘之，谓佞者以应答（御人）为务，以口取辨（口给）而屡憎于人。或人以仁、佞并提，二字古义本有关联。②而孔子不贵佞，可见时人之佞，殆多逞口辩而无情实，无益乎行仁，故

---

① 唐君毅谓：孔子就管仲之功，而称其"如其仁"，非其功之仁即同于其德之仁。"如其仁"之意，应为"如出于仁"。盖依孔子之教，有仁之德者，固当爱人爱民，求有功于民，使民受其赐。今管仲有功，而合此仁者之所望，则当就其"合此仁者之所望"，而称其"如出于仁"。唐君毅：[《中国哲学原论·原道篇》（上册），中国社会科学出版社，2006，第6页。] 按：解"如其仁"为"如出于仁"，则"其"字无着落，似嫌牵强。又，既云功之仁不同于德之仁，乃训"如其仁"为"如出于仁"，无异许管仲有仁德矣，岂不矛盾乎？唐氏又云：孔子未尝以功之所在即仁之所在。若孔子果以功之所在即仁之所在，则无功者应即无仁，孔子便不当称颜渊之不违仁。颜渊一生在陋巷，固未尝立功于世也。（出处同前）按此论不分功之大小而一视之，不确矣。夫功有大小之殊，功于天下，功于一国，功于一家，功于一身，皆功也。此亦修齐治平一贯之义。管仲之功大，颜渊之功小，无非功也。且颜渊虽未立功于世，而有志于斯，观其问仁、问为邦，及夫子之答，可窥其志矣。奈何命短，赍志以殁，不得行其仁功耳。

② 阮元《揅经室集》释佞云：虞夏书无佞字。至商周之间，始有仁、佞二字。佞从仁，更在仁字之后。此二字皆非仓颉所造，故佞与仁相近，尚不甚相反。周初尚有用仁字以寄佞义者。佞以仁得声而义随之，故仁可为佞借也。《书·金縢》"予仁若考"，仁为佞之借也。古者事鬼神当用佞，《金縢》以佞为美、借仁代佞者，因事鬼神也。后世佞字全弃高材仁巧之义，故古人谦言不佞者，皆谦不高材不仁巧也。[程树德：《论语集释》（上），中华书局，2013，第339-340页。]

孔子不取也。或人以冉雍为"仁",孔子则曰"不知其仁"。下章孟武伯问三子"仁乎",孔子各赞三子才艺之具,而咸以"不知其仁"答之。"不知"者,悬而未决之辞,既不谓之仁,亦不谓之不仁,故曰"不知其仁也"。① 此所谓仁,以仁行、仁事、仁功言之,谓有志乎长人安民、且能行长人安民之事者。四子虽各擅所长,务一专之职、治一方之事,是其才也,至于行仁以长人安民,则不可遽断,故曰"不知其仁也"。言"不知"者,非肯定,非否定,乃寄诸将来,所以奖掖弟子,诱导之道也。朱子乃曰:"子路之于仁,盖日月至焉者,或在或亡,不能必其有无,故以不知告之。"② 此不知孔子之仁而强为之说者也。夫仁,所以长人安民也,唯能与不能而已,岂可以"有无"论乎?

总之,孔子凡言"不知其仁"者,仁皆以长人安民为义。外此而论,此类章句皆不能通解。仁以长人安民为归,亦可见于孔子之言志。孔子特重立志,尝言"三军可夺帅也,匹夫不可夺志也"(《论语·子罕》),又曰"志于仁"(《论语·里仁》),"士志于道"(《论语·里仁》),"志于道"(《论语·述而》)。仁与道,旨归不二,故君子之所志,统曰仁道。仁道以长人安民为归,孔子自言其志曰"老者安之,朋友信之,少者怀之"(《论语·公冶长》),其义不外乎长人安民。仁主于安,"仁者乐山""仁者静""仁者寿"(《论语·雍也》),无非安之象也。知主于利,"知者乐水""知者动""知者乐"(《论语·雍也》),无非利之象也。君子者,行仁者也。子路问君子,孔子答以"修己以安人""修己以安百姓",仁之要旨,可以见矣。

后儒多以爱释仁,孔门诸子,荦荦卓拔,抱负天下,岂无爱邪? 子曰"不知其仁",岂谓"不知其爱"邪? 但言爱人,而不能行爱人之事,成爱人之功,爱止于心而已。明乎此,韩退之"博爱之谓仁",可谓大而不切旨之言矣。至于"心之德爱之理",理学家言,离题万里,断不可从。

二、仁者不忧:点拨仁者之生命境界

孔子屡言仁者不忧,殊堪玩味。仁者何以不忧? 古今解者多矣,而得其真谛者寥寥也。若云知者不惑,勇者不惧,理甚明白,无须解说。仁者而况以"不忧",其理安在哉? 明乎不忧之所以然,仁之大义弥彰。请试一论之。

---

① 俗解以为孔子不许四子以仁,非是。"不知其仁",乃悬而未决之辞,并非不许其仁之辞。若果不许其仁,则当曰"非仁也",而不当曰"不知其仁也"。此中差别,岂容不辨乎?
② 朱熹:《四书章句集注》,上海古籍出版社,2006,第98页。

子曰:"知者不惑,仁者不忧,勇者不惧。"(《论语·子罕》)
子曰:"君子道者三,我无能焉:仁者不忧,知者不惑,勇者不惧。"
子贡曰:"夫子自道也。"(《论语·宪问》)

二章孔子皆言知仁勇三德。下章"君子道者三",君子者成德之名,可知孔子言君子成德之道也。"道者三",或以为君子之道有三,非也。知仁勇,德也,非道也。此道字解作由,言君子由此三者以成君子也。① 夫德者万殊,以知仁勇为达,能由斯三者,可成君子,故《中庸》有三达德之说。达德之达,谓通达于人而皆有之也。人皆有之而未必皆达之者,不学之故也。

夫仁,长人安民之德也。其德能长人安民,谓之仁者。仁者能长人安民,其道生生不穷,斯安于仁矣,故曰仁者安仁。安仁者不忧,故曰仁者不忧。② 朱子乃曰:"理足以胜私,故不忧。"夫理足以胜私,苟不能长人安民,斯一己之安而已,岂足以解"仁者不忧"乎?③ 邢昺疏云:"仁者乐天知命,内省不疚,故不忧也。"④ 此说近是;惜犹不能发长人安民之义耳。仁者以长人安民为心。天道远而人道迩;长人安民,人道也,所以事天也。事天者敬天,敬天者以天之所事为事,敬天命而乐之也。乐天知命,故不忧也。

夫仁之为义深矣广矣,难言也哉!孔子知其难言,不得已而复喻之以象焉。子曰:"仁者乐山。"以象言仁也。夫仁者之安仁也,犹山之长养万物,生生不息焉。以人道言之,譬如父母之有子:父母虽忧其子乎,亦以有子为挚乐焉。子又生孙,孙又生子,是生生无穷,而乐亦无穷也。仁人之于天下也,以长之养之辅之安之为所乐焉,其乐一如父母之乐其子也。孔子不谓其忧,而谓其不忧,所见者至大至远,爱之深而乐之切矣。非深知仁者之心,安能若是乎!⑤

仁者不忧,固然也。而圣如孔子,亦有所忧焉。不忧而又有所忧,粗看似龃龉,细察则义深。

---

① 王夫之《四书训义》云:"道者三,非君子之道三也,仁智勇是德不是道。此道字解作由也,由之以成德也。自道也,只是自言如此意。"[程树德:《论语集释》(下),中华书局,2013,第1162页。]
② 皇疏引孙绰云:"安于仁,不改其乐,故无忧也。"[程树德:《论语集释》(上),中华书局,2013,第721页。]
③ 朱子又以知仁勇三者,孔子先言知,后言仁勇,乃视为为学之序,"三者不可缺一,而知为先"。按朱子之解,可谓迂执。言知在先,岂谓为学之序乎?果其然也,《论语·子罕》篇先言"仁者不忧",后言"知者不惑",是学之序又变邪?可谓泥矣!
④ 何晏、邢昺:《论语注疏》,中国致公出版社,2016,第231页。
⑤ [日]物茂卿:《荻生徂徕全集》(第一卷),河出书房新社,1973,第555页。

第三章 原 仁

子曰:"德之不修,学之不讲,闻义不能徙,不善不能改,是吾忧也。"(《论语·述而》)

德者,知仁勇之属,人所修以成君子者也。学,学先王之道,诗书礼乐是也。讲,习也,如讲武之讲,谓习武也。①"学之不讲",犹言"学而不习"也。后世以说教问难为讲,终日高谈性理,谓之讲学,是讲学之贼也。② 义者宜也,徙义即迁善也。德不修不能成君子;学不讲不能得先王礼乐之教;闻义不能徙,则不能迁善;不善不能改,斯恒不善矣,恒不善而善不可期矣。此孔子所以深忧者也。是故孔子所忧者,不仁也——不能行仁以长人安民也。人而不仁,礼乐不兴,奚以安天下哉?

徂徕先生发明长人安民之义最精审,观其解下章可见焉。

子曰:"人而不仁,如礼何?人而不仁,如乐何?"(《论语·八佾》)

徂徕曰:"礼乐者,先王之道也。先王之道,安民之道也。仁,安民之德也。故苟非仁人,则礼乐不为之用,故曰如礼何、如乐何。"③ 盖此章之"人",以在上者言之,"仁"以长人安民之德言之。在上者若无长人安民之仁,则礼乐何所用邪?后儒徒以心论仁,本章微旨遂不得而明。或以仁为内而礼为外,或以仁为体而礼为用,皆惑于名相,叠床架屋之说,迥非孔子一贯之旨。

仁斋先生尝以薪喻心,以火喻仁。其说甚美,阐微寻幽,颇可明仁之义。徂徕先生又因而广之,以斥求仁于心之谬,兼驳宋儒天理人欲之说。其言精微,不烦俱引如下:

求仁于心也,犹如钻木取火焉,木中岂有火邪?亦岂无火邪?火之始,一星耳。至于燎原之大,亦此一星耳。故燎原之理在一星,亦可也。一星之始,无燎原之大,亦可也。圣人之道,犹外火与?外来之火,与其出于钻者,亦何别哉?谓仁义礼乐为外物者,不识火者也。火必以星传焉,燎原之火,非一薪之所能传焉。故极火之道,则必至燎原而后尽矣。论仁则

---

① 《国语·周语·上》:"三时务农,而一时讲武,故徵则威,守则有财。"韦昭注:"三时,春、夏、秋。一时,冬也。讲,习也。"
② 汪中:《讲学释义》,载李金松:《述学校笺》(下),中华书局,2014,第640页。
③ 松平赖宽:《论语征集览》(上),上海古籍出版社,2017,第184页。

礼乐的乡愁：孔子政治哲学述要 >>>

必至安民而后尽矣。以爱语仁者，以热语火者也。是岂能尽火之道哉！程朱欲去人欲，是欲去薪之湿者也，但措语之未善，有以来仁斋之说耳。且欲去薪之湿者，莫若以外火炙之也，不然而遽欲去其湿者，拙莫尚焉。此吾诗书礼乐之说也。①

循徂徕之义，又可梳解发挥为如下数条者：

其一，徒求仁于心，非先王之道也。心犹薪也，火犹仁也。求仁于心，犹求火于薪也。然火非在木内，亦非在木外，苟无钻木之功，木焉能生火？无钻木之功，夫何以求仁？火犹仁也，然非钻木之功，火（仁）焉至哉？故所贵者，钻木之功也。钻木之功，犹如学也。夫学，所以明仁也。恶乎学？曰：学先王之道，诗书礼乐是也。故与其以火喻仁，不若以钻木之功喻仁，为切也。

其二，求仁必以礼乐，外礼乐无以得仁。人心如木，礼乐者钻木之法也，为仁者钻木之功也。钻木不以其法，木无以生火焉。钻木以法，斯火生焉，一如行礼乐以成其仁功也。故仁义礼乐，无内无外，一如钻木之功无内无外也。

其三，论仁必至安民而后尽。一星之火，可以燎原；燎原之火，无非一星。一星之火，犹如己欲立、己欲达；燎原之火，犹如立人、达人。极火之道，必至燎原；极仁之道，必至安天下。

其四，以爱语仁不能尽仁道。以爱语仁者，犹以热语火也。火固热已，然热岂能尽火之道乎？火者，所以化生为熟，烹调万物，其炙烤锤炼之功，莫可极焉。然苟无炙烤之法、烹调之术，火之热亦无所用矣。徒以热言火，而舍其炙烤锤炼之功，譬之徒以爱而欲尽乎仁道也。徒以爱言仁，而舍其诗书礼乐之教，焉能尽仁道而安天下乎？

其五，弘大仁道必有所寄寓焉。人之欲如薪之湿也，礼乐如钻木取火之法也。去木之湿莫如以火炙之，导人之欲莫如诗以兴之，礼以立之，乐以成之。徒以爱言仁，是仁止于心。仁道必尽于长人安民。长人安民必有其术焉，诗书礼乐是也。非诗书礼乐而欲行仁道，仁徒在心而已，安得而行之乎？故仁道之弘，必寄诸诗书礼乐之教，而行诸长人安民之事焉。外诗书礼乐而求仁，乌得仁乎？夫仁者安仁，安于诗书礼乐也。能安则不忧，故曰仁者不忧也。

三、一以贯之：能贯者不可执一求解

孔子之道，一以贯之。《论语》载孔子言"一以贯之"者再，皆向弟子而

---

① ［日］物茂卿：《荻生徂徕全集》（第一卷），河出书房新社，1973，第526页。

128

发也。其旨精微，颇难疏解。苟得其确解，仁之大义，庶备而彻也。

子曰："参乎！吾道一以贯之。"曾子曰："唯。"子出。门人问曰："何谓也？"曾子曰："夫子之道，忠恕而已矣。"（《论语·里仁》）

子曰："赐也，女以予为多学而识之者与？"对曰："然，非与？"曰："非也，予一以贯之。"（《论语·卫灵公》）

二章皆语"一以贯之"，句式微有不同。解者但见其辞之同，而不辨语境之殊，或混淆以解，或徒生参差，多不切旨。欲得其义，明辨其字义与句法，缺一不可。

一以贯之，贯字关键。贯，皇疏训统，朱注训通，通则统矣，统则通矣，本非二致。《广雅》曰："贯，行也。"清儒据此立说，纷纷训贯为行，一以贯之，谓一以行之。① 验诸《论语》，断不可通。盖贯训行自《广雅》始，先秦文献绝无其例。《说文》云："贯，钱贝之贯也，从毌、贝。"又释毌云："毌，穿物持之也。"毌为贯本字，以绳穿物而持之。上古以贝为交易之中介，犹今日之货币，故毌加贝为贯。《乐记》云："累累乎端如贯珠。"贯者，贯穿、贯串之义也。皇疏训统，朱注训通，二义本通，要之皆贯穿之引申义，可谓正训，无可指摘。

"吾道一以贯之"，"吾道"之道，今人多解为"学说"，谓孔子之学说有一基本观念所贯穿。② 此类解说，看似中肯，实则以今度古而不自知也。夫孔子之

---

① 王念孙《广雅疏证》云：贯者，《论语·卫灵公》篇："子贡问曰：'有一言而可以终身行之者乎？'子曰：'其恕乎！'"《里仁》篇："子曰：'吾道一以贯之。'""曾子曰：'夫子之道，忠恕而已矣。'"一以贯之，即一以行之也。《荀子·王制》篇云："为之贯之。"贯，亦为也。《汉书·谷永传》云："以次贯行，固执无违。"《后汉书·光武十王传》云："奉承贯行。"贯，亦行也。《尔雅》："贯，事也。""事"与"行"，义相近。故事谓之贯，亦谓之服；行谓之服，亦谓之贯矣。[王念孙：《广雅疏证》（上），中华书局，2019，第28页。] 清儒阮元《揅经室集》亦训贯为行：按贯行也，事也。"吾道一以贯之"，此言孔子之道皆于行事见之。按：《尔雅》训贯为事，王氏以"事"与"行"近，资以佐其训。然贯自贯，事自事，行自行，岂可混言！《论语》语"行"语"事"多矣，皆各自取义，不可混淆。"子张问行"，岂可谓之"子张问事"乎？"行之必可言也"，岂可谓之"事之必可言也"乎？"文行忠信"，岂可谓之"文事忠信"乎？"事父母"，岂可曰"行父母"乎？诸如此类，不胜烦举。

② 杨伯峻解之曰："参呀！我的学说贯穿着一个基本观念。"（杨伯峻：《论语译注》，中华书局，2012，第54页。）杨逢彬解之曰："参哪！我的学说有个观念贯穿始终。"[杨逢彬：《论语新注新译》（简体版），北京大学出版社，2018，第67页。]

道，岂学说所能尽乎？且古之道，必以所由而言，由之以成道，此道之本义也，道而不由岂可谓之道乎？子曰："谁能出不由户？何莫由斯道也？"（《论语·雍也》）道必以所由言之，孔子之言如是。又古之学，必有所学者在，又必有所事者在。所学者，学诗书礼乐也；所事者，事诗书礼乐之道也。学必见诸行事，乃谓之学。徒以门户讲说为务，以理论立言逞高，此秦汉以降之学风，非古义矣。朱子亦以学为学说，谓孔子语曾子一以贯之"以行言"，语子贡一以贯之"以知言"。谬矣哉！古之学，未有不以行言者，亦未有不以知言者。古人未始析知行为二。朱子之意，以"多学而识"为知之事，以"忠恕"为行之事，剥知行而为二，复缠绕其说，务使二者合一。甚矣后儒之迂曲！大抵后世之学多如此，悲夫！

（一）"吾道一以贯之"

先解《论语·里仁》篇"一以贯之"。孔子呼"参乎"，"乎"字可见师徒默契之深。曾子答以"唯"，亦默契之辞也。门人同在，夫子特呼曾子以告者，盖以曾子修道日笃，见地日高，可以语上矣，乃以一贯启之，故特曰"吾道一以贯之"。门人不解，问曾子"何谓也"。门人者，孔子门人也，曾子之同门师兄弟也。或以门人为曾子之门人，非是。是时曾子在夫子门，岂得率其门人同侍乎？[1] 夫子出而门人问，曾子答曰："夫子之道，忠恕而已矣。"曾子以"忠恕"概夫子之道，人多疑曾子不得其解。实则曾子之答，并非诠解夫子之道，而特提其下手用功处，故曰"而已矣"。"而已矣"者，决而又决之辞也。[2] 曾子之意，谓夫子之道，由忠恕以行之，可尽其道，如是而已。曾子所答，指点

---

[1] 朱彝尊《曝书亭集》引欧阳修云："欧阳子曰：'受业者为弟子，受业于弟子者为门人。'《论语》为孔子而作，所云门人皆受业于弟子者也。'颜渊死，门人厚葬之'，此颜子之弟子也。'子出，门人问'，此曾子之弟子也。'子疾病，子路使门人为臣'，又'门人不敬子路'，此子路之弟子也。"金鹗《求古录》驳之曰："此说非也。古人著书自有体例，《论语》一书，凡孔子弟子皆称门人，其非孔子之门人则异其辞，如'子夏之门人问交于子张'，'曾子有疾，召门弟子'，不直称门人，所以别于孔子弟子也。夫子语曾子以一贯，此时曾子在夫子门，不得率其门人同侍，则问于曾子者，必夫子门人也。"［程树德：《论语集释》（上），中华书局，2013，第305页。］按金说是也。

[2] 王夫之曰：矣者，已然之词，犹今方言之称"了"，急词也。借为叹美之词，或为叹愧之辞，决其已然也。既言"已"，又言"矣"，如"而已矣"之类，决之又决，深信其止此也。言"矣"又言"乎"，云"矣乎"者，决其然而咏叹其能然也。［王夫之：《说文广义》，《船山遗书》（第八册），中国书店出版社，2016，第299页。］

求道之方，非解释何谓道也。"而已矣"者，谓只此一法，更无他法也。① 苟以忠恕可尽夫子之道，断无是理。道广矣大矣，岂忠恕所能尽乎？然其下手处，不外乎忠恕，舍忠恕莫由，故云"而已矣"焉耳。《中庸》曰："忠恕违道不远。"违者，离也。② 忠恕虽离道不远，然犹有所离也。故曰：由忠恕而可以入道，非谓忠恕可以尽道也。伊川乃曰："'忠恕违道不远'，非一以贯之之忠恕也。"③ 是不解"而已矣"之辞，故以《中庸》与《论语》相龃龉尔。殊不知《中庸》"忠恕违道不远"者，正所以明"夫子之道，忠恕而已矣"之言也。程子读古书，何其不慎思邪！

（二）"予一以贯之"

《论语·卫灵公》篇"一以贯之"，语境略殊，句法亦异。"予一以贯之"，句式不同"吾道一以贯之"，须稍加辨别。"吾道一以贯之"，王夫之《四书笺解》云："'吾道'二字略读（停顿）。"其辨甚是。"吾道"稍顿，以为话题，"一以贯之"以况此话题者也。此类句子，语法谓之受事话题句。如"俎豆之事，则尝闻之矣"（《论语·卫灵公》），"俎豆之事"为"闻"之受事，置句首作话题，"闻之"之"之"，复指话题"俎豆之事"。"予一以贯之"则不同，语法谓之施事主语句。主语"予"，"一以贯之"之"之"非指"予"，而指上文"多学而识之"。④ 细审文脉可知，孔子告曾子、子贡，"一以贯之"之"之"各殊："吾道一以贯之"，"之"指"吾道"；"予一以贯之"，"之"指"多学而识"。一指道，一指学，究极以言，仍可贯通。孔子之道，非学无以得之；孔子之学，所以学道也。道者，先王之道。先王之道至大，故必有其术焉，诗书礼乐是也。贯所学即贯所道，贯所道即贯所学，二章之旨，终归一贯。宋儒乃

---

① 古书云"而已矣"者，多如是义。如孔子曰"辞达而已矣"（《论语·卫灵公》），谓辞以达为旨归，辞达而后可及其余，苟辞且不达，其余要求皆妄，故云"而已矣"，岂可谓辞尽于达乎？达者，辞之一端而已，岂可尽辞之全乎！又孟子曰"尧舜之道，孝悌而已矣"，谓孝悌乃尧舜之道入手处，由此以行，可及其余，故云"而已矣"，岂可谓尧舜之道尽于孝悌乎？孝悌者，德行之一端耳，岂可尽尧舜之道乎！
② 王夫之云："违"字原有两义。有知其然而故相违背，如"违道以干百姓之誉"是也。有相去而未逮，如"忠恕违道不远"是也。两义要之亦相通。[王夫之：《船山遗书》（第七册），中国书店出版社，2016，第143页。]
③ 程颢、程颐：《二程集》（上），中华书局，2004，第274页。
④ 蒋绍愚：《论语研读》，中西书局，2018，第90页。

谓二子资质有差，故夫子所告者亦有浅深之别，泥哉。①

孔子告子贡"多学而识"，盖子贡所长者正在此。而解者遂以孔子不重多学而识，又误矣。子贡起疑，遂问："然，非与？"子曰"非也"，并非否定"多学而识"，而谓其立足点不在此，而在"一以贯之"。朱注引谢氏曰："圣人之道大矣，人不能遍观尽识，宜其以为多学而识之也。然圣人岂务博者哉？"② 谢氏之言，可谓不通之论也。孔子曰"君子博学于文，约之以礼"（《论语·雍也》《论语·颜渊》），言之者再；颜渊叹曰"夫子博我以文，约我以礼"（《论语·子罕》）；子夏曰："博学而笃志，切问而近思，仁在其中矣"（《论语·子张》）；又达巷党人叹曰"大哉孔子！博学而无所成名"（《论语·子罕》）——言之凿凿者如是，圣人岂不务博乎？岂不重多学而识乎？矧学识弗博，又何以"贯"之哉？钱止一枚，何须贯钱之绳邪？③ 故言贯，则博在其中，非博无以言贯；言博，则未必能贯，故孔子特告二子以一贯耳。能博复能贯，则愈博愈妙，以至妙不可言。

（三）"一以贯之"释义

夫先王之道至大也，非博学不足以喻之，故曰博学于文。然徒博学而已，未可也，苟不学以成德，不可谓之学也。学必纳诸己身以成其德，始可谓学。纳诸己身，莫如以礼，故曰约之以礼。礼者，节人情以统万端，可谓繁矣。苟不得其要，是无归焉。子曰："人而不仁，如礼何！"礼不以仁摄之，是礼亦泛滥无归，故必启之以仁。仁，先王之一德也。谓先王之道尽乎仁，不可也；谓先王之道归乎仁，斯可矣。先王之道也至大，要之莫不归乎长人安民。故仁，先王之一德也，又先王之大德也。一德不足以尽万，而大德足以统万。依于仁，则先王之道可以贯之矣，先王之学可以贯之矣，故曰一以贯之。④ 修身有道，此

---

① 朱注引尹氏曰：孔子之于曾子，不待其问而直告之以此，曾子复深喻之曰"唯"。若子贡，则先发其疑而后告之，而子贡终亦不能如曾子之"唯"也。二子所学之浅深，于此可见。钱穆曰：告曾子是吾道一以贯之，"之"指道。本章告子贡多学一以贯之，"之"指学。然道与学仍当一以贯之。道之所得本于学，学之所求即在道。学者当由此两章再深求孔子一贯之义始得。谓孔子告曾子者义深，告子贡者其义浅，因孔子之言而可以测曾子、子贡两人所学之深浅，则殊未见其诚然。[钱穆：《论语新解》，九州出版社，2011，第371页。]按尹氏泥矣，钱说为是。
② 朱熹：《四书章句集注》（上），上海古籍出版社，2006，第210页。
③ 《朱子语类》云：孔子告子贡，盖恐子贡只以己为多学，而不知一以贯之之理。后人不会其意，遂以为孔子只是一贯，不用多学。若非多学，则又无物可贯，孔子实是多学。[程树德：《论语集释》（下），中华书局，2013，第1213页。]按朱子此说是也。
④ 松平赖宽：《论语征集览》（上），上海古籍出版社，2017，第321-322页。

道也；齐家有道，此道也；治国有道，此道也；平天下有道，此道也。故曰吾道一以贯之。

夫"一以贯之"者，非"以一贯之"也。此间毫厘之差，悖谬何止千里！一，谓所贯者一也，非谓贯之以一也。故一贯之一不与多对，要皆归于长人安民。① 何晏曰："善有元，事有会，天下殊途而同归，百虑而一致。知其元，则众善举矣。故不待多学，以一知之。"② 何氏之言，差之毫厘，谬以千里矣。《易传·系辞传》云："天下何思何虑？天下同归而殊途，一致而百虑。"何氏倒其文，参玄以解经，大失圣人之旨。③《庄子》引《礼记》曰："通于一而万事毕。"夫通于一而万事毕，是执一之谓也，非一贯之谓也。一贯者圣学也，执一者异端也。天与人一贯，人与己一贯，身与家一贯，家与国一贯，国与天下一贯，天下统万民而一贯，斯无所不贯矣。《大学》以明德、亲民为一贯，而以"絜矩之道"以该之。《中庸》以成己、成物为一贯，而提"忠恕违道不远"以统之。《大学》《中庸》，所道无非一贯。执两端以一贯者，圣人也。执一端而无权者，异端也。④《礼记》曰："夫言岂一端而已？夫各有所当也。"各有所当，岂可一端以概之？《史记·礼书》曰："人道经纬万端，规矩无所不贯。"人道经纬万端，岂可一言而尽乎？非多学而识之，何以经纬万端乎？故非学无以成德。而德者万殊，故有仁焉，有知焉，有勇焉，有恭焉，有信焉，有忠焉，有恕焉，难以尽言。经纬万端虽多乎，不外乎规矩准绳也。规矩准绳虽多乎，要之莫不归乎长人安民之仁也。孔子多学而识之，又能一以贯之，以忠恕之道通天下之志，是圣人之博而能贯也。故曰予一以贯之。

一以贯之，所以点拨进学求道之要者，殊不可执一而解之。古来解者多矣，皆执一以求解，而终不得其解焉。诸如"一道统万理"（皇侃），"一理统万事"（邢昺），"一本可以贯万殊"（朱熹），皆坐执一之病。诚可执一以解，孔子何

---

① 竹添光鸿曰："此一字非对万而言之，一乃统万为一之一，要之亦不外乎仁也。"又曰："一贯不必谓一以贯万，万字是后儒添出耳。"［竹添光鸿：《论语会笺》（壹），凤凰出版社，2012，第255页。］
② 何晏、邢昺：《论语注疏》，中国致公出版社，2016，第243-244页。
③ 王夫之曰：《易》云："同归殊途，一致百虑。"是一以贯之。若云"殊途同归，百虑一致"，则是贯之以一。此中分别，一线千里。"同归殊途，一致百虑"者，若将一粒粟种下，生出无数粟来，既天理之自然，亦圣人成能之事也。其云"殊途同归，百虑一致"，则是将太仓之粟倒并作一粒，天地之间，既无此理，亦无此事。倒著《易》文说，则收摄天下固有之道而反之，硬执一己以为归宿，岂非"三界唯心，万法唯识"之唾余哉？［王夫之：《船山遗书》（第七册），中国书店出版社，2016，第171页。］
④ 程树德：《论语集释》（下），中华书局，2013，第1210-1212页。

不言"吾道一也"邪？不言"吾道一也"，而言"吾道一以贯之""予一以贯之"者，不得已之辞也。盖进学之方，求道之要，本不可一言以蔽之，一义以全之，故特言"一以贯之"，以资开喻焉耳。后之学者，颇有不满曾子"忠恕"之说者，乃或以一贯之"一"为"一个观念""一个原则"，或以一贯之道为"仁"①，或以一贯之道为"中庸"，或以一贯之道为"良知"，诸如此类。其论固有所当，而执一之病则同，不能尽孔子立言之周遍，惜哉。

四、仁礼互鉴：由礼之道而成仁之德

深味孔子"一以贯之"之语，诚不得已之辞也。所谓"吾道一以贯之"，"吾道"之成立，即在"一以贯之"；不能"一以贯之"，非"吾道"也。"吾道"广大矣，深远矣，唯其广大深远，乃不得不言"一以贯之"。举要言之，"吾道"贯通古今，贯通天人，贯通仁礼，贯通德政②，此类皆"一贯"之所指。不明一贯之所指，即不明孔子之道。后世之学，分科竞起，画地自封，支离曼衍，昧于一贯之道，乃斩断古今，分裂天人，界限仁礼，区割德政，"道术为天下裂"，愈繁而愈远，愈碎而愈非，悲哉。

孔子思想，仁礼关系极关紧要。仁礼原本一贯，而后人妄生分别，以"内外""体用"解之，谓仁为内在根据，礼为外在规范，仁为体，礼为用，是皆不明孔子"一贯"之义者也。仁礼本一贯，孔子何尝以内外视之哉？何尝以体用视之哉？所以言仁复言礼者，仁以德言，礼以道言，德莫大于仁，道莫备于礼③。然德无内外，道亦无内外，仁礼之关系，绝非"内外"之框架可限囿矣。

仁礼一贯之旨，遍于《论语》。"克己复礼为仁"之外，以下章所言最为彰著。

---

① 徐复观云：孔子总提一贯之道，应当即是"仁"。在孔子，仁是工夫，是一切学问行为之总动力，又是本体，是一切学问行为之总归宿。孔子要求将仁贯穿于闻见之中，使知识融于人格之中。忠恕是为仁之方，本身也是仁之一体。一以贯之，即是以仁——忠恕之精神，贯通于求知与立行之中。（徐复观：《〈论语〉"一以贯之"语义的商讨》，载徐复观：《中国思想史论集》，九州出版社，2014，第281-282页。）又日本学者山本日下亦以一为仁，一以贯之谓以仁统道：一谓仁也。孔子之言，谓仁之所统，以明先王之道，在成仁德于己。曾子之言，谓行仁之先务，以明先王之道在德行也。（山本日下：《论语私考》，上海古籍出版社，2017，第89、90-91页。）
② 唐君毅曰：孔子答颜渊仲弓之问仁，即兼含为政与修德之二端，而明教之以修德为本。孔子所告于颜渊仲弓之为政之道，则要在达其仁，而本一礼敬之心以临民。［唐君毅：《中国哲学原论·原道篇》（上册），中国社会科学出版社，2006，第16页。］
③ 《论语·学而》篇有子曰："礼之用和为贵，先王之道斯为美，小大由之。"可见礼者，先王之道也。

子曰:"人而不仁,如礼何?人而不仁,如乐何?"(《论语·八佾》)

此章统论仁与礼乐一贯之道,盖为在上为政者发也,"人"谓在上之人,如季氏之辈。仁,长人安民之德也。礼,长人安民之道也。此章之仁,特重人之为人之醒觉与主动而言,所谓"人而不仁,如礼何",犹言人而无有所以为人之醒觉与主动,无有长人安民之德,则礼乐不为之用也。人而不仁,即不知人所以为人者何在,不知长人安民之德者何在,是与禽兽无以异,则不能由其道,礼乐焉能施用乎?礼乐者,人之为人所必由之道也。人道之所是,包蕴于礼乐。不知人所以为人者何在,不知长人安民之德,则礼乐之真义无由得彰。孔子曰:"夫仁者,制礼者也。故礼者,不可不省也。"① 又曰:"道二,仁与不仁而已矣。"(《孟子·离娄·上》)朱注引游氏曰:"人而不仁,则人心亡矣,其如礼乐何哉?"引程子曰:"仁者天下之正理。失正理则无序而不和。"② 此类穷措大解,皆昧本章立言之旨,不知仁为先王长人安民之德,礼为先王长人安民之道,可谓强为之说。

仁礼既属一贯,所以一贯者何也?曰:敬是也。敬乃人之为人之根本标识,人之异于禽兽者以此。言敬则神圣之义在焉。人而无敬,奚异禽兽?无敬者,非人也。人之敬意,必由礼而显之,必依礼而行之。人而无礼,何以成其敬意?是故礼也者,绝非外在规范或物理动作所能尽也。③ 礼出于敬意,何"外在"之有?礼乃天地秩序之人文表达,人在天地间,舍礼何以成其敬意?是知礼者,绝非人为所能设计,乃自生自发于天地之正者也。所谓圣人制礼,解其蔽而揭其正而已。礼主敬,仁亦主敬。下二章可见斯义。

子曰:"居上不宽,为礼不敬,临丧不哀,吾何以观之哉?"(《论语·八佾》)

仲弓问仁。子曰:"出门如见大宾,使民如承大祭。己所不欲,勿施于

---

① 语见《孔子家语·曲礼子夏问第四十三》。(王国轩、王秀梅译注:《孔子家语》,中华书局,2011,第528页。)
② 朱熹:《四书章句集注》(上),上海古籍出版社,2006,第77页。
③ 芬格莱特曰:礼之力量,若非完全出于尊重,即不能真正施用。存在之本质,即礼仪所之所是。礼使人性特有之成分得以活现,故礼仪行为乃不可化约之第一性事件。礼既出于敬意,即包含人道尊严之许诺。礼所以异于纯粹物理动作者,恰在于此。(芬格莱特:《孔子:即凡而圣》,彭国翔、张华译,江苏人民出版社,2002,第10、11页。)芬氏阐释孔子思想之神圣维度,饶有谛见。海外汉学家之阐释孔子,芬氏所见颇近本真。

人。在邦无怨,在家无怨。"仲弓曰:"雍虽不敏,请事斯语矣。"(《论语·颜渊》)

上章"为礼不敬……吾何以观之哉",明示礼主敬也。下章仲弓问仁,孔子答以"出门如见大宾,使民如承大祭",皆以礼敬言仁,可见仁礼一贯矣。

仁礼既一贯,遂有论者以"重叠"关系界定仁礼之关系。① 所谓重叠关系,言仁与礼相互补足,无分内外,仁可视为礼之内容及判准,礼亦可视为仁之内容及判准②,二者相互成全③。孔子言仁必言礼,言礼必言仁,何也?此殆观念生态所使然也:言仁不言礼,仁难免悬空而不行;言礼不言仁,礼难免浮泛而无归。仁以德言,德者得于身,故曰"仁能守之"。礼以道言,道行之而成,故曰"礼以行之"。合仁礼之用,子曰:"仁能守之,庄以莅之,动之不以礼,未善也。"(《论语·卫灵公》)仁礼同构而互鉴,共济而弥彰。礼者仁之礼也,仁者礼之仁也。无礼,不能成仁;无仁,不能行礼。所以行礼者,仁也;所以成仁者,礼也。仁以德言,礼以道言,行道而成德,此之谓"吾道一以贯之"。

五、仁无止境:思想与方法相互指示

仁兼多义,包仁德、仁行、仁事、仁功、仁效、仁政、仁境诸义而言之。诸义之中,犹重仁行,非行无以致仁。仁之为言也,统仁行与仁功,融手段与目的,会起点与归宿,通过程与方法。分析而言,仁实包含四方面之意指,如下所示:

(一)作为潜质之"根源"(我欲仁)

---

① 视仁礼为重叠关系者,参见傅佩荣:《儒道天论发微》,中华书局,2010,第86-89页。俗儒谓"克己复礼"为内外之事,亦即内在之克制自我与外在之回复于礼。傅氏质问曰:假使人在克制自我之后才回复于礼,又假使人在回复于礼之后才可称之为仁,则吾人是否必须认为人之自我不是仁?果如是,则人性与善渺不相干。假使"克己复礼"可以为仁,"礼"又凭何而有如此奇迹之功效,可以点化人性?但凡肯定仁与礼之间存在某种对峙张力,均难免归结于下述结论:"仁是道德之内在判准,礼是道德之外在判准。"如此一来,礼与仁均被化约缩小,而两者原有之广大悉备,均之无法交代。参见前书,第86-87页。
② 仁礼之"重叠关系",参见傅佩荣:《儒道天论发微》,中华书局,2010,第100页。
③ 芬格莱特曰:礼与仁乃一事之两面:礼侧重于品行与关系之传统模式与特定行为,仁表达特定行为对于礼之服膺;礼指称特定行为之公开与有序之模式,仁指称特定行为之统一性,以资统合个体与境遇之关联。(芬格莱特:《孔子:即凡而圣》,彭国翔、张华译,江苏人民出版社,2002,第37页。)

（二）作为过程之"实行"（为仁由己）

（三）作为实行之"方法"（仁之方）

（四）作为实行之"目的"（志于仁）

由此可见孔子措思之独特：思想与方法之统一。"统一"谓思想与方法内在关联，非截然二事也。孔子之仁，一则为人之根据，二则为此根据之实行，三则为此实行之方法，四则为此实行之目的。四者不外"吾道"，故曰"吾道一以贯之"。

孔子言仁之义如此；而所以行之者，礼也。故言仁必言礼，言礼必言仁。仁以导之，礼以行之。仁以礼而行，行之者无穷，故仁无止境，礼亦无穷。《大学》曰："大学之道，在明明德，在亲民，在止于至善。"至善者，穷极之辞。仁无止境，此一表达包含二义：其一，仁必有所行；其二，仁行必有所指。仁行无止境，所指即在"止于至善"。[①] 止字之义，昔儒释之未尽，请试申说之。

《说文》曰："止，下基也。象艸木出有阯。故以止为足。凡止之属皆从止。"段注："以止为人足之称，与以子为人之称正同。许书无趾字，止即趾也。"[②] 止字甲金文皆像足趾之形，许氏"象艸木"非也。徐灏《段注笺》云："凡从止之字，其义皆为足趾，许以象艸木出有址，殆非也。考阮氏《钟鼎款识》父丁卣有足形，正象足趾之形。"[③] 足者，所以行也。《尔雅》释止为"待"，又释为"足"[④]，犹存古韵。止之本义，当为足行。唯止之行也必有所期，以臻某一目的而安处焉，遂引申为止息之义。是故止字训义，当取行进以期于某一目的而安处焉，方始完备。朱子曰："止者，必至于是而不迁之意。"[⑤] 曰"至于是"，则行进之义固在，非行进奚以"至于是"邪？

故"止于至善"者，谓行进于至善而安处焉。唯至善者，穷极之辞，而人

---

① 芬格莱特曰：仁者借礼而使其力量辐射于天下每一角落。此一力量，乃人之为人之力量。设譬言之，仁颇似物理学之矢量或向量（vector）；仁可设想为运作于公共时空行为中有方向之力量。（芬格莱特：《孔子：即凡而圣》，彭国翔、张华译，江苏人民出版社，2002，第48页。）

② 许慎、段玉裁：《说文解字注》（上），凤凰出版社，2015，第118页。

③ 汤可敬：《说文解字今释》（一），上海古籍出版社，2018，第209-210页。

④ 《尔雅》："止，待也。"《说文》："待，竢也。从寺声。"郝懿行曰："止者，息之待也。止训至也，居也，处也，留也，皆休息之义。"又曰："止者，足也。止趾古同字。《士昏礼》注'古文止作趾'是也。因止足而生止息之义，又因止息而生止待之义。"郝懿行：《尔雅义疏》（上），中华书局，2019，第144、164页。

⑤ 朱熹：《四书章句集注》（上），上海古籍出版社，2006，第6页。

生有限，故不可言"必"也。曰"必至于是"，愿望虽好，未免迂执。夫至善者，人之终极归宿，岂可以"必至"言乎。"止于至善"，久久为功，而不可期必。人若必至于至善，则人与天等矣。朱子注解《大学》，终身不能圆满，临终犹耿耿于怀，与其坐误解"止"字之义，大有关系。

止本有长久之义，古籍可征。《墨子》多处释止字，其义可窥。《经上》篇云：

《经》：止，以久也。
《说》：止，无久之不止，当牛非马；若矢过楹。有久之不止，当马非马；若人过梁。

以，犹用也，言止之义，必用长久。《说》者以解《经》义。"无久之不止"，言无久而不谓之止，其确如牛之非马，理固然也；譬如箭矢遇楹则住，几无间歇，非久也。"有久之不止"，言有久而不谓之止，其谬如谓马非马，乖理甚矣；譬如人之过桥梁，必以时段，久也。

止之义，《墨子·经下》尚有说焉。

《经》：止，类以行人；说在同。
《说》：止，彼以此其然也，说是其然也；我以此其不然也，疑是其然也。

类，类推也。说，同书《经上》云："说，所以明也。""类以行人"，谓以类推而可行之于人也。"说在同"，谓人所以明类推之可行，在于人群之同类也。《说》即阐释"类以行人，说在同"之故。"彼以此其然也，说是其然也"，意谓：彼以此为然，在于彼明其所以然而承认其为然也；"我以此其不然也，疑是其然也"，意谓：我以此为不然，在于我怀疑其为然也。只有"类以行人，说在同"之义，故《墨子·经上》又云：

《经》：止，因以别道。
《说》：心，必举然者，以为此其然也，则举不然者而问之。

《墨子》释止之义，可谓备矣。止之"类以行人""因以别道"，《大学》之文可证。《大学》云："为人君，止于仁；为人臣，止于敬；为人子，止于孝；

138

为人父，止于慈；与国人交，止于信。"皆就吾人日用之常，言其止于当止之处。为人君者，以行于仁而安处焉，为人臣者以行于敬而安处焉，为人子者以行于孝而安处焉，为人父者以行于慈而安处焉，与国人交者以行于信而安处焉。曰"止于某"者，取"类以行人""因以别道"之义。仁、敬、孝、慈、信之属，皆取其类而言止于所当止者。

止之义，辨《大学》语脉可知。首章之后，旋曰"知止而后有定"，谓知行进之目的所在，则能定其志向焉，故曰有定；"定而后能静"，定其志向所在，则能静其心意焉，故曰能静；"静而后能安"，静其心意则能安处焉，故曰能安；"安而后能虑"，安其心意则可谋虑焉，故曰能虑；"虑而后能得"，能谋虑而后得其所事焉，故曰能得。遂结论曰："物有本末，事有终始，知所先后，则近道矣。"知止为始，能得为终，不知止则不能得，大学之道，固若是也。知止，非谓知所止息，而谓知所行进之归趋也。止训止息，则知止岂能定乎？生而为人，苟不知归趋所在，不知取类所属，不知道路所向，则无所事事，纵然整日止息高卧，乌得其定邪？不知所止，不得所事，邪思间入，高卧亦难免噩梦连连耳。

君子者，以行仁为本务而得名也。欲行仁，必学先王之道，舍斯道莫由，无以行仁矣。故孔子以好学为贵，以知命为达。《论语·子罕》篇，孔子特发"与命与仁"之旨，勉励君子好学而不惰。是篇自第十七章之后，多励人进学之语，皆本"与命与仁"而发。[①] 姑录数章，学者玩味焉，孔子之意不难见也。

> 子在川上曰："逝者如斯夫！不舍昼夜。"
>
> 子曰："吾未见好德如好色者也。"
>
> 子曰："譬如为山，未成一篑，止，吾止也；譬如平地，虽覆一篑，进，吾往也。"
>
> 子曰："语之而不惰者，其回也与！"
>
> 子谓颜渊曰："惜乎！吾见其进也，未见其止也。"
>
> 子曰："苗而不秀者有矣夫！秀而不实者有矣夫！"
>
> 子曰："后生可畏，焉知来者之不如今也？四十、五十而无闻焉，斯亦不足畏也已。"
>
> 子曰："三军可夺帅也，匹夫不可夺志也。"
>
> 子曰："岁寒，然后知松柏之后凋也。"

[①] 《论语》全书之意义结构，参见本书第二章第四节。

《论语·子罕》首章云：子罕言利，与命与仁。首章乃全篇之纲领，引出下文诸章。与，语及而赞许之谓也，言孔子罕言利，言则必语及命而赞许之，语及仁而赞许之也。解者以"与"为连词，昧乎文辞矣。①《论语·子罕》全篇皆"与命与仁"之义，唯前十六章重在"与命"，第十七章而后重在"与仁"。行仁必以学，故"子在川上"章，对川流不息而叹，砥砺君子好学不懈，如川流之不息也。《乾》大象曰："天行，健，君子以自强不息。"大义不二。

仁无止境，故行仁必持之以恒，又必切近为始。

子曰："仁远乎哉？我欲仁，斯仁至矣。"（《论语·述而》）

仁远乎哉？此处仁兼仁行与仁功而言，兼手段与目的而言。以此为言，仁既远也，又不远也，故特以问辞表之也。之所以远者，以仁功言之也，欲成仁功于天下，岂不至远乎？之所以不远者，以仁行言之也，行仁在我，行之则当下即是，夫何远之有哉？故曰：我欲仁，斯仁至矣。我者，对人之辞。"我欲仁"，犹言己欲立而立人，己欲达而达人，能近取譬之谓也：行之于我，斯仁至矣。苟不行仁，仁终不我及，远之甚矣。

孔子言仁之妙，固若是焉。朱子未识其旨，乃曰："仁者心之德，非在外也。放而不求，故有以为远者。反而求之，则即此而在矣，夫岂远哉？"朱子以心解仁，故有是说。夫心在我，岂容言"至"乎？反而求之云云，坐错解孟子"反身而诚"，误作类比耳。苟无仁行，徒求诸心，乌得仁乎？无仁功以安天下，徒幽坐以求心，非佛禅之流而何也？

仁功至远，而行之在我，故仁行又至近焉。有子"孝悌为仁"之说，颇发斯旨。

有子曰："其为人也孝悌，而好犯上者，鲜矣；不好犯上，而好作乱者，未之有也。君子务本，本立而道生。孝悌也者，其为仁之本与？"（《论语·学而》）

行仁自孝悌始。本者，根柢也，起始也。孝悌化行，和顺于家，成俗于国，由是以推，天下可平。故曰本立而道生。"道生"之"生"，如"百物生焉"之"生"，谓仁道由孝悌而生长，孝悌立，斯仁道生生不息，终可平及天下。后儒

---

① "子罕言利与命与仁"之释义，详见第七章第二节"义利关系"部分。

喜以心性本体解说此章，高妙其说，终迂曲不通。① 所谓不好犯上，不好作乱，明言孝悌之治化功用，岂心性之说哉？是皆修齐治平之事，孝悌之仁功固然也。

仁以安天下为归，其道至大，至重，至远。仁无止境，行无尽期，死而后已。故非勇力行仁之士，仁何可期哉！孔子所以特重君子之德，励士人之行者，以此。

> 曾子曰："士不可以不弘毅，任重而道远。仁以为己任，不亦重乎？死而后已，不亦远乎？"（《论语·泰伯》）

此章明士之重任在仁。士之义，推十合一，通古今而任事者也。推士以上，至大夫、卿相而人君而天子，皆由士推而言之，故独以士言之可也。② 曾子以仁为士之任，任重而道远，亦仁无止境之义也。弘，规模宏大。毅，强忍决断。《论语稽》云："弘毅以器识言，重远以事功言。盖必有此器识，而后能建此事功也。"是仁德、仁行兼并，方有仁功之效。朱子曰："非弘不能胜其重，非毅无以致其远。仁者人心之全德，而必欲以身体而力行之，可谓重矣。一息尚存，此志不容少懈，可谓远矣。"③ 其解"弘""毅"精审矣，而解仁曰"人心之全德"，谬之大也。曾子曰"仁以为己任"，明以仁为仁事，故特曰"任"也；朱子乃以心解之，"心以为己任"，成何文辞！《表记》引孔子曰："仁之为器重，其为道远。举者莫能胜也，行者莫能致也。"孔子每以事功言仁，昭然明白。

仁者，安民之德也；安民必以行，行而成道，故仁亦可谓之人道。人道非一人之道，统贯人群之达道也，经纶万世，莫有穷极。故仁也者，人之归宿也。曰归宿，则理想在焉，目的在焉。盖人道者，根于天，复归于天。人道之理想，本于天道，复归于天道。④ 人道之作为经纶，必循天道而顺之，效天道而成之，所谓"继之者善，成之者性"是也。是理也，老庄之道亦然焉。孔子之卓然特

---

① 程子曰："为仁以孝悌为本。论性，则以仁为孝悌之本。"又曰："行仁自孝悌始，孝悌是仁之一事。谓之行仁之本则可，谓之是仁之本则不可。盖仁是性也，性中只有个仁、义、礼、智四者而已，曷尝有孝悌来？"（朱熹：《四书章句集注》，上海古籍出版社，2006，第59页。）按程子以孝悌为用，以仁为性，谓孝悌是仁之一事，皆非《论语》本旨。殊不知孔子言性极罕，唯"性相近"一语耳，其所谓性，谓性情也。人之性情万殊，故有相近之说。视仁义礼智为性，自孟子造其端，而汉宋诸儒昌言之，非孔子之旧矣。宋儒喜言心性，又大谈体用、本末，名相纷繁，寔曰斯设，反受其缚。
② 程树德：《论语集释》（上），中华书局，2013，第610页。
③ 程树德：《论语集释》（上），中华书局，2013，第608页。
④ 此义详见《敬天》章。

异者，以其道本于天然，而成于人为，所谓诗书礼乐是也。故仁道之作为经纶，非徒以继承效法天道为满足，必以实在可行之道术为之弥纶化裁，以期达至完全至善之境域而后已。故仁之为道，必循于天然，而成于人作。① 天然本无尽期，人作岂有终结？一人固有大限，人类岂有终结？明乎此义，则所谓"历史终结"之论，皆无知之妄言，不明仁之所以为大者也。

第三节　君子

欲明孔子之道，一以贯之堪称锁钥。如上所论，一以贯之，非谓以一贯之，故难以一言而尽孔子之道也。孔子固未曾言"吾道仁而已矣"，然以仁为其道之所归，庶几不差焉。欲行仁道于天下，必有所凭借之处，有其发力之撑，此中最为关键者，君子也。欲驱天下而归仁，舍君子莫能为。孔子特重君子之德行，特重君子之养成，以此故也。《论语》一书，言君子者比比皆是。孔子言语之间，无不显示其勉人以学，励人以为君子者，一如《圣经》之劝人信仰上帝然。视《论语》为君子之书，殆非偏颇之说。

一、德位：君子得名之条件

君子者，力行仁道者也。明乎君子之义，仁之要义益趋明朗。君子之初义，本为君之子。君，在上而治下者也。子，男子美称。古之士大夫以上，皆以治民为职，而君尚之。"君"而缀以"子"者，美其义也。古之君子，皆以位言之。《诗》所言君子，皆其本义，以位言之也。迨孔子时，又赋君子以德行义。孔子所云君子，兼德位而合一，偏废一端，非君子也。俗见以《论语》之君子可以位言，可以德言，不合孔子之义矣。② 或以君子为在上者之称，虽在下而有

---

① 北村泽吉：《儒学概论》，山西人民出版社，2015，第75页。
② 《礼记·哀公问》："君子也者，人之成名也。"《白虎通·号篇》："或称君子者，道德之称也。君之为言，群也。子者，丈夫之通称也。"朱子曰："君子，成德之名。"［程树德：《论语集释》（上），中华书局，2013，第9页。］按诸说皆以成德之名言君子，乃后起之义，非孔子所谓君子也。

在上之德，亦谓之君子。① 或以孔子赋君子以新义，不复以位言，乃纯以德言。② 诸如此类，皆后世之见，非孔子之义矣。孔子所谓君子，必融德位而兼之，始可称君子，德位缺一，非君子也。

孔子言君子，每与小人相对。君子、小人，皆在位之辅治者；或以小人为民，非也。据西周文献，小人之经济地位与民相近，而政治地位较民为高。③ 孔子之言小人，并非贬辞。小人所务重在营利，所志囿乎一身，不知安民之义，故对君子而曰小人，以况身处下位，胸无大志，见识短浅，格局不广之人焉。故小人亦兼德位言之：德位不足之人，小人也。所谓德位不足，并非贬辞，陈述事实而已，中性之辞也。

或问：何以知君子、小人兼德位而言？曰：读《论语》知之也。

孔子对比而言君子、小人，《论语》在在皆是。先考察孔子所言君子之义。俗见谓君子之名，一以位言，一以德言。果其然也，须寻出其例，以资证明。然遍览《论语》，孔子言君子处虽多，而其视为君子者，皆以德位相兼言之。衡以德位相兼之标准，孔子所称君子者，实不多也。据《论语》，孔子明确视为君子者，如下四例而已。

（一）子谓子贱：君子哉若人！鲁无君子者，斯焉取斯？（《公冶长》）

（二）子谓子产有君子之道四焉：其行己也恭，其事上也敬，其养民也惠，其使民也义。（《公冶长》）

（三）南宫适问于孔子曰："羿善射，奡荡舟，俱不得其死然；禹稷躬稼，而有天下。"夫子不答。南宫适出。子曰："君子哉若人！尚德哉若人！"（《宪问》）

---

① 徂徕曰："君子者，在上之人也，虽在下而有在上之德，亦谓之君子。小人者，细民也，虽在上而有细民之心，亦谓之小人。"（松平赖宽：《论语征集览》，上海古籍出版社，2017，第325页。）按此说以德为区分君子、小人之标准，乃后起之义，非孔子之义。

② 马一浮曰："先儒释君子有二义：一为成德之名，一为在位之称。其与小人对举者，依前义，则小人为无德；依后义，则小人为细民。然古者必有德而后居位，故在位之称君子，亦从其德名之，非以其爵。由是言之，则君子者，唯是成德之名也。"［马一浮：《马一浮全集》（第一册上），浙江古籍出版社，2013，第27-28页。］按此说非也。以君子唯是成德之名，复可分析为二：一为有位兼有德者，一为无位而有德者。二者同时满足，方可证其义。然遍观《论语》，凡称有德者必同时有位，并无一例无位而有德者。

③ 君子小人之关系，参见赵纪彬：《君子小人辨》，载赵纪彬：《论语新探》，人民出版社，1976，第98-134页。

（四）子曰：君子哉蘧伯玉！邦有道，则仕；邦无道，则可卷而怀之。（《卫灵公》）

据上四章，孔子所称四君子者：子贱、子产、南宫适、蘧伯玉是也。子贱即宓子贱，据《史记》，"子贱为单父宰"（《仲尼弟子列传》），是为有位者也。子产乃郑国名臣，其位自不待言。南宫适，又名南容，孟僖子之子，孟僖子为贵族，则南容为贵族，乃有位者无疑。蘧伯玉为卫国大夫，亦有位者。孔子赞南容曰"尚德"，其德自不待言；其余三人，观孔子之赞辞，其德均可想见。故四人者，既有位，又有德，德位兼备者也。[①] 此四人而外，孔子之言君子，殆皆勉励劝学之辞，非坐实以称君子也。

再看小人之义。《论语》言小人者凡廿四次，与君子相对而言者十九次。遍览所言，小人并无今日所谓道德丑恶、卑鄙下流之贬义；其与君子对言，指称在下位者。《论语》论小人，可由视角不同而作分梳：（一）情志特征，（二）精神状态，（三）行为倾向，（四）交往模式，（五）社会角色。今且置"未有小人而仁者"一章不论，据《论语》论小人之例，凡廿二章句，分类解析如下。

情志特征：虚骄萎靡，表里难一
（一）君子坦荡荡，小人长戚戚。（《述而》）
（二）君子泰而不骄，小人骄而不泰。（《子路》）
（三）子夏曰：小人之过也必文。（《子张》）
（四）色厉而内荏，譬诸小人，其犹穿窬之盗也与？（《阳货》）
按：虚骄萎靡：例（一、二），表里难一：例（三、四）。

精神状态：心无敬畏，行为放肆
（五）小人不知天命而不畏也，狎大人，侮圣人之言。（《季氏》）
（六）君子固穷，小人穷斯滥矣。（《卫灵公》）
（七）君子有勇而无义为乱，小人有勇而无义为盗。（《阳货》）

交往模式：阿比起哄，求全责备
（八）君子周而不比，小人比而不周。（《为政》）
（九）君子和而不同，小人同而不和。（《子路》）
（一〇）君子成人之美，不成人之恶。小人反是。（《颜渊》）

[①] 周国正：《孔子对君子与小人的界定——从〈论语〉"未有小人而仁者也"的解读说起》，《北京大学学报》2011年第2期，第7页。

（一一）小人难事而易说也：说之虽不以道，说也；及其使人也，求备焉。（《子路》）

（一二）唯女子与小人为难养也，近之则不孙，远之则怨。（《阳货》）

按：阿比起哄：例（八、九、一〇），求全责备：例（一一、一二）。

行为倾向：营利是务，难以自立

（一三）君子怀德，小人怀土；君子怀刑，小人怀惠。（"小人"二见，《里仁》）

（一四）君子喻于义，小人喻于利。（《里仁》）

（一五）君子之德风，小人之德草。草上之风，必偃。（《颜渊》）

（一六）君子学道则爱人，小人学道则易使也。（《阳货》）

（一七）君子求诸己，小人求诸人。（《卫灵公》）

按：营利是务：例（一三、一四）；难以自立：例（一五、一六、一七）。

社会角色：格局不广，难堪大任

（一八）言必信，行必果，硁硁然小人哉！（《子路》）

（一九）子谓子夏曰：女为君子儒，无为小人儒。（《雍也》）

（二〇）君子上达，小人下达。（《宪问》）

（二一）君子不可小知，而可大受也；小人不可大受，而可小知也。（《卫灵公》）

（二二）樊迟请学稼，子曰："吾不如老农。"请学为圃。曰："吾不如老圃。"樊迟出。子曰："小人哉，樊须也！上好礼，则民莫敢不敬；上好义，则民莫敢不服；上好信，则民莫敢不用情。夫如是，则四方之民襁负其子而至矣，焉用稼？"（《子路》）

（二三）子曰："君子而不仁者有矣夫，未有小人而仁者也。"（《宪问》）

以上大概分类而已，非截然之别，各类之间，互有交错。其中例（二二），孔子以"小人"况樊迟，乃勉励之辞，非以樊迟为小人也。味孔子所言，小人之格局不广，难堪大任，一目了然。所引二十三例，除例（三）为子夏之言，其余皆孔子所言，则孔子于小人之定位与态度，可以窥见。小人之所以如此这般，一则以其少德量，另一则以其居下位。春秋之时，虽阶层流动已起，而世袭之制尤著，总体而言，位卑伴以寡德，实由生存结构所造。此一生存结构，乃人类亘古必然之实情，古今皆然，程度浅深而已。孔子窥破其实，特以君子与小人相对而立言，以励在上之君子用力于仁，黾勉进学修德，庶可风化小人于不知不觉焉。

据以上梳理，可知小人者，位卑德小之称也。古时之德，礼乐才具得诸身之谓①，故有"德者得也"之常训，故古之德实融今日所谓德、才二者而言之。②《曲礼》云"礼不下庶人，刑不上大夫"，小人位卑德小，乃历史实情所致。知小人之位卑德小，由此反推，孔子于君子之定位与态度，乃同时明朗。盖孔子言小人之情志特征、精神状态、交往模式、行为倾向，在在皆本于生存实情，而不寄以褒贬。由此实情，遂塑造小人之社会角色，囿于自身格局之狭，实不堪委以大任也。

君子、小人之分判，尤以下章特富意旨，颇可发明孔子之深意，而仁之要旨亦可推见焉。

> 子曰："君子而不仁者有矣夫，未有小人而仁者也。"（《论语·宪问》）

此章之义，疑障重重，古来诸解，皆难自圆。皇疏乃引袁氏曰："利仁慕为仁者不能尽体仁，时有不仁一迹也。小人性不及仁道，故不能及仁事者也。"此以性解之，不通矣。朱注引谢氏曰："君子志于仁矣，然毫忽之间，心不在焉，则未免为不仁也。"此以心术解之，陋矣哉。陈植《木钟集》曰："君子容有不仁处，此特君子之过耳，盖千百之一二。若小人本心既丧，天理已自无有，何得更有仁在？"以本心天理为言，谬之大者也。小人亦人也，岂无本心乎？岂无天理乎？此类不通之解，皆坐不知君子、小人之确义，又不知孔子之仁，遂强为之解，可叹之甚。韩退之解说不通，乃臆断原文"仁"字应为"备"字之误："仁当为备字之误也。岂有君子而不仁者乎？既称小人，又岂求其仁耶？吾谓君子才行或不备者有矣，小人求备，则未之有也。"③是韩公亦不知君子、小人之所以别，又不知孔子之仁，遂有如是虚妄之说。不明圣学大义，解经不通，

---

① 《乐记》云："礼乐皆得，谓之有德。德者，得也。"《乡饮酒义》云："德也者，得于身也。"《大戴礼·盛德》篇云："能得德法为有德。"
② 论者以为，孔子之言君子，在德位而外，尚需有才。才者，诸如文化认识、使命抱负、能力判断、心智水平之类。实则古时之德，已涵盖所谓才于一体。文化认识、能力判断、心智水平，已含于孔子所言知（智）德之中，使命抱负已含于孔子所言仁德之中，不必另生枝节。（周国正：《孔子对君子与小人的界定——从〈论语〉"未有小人而仁者也"的解读说起》，《北京大学学报》2011年第2期，第7页。）
③ 程树德：《论语集释》（下），中华书局，2013，第1101页。（本段引文出处皆同此注）

乃欲擅改经文迁就己臆，不亦妄乎！

诸解之所以谬不可通者，一者不明"仁"之义，一者不明君子、小人之所以别也。此章之"仁"，徒以博爱言之，或以心性言之，或以天理人欲解之，皆断然不可通。殊不知此章之"仁"，特以行仁以臻仁境而言之也。君子有德有位，而未必能行其仁者，每每而有；至于小人，德薄位卑，才匮识乏，囿于自身格局，断难以行仁矣。整句之义不外乎表明：身为君子而不能行仁于家国天下者或有之矣，未有位卑德小而能行仁以臻仁境者也。

二、力行：君子之能动力量

明乎君子之义，则不难理解孔子何以寄厚望于君子。《周易》同人卦象辞曰："唯君子为能通天下之志。"君子之为君子，乃所以沟通上下之关键者也。春秋封建之世，上下区隔乃其常态，苟非君子以沟通之，必致上下不通。上下不通，否道也。孔子欲挽先王之道于既衰之时，重振礼乐于崩坏之际，舍君子何以哉？《荀子》曰："故天地生君子，君子理天地；君子者，天地之参也，万物之揔也，民之父母也。无君子则天地不理，礼义不统，上无君师，下无父子，夫是之谓治乱。"（《荀子·王制》）是故君子者，仁道之枢轴，行仁之杠杆者也。微君子，无以行仁；不行仁，无以成君子。孔子尝论道、仁、君子三者之关系甚为明白，而读者多未之察耳。

> 子曰："富与贵是人之所欲也，不以其道得之，不处也；贫与贱是人之所恶也，不以其道得之，不去也。君子去仁，恶乎成名？君子无终食之间违仁，造次必于是，颠沛必于是。"（《论语·里仁》）

孔子祖述先王之道，其道莫不归乎仁。细察此章孔子所言之语意逻辑，要领可寻。"不以其道得之不去也。君子去仁，恶乎成名？"此句"仁"字上承"道"字，可知孔子之道，以"仁"当之。又"君子去仁，恶乎成名"明白表示，君子以"仁"而"成名"，去仁无以名君子矣。

君子乃仁道之所系，故孔子寄以厚望焉。"君子而不仁者有矣夫，未有小人而仁者也"，孔子深察君子、小人之实情，故每言君子，则以学勉之，以仁励之。小人囿乎自身条件，固不足以语行仁。君子之本务在仁，而未能行仁，此孔子所以深惜者也。

> 子曰："我未见好仁者，恶不仁者。好仁者，无以尚之；恶不仁者，其

为仁矣，不使不仁者加乎其身。有能一日用其力于仁矣乎？我未见力不足者。盖有之矣，我未之见也。"（《论语·里仁》）

此章之言，孔子谆谆乎勉人行仁者也。三言"未见"，语之切矣。"初言成德之未见，次言用力之未见，末又言用力而力不足者之未见，无非欲学者因是自警而用力于仁耳。"① 用力于仁，必好仁且有志于仁；苟不志于仁，虽有力亦不用，虽用力亦不用于仁。人皆有力，不过小大之殊耳。有力而曰力不足者，无他，好仁不诚、恶不仁亦不诚故也。

孔子之道，先王之道也。先王之道，非学无以明之，非力无以行之。孔子崇学而信力，良有以焉。"有能一日用其力于仁矣乎？""一日克己复礼，天下归仁焉。"其言切切，其心敦敦。仁而曰"用力"，可见仁之重于行，明甚矣。孔子崇学而信力，人力之大小虽禀乎天授，亦未尝不可由学而开其潜质也。学之为功无尽焉，力之为用无穷焉。故人之所患，不在力之大小，而在好学不好学焉耳。

冉求曰："非不说子之道，力不足也。"子曰："力不足者，中道而废。今女画。"（《论语·雍也》）

中道，古言也，在道之中谓之中道。废，废业也。中道而废，谓虽废亦在道中也；俗解为半途而废，谬矣。② 《表记》云："诗之好仁如此：乡道而行，中道而废，忘身之老也，不知年数之不足，俛焉日有孳孳，毙而后已。"郑玄注云："言好仁之甚，乡道而行，在于中道，力之罢极，而始休废之也。"③ 正与此章相发。画，画地自限也。朱注曰："力不足者，欲进而不能。画者，能进而不欲。"可谓精当。

夫仁，长人安民之德也。欲长人安民，非行奚以致之？君子者，沟通上下

---

① 陆陇其《松阳讲义》引辅氏语。[程树德：《论语集释》（上），中华书局，2013，第278页。]
② 后世解者，多以"中道而废"为半途而废，坐不识古言。孔子之意，谓学无止境，虽力不足者，苟黾勉为之，虽废而已在道中，非画地而不进者比也。《出师表》云："先帝创业未半，而中道崩殂。"今人多以"中道崩殂"为半途而崩，然前既云"未半"，此又云半途而崩，岂不谬乎！盖中道崩殂者，谓先帝虽崩殂，而已在兴复汉室之道中也。是诸葛先生用辞尤得古义。今人不识古言，瞎解经典，以至于斯，悲哉！
③ 郑玄、孔颖达、正义等：《礼记正义》（第三册），浙江大学出版社，2019，第1291-1292页。

之枢纽也。微君子，上下奚以通之？上下不通，君民壅隔，奚以长人安民哉？故君子之任重矣。观"子路问君子"章，斯旨弥彰。

> 子路问君子。子曰："修己以敬。"曰："如斯而已乎？"曰："修己以安人。"曰："如斯而已乎？"曰："修己以安百姓。修己以安百姓，尧舜其犹病诸！"（《论语·宪问》）

子路问君子，孔子答以"修己以敬"。以敬者，以礼之谓也，礼无不敬也。修己以敬，不言所敬，何也？不必言也。古之言敬，必敬所当敬者。当敬者天也，故言敬即谓敬天。至于敬王敬君敬事敬民，要之皆本于敬天，名虽殊焉，无非天职。君子者，沟通上下之枢纽也，岂能无敬乎？举凡修齐治平之事，事虽纷如，无不本于敬天。后世以敬为"主一无适"之谓，佛禅之习，非古义矣。由"修己"而"安人"，而"安百姓"，无非"修己以敬"。言修则敬在焉，安人、安百姓，无非敬之事。故曰：修己以敬，沟通上下，包举遐迩，无所不贯。

《礼记》开篇云："《曲礼》曰：毋不敬，俨若思，安定辞，安民哉！"是礼之本在敬，敬之归在安民，非敬无以安民。先王之道大哉，要旨在安民。安民之道多哉，要旨在用礼。用礼之绪繁哉，要旨在以敬。孔氏正义曰："安民哉者，但人君发举不离口与身、心，既心能肃敬，身乃矜庄，口复审慎，三者依于德义，则政教可以安民也。"[①]

《中庸》云："子曰：好学近乎知，力行近乎仁，知耻近乎勇。知斯三者，则知所以修身。知所以修身，则知所以治人。知所以治人，则知所以治天下国家矣。"夫君子，所以行仁者也，所以长人安天下者也，可不修己以敬而力行之乎！

三、知命：君子之天赋使命

《论语》者，君子之书也。开篇以劝学始，末章以知命终，劝学知命，一以贯之。何以言之？曰：劝学即所以知命也，知命必力行而好学也。首章为问学之始，意主于诱导，故辞气舒缓，特以"不亦乎"诱发之，言之者三。末章为

[①] 郑玄、孔颖达、正义等：《礼记正义》（第一册），浙江大学出版社，2019，第8页。

修德之归，意主于分判，故辞气坚决，特以"不""无以"者决断之，言之者三。① 孔子复有"五十而知天命"（《论语·为政》）"畏天命"（《论语·季氏》）之语，其义尤为深邃，容后文详论之。兹且论"不知命"一句，以发明君子之使命焉。

    子曰："不知命，无以为君子也。不知礼，无以立也。不知言，无以知人也。"（《论语·尧曰》）

  "不知命，无以为君子也"，分判君子与小人之辞也。不知命则不能为君子，故君子必以知命为要。非谓知命即是君子，而谓君子必以知命为前提，遵命以行，乃可为君子。然则，何谓命也？
  命之义深矣。命也者，天之令于人者也。② 在天为令，在人为命。言命，则天之意在焉，是命之为言，以天人一贯而后始得其名。不知天人一贯者，无以知命也。人之有口体耳目之欲，是天所命也；人之有长人安民之任，亦天之命也。前者人皆知之，后者鲜知之者，何也？不知天人一贯之义也。天之道，乾健而生生不息。人由天生，人之道乌得外乎天之道哉？是故人之道，自强而生生不息也。故曰：天行，健，君子以自强不息。③ 此君子知命之言，天人一贯之义也。
  命秉于天授，而行之在我。我知天之命我，畏而顺之，行其所命，斯为君子；我不知天之命我，不敬不畏，行无顾忌，斯为小人。子曰："小人不知天命而不畏也。"小人亦人也，岂得无命乎？小人自有小人之命，顾其命限于"小"耳。君子者，居位有德之称，故其命也"大"。君子以行仁道安天下为己任，故天赋君子之命也必"大"。是故君子之命"大"，天意也。命"大"者，受命即

---

① 马一浮论《论语》首末二章之殊曰：末章连下三"不"字，三"无以"字，皆决定之词，与首章词气舒缓者不同。此见首章是始教，意主于善诱，此章是终教，要归于成德。[马一浮：《马一浮全集》（第一册上），浙江古籍出版社，2013，第26页。]
② 董仲舒曰："天令之谓命，人受命于天，固超然异于群生，贵于物也。"[程树德：《论语集释》（下），中华书局，2013，第1578页。]
③ 乾卦大象辞，俗解以"天行健"连读，以"健"为刚健之义，非也。何以知之？曰：《周易》大象辞之格式为"卦象+卦名+卦义"，全书之通例也。"天行"乃卦象，"健"乃卦名，"君子以自强不息"乃卦义。据此，"健"非刚健之义，实为卦名。《周易》屡见一卦而多名，不足怪也。坤卦大象曰："地势，坤，君子以厚德载物"，亦如是；六十四卦之大象辞皆准此，无一例外。逮《帛书周易》出土，乾卦卦名为"键"，"键""健"同声假借，二重证据俱在，不容疑矣。

150

以行命，行命即以造命。百姓之饥寒囿于命，而君子造命焉，则使之不饥不寒。百姓之愚不肖囿于命，而君子造命焉，则使之不愚不不肖。"小"依于"大"，天数也。"小"命仰赖"大"命，亦天数也。君子以己之命听诸天，而天下之命任诸己，是知命也。曾子曰："仁以为己任，不亦重乎？"知命之言也。君子知命，不徒知己之命也"大"，复知小人之命也"小"，而后能任命焉，能造命焉。故君一邑则造一邑之命，君一国则造一国之命。君之所在，命之所在，无所不造命也。苟不知民之命也"小"而己之命也"大"，视百姓之饥寒而不能拯之衽席，视百姓之愚不肖而不能开其驽钝，徒付之无可如何，是不知命也。故曰：不知命，无以为君子也。①

第四节　溯源

吾国最早之书，莫先于《易》《诗》《书》者。《易》之经甚早，不见仁字；《易》之传晚出，殆战国成书，言仁者屡。《诗》《书》言仁亦寥寥，屈指可数。其例为《书·仲虺之诰》"克宽克仁"；《太甲·下》"怀于有仁"；《泰誓·中》"不如仁人"。《诗·郑风》"洵美且仁"；《齐风·卢令》"其人美且仁"；《小雅·四月》"先祖匪人"（人通仁）。可知春秋以前，仁字甚罕见。至孔子而言仁极多，仁字畅行，何也？盖孔子信而好古，敏求古道，而括之以仁也。

一、安安生生：政治之根源诉求

《书》言仁虽罕，而其所载之道，无往而非仁也，不言仁而仁遍在焉。何以言之？曰：窥"安安""生生"之辞可知也。《书》言辞古朴，多用叠言表意，不言仁而仁在焉。兹先论"安安"，再论"生生"。

（一）安安

考诸《书》，仁之大端，尧实启其绪。《书》赞尧而曰"放勋钦明，文思安安"，是尧之大德，即仁也。赞尧行仁之德而曰"允恭克让"，行仁之效而曰"光被四表，格于上下"，行仁之方而曰"克明俊德，以亲九族；九族既睦，平章百姓；百姓昭明，协和万邦；黎明于变时雍"，是即安安矣，无非仁耳。安安，犹言"安天下之当安者"（《尚书正义·尧典》）。天下之当安者，天下之

---

① 知命之义，焦循《论语补疏》所论尤精，此段多承其旨，为顺文势，稍易其辞。[程树德：《论语集释》（下），中华书局，2013，第1576-1577页。]

人也,所谓九族、百姓、万邦、黎民是也。人之行本乎慈爱之性,仁始自孝悌,而达诸安民。盖尧之前,孝悌或有之焉,而未臻乎安民之义也。孔子论仁而曰"己欲立而立人,己欲达而达人",务须纳人己于一贯,融天下于一体,方始谓仁。故有子曰"孝悌也者,其为仁之本与",谓孝悌乃行仁之始,非谓孝悌即仁也。尧之德若止于"亲九族",是孝悌而已,不足语仁,扩及"平章百姓""协和万邦""黎民于变时雍",而后乃可称仁。故曰仁之大端,尧实启之也。

《尚书·尧典》无非仁矣,其不言仁而仁在焉,观尧之举舜,可窥一斑。尧之所以举舜,无非思以安天下也。安天下之道在文,故曰"文思"。舜禹者,缵尧之文思者也。《书》赞帝舜曰"重华协于帝",赞大禹曰"文命敷于四海,祗承于帝"。重华者,尧之文章也。文命者,舜之文教也。帝尧之德主仁,帝舜之德主知,帝禹之德主功,仁也知也功也,要其所归,无往非仁,皆所以安天下者也。故曰:安安者,仁道也。

孔子论仁,归于安安。细读《论语》,其义可见。子曰"仁者安仁"(《论语·里仁》),谓仁者能安人于仁也。子路问孔子之志,子曰"老者安之,朋友信之,少者怀之"(《论语·公冶长》),信之、怀之,不外安之也。孔子之志无非仁,今答子路,以"安之""信之""怀之"自言其志,可见仁之归于安安,明甚矣。君子之志亦在仁,子路问君子,子曰"修己以安人""修己以安百姓"(《论语·宪问》),又可见仁之归于安安也。又孔子论有国有家者曰:"不患寡而患不均,不患贫而患不安。盖均无贫,和无寡,安无倾。夫如是,故远人不服,则修文德以来之。既来之,则安之。"(《论语·季氏》)宰我欲减三年之丧,孔子以"女安乎"反问,宰我曰"安",子曰:"女安则为之!夫君子之居丧,食旨不甘,闻乐不乐,居处不安,故不为也。今女安,则为之!"宰我出,孔子乃斥之曰:"予之不仁也!"(《论语·阳货》)此类语句,在在可见孔子之仁,归乎安安,彰彰明甚。

进至战国,斯义犹存。孟子曰"仁,人之安宅也"(《孟子·离娄·上》);又曰"仁,天之尊爵也,人之安宅也"。(《孟子·公孙丑·上》)庄子云:"分均,仁也。"(《庄子·胠箧》)分均,所以安天下也;又曰:"亲而不可不广者,仁也。"(《庄子·在宥》)亲而广之,由孝悌而达于安民,故谓之仁也。

先王之道,安天下之道也。孔子祖述尧舜,宪章文武,遂取安安之义以论仁焉。六经之义各有所重,要之孰非安天下之道哉?安天下之道多乎,孔子特以仁括之,所以光明而广大其道也。故仁以安天下解之,庶几不差矣。子张问仁,子曰"行五者于天下";颜渊问仁,子曰"天下归仁"。答二子之问仁,皆以天下归仁论之。天下归仁,舍安安而何所归哉?

(二) 生生

仁道归于安安;而其所以能安安者,本乎生生也。非生生,何以安安?非安安,何须生生?是故安安者,生生之所归也;生生者,安安之所本也。二者缺一,仁斯不备。考诸《书》,复有"生生"之论,岂偶然哉?"生生"见于《盘庚》篇者凡四次。

(一) "汝万民乃不生生,暨予一人猷同心,先后丕降与汝罪疾。"(《盘庚·中》)

(二) "往哉!生生!今予将试以汝迁,永建乃家。"(《盘庚·中》)

(三)(四) "朕不肩好货,敢恭生生。鞠人谋人之保居,叙钦。今我既羞告尔于朕志若否,罔有弗钦。无总于货宝,生生自庸,式敷民德,永肩一心。"(《盘庚·下》)

按《盘庚》语境,多励民以生计为重者,"生生"盖言营生以继其生之谓。四处"生生"皆同义。孔安国曰:"物之生长,则必渐进,故以'生生'为进进。进进,是同心愿乐之意也。"(《尚书正义·盘庚·中》)《释文》引崔云:"常营其生为生生。"杨树达云:"孜孜于厚生。"戴钧衡云:"凡滋生,谋生,安生,乐生,遂生,皆可谓之生生。"① 盖生生叠言,取自生其生,生而又生,生生不穷之义。汉语之妙,固然如是。

《尚书》而外,先秦文献言及"生生"者,尚见多处,略举数例。

(一) "无古今,而后能入于不死不生。杀生者不死,生生者不生。"(《庄子·大宗师》)

(二) "百姓日用而不知,……富有之谓大业,日新之谓盛德,生生之谓易。"(《易传·系辞·上》)

(三) "人莫不以其生生,而不知其所以生。"(《吕氏春秋·侈乐》)

按《庄子·大宗师》此段所论,重在明天道。"杀生者不死,生生者不生",所以解释上句"不死不生"何谓也。杀生者,天道也;生生者,亦天道也。天道固不死不生。杀生之"生",谓具体有限之生物,唯有限者可云"杀"耳。生生之"生",谓能生物者,天道之无限生力也。无限之生力自然恒定,无

---

① 顾颉刚、刘起釪:《尚书校释译论》(二),中华书局,2018,第964页。

所谓生，故曰生生者不生。《列子·天瑞》篇云："生物者不生，化物者不化。"生物者即生生者，化物者即杀生者，语异而理同。① 《易传·系辞》"生生之谓易"亦主天道言之，谓生而又生即变易也。《吕览》"人莫不以其生生"，"以"者，用也。"所以生"者，生之所以然之故也，犹言何以生也。句谓：人无不用其生生，而不知其所以生之故也。此即"百姓日用而不知"之义。三处"生生"皆主天道言之，与《盘庚》"生生"旨趣略异。《书》文辞古朴，首提"生生"，未加阐发，而其理深邃，故战国乃以天道释之。此思想演进之常则，不足怪也。

仁本生生，理甚明白。苟无生生，仁即无根；生生不遂，仁亦无有。兹引《论语》二章以为论。

> 子曰："民之于仁也，甚于水火。水火，吾见蹈而死者矣，未见蹈仁而死者也。"（《卫灵公》）
>
> 子张问仁于孔子。孔子曰："能行五者于天下，为仁矣。"请问之。曰："恭、宽、信、敏、惠。恭则不侮，宽则得众，信则人任焉，敏则有功，惠则足以使人。"（《阳货》）

上章孔子以水火喻仁之急需，可谓切矣。水火，所以养生、护生、益生者也，无水火则民不能生焉。民之于仁，甚于水火，则仁之大有裨益于生生，可想而知。下章子张问仁，孔子以"恭宽信敏惠"为言，皆所以有益于民生而安天下者。五者似殊，而能长人安民则一。能行此五者，人民自可生生不息，而天下安于仁。

后世以生论仁者众多，略举数例。

> 《国语·周语·中》："畜养丰功，谓之仁。"
>
> 《礼记·乡饮酒义》："养之长之假之，仁也。"
>
> 《礼记·乐记》："春作夏长，仁也。"
>
> 《周官·地官·师氏》："敏德以为行本。"郑玄注："敏德，仁义顺时者也。"
>
> 《逸周书·本典》："与民利者，仁也。"
>
> 《韩非子·诡使》："宽惠行德，谓之仁。"

---

① 刘崧：《庄子哲学通义》，团结出版社，2016，第420页。

《释名·释言语》:"仁,忍也,好生恶杀,善含忍也。"

《论衡·符验》:"仁者,养育之味也。"

《太玄·玄文》:"仁疾乎不仁。"范望注:"长之谓仁。"《玄数》"性仁",范望注:"长养万物曰仁。"

《白虎通·德论》:"仁者好生。"

《白虎通·性情》:"仁者,不忍也,施生爱人也。"

《说苑·至公》:"君子以其不杀为仁。"

按恶杀、不杀者,遂生也。上述所引,要之无非以好生、遂生、护生、敏生之义以释仁也。

后儒以生论仁者益丰,多所发挥焉。限于篇幅,兹不俱引。唯清人戴东原论之尤备,足彰圣学,引以殿后。

生生者,仁乎!生生而条理者,礼与义乎!何谓礼?条理之秩然有序,其著也;何谓义?条理之截然不可乱,其著也。得乎生生者谓之仁,得乎条理者谓之智。至仁必易,大智必简,仁智而道义出于斯矣。是故生生者仁,条理者礼,断决者义,藏主者智。仁智中和曰圣人,圣合天,是谓无妄。①

二、知人安民:政治之运作表达

孔子言仁、言知,必以仁知互涵取义,仁必备知,知必知仁。斯旨上文反复论之明矣。仁知互涵之旨,考其本源,亦在《尚书》。

尧舜禹三帝,一脉相承,而所重有殊焉。古昔称帝尧以仁,称帝舜以知,称帝禹以功。钦天尧也,官人舜也,平地禹也。②钦天者,敬天之明而兴天之生力,仁也。官人者,知人善任而用之,知也。平地者,平治水土而安民也。所重虽殊,要之无非仁也。

舜之睿哲,在知人而任之,故"协于帝"之仁。其知人,在安民焉。安民者爱人,即仁也。《舜典》所记,多为舜知人善任之事。如命伯禹"作司空",命禹"平水土",命后稷"播时百谷",命契"敬敷五教",命皋陶作士而"五

---

① 戴震:《戴震集》,上海古籍出版社,2009,第157-158页。
② [日]物茂卿:《荻生徂徕全集》(第一卷),河出书房新社,1973,第499页。

刑有服",命垂兴"工"事,命益掌"草木鸟兽"之宜,命伯夷"典三礼""作秩宗",命夔"典乐,教胄子",命龙"作纳言,出纳朕命",凡此之类,皆知人善任之事。诸项职事,各有专司,无不人尽其用,"时亮天功","庶绩咸熙"。

故孔子论舜,特赞其"无为而治"之功焉。

> 子曰:"无为而治者,其舜也与?夫何为哉,恭己正南面而已矣。"(《论语·卫灵公》)

此章赞舜曰无为而治,谓舜能知人而善任之,故己可无为而天下治,观"恭己正南面"一语可知焉。《尚书·舜典》所记,无非舜知人善任之明。知人善任乃可任人之为,"以天下治天下",而己唯"恭己正南面而已",是所谓无为而治也。

按舜之无为与《老子》之无为异焉,不可混为一谈。舜之无为,谓舜知人善任,己不必亲为,故曰无为。然其无为,实大为也,知人善任岂非大为乎?君王为政之道,在知人善任而已。《尚书·皋陶谟》曰:"元首明哉,股肱良哉,庶事康哉!"知人善任,能识股肱良材,此元首之明也。元首明哉,故能知股肱良而用之。股肱良哉,故能行良材之用而庶事康矣。否则,"元首丛脞哉,股肱惰哉,万事堕哉!"丛脞谓"细碎无大略",溺于小事而乱大政,故股肱惰哉,万事堕哉。文脉环环相扣如是。二典三谟,足以尽全《书》之大义。

《尚书·皋陶谟》载禹与皋陶论为政之道,复有"知人安民"之语。

> 皋陶曰:"都!在知人,在安民。"禹曰:"咸若时;唯帝其难之。知人则哲,能官人;安民则惠,黎民怀之。"

知人者睿智,是即知也。安民者必爱人,是即仁也。孔子仁知互涵之旨,殆本于此。故孔子答樊迟问知、问仁,适足与《尚书·皋陶谟》相发焉。

> 樊迟问仁。子曰:"爱人。"问知。子曰:"知人。"樊迟未达。子曰:"举直错诸枉,能使枉者直。"樊迟退,见子夏。曰:"乡也吾见于夫子而问知,子曰,'举直错诸枉,能使枉者直',何谓也?"子夏曰:"富哉言乎!舜有天下,选于众,举皋陶,不仁者远矣。汤有天下,选于众,举伊尹,不仁者远矣。"(《论语·颜渊》)

第三章 原 仁

此章发明知必知仁之理也。知仁与知人，一事也。知者，能知仁人而用之也，是之谓知人，亦谓知仁。樊迟未达，而子夏阐之明矣。"舜有天下，选于众，举皋陶，不仁者远矣"，谓舜之知在知人（仁），能知皋陶之仁而用之，故"不仁者远矣"，知人（仁）之效也。子夏可谓善得夫子之义也。

故曰：知人者知，知必知仁。知人而用之，仁知双美焉。《荀子》云："贵贤，仁也；贱不肖，亦仁也。"（《荀子·非十二子》）贵贤、贱不肖，本知者之事，而以仁解之，可谓善得圣人之义也。《韩诗外传》卷七云："推贤，仁也。"亦此义也。

仁知互涵，故行仁必以得知为备，用知必以归仁为安。无有仁知，天下何由而安乎？圣人者，以安天下为心者也。孟子曰，文武"一怒而安天下之民"（《孟子·梁惠王·下》）。所以怒者，勇也，本乎仁与知也。《易》之师卦，其喻文武之事乎？观"毒天下"之语，窃知之矣。师卦之象辞、彖辞云：

象曰："地中有水，师。君子以容民畜众。"
彖曰：师，众也；贞，正也。能以众正，可以王矣。刚中而应，行险而顺。以此毒天下而民从之，吉又何咎矣。

地中有水，生生之象也。容，容纳也。畜，从玄（丝织）从田（粮食），养众也。能帅众以正，可以王矣。"毒"字甲骨文为草木生长之象。"毒天下"者，颐养以安天下也。① 能安天下，民乃从之。审其卦义，岂非文武之事乎？②《杂卦》曰：《比》乐，《师》忧。窥"忧"字可见文武之意焉。忧者，忧天下之不安也。

---

① 王引之云：《广雅》："毒，安也。"毒天下者，安天下也。《广雅》训"毒"为安，盖《周易》旧注也，视诸说为长。《老子》曰"亭之毒之"，亦谓平之安之也。[王引之：《经义述闻》（一），上海古籍出版社，2018，第87-88页。]
② 《师》卦爻辞主军事取象，其史实则为武王伐纣之事，一爻至六爻分别对应出征前准备直至大功告成，开国承家。其六三爻辞云"师或舆尸"，六五爻辞云"长子帅师，弟子舆尸"，"舆尸"二字，注《易》者皆不得其解。据《尔雅》："尸，主也。"《史记》载，武王为文王木主，载以车，中军，武王自称太子发，言奉文王以伐，不敢自专也。舆尸，即载文王木主之意。"长子帅师，弟子舆尸"，言太子姬发统帅军队，弟子奉文王木主随军出征。[钱穆：《中国学术思想史论丛》（1），生活·读书·新知三联书店，2019，第191-192页。]按六经皆史，诚非虚言，师卦可见一斑。又按：师卦爻辞取材于武王伐纣之事，则爻辞非文王所作明矣，盖出于周公也。

安天下之道多哉，唯其最著者，莫过仁知。《周礼》六德，以"知仁"置其首。① 仁知双彰，天地之道备矣。《大戴礼·诰志》曰"知仁合则天地成"，此之谓也。

三、仁字训义：政治即澄明人道

富哉孔子之言仁也。上文反复申论，其义庶几明矣。本章之末，稍辨仁字之训，以为收束焉。

仁字训义，古来多歧。《说文》曰："仁，亲也。从人二。"此训最为通行，学者多采以为论。实则许君此训，盖本诸董仲舒，原非仁之初义。解者乃缘"人二"之"二"大加发挥，逞其理趣，恣肆其说。斯亦可叹矣。

段玉裁注云：

> 《中庸》曰："仁者，人也。"注："人也，读如相人偶之人，以人意相存问之言。"按，人耦犹言尔我，亲密之词。独则无耦，耦则相亲，故其字从人二。《孟子》曰"仁也者，人也"，谓能行仁恩者人也。又曰："仁，人心也。"谓仁乃是人之所以为心也。与《中庸》语意皆不同。②

又阮元《论语论仁论》云：

> 春秋时，孔门所谓仁也者，以此一人与彼一人相人偶而尽其敬礼忠恕等事之谓也。相人偶者，谓人之偶之也。凡仁，必于身所行者验之而始见，亦必有二人而仁乃见，若一人闭户斋居，瞑目静坐，虽有德理在心，终不得指为圣门所谓之仁矣。③

此类缘"人二"之"二"以发挥者，细究之，实不足为训。果"二"为相人偶之义，则汉字"从""北""比""化"皆以"二人"构字，且"比"字本有二人相亲之义，何必以"人"加"二"另造"仁"而多此一举？④ 视"二"

---

① 《周礼·地官·大司徒》云：以乡三物教万民而宾兴之。一曰六德，知、仁、圣、义、忠、和；二曰六行，孝、友、睦、姻、任、恤；三曰六艺，礼、乐、射、御、书、数。
② 许慎、段玉裁：《说文解字注》（上），凤凰出版社，2015，第640页。
③ 阮元：《揅经室集》（上），中华书局，1993，第176页。
④ 庞朴：《说"仁"》，《文史哲》2011年第3期，第16—18页。

为数字①，本属抽象，配"人"成"仁"，仍嫌抽象。其论虽妙乎，要之皆狃字形以论字义，其泥一也。

《说文》又载仁之古文，或从千心，或从尸二。忎字下云："忎，古文仁，从千心。"徐灏《段注笺》："千心为仁，即取博爱之意。"② 忎字战国竹简多记为上身下心，则"忎"之"千"实为"身"之简笔。③ 此皆战国、秦汉之写法，后起之习，不足与论孔子之仁，兹不详究。

字之取义，本有变迁。孔子论仁，已赋新义。而其义之所本，不外乎人。探究孔子之仁，窃谓不必烦究字源字形，仍以"人"训之即可。"仁者人也"，即仁之确训。然此为指示之语，非定义之语。"仁者人也"指示：以"人"为提示而明"仁"之义，谓人之所以为人者，即仁也。"仁者人也"之初义，犹今言"活得像人样"。盖人虽共名，而其个体样态则殊致，有活得像人样者，有活得不像人样者。二者固殊，而"人"止一字，何以别之乎？遂另造"仁"字，以表活得像人样者。《诗》言"洵美且仁"，本赞田猎之美，解者多狃后世训仁之习，深究其义，其实大可不必。缘语境以求义，"美且仁"犹言"漂亮，像个人样"，状其非妇人之弱态，而富男子气概也。

试问："像人样"者何以"像人样"耶？求其根据，则"仁者人也"进而深化，遂引发第二义："所谓仁者，贞正之人也。"贞正之人，非徒生理样态像人样，必至精神旨趣像人样，行为方式像人样，始可谓之仁。④ 贞正之人，孔子以"君子"名之。⑤ "君子去仁，恶乎成名？"君子必以仁而成名，去仁斯无君子。贞者，贞固也，正定不邪而执守之，不变乎己者也。乾之四德曰：元，亨，利，贞。元亨利贞皆属天德，唯贞又属人之德，谓承天之元亨利而贞之在我也。子曰："君子贞而不谅。"（《论语·卫灵公》）君子贞于仁，恒其德也。《书》

---

① 或曰，"二"乃指示符号，即文字学家所谓饰笔或羡划是也。又有论者曰，"二"乃古文上字，仁字秦简文字从人从古文上，本义为上等人，即春秋时代之上层阶级。引申之，指统治阶级之精华者，即君子也。果仁之仁本此。故仁兼三层含义：一曰上等阶层，一曰上层阶层之精英者（君子），一曰君子之德行（仁爱）。姑备一说。（唐汉：《道德经新解》，北京联合出版公司，2019，第7页。）
② 汤可敬：《说文解字今释》（三），上海古籍出版社，2018，第1118页。
③ 庞朴：《说"仁"》，《文史哲》2011年第3期，第16-18页。
④ 徐复观：《释〈论语〉的"仁"——孔学新论》，载徐复观：《中国思想史论集续篇》，九州出版社，2014，第404页。
⑤ 贞正之人，犹言真人。《说文》："真，仙人变形而登仙也。"此训误袭《庄》《列》之义为解。徐灏《段注笺》云："真者，犹不过为淳一不杂之称。""自《庄》《列》始有真人之名，始有长生不死而登云天之说。"

159

"咸有一德"篇，叙伊尹诫商王太甲之言，谓君臣纯有一德。① 盖咸有一德者，仁也。仁则一，不仁则二。是故贞于仁，可以亲父子，可以协君臣，可以安天下。②

君子之贞也，必明乎人之为人之所以然，以及人之所以能群之故。人之所以能群，无他，以人非一己之躯而已，"己欲立而立人，己欲达而达人"，由是复引出长人安民之义。徂徕先生曰："仁者，谓长人安民之德也。是圣人之大德也。天地大德曰生，圣人则之，故又谓之好生之德。圣人者，古之君天下者也。故君之德，仁莫尚焉。"③ 孔子信而好古，敏求先王之道，而以仁括之，援旧字以赋新义，拈一字而定乾坤，信哉！仁道之彰，幸赖孔子，厥功伟矣！

先王之道，仁莫尚焉；括之以仁，政之大本斯立。为政即所以行仁，行仁即所以为政。故究极言之，所谓政治，即澄明人道者也。孔子传先王之道，启后世之明，其继往开来之功，万古一人而已。惜哉后世论仁，未能深契本原，自创一学以附圣义，而不知游离孔子远矣。

本章概要

孔子论仁，遍载《论语》。孔子统览先王治世之大经大法，总括之曰仁。仁者，长人安民之大德也。其为德也，本于"生生"，归于"安安"，皆《尚书》明白所载。政治之根源诉求，本于"生生"而归于"安安"，一言以蔽之：仁也。后儒不辨本源，但以心性说仁，蔽于一曲而不得其全，非古义矣。《论语》之文，犹存古蕴。上古文字，名动合一。春秋之时，文法尚古，用字多兼存名词与动词义。仁字虽以况德，而犹重于行而取义。孔子之仁，兼有名动二指：既以谓先王长人安民之德，又以谓成就长人安民所行之方。先王之道，行之而成；所以行之者，礼也。礼者，先王长人安民之道也。孔子言仁必以礼，言礼必以仁，仁礼互鉴，不可须臾离也。后儒以"内外""体用"判仁礼，谓仁为

---

① 《咸有一德》记伊尹诫太甲之言曰："非天私我有商，唯天佑于一德；非商求于下民，唯民归于一德。德唯一，动罔不吉；德二三，动罔不凶。唯吉凶不僭，在人；唯天降灾祥，在德。"又曰："一哉王心！克绥先王之禄，永厎烝民之生。"厎，古同砥。《尔雅》："厎，致也。"
② ［日］物茂卿：《荻生徂徕全集》（第一卷），河出书房新社，1973，第498页。
③ ［日］物茂卿：《荻生徂徕全集》（第一卷），河出书房新社，1973，第424页。按："仁莫尚焉"原文无"仁"字，为引者所加。

内在之根据，礼为外在之规范，或曰仁者体也，礼者用也。此类解说，缠绕迂曲，叠床架屋，不合孔子用字之简朴，非孔子论仁礼之确指。仁者礼之仁也，礼者仁之礼也。言仁不言礼，其仁不备；言礼不言仁，其礼无归。孔子统观先王治世之要，深究礼乐兴废之由，而总括之以仁，其义深哉。要言之，仁者德也，礼者道也：由其道而成其德，成其德而知其道。仁礼关系当作如是观。礼以时为大，奚以得其时？曰：义。故曰"义以为质，礼以行之"。孔子屡以仁知并提，二者互涵而成义：仁必备知，知必知仁。子曰："未知，焉得仁？""择不处仁，焉得知？"皆发此义也。仁义礼知，各有所指。仁知一类，德也；礼义一类，道也。后儒以仁义礼智并提，非古义矣。仁知勇之属，皆德也。仁之为德也大，故可蓄众德而辅之。是故仁也者，所以成就人道之大德也。为政以行仁，所以澄明人道之大者。行仁之主体，君子是也。"君子去仁，恶乎成名？"君子为行仁之主体，本于吾国之社会构造，不得不然。《易》曰："唯君子为能通天下之志。"孔子特寄厚望于君子者，以此故也。君子以德位相兼而得名，二者缺一，不可谓君子。后人专以德论君子，非孔子之义矣。

第四章

明　德

德乃孔子思想又一枢机，苟不明其义，仁道之要旨，莫由而彰之。《论语》德字凡四十见，堪称核心观念。后世论者多望文生义，睹"德"字辄以"道德"解之，其笼统模糊之弊，甚于囫囵吞枣，焉能知其味邪？"道德"一词，始见战国①；今人以之转译西洋语言，纳入道德哲学、伦理学范畴，遂致混乱愈甚。孔子思想，固可导出伦理学、道德哲学之旨趣，然岂此类所能限囿乎？孔子之德，迥非伦理学、道德哲学所能尽。有鉴于此，下文所论，不取"道德"之词，而一本于孔子思想之本源立说。

第一节　释德

今人研究古时之观念，须以传世文献与考古事实互徵，所谓"双重证据法"是也。然历史之繁复，每有文献所不能尽窥者，考古亦每受时代条件局限。双重证据法，立论虽美，亦自有不足。苟所论均以双重证据为准，人文之探究必囿乎"证据"而进展几希。盖传世之文献，不过冰山之一角，未必能尽古时之事实。即如德，本为人类生存之事实，其夐远悠久，堪与人类俱生同在，纵文献无徵，不可谓人类生活之无德也。第述古之文，不可凭空立说，不得不徵诸传世文献以为据焉耳。

一、德字古义：一个知识考古

为论述之便，先考察德之起源、迁流，述其大概，大致可分三阶段：（一）上古：图腾与祭祀；（二）西周：《易》与《书》；（三）东周：诸子释德。东周以降，道德合流，德义渐紊，此不遑详及。明乎德之起源、迁流，而后综合考察，复可探究二端：一曰德之衍变义，二曰德之不变义。德之不变义即德之本

---

① 道德一词，始见《庄子》外、杂篇，凡十六见。（刘笑敢：《庄子哲学及其演变》，中国人民大学出版社，2010，第 27 页。）

质含义所在。兹先考察上古与西周之德,探其迁流,寻绎衍变中之不变者,据此考索德之本质含义;而后辨析德之训诂,引诸子之言以证;最后考究《论语》之德,明确孔子言德之义。

(一)上古:图腾与祭祀

上古族群皆有图腾崇拜之制,此人类学之通论也。吾人祖先之图腾与姓同出一源,姓即上古之图腾也。图腾多为动植物,而古之姓亦多为动植物,足证二者同源。如姜姓之图腾为羊,风姓之图腾为凤凰,皆是。图腾团从事游牧,其狩猎或战争必以旗帜互别,此即所谓旌。《说文》:"旌,所以精进士卒也。"故姓、性、旌皆从"生",皆出于一物:"生"。中国上古所谓"生",即图腾也。姓、性、旌之偏旁乃后世字义分化所加,其本原皆为"生",殆无疑义。①

上古之德,由图腾与姓之同构而生成。《左传》《国语》虽作于东周,而考其所记,上古之遗韵犹见吉光片羽。《国语·晋语》载司马季子之言曰:

黄帝以姬水成,炎帝以姜水成,成而异德,故黄帝为姬,炎帝为姜。二帝用师以相济也,异德之故也。异姓则异德,异德则异类。异类虽近,男女相及,以生民也。同姓则同德,同德则同心,同心则同志,同志虽远,男女不相及,畏黩故也。②

此段论炎黄之事,"异姓则异德""同姓则同德",明以"姓"与"德"关联,苟以后世道德、品德论之,殊不切旨。此处之德,因姓而来,故缘姓可循德义。"同姓"者,同其图腾,同其祖先,同其血缘,同其制度,同其生活,同其信仰,此类咸同,其德亦同,德义可推而知也。

《左传》隐公八年载众仲论姓氏之起源曰:

天子建德,因生以赐姓,胙之土而命之氏。诸侯以字为谥,因以为族。官有世功,则有官族,邑亦如之。

上古重祭祀,祭必有火有肉。祭社之肉曰脤,祭庙之肉曰胙(又曰膰)。古时名词动词常合一字,胙既为祭祀之肉名,又为以肉献祭之称。《国语·周语》云:"皇天嘉之,胙以天下。……胙四岳国,命为侯伯。"做天子、做侯伯皆称胙国,又称祚国(胙、祚实为一字之分化)。胙国即以胙之祭封土命氏,此谓

---

① 李宗侗:《释生、姓、性、旌及其他》,载李宗侗:《中国古代社会新研 历史的剖面》,中华书局,2010,第29—34页。
② "畏黩故也"本讹为"畏黩敬也",据王念孙《经义述闻》改。

"胙之土而命之氏"。上云"天子建德",德绝非"道德"义,否则"建道德"不能成辞。细索语境,"建德"犹言建立一套生活秩序,此套生活秩序由"因生以赐姓,胙之土而命之氏"而来。

德与生、性、姓之原初关联,李玄伯论之甚备,足破千古之疑。不敢掠美,今摘其言而简练之如下:

> 德者天生之物,与性义相近。故贾谊《新书·道德说》曰:"所得以生谓之德。"每一团体有其德(如周德),每一个人亦有其德。孔子所谓"天生德于予"即此义。《晋语》"异姓则异德,同姓则同德",足证德因姓殊。德性之义相类,皆天生之物。两字发源不同,实则仍系同物,皆代表图腾之生性。最初同德即同姓(同性),较后各团交往渐频,各团之字亦渐混合,遂有分义之需,性与德遂渐分殊,性表生性,德表似德非德之物。然吾人研究图腾,不可遗忘德之初义也。①

德性一源,皆表生性。然则生性何谓也?李先生曰:

> 图腾之性质,各团不尽同,拉美尼西亚人名之曰"马那"(mana),埃及人谓之"嘉"(Ka)。此性并非实质,为同团之人所公有,非任何人所私有。此性存在于人及物本身;存在于人及物未生以前,亦永存于人及物既没之后;但亦非人及物之本体,亦于体无害。初民以为矢之能射者由于马那,网之能捕鱼者由于马那,船之能浮者由于马那。马那实即中国所谓性。性即生,亦即姓,古文字无分别。②

图腾而外,探究古文字,亦可窥见德之初义。甲骨文盛行于商,所见者多为卜辞或祭祀之辞。三代尚卜重祭,政教掌于官师,文字唯上层使用。甲骨文无德字,而有徝字。徐中舒以徝即为德之初文:"徝,象目视悬锤以取直之形;从彳有行义。故自字形观之,此字当会循行察视之义,可隶定为徝。徝字《说文》所无,见于《玉篇》:'徝,施也。'甲骨文徝字又应为德之初文。金文德与甲骨文徝同,后增心即为《说文》德字篆文所本。《说文》:'德,升也。'为后起义。"徐氏释徝字,引例有三:

---

① 李宗侗:《中国古代社会新研:历史的剖面》,中华书局,2010,第122页。
② 李宗侗:《中国古代社会新研:历史的剖面》,中华书局,2010,第89页。

"戊辰卜，殻贞王徝土方。"（京一二五五）

"庚申卜，殻贞今王徝伐土方。"（林一、二七、一一）

"甲午卜，王贞我有徝于大乙钦翌乙未。"（金四 九）

前二例，徐氏皆释徝为"循行察视"；下例徝字释为"祭名"。① 按例二似可断句为："庚申卜，殻贞，今王徝，伐土方。"徝、伐二动作宜句读，伐为征伐，徝训为祭祀更妥，整句谓：征伐土方之前，先卜其吉凶，后祭（徝）告诸神。如此训解，于义甚安。

总之，甲骨文之德（徝），其义以祭祀为主，循行之义罕见，或为后起之义。② 甲骨文德之义为祭祀，则德在殷商之时，仍袭图腾之遗韵，可推知也。

（二）西周：《易》与《书》

德起源于上古图腾之生性，而后演进为祭祀之名，此其概略，姑备一说。逮殷周之际，德义复生衍变，多有发散。今据《易经》《尚书》，考察德义之繁衍分化。《易》分经传，《易经》古朴，其作于殷周之际，已为确论。《易传》乃后起之文，殆成于战国，德字多见，此置不论。《尚书》各篇成文之年代颇有争议，而其为西周文献，则不容置疑。

先论《易》之德字。《易》卦爻辞，文辞古拙，足资凭据，其作于殷周之际，殆无疑义。德字见于爻辞者五，分见《讼》六三、《小畜》上九、《恒》九三及六五、《益》九五。兹逐一敏求其义。

《讼》六三爻辞云：

食旧德，贞厉，终吉。或从王事，无成。

《讼》卦之义，解者多以后起义解之，以为争讼之卦，殆非也。讼从公言，犹官言之谓。讼主官言，审全卦之卦爻辞可知也。"食旧德"之德，解者以后起义为训，不足为据。细审其文，"德"字殊非道德、品行之义，宜训为旧所传承之文物制度，方为可通。食旧德，近乎今言"吃老本"，德即职位、官守以及相

---

① 徐中舒：《甲骨文字典》，四川辞书出版社，2014，第168-169页。
② 论者曰：以甲骨文之"徝"隶定为"德"，释为"循"，即遵循祖先神与上帝神之旨意，不合甲骨文用例。《庄子·大宗师》云，古之真人"以德为循"，"以德为循"方为"循德"之意，即顺从祭祀所得祖先及上帝之旨意。（程平源：《对殷周之变的再探讨——以殷周"德"义变迁为线索》，《江苏社会科学》2005年第3期，第28-32页。）

165

关典章之传统。① 其《象》辞云："食旧德,从上吉也。"谓享受(食)旧时之制,遵从在上者,吉祥也。上,可训在上者,亦可训古。从上,从古道也。《象》辞虽晚出,仍得古义,可资训解。

《小畜》上九爻辞云：

> 既雨既处,尚德载。妇贞厉,月几望,君子征凶。

《易》有"大畜""小畜",其卦皆言种植之事。小畜,小者(庶民)之畜。大畜,大者(君子)之畜。处,原义有二：一为走兽伫立貌,一为人靠竹椅貌,此处训止。既雨与既处对言,言雨时下时止。闻一多谓"载读为菑",是也。于省吾读载为哉,非是,《易》辞古朴,无用语尾词之例。《诗·载芟》"俶载南亩",笺"俶载尚为炽菑",《良耜》"俶载南亩",笺"炽菑是南亩",乃其同类。《无妄》卦有"不菑畲",《释文》引董遇曰"菑,反草也",《尔雅·释地》"田一岁曰菑",郭注"今江东呼初耕反草为菑",《说文》"菑,才耕田也",是菑即耕。德,此处当训物之生。"德载"读为"德菑",言趁时雨物生而耕也。耕必待雨,《齐民要术》引《氾胜之书》"天有小雨,复耕和之"是矣。② 《象》曰："既雨既处,德积载也。"《说文》："积,聚也。"禾谷之聚曰积。积、畜义通,《礼记·祭统》云："顺于道不逆于伦,是之谓畜。"句谓时雨既至,物生而禾聚,宜趁时而耕也。《归藏》"小畜"名为"小毒畜",毒本义为草木生长之象;可资互证。

《恒》之爻辞,德字二见：

> 九三：不恒其德,或承之羞,贞吝。
> 六五：恒其德,贞,妇人吉,夫子凶。

《恒》卦主言夫妇持家之道。"不恒其德"之德,训家道为是,"恒其德"

---

① 高亨曰："食旧德谓亏损其故日之行为也。"《国语·周语·上》之"帅旧德",韦昭注："勉循其德",徐元诰曰："言犬戎循先王之旧德,奉其常职。"按,高说不确,徐说得之。(郑开：《德礼之间：前诸子时期的思想史》,生活·读书·新知三联书店,2009,第70页。)

② 闻一多：《璞堂杂识》,载闻一多：《闻一多全集》(3),上海人民出版社,2020,第254页。按：闻一多谓"载读为得菑,言雨后尚得施耕也",此句释德为得,似不确切。"尚得施耕",犹言"尚须施耕",《易》卦爻辞无此类句法。德之取义,观象辞可知也。

之德同。承，托也。羞，食物也。或，不定之辞。或承之羞，谓或将遗患而承羞，喻家道荒废也。九三《象》曰："不恒其德，无所容也。"言不能持守家道，将荒废其事而无所容身也。六五《象》曰："妇人贞吉，从一而终也。夫子制义，从妇凶也。"妇人持守家道（贞），吉祥，从一而终也。夫子制义，宜变通从事，故从妇而执之则凶也。

《周易·益卦》九五爻辞云：

> 有孚惠心，勿问元吉。有孚，惠我德。

孚，信也。惠，从叀从心。叀为象形字，像多股丝线绕纺锤而编织之形。叀与心组合，示多方给予而入心，引申为仁爱之义，又引申为恩惠、惠及诸义。《广雅·释言》："惠，赐也。"《孟子·滕文公·上》："分人以财谓之惠。"后世专以施德于人谓之惠，惠心犹言惠德。问，义同惠而稍别。《诗·女曰鸡鸣》"杂佩以问之"，与"赠之""报之"连言；《左传》成公十六年"问之以弓"，疏曰"遗人以物谓之问"。惠、问皆施与之谓，唯以德施曰惠，以财施曰问。"惠心勿问"，言以德惠人而不用财物，与"君子惠而不费"同义。① 勿问，即不费。《说文》曰"费，散财物也"，是费犹问也。"有孚，惠我德"，言在上者有孚信，施德于我（下民）。按此德字，当因语境训为施政教以遂民生之义；以恩惠训之，仍嫌笼统。《象》曰"有孚惠心，勿问之矣"，即惠而不费之义。子张问："何谓惠而不费？"子曰："因民之所利而利之，斯不亦惠而不费乎？"（《论语·尧曰》）是"惠而不费"与"惠心勿问"同义，足资互证。《象》又曰"惠我德，大得志也。"大，在上之人。得，持也，得志即持志。言施政教以遂民生，斯在上者可持其志也。上者之志，即因民之所利而利之也。

再论《书》之德字。《尚书》德字多见，意义颇有发散。今文《尚书》廿八篇，德字凡百见。② 《尚书》德义虽发散，而其所指，仍可细究而明。或曰，

---

① 闻一多：《周易证类纂》，载闻一多：《闻一多全集》（2），上海人民出版社，2020，第33—34页。

② 《尚书》德字凡114见。即以今文《尚书》28篇而论，其中22篇有德字，总计100见，即《尧典》4次、《皋陶谟》9次、《禹贡》1次、《汤誓》1次、《盘庚》10次、《高宗肜日》2次、《微子》1次、《洪范》6次、《金縢》1次、《康诰》9次、《酒诰》7次、《梓材》3次、《召诰》8次、《洛诰》5次、《多士》4次、《无逸》2次、《君奭》2次、《多方》4次、《立政》13次、《顾命》1次、《吕刑》9次、《文侯之命》2次。（马士远：《〈尚书〉中的"德"及其"德治"命题摭谈》，《道德与文明》2008年第5期，第4页。）

《尚书》二典之德已有三种用法：一曰无价值规定之品行，二曰美德，三曰有美德之人。① 此说尚嫌囫囵，实未曾明德之确指。"品行""美德"何谓，仍须细加考究。兹以《书》之《盘庚》《洪范》二篇为例，考究德之义。

《盘庚》记载商王盘庚迁都之际，对臣民训诫之言。其文所记为商之事，乃商代最早一篇信史文献。其文之作或经西周史官润饰，故其观念或掺杂周人之迹，要之皆可据以推知殷周之际德义之指。篇中德字凡十见，兹录其字义语境，分七例释之。

（一）非予自荒兹德，唯汝含德，不惕予一人。（《盘庚·上》）

此段德字二见，一曰兹德，一曰含德。兹，此也。含，怀也。上文言"古我先王"之政纪，故兹德者，指代先王之政纪传承也。唯汝含德，唯训乃，含德指怀藏其德。含德，具言之，据上下文，乃指臣下怀藏政令而不宣讲于下民之行为，即臣下惑动民众反对迁都，不能宣讲"王播告之修"，故称其为含德。含德，即群臣置"不匿厥指""罔有逸言"于不顾，怀藏政令之谓。② 不惕予一人，言不敬惧于我。③ 整句意谓：非我敢擅自荒废先王之政纪传统，乃汝群臣怀藏政令而不敬惧于我一人。

（二）汝克黜乃心，施实德于民。至于婚友，丕乃敢大言汝有积德！（《盘庚·上》）

此段德字二见，一曰实德，一曰积德。施实德于民，言施与实际好处于民。好处并非凭空而来，故此德仍可训为政教传统。积德，犹言积累好处。深究之，积德仍可训为积累良好之行为传统。黜，除也。婚友，因氏族传统而结成婚姻关系之亲友。丕乃，于是。整句意谓：汝群臣能摒除违上之心，施与实在之政教于下民，如是于亲戚僚友，方可大言不惭曰，汝为积德之臣。

---

① 陈来：《古代宗教与伦理：儒家思想的根源》，生活·读书·新知三联书店，2009，第318页。
② 李德龙：《从〈尚书·盘庚〉看殷代的"德"观念》，《史学集刊》2013年第3期，第6页。
③ 惕，俞樾训为施，不合语脉，当训敬惧为是。《说文》："惕，敬也。"《玉篇》："惕，惧也。"

（三）兹予大享于先王，尔祖其从与享之。作福作灾，予亦不敢动用非德。（《盘庚·上》）

此段"非德"之德，仍训政教之传统做法，合乎传统者为德，不合传统者为非德。① 享，祭祀也。动用，动辄使用，犹言擅用。整句意谓：今我大祭先王，尔群臣祖先一同受祭。尔等作善而得福或作恶而得灾，我亦不敢擅用不合传统之奖惩。

（四）无有远迩，用罪伐厥死，用德彰厥善。邦之臧，唯汝众；邦之不臧，唯予一人有佚罚。（《盘庚·上》）

此段德训恩惠爵赏。罪，名词动用，处罪也。伐与罚，同声通用。臧，美善。佚，疏失。佚罚，谓刑罚有疏失而不当。整句意谓：不论远近之人，用刑罚以惩处罪恶，用爵赏以奖励美善。邦之兴旺，唯系于汝群臣之劳；邦之不兴，唯因我刑罚之有疏失。

失于政，陈于兹，高后丕乃崇降罪疾，曰："曷虐朕民？"汝万民乃不生生，暨予一人猷同心。先后丕降与汝罪疾，曰："曷不暨朕幼孙有比？"故有爽德，自上其罚汝，汝罔能迪。（《盘庚·中》）

后，指王。高后，指汤，商之开国君主。先后，先王也。丕，语助词，丕乃犹言于是。猷，有也。比，亲也，有比犹言同心。爽德，明德也。② 迪，行也。整句意谓：因失于政，仍居住此多灾多难之地，我先王（汤）必降下重罪于我，曰："为何虐待朕之民？"汝万民不能孜孜生计，与我同心迁都，先王必降罪责罚尔等，曰："汝万民为何不与我之幼孙同心协力？"故先王有昌明之德政，必自上而处罚尔等，尔等不能避之。

---

① 《尚书校释译论》训"非德"之德为恩惠，指朝廷爵赏。其训不确。德当训为先祖之传统做法。上文有作福、作灾，作福固可用恩惠爵赏，作灾岂能同之乎？是训德为恩惠，不能涵盖作灾，取义过狭。[顾颉刚、刘起釪：《尚书校释译论》（二），中华书局，2018，第999页。]

② 《说文》："爽，明也。"或训爽为贰，爽德即贰德，谓不同心。然细味"故有爽德"之"故"字，语脉不谐，"故有爽德"应属下，统后二句。

（六）古我先王，将多于前功，适于山，用降我凶德，嘉绩于朕邦。今我民用，荡析离居，罔有定极。尔谓朕："曷震动万民以迁？"肆上帝将，复我高祖之德，乱越我家。（《盘庚·下》）

将，发语词。① 多，推崇也。降，罢退，减除。凶，灾难也。凶德，犹言坏政，不吉之政治。嘉，美也。绩，功也。荡，动也。析，分也。极，止也。肆上帝将，肆、将皆祭名。② 乱，治也。越，于也。家，犹国也。高祖之德，指代前文所言先王之行（适于山）。整句意谓：古我先王成汤，承续前人之功业，带领殷民前往山地，得以去除凶险坏政，我邦最终取得丰功伟业。如今我民用，动荡分离，无有定止。尔等问我："为何劳动万民搬迁？"今祀上帝以将祭，以求重振我高祖先前之功业，实现我邦家大治。

（七）无总于货宝，生生自庸，式敷民德，永肩一心。（《盘庚·下》）

无，毋也。总，积聚也。庸，用也。式，法式。敷，布地而生也。③ 肩，训克，承担也。句谓：（尔等）切勿积聚货宝以求位，孜孜增殖产业自营生计，以此布示于民而生其德行，上下永肩一心以事君。

又有《尚书·洪范》篇，吾国治法之大典也。据传武王访于箕子，求问治理之道，自言"我不知其彝伦攸叙"，谓我不知天所以定民之常，道理次叙所在也。④ 箕子乃提"洪范九畴"，其第六畴曰"乂用三德"。乂，治也。乂用三德，"治以三德"之谓。

三德：一曰正直，二曰刚克，三曰柔克。平康，正直；强弗友，刚克；燮友，柔克。沈潜，刚克；高明，柔克。唯辟作福，唯辟作威，唯辟玉食。臣无有作福、作威、玉食。臣之有作福、作威、玉食，其害于而家，凶于而国。人用侧颇僻，民用僭忒。

---

① 将之为发语词，与《诗》"将仲子"，《丘中有麻》"将其来施施"之将同。
② 《诗·楚茨》："或剥或亨，或肆或将。"毛传：将，斋也。将与亨并列，皆祭祀之名。《周官·春官·大宗伯》："以肆献祼享先王。"
③ 式敷民德，敷同《禹贡》"筱簜既敷，厥草唯夭，厥木唯乔"之敷。《汉书·地理志》"筱簜既敷"，颜师古注："敷，谓布地而也。"
④ 孔安国、孔颖达、正义：《尚书正义》，上海古籍出版社，2007，第446-447页。

此段论三德，若以道德解之，则空洞不切。细索语意，德非指三种道德，而指三种统治方法，或云心术。平康，正直，谓平正康宁者，宜以正直之方式对待之。强弗友，刚克，谓顽犟（强同犟）不友善者，宜以强硬之方式对待之。燮友，柔克，谓和顺（燮，和也）可亲者，宜以温和之方式对待之。下文"沈潜"与"高明"对举：沈潜指代下层庶民，对待方式宜刚克；高明指代上层显贵，对待方式宜柔克。[1]

《尚书·洪范》德字尚多，取义殆大同小异。《书》之德字颇多，不逐一梳解。概括以言，《书》之德，或指政教传统，或指习惯法规，或指统治方法，或指具体规范。[2] 而诸义无不导源于天命，故《吕刑》有"唯克天德，自作元命"之语。天德者，犹言天命之德也。天之命，行于人，乃成德。德必因人之行而成，故后人多训德为行。然细究之，德之为行也，非泛指一切行为，唯行之凝结为传统，足以规范世人者，方可谓之德。故《论语》有"德行"组词：德必落实为行，行必凝结为德，是之谓德行。故有德必有行，有行不必有德也。子曰："有德者必有言，有言者不必有德。"（《论语·宪问》）其义类此。德而不施之为行者，非德也。[3] 后世或以心论德，或以性论德，而有"德性"一词，非"德行"之义矣。

二、德训辨正：实德业不相离

统观《易》《书》之德字，其义均与行为之传承关涉，本自贯通。德之诸义何以能一贯也？此则关涉德之根据：德何以能成为德？亦即：人之行为多矣，何以某类行为必凝结为德？循此以究，必切入天人关系之论域。

兹可先明确两点：

第一，德必本乎天，天之命以行乎人，而德乃成。道行之而成；德亦然也。故《集韵》径以行释德："德，行之得也。"夫行广矣，有行之而得者，有行之而不得者，唯行之而得者可谓之德。道行之而成，道、德皆与行关涉。辨道、德之所以别，曰：道未必在人，而德必在人——不在人者，非德也。"德者得也"之训本此。子曰："人能弘道，非道弘人。"人所以能弘道者，言人以修德

---

[1] 顾颉刚、刘起釪：《尚书校释译论》（三），中华书局，2018，第1242-1243页。
[2] 施阳九：《先秦"德"概念的变与不变——以〈尚书·周书〉为诠释中心》，《云南大学学报》2017年第2期，第51-56页。
[3] 陈来：《〈论语〉的德行伦理体系》，《清华大学学报》2011年第1期，第129-147、162页。

而弘道也,舍德何以弘道哉!故曰道未必在人,其在人者必以德:道之在人者,德也。道以德而在人,人因德而悟道。

第二,人之行而成德,必有其所以成德之根据;准此可知,德必有其正当之义。德之正当,分析言之,一曰天命于人之行也,一曰人秉承天命而行以成德也。二者实为一事,一自天言之,一自人言之。

德之本质含义,殆可表述为:德者,人道根据之承受也。德必以承受而言,承受于人,是谓之德,故曰德者得也。深究德之本质含义,盖有二义寓焉:第一,人道之根据何在?由此,引出天人一贯之义。第二,如何承受人道之根据?由此,引出进学修德之义。究极而言,二者皆天命之义。后世德义扩充分化,实因二义而衍。[①] 无论德义如何衍变,其本质含义恒不变。明乎此,乃可进而讨论古来德之训义。

德之训解,歧义纷呈,难衷一是。考歧义之出,殆为语言之源起,本因多缘而会成。章太炎《语言缘起说》颇发此义。其谓语言之缘起,恒有三要素:"实德业三,各不相离。"实德业,本佛家语。以今日语法言之:实者,表实之语,名词是也;德者,表德之语,形容词是也;业者,表业之语,动词是也。古人立一名,必有其实,有其德,有其业。譬诸:"何以言马?马者,武也。何以言牛?牛者,事也。何以言羊?羊者,祥也。何以言狗?狗者,叩也。何以言人?人者,仁也。何以言鬼?鬼者,归也。何以言神?神者,引出万物者也。何以言祇?祇者,提出万物者也。"[②] 此类皆以德表之也。故"仁者人也""仁者爱人"云云,曰人,是其实(名实)也;曰仁,是其德(生性)也;曰爱,是其业(事态)也。仁之为义,实德业三,不相离也。

举凡世间万物,不外实德业三者,而互不相离。表实之名,不以德则以业。事物之语源,或以德为名,或以业为名,必不出德业二者。[③] 语言之源起,或取诸德,或取诸业,或兼取二者,何所取之,悉在人之自由。即就德业二者言,其中尚有诸多之点。"在德有性质形状分量等,在业有动静因果功用等,于此诸多之点攫取何点以为事物之代表,绝无定准:此世界诸民族之语言所以互异也。"[④]

语言之起源,实德业三,各不相离。而考语言之发生,实德业三者,或同

[①] 施阳九:《先秦"德"概念的变与不变——以〈尚书·周书〉为诠释中心》,《云南大学学报》2017年第2期,第51-56页。
[②] 章太炎:《语言缘起说》,载章太炎:《国故论衡》,上海古籍出版社,2019,第32页。
[③] 杨树达:《高等国文法》,湖南教育出版社,2008,第4页。
[④] 杨树达:《高等国文法》,湖南教育出版社,2008,第5页。

>>> 第四章 明　德

步焉，或有先后焉。太炎先生曰：

> 一实之名，必与其德若，与其业相丽。故物名必有由起。虽然，太古草昧之世，其言语唯以表实，而德业之名为后起。故牛、马最先；事、武之语，乃由牛、马孳乳以生。世稍文，则德、业之语早成，而后施名于实。故先有引语，始称引出万物者曰神；先有提语，始称提出万物者曰祇。此则假借之例也。①

今按仁字，草昧之世本无，其所出在稍文之世，故仁之德、业早成，而后施实于名。孔子以"仁"总括先王之道，可谓仁之德、业在先，而后以"仁"名之者也。

审德之为义，其旨亦同。《说文》云："德，升也。从彳，惪声。"此训德为升，人多以为后起之义。究其实，此训即本义也。所以训升者，以业为训也。段注云："升当作'登'。"② 升与登，古通用。桂馥《义证》曰："古升、登、陟、得、德五字义皆同。"古德字，只作"惪"，不与此同。从彳，王筠《句读》曰："行道而有得也。"③《说文》又有惪字："惪，外得于人，内得于己也。从直心。"段注："内得于己，谓身心自得也。外得于人，谓惠泽使人得之也。俗字假'德'为之，德者升也。故字或假'得'为之。"④ 又有"德者得也"（《左传》定公九年）⑤之训，古字通假之例，亦足以发天命在人之义。《说文》曰："得，行有所得也。从彳，䙷声。古文省彳。䙷，取也，从见从寸。寸，度之，亦手也。会意。"《左传》曰："凡获器用曰得，得用焉曰获。"《庄子·大宗师》："得者，时也。"注："当所遇之时世，谓之得。"

盖德之为义，适可证"实德业三，各不相离"之旨：曰德，是其实也；曰生，是其德也；曰升，是其业也。⑥ 升与登通，本作物生长之象而取义。《尔雅》登训成，郝懿行《义疏》曰："登者，年谷之成也。古人重农贵谷，谷熟

---

① 章太炎：《语言缘起说》，载章太炎：《国故论衡》，上海古籍出版社，2019，第32-33页。
② 许慎、段玉裁：《说文解字注》，凤凰出版社，2015，第135页。
③ 汤可敬：《说文解字今释》（一），上海古籍出版社，2018，第247页。
④ 许慎、段玉裁：《说文解字注》，凤凰出版社，2015，第876页。
⑤ 《礼记·乐记》与《释名》皆云："德者，得也。"
⑥ 训德为生为性者，并非错误，以业训之也，止得德之一端耳。（斯维至：《说德》，《人文杂志》1982年第6期，第74-83页。）

173

曰'登',登者,成也。《曲礼》云'年谷不登'、《月令》云'蚕事既登','登'皆训'成'。'登'与'升'古字通,'升'亦成也,故《乐记》云'男女无辨则乱升',《史记·乐书》作'男女无别则乱登'。"① 是升与登,皆本作物生长而取义。升、登之为动作,作物生长之象也,一以业训,一以德训,各不相离。后人只知其一,不知其二,爱起纷争,皆不明语言缘起之故尔。

要之,德有广狭二义。广义之德,就凡事物所有作为之性能可遂吾人之生活,足以决定吾人价值程度者言之。狭义之德,则专据此等性能而评价品质之高下者言之。如知、仁、勇、忠、信之诸德目,皆狭义之德也。若夫天地之道,凡所以能生长作成万物者,皆广义之德也。《庄子·天地》:"物得以生,谓之德。"贾子《新书》:"所道始,谓之道;所得以生,谓之德。"《韩非子·解老》:"德者,人之所以建生也。"《管子·兵法》篇尹注:"德者,道由以成者也。"盖道者,必能行而后为道,而道之所以能行者,是为德。则凡有道处,必有可行者,故必有其德也。②

德之训升,以业为训也。升本乎生,此观《易》之升卦卦象,知其有据焉。

升:元亨。用见大人,勿恤。南征吉。
象曰:地中生木,升。君子以顺德,积小以高大。
彖曰:柔以时升。巽而顺,刚中而应,是以大亨。用见大人,勿恤,有庆也;南征,吉,志行也。

升卦《帛书周易》作"登卦",其义一也,皆以物生长取象。象曰"地中生木,升",此升义之由来,岂不昭然若揭乎?"君子以顺德,积小以高大",谓君子取"地中生木"之象,积小以成大也。"顺德",犹言"顺生"。物静而柔,动而刚,彖曰"柔以时升",谓(种子)静柔以待时而升也。《序卦》曰:"萃者聚也,聚而上者谓之升,故受之以升。"萃卦,主积蓄待发之象。萃而后升,蓄而后生也。《杂卦》曰:"萃聚而升,不来也。"来,本义为麦子,麦子当年种而次年收,故有将来之义,"来年"之义本此。去来之来乃后起义,《易》时所无。来由本义引申为往还。不来,不往还也。"萃聚而升,不来也",意谓生长之时,不宜往还收割,俟其长也。

总之,德之训生、性、升、登、得,皆其一端,要皆"实德业三,各不相

---

① 郝懿行:《尔雅义疏》,中华书局,2019,第169-170页。
② [日]北村泽吉:《儒学概论》,山西人民出版社,2015,第64-65页。

离"之义。德之为政教制度、统治方法、具体规范者，皆德之表现为人之行者，所重在德之业也。德之此类表现，其所以如此，无不本于德之本质含义：人道根据之承受者也。① 所谓人道根据，"实德业三"，以实言之即德也，以德言之即生也，以业言之即升也。下文引诸子释德之言，以证斯义。

三、诸子释德：德字古义引证

概览先秦诸子论德之文，德之训生、训升，根据充分。下引文句，以先秦诸子为主，旁涉秦汉部分文献。原文之外，重要故训足资发明者，亦加搜罗。② 秦汉以降，德义分化紊乱，无助于发明孔子之义，皆不参引。详考先秦、秦汉之德论，殆皆与生、升之义相关，其似稍远者，亦由生、升之义引申之。限于篇幅，唯录足堪阐发德之本义者。

缘"生""升"而论德者，先秦以迄秦汉，其例多有。

《左传》成公十六年："民生厚而德正。"孔颖达疏："德，谓人之性行。"

《左传》襄公七年："恤民为德。"

《易传·系辞·下》："天地之大德曰生。"

《管子·心术·上》："德者，道之舍，物得以生生。知得以职道之精。故德者，得也。得也者，其谓所得以然也。以无为之道，舍之为之德。故道之与德无间，故言之者不别也。间之理者，谓其所以舍也。"

《管子·正》："爱民无私曰德。""爱之生之，养之成之，利民不德，天下亲之，曰德。"

《老子》五十一章："道生之，德畜之。"河上公注："德，一也。""是以万物莫不遵道而贵德。"王弼注："德者，物之所得也。"

《庄子·天地》："物得以生谓之德。"又："通于天地者，德也。"又："无为言之之谓德。"又："故执德之谓纪。"郭象注："德者，人之纲要。"

---

① 孟洛（Donald Munro）所著《德概念之起源》云：德字原指人对天定法则所持之一贯态度。遵天之法则而成日用伦常，此谓理想之德。天人交通，非德莫能，故德本具宗教性格。西周以降，德衍化为统治者所赐之恩惠；恩惠亦不外天命之义。（傅佩荣：《儒道天论发微》，中华书局，2010，第40页。）

② 所引古籍原文及故训，宗邦福、陈世铙、萧海波：《故训汇纂》，商务印书馆，2003，第763-765页。按：其原文过短不便理解其义者，据相关古籍适当补充原文语句，不逐一注明出处。

《庄子·天运》："此皆自勉以役其德者也。"成玄英疏："德者，真性也。"

《韩非子·解老》："德也者，人之所以建生也。"

《礼记·乐记》："德者，性之端也。""是故德成而上"郑玄注："德，三德也。"

《礼记·大学》："德者，本也。"

《大戴礼记·王言》："德者，所以尊道也。"

《大戴礼记·劝学》："偏与之而无私，似德。"王聘珍解诂："德者，得其性者也。"

《黄帝内经·素问·解精微论》："是以人有德也。"王冰注："德者，道之用，人之生也。"

《黄帝内经·素问·上古天真论》："以其德全不危也。"张志聪集注："德者，所得乎天地之明德也。"

《吕氏春秋·精通》："德也者，万民之宰也。"

《说苑·政理》："德者，善养而进阙者也。""夫刑、德者，化之所由兴也。"

《潜夫论·德化》："道者，所以持之也。德者，所以苞之也。"

《淮南子·天文》："冬至为德。"高绣注："德，始生也。"

《淮南子·齐俗》："得其天性谓之德。"

《淮南子·缪称》："德者，性之所扶也。"

《新书·道德说》："德者，道之泽也。""德者，遍及物理之所出也。""德此，谓之得。"

《汉书·董仲舒传》："德者，君之所以养也。"

《天人三策》（董仲舒）："天道之大者在阴阳。阳为德，阴为刑；刑主杀而德主生。是故阳常居大夏，而以生育养长为事；阴常居大冬，而积于空虚不用之处。以此见天之任德不任刑也。"

按以上诸例，其论德之旨，皆本"生""升"取义。《管子·心术·上》引段论道、德之关联，尤堪注意。尹知章注云："道因德以生物，故德为道舍。"舍，馆舍也。德为道舍，比喻之辞，谓德所以彰显道之功能，犹如道之馆舍也。《老子》"道生之，德畜之"，亦此义。故孔子论德，则曰"据于德""德之不修"。德而曰"据"曰"修"，其义可窥焉。修与脩，古籍通用。《说文》云："修，饰也。从彡，攸声。"段注云："饰，即今之拭字，拂拭之则发其光采，故引伸为文饰。不去其尘垢不可谓之修，不加以缛采不可谓之修，修之从彡者，洒刷之也，藻绘之也。修者，治也，引伸为凡治之称。匡衡曰：'治性之道，必审己之所有余，而强其所不足。'经典多假肉部之'脩'。"① 德为道之功能，功能者天所赋，非修则无以成之在我。"德之不修"，宜其为孔子所忧也。

由"生""升"之义以推，德复可引申相关义项，广涉政、教、礼、义之属，举凡利于"生""升"者，皆以德括之。其例甚多，摘录如下。

《左传》成公三年："然则德我乎？"孔颖达疏："德加于彼，彼荷其恩，故谓荷恩为德。"

《左传》僖公二十四年："德者，国家之基也。""王德狄人。"孔颖达疏："荷其恩者谓之为德，古人有此语。"

《左传》僖公二十七年："德者，义利之本也。""礼乐，德之则也。"孔颖达疏："揆度于内，举措得中之谓德。"

《左传》文公七年："义而行之谓德礼。"杜预注："德，正德也。"

《国语》越语下："德虐之行。"韦昭注："德，有所怀柔及爵赏也。"

《国语》晋语六："夫德，福之基也。"

《国语》晋语七："德义之乐则未也。"韦昭注："善善为德，恶恶为义。"

《国语》周语下："下非地德。"韦昭注："德，犹利也。"

《管子·兵法》："通德者王。"尹知章注："德者，道由以成者也。"

《管子·枢言》："所谓德者，先之之谓也。"

《管子·戒》："所以谓德者，不动而疾，不相告而知，不为而成，不召而至，是德也。"

《管子·四时》："德出贤人。"尹知章注："德者，贤人所修为，故能生贤也。"

《庄子·齐物论》："此之谓八德。"成玄英疏："德者，功用之名也。"

《庄子·德充符》："德者，成和之修也。"郭象注："事得以成，物得以和，谓之德也。"

《庄子·大宗师》："以德为循。"郭象注："德者，自彼所循，非我作。"

《庄子·骈拇》："而侈于德。"郭庆藩集释引王云："德者，全生

---

① 许慎、段玉裁：《说文解字注》（下），凤凰出版社，2015，第743页。

177

之本。"

《庄子·庚桑楚》:"道者,德之钦也。"成玄英注:"德是临人之法。"

《庄子·说剑》:"论以刑德。"成玄英疏:"德,德化也。"

《庄子·在宥》:"中而不可不高者,德也。""恐天下之迁其德也。"成玄英疏:"德者,功行之名。"

《礼记·乡饮酒义》:"德也者,得于身也。""礼以体长幼,曰德。"

《礼记·王制》:"明七教以兴民德。"孔颖达疏:"德者得也,恐人不得其所。"

《礼记·内则》:"降德于兆民。"郑玄注:"德,犹教也。"

《礼记·月令》:"命相布德和令。"郑玄注:"德,谓善教也。"

《孔子家语·入官》:"德者,政之始也。"

《韩非子·二柄》:"庆赏之谓德。"

《尸子·处道》:"德者,天地万物得也。"

《鹖冠子·环流》:"所谓德者,能得人者也。"

《逸周书·谥法》:"绥柔士民曰德。"

《逸周书·本典》:"能督民过者,德也。"

《逸周书·命训》:"夫司德司义而赐之福禄。"朱右曾集训校释:"得于己曰德。"

《吕氏春秋·报更》:"张仪所德于天下者。"高绣注:"德,犹恩也。"

《韩诗外传》卷五:"至精而妙乎天地之间者,德也。"

《白虎通义·封禅》:"地以厚为德。"

总上以观,德之为义,据"实德业三,各不相离"之旨,以实训之曰德,以德训之曰生,以业训之曰升,三旨一贯。由此衍义,举凡政、教、礼、义之利于"生""升"者,皆可概之曰德。故概言之,德有广狭之义,其义奚谓,可缘语境而明。秦汉以前,德之训义殆皆如此,罕有例外。

第二节 明德

上节释德,已明德之变义与不变义。德之变义虽似歧出,要之无不本于"实德业三,各不相离"之旨。本节以《论语》为据,阐明孔子言德之义。

一、孔子论德：古义传承与发散

《论语》德字四十见，多出于孔子；少数出于弟子门人，大旨亦同。孔子之言德，大体继承古义，而时有衍伸发散。《论语》之德，分梳其义，盖有如下之端：一曰图腾之德，二曰天命之德，三曰政教之德，四曰传统之德，五曰规范之德，六曰生生之德，七曰恩惠之德，八曰有德之人。德义本一贯，此类分梳为方便论述耳，非谓德之可分而视之也。

一曰图腾之德。春秋之际，德字犹存图腾之遗韵，《论语》可见一例。《论语·微子》篇记孔子过楚地，有狂者歌以讽孔子，其言多隐喻双关之辞。

> 楚狂接舆歌而过孔子曰："凤兮！凤兮！何德之衰？往者不可谏，来者犹可追。已而！已而！今之从政者殆而！"孔子下，欲与之言。趋而避之，不得与之言。（《论语·微子》）

据闻一多考证，凤即玄鸟，殷人之图腾也。[1] 孔子为殷人后裔，楚狂之歌"凤兮凤兮"，隐射孔子也。"何德之衰"，讽喻殷德之衰，兼喻孔子所传承之德之衰也。殷之德，谓殷之图腾、制度、传统之属，以德括之。由"德之衰"而言"从政者殆"，其义可推知也。此段典故亦见《庄子·人间世》篇，文辞少异，而有所发挥。[2]

二曰天命之德。《论语》明言"天命"者三次，未明言天命而实指天命者屡见。

> 子曰："天生德于予，桓魋其如予何？"（《论语·述而》）

此章德字，苟不以天命之德解之，实难通顺。包咸曰："天生德者，谓授我以圣性，德合天地，吉无不利，故曰其如予何。"[3] 朱注袭之。圣性云云，笼统之言。其说近是而不确。或以通常之德性为解，则德性人人禀诸天赋，何以孔子敢言"桓魋其如予何"？通常之德性，桓魋岂无奈何邪？桓魋之无奈何者，天

---

[1] 闻一多：《闻一多全集》（1），上海人民出版社，2020，第77—81页。
[2] 《庄子·人间世》云：孔子适楚，楚狂接舆游其门曰："凤兮凤兮，何如德之衰也！来世不可待，往世不可追也。天下有道，圣人成焉；天下无道，圣人生焉。方今之时，仅免刑焉。"按："何如德之衰"，如同汝，指孔子也。
[3] 何晏、邢昺：《论语注疏》，中国致公出版社，2016，第105页。

179

命也。傅斯年谓此章"未明言'天命'而所论实指'天命'者"①,窥见其旨矣。按此章所叙之事,在鲁哀公二年(前493年),孔子时年五十有九,已过"知天命"之年,其笃信桓魋无奈其何者,舍天命无以言之。此处不言天命而言德者,以桓魋虽在位而无德,无异小人,小人不知天命而不畏,故不言德耳。天命者,必然所系,大势所趋,圣人犹且畏之而无奈其何,况桓魋之流乎!夫子自知道之行废,皆系天命,而天命在我,故敬而承之,恭而行之,桓魋岂能逆天乎!可逆者,不可谓之天也。夫子处变而不忧之仁,不惑之智,不惧之勇,可以见已。②

三曰政教之德。德之偏重政教取义者,莫过"为政以德""道之以德"数章,此类章句容下节专题详解。兹以下二章为例释之。

子曰:"君子怀德,小人怀土;君子怀刑,小人怀惠。"(《论语·里仁》)

季康子问政于孔子曰:"如杀无道,以就有道,何如?"孔子对曰:"子为政,焉用杀?子欲善,而民善矣。君子之德风,小人之德草。草上之风,必偃。"(《论语·颜渊》)

上章论君子化民之方也。君子,谓在位君子。小人,下位之人。怀者,萦怀于心,思之不忘,如有女怀春之怀也。德者,偏重政教取义,犹言政教传承之所得者也。土,乡土所居,生生之本也。刑,同型,法式、典范也。句谓:君子以政教之德为重,则小人安居乐土而萦怀焉;君子以典范法式为导,则小人知恩惠所在而萦怀焉。"君子怀德"与"小人怀土"构成因果关联,犹言"君子怀德,则小人怀惠",《论语》用语简奥,不言"则"字而义在其中。"君子怀刑"与"小人怀惠"同此。下章君子亦指在位君子。君子之德,言君子之政令教化也。小人之德,言下层之风俗习惯也。政教之影响风俗,恰如风过草偃,其效如此。故政教之道,贵在以上帅下,风化成教,自然之符也。

四曰传统之德。德之本质含义,谓人道根据之承受也。人道所承受者,以政教为主,故德之取义以政教为重,然其外延之广,常有不限于政教者。举凡

---

① 傅斯年:《性命古训辩证》,上海三联书店,2018,第69页。
② 竹添光鸿曰:"此章与公伯寮章不同,与用舍行藏章亦不同。盖此是圣人以天命在己自信。安命之说,不足以讲此;命不足道之说,亦不足以讲此。圣人只是自己担荷处信得及。"(竹添光鸿:《论语会笺》(壹),凤凰出版社,2012,第446页)。

人道所传承而生生不息者，皆谓之传统。以下诸例之德，以传统释之最切。

> 子曰："有德者必有言，有言者不必有德。仁者必有勇，勇者不必有仁。"（《论语·宪问》）
> 子张曰："执德不弘，信道不笃，焉能为有？焉能为亡？"（《论语·子张》）

有德者，犹言生活于传统而有得于身者。有德故必有所立言也。反之则未必然。子张"执德不弘"与"信道不笃"对言，"德"与"道"对言。德亦传统之属，道者古道也。道而曰"信"，信而好古之义也。德而曰"执"，殊堪细玩，苟以德性释之，德性岂可言"执"乎？故知其为传统之属矣。

五曰规范之德。以下三章之德，指代规范、操守之属。

> 子曰："骥不称其力，称其德也。"（《论语·宪问》）
> 子曰："巧言乱德，小不忍则乱大谋。"（《论语·卫灵公》）
> 子夏曰："大德不逾闲，小德出入可也。"（《论语·子张》）

骥，马之良者。郑玄曰："德者，调良之谓。"[①] 马之调良，有法度之谓。骥之良，不以其力，而以其训练有度也。仁斋曰："马之有骥，犹人之有君子也。"一斋曰："所称之德字，专就性良处言之。"[②] "巧言乱德"之德，亦谓法度，巧言逞其辞辩，乱法度者也。子夏之言，"大德"犹言重大之法度、节操之属。闲，本义为木栅栏，引申为界线。"大德不逾闲"，谓重大法度、节操，以不逾越法度为要。"小德出入可也"，谓细小之节操，出入可也。

六曰生生之德。下章德字，所重在生生之义。

> 子曰："德不孤，必有邻。"（《论语·里仁》）

德者万殊，以仁为主。仁以生生为据，以安安为归。仁必有所养，物遇之以长焉，故必有其邻。人之德也，犹如物之生。夫相生相长相辅相养者，人之道也，物性亦然焉。《易传·系辞·上》云"方以类聚，物以群分"，谓此也。

[①] 何晏、邢昺：《论语注疏》，中国致公出版社，2016，第233页。
[②] ［日］北村泽吉：《儒学概论》，山西人民出版社，2015，第65页。

故《坤·文言》曰:"君子敬以直内,义以方外,敬义立而德不孤。"①

七曰恩惠之德。下章德字,主恩惠而言。

或曰:"以德报怨,何如?"子曰:"何以报德?以直报怨,以德报德。"(《论语·宪问》)

何晏曰:"德,恩惠之德也。"朱子曰:"德,谓恩惠也。"其解得之。"以德报怨",看似高明,而孔子不以为然,而主以直报怨,何也?直者,不匿其怨也。报者,人情之大钧也。人之立世,必报本反始,礼顺其情,行稳致远,此先王安民之仁道也。举凡父慈子孝、君仁臣忠、兄友弟恭,皆报也,取其相互回还之义,环环相报,以至无穷,人情之恒道固若是焉。皇疏曰:"所以不以德报怨者,若行怨而德报者,则天下皆行怨以要德报之,如此者,是取怨之道也。"②

八曰有德之人。德必承受于人,方可谓之德,故德又可指有德之人而言。如下两章之德,即偏重此义。

子曰:"乡原,德之贼也。"(《论语·阳货》)
子曰:"道听而涂说,德之弃也。"(《论语·阳货》)

二章并置,语意相承。乡原,朱注曰:"乡者,鄙俗之意。原与愿同。乡原,乡人之愿者也。盖其同流合污以媚于世,故在乡人之中,独以愿称。夫子以其似德非德,而反乱乎德,故以为德之贼而深恶之。"③ 朱子释乡原,尽之矣。德之贼,犹曰贼德也。道听而途说,德之弃也,犹曰弃德也。二章德字,宜释为有德之人,方切语脉。乡原,似有德而非有德,反以乱有德,妨害有德之人也。有德者有言,故德言为贵;道听途说,知辩是竞,故有德之言,由是见弃焉。德之贼,谓贼有德之人也。德之弃,谓弃有德之人也。④

《论语》德字之义,大略分梳如上。又"德"与"得"通,亦见其例。以下章句,古来多分为二章解之,殊不知其语义相承而下,本为一章,不可分解

---

① [日]物茂卿:《荻生徂徕全集》(第一卷),河出书房新社,1973,第523、554页。
② 程树德:《论语集释》(下),中华书局,2013,第1169页。
③ 朱熹:《四书章句集注》(上),上海古籍出版社,2006,第233页。
④ [日]物茂卿:《荻生徂徕全集》(第一卷),河出书房新社,1973,第542页。

也。程朱以来多误以为有阙文者,请辨其误而正之。

> 孔子曰:"'见善如不及,见不善如探汤。'吾见其人矣,吾闻其语矣。'隐居以求其志,行义以达其道。'吾闻其语矣,未见其人也。"
> 齐景公有马千驷,死之日,民无德而称焉。伯夷、叔齐饿于首阳之下,民到于今称之。其斯之谓与?(《论语·季氏》)

按"民无德而称","德"通"得",与《论语·泰伯》篇"三以天下让,民无得而称"同义,谓民不知如何称颂之也。然此章曰"无德而称"不曰"无得而称"者,所重在"德"也,谓不知其德何如,故不知如何称之。上段孔子引古语"见善如不及,见不善如探汤",即下段齐景公之例也。齐景公曾问政于孔子,孔子答以"君君臣臣父父子子",景公曰"善哉",可谓"见善如不及"也。① 盖"见善如不及,见不善如探汤"者,人情之常,非特难之事,故孔子曰"吾见其人矣,吾闻其语矣"。上段孔子引古语"隐居以求其志,行义以达其道",即下段伯夷、叔齐之例也。伯夷、叔齐,孔子所未见,但闻其事,故曰"吾闻其语矣,未见其人也"。末以"其斯之谓与",顺势而反问,"斯"即上文孔子之言也。语意缜密如是,岂不彰彰明乎?

程子未审文脉,乃以《论语·颜渊》篇"诚不以富,亦只以异"之句置"其斯之谓与"之上,妄改经文。朱子踵之,谓:"此章文势或有断续,或有阙文,或非一章,皆不可考。"② 读书不慎思而曰文不可考,能毋叹哉!

二、道德仁艺:孔子之问题结构

道、德、仁、艺,四者环环相扣。孔子学问之纲领,教学之枢机,成人之曲奥,悉在是焉。四者之关联,孔子言之审矣,学者察诸?

---

① 《论语意原》云:见善如不及,有志于善也。见不善如探汤,未免于尝试也。齐景公闻夫子君君臣臣父父子子之言则深善之,闻晏子唯礼可以为国之言则又善之,见善如不及也。知陈氏之僭不能已其僭,知子荼之孽不能忘其孽,见不善如探汤也。悠悠于恶善之间,是以无德而称。(程树德:《论语集释》(下),中华书局,2013,第1336-1337页。)

② 杨伯峻:《论语译注》,中华书局,2012,第248-249页。钱穆《论语新解》亦踵其误,以为"诚不以富"两语移"其斯之谓与"前,最为谛当可从。(钱穆:《论语新解》,九州出版社,2011,第408-409页。)按:详考《论语》全书,并无一例阙文或错简之处。后人经解不通,每谓《论语》有阙文或错简,此不思之过也,诚可叹矣。

子曰："志于道，据于德，依于仁，游于艺。"（《论语·述而》）

道者先王之道，谓先王所以教化天下，本乎生生而归乎安安所由之道也。道而曰先王之道者，非谓道专属先王，而谓道由先王而立，以安天下者也。先王之立道岂无由哉？其集兆民之所由，累众圣之群智，必有其所以然之故焉。是故道者，超越一时一地而亘古恒然之称也。谓之先王之道者，既尊先王焉，复以尊道焉，非谓道为某人之专属也。先王之道大矣哉，发育万物，峻极于天，岂可一旦而得之乎，故曰志于道。志者，有志于此道也。《说文》云："志，意也。"心所存主谓之志，志于道、志于学、志于仁、匹夫不可夺志，皆此类也。心所存主，日夜向注，故以"意"解之。能志于道者，超拔不俗，故孔子以志于道冠其教学之纲领，学贵立志也。

据与據通。《说文》云："據，杖持也。"段注："谓倚杖而持之也。杖者，人所據，则凡所據皆曰杖。據或作据。"[1] 据于德，言以德为据而立身行世也。德人人殊，各以其性之所近而成焉。《虞书》九德，《周官》六德、三德，可见德之众而殊焉。《易传·系辞》曰"继之者善，成之者性"，此之谓也。我性之德，守而不失，可以进取，故曰据于德。据于德，谓不失于己性所近以为进修之基也。徒志于道而已，无德可据以进取，则道亦乌托邦之属耳。夫学问之道，立志为先，修德为要，故孔子以据于德次之。

《说文》云："依，倚也。"《广雅·释诂》："依，恃也。"依者，违之反，依即不违也。依于仁，即不违仁，以仁为依归而不相违离也。仁者，长人安民之德也，先王之道以安民为归，故其德主仁。夫仁之为德也大，亦有所不及焉，故以众德辅之，是先王之道所以为美者。虽然所主在仁，凡道之在行者，始于孝悌，推而达诸天下，一皆以生之长之养之成之安之而行，不与此相离，是谓依于仁。盖学问之道，在依于仁，苟能依于仁，则众德皆可蓄而成，故子曰"里仁为美"，又曰"其心三月不违仁，其余则日月至焉而已矣"，谓众美自然来集也。夫德者众矣，人人各殊，而仁德为大，故孔子以依于仁次之。

艺，六艺也，礼乐射御书数是也。游，朱注曰："游者，玩物适情之谓。"游艺则身心游玩其中，娱人耳目，发其意智，美善相激，陶冶日臻，成德不期然而然者如此。游者，有时而为之。有游则有息，不于常之谓。虽然，依于仁游于艺，岂异事哉！依于仁，必有所事，以游于艺为其事。艺之化人也神，不识不知，顺帝之则，仁之所以成也。朱注曰："游艺则小物不遗而动息有养。"

---

[1] 许慎、段玉裁：《说文解字注》，凤凰出版社，2015，第1037页。

夫六艺有礼乐，岂"小物"也哉！朱子可谓不知艺矣。① 先王之教，胥在礼乐，舍礼乐无教可言。圣人据此以长人、养人、安人也。人之成德，其道万端，所主在仁；为仁之方，其术万端，所主在礼乐。故孔子以游于艺结之。

统观四者，道而曰"志"，德而曰"据"，仁而曰"依"，艺而曰"游"，孔子之义可窥矣。道者，人道所由，先王所建，故君子志之。德者，生生之本，天命于人，修而得之，故据以成人。仁者，德之大者，可蓄众德，修德必以依仁为归。艺者，所以由道、修德、归仁之术也，犹今言所谓制度与技术是也。道虽人之所由，而超越于人，人唯道是从，故曰"人能弘道，非道弘人"。人所以能弘道，其据在天生德于人，人据德以由道。德之大者曰仁，先王之道归仁，故由道修德必以仁为依。依仁则众德来集，而依仁之方则在游艺。② 道、德、仁、艺，四者环环关联，盖如是焉。四者依次而言，乃言说之序，非先后之序也。朱子乃曰："学者于此，有以不失其先后之序、轻重之伦焉，则本末兼该，内外交养。"③ 孔子所言志于道、据于德、依于仁、游于艺，原非先后之序；道、德、仁、艺，亦无内外可言。盖朱子以礼乐为末为外，以仁为本为内，岂古学之义乎！不知古人之教，必以事见之，舍礼乐无仁可言，岂可以本末、内外论之乎！

三、三德释义：古言训释之例证

夫德，以在人者言之。曰天德者，比拟之辞也。人尊道而行，修身以成德。人之性虽近，而所禀各殊，故随其性之所近而成德焉。《易传·系辞》曰："一阴一阳之谓道，继之者善也，成之者性也。"言人各以其性之所近而成德也。德成而日新，守而不失，是谓据于德。《周礼》有"三德"之义，《中庸》有"三达德"之名，姑引而释之，庶有裨于发明德之义焉。

《周礼·地官师徒·师氏》曰：

> 师氏，掌以媺诏王。以三德教国子：一曰至德，以为道本；二曰敏德，以为行本；三曰孝德，以知逆恶。教三行：一曰孝行，以亲父母；二曰友行，以尊贤良；三曰顺行，以事师长。

---

① 松平赖宽：《论语征集览》（中），上海古籍出版社，2017，第523-525页。
② 杨鹏：《杨鹏解读〈论语〉》（上），上海社会科学院出版社，2020，第180页。
③ 朱熹：《四书章句集注》（上），上海古籍出版社，2006，第120页。

媺同美,"媺诏王",谓告王以善道也。《礼记·文王世子》曰:"师也者,教之以事而论诸德者也。"古之学,必教之以事,非徒逗口舌之说。国子,谓公卿大夫之子弟,师氏教之,而世子亦齿焉,学君臣、父子、长幼之道也。三德者,郑玄注云:

> 德行,内外之称。在心为德,施之为行。至德,中和之德,覆焘持载含容者也。敏德,仁义顺时者也。孝德,尊祖爱亲,守其所以生者也。孝在三德之下,三行之上,德有广于孝,而行莫尊焉。①

焘同帱,与覆同义,覆盖也。至德者,所以覆盖持载含容人之生者也,"至"言其通达恳至也②。敏德者,仁义顺时者也。疏云:"人君施政,春夏行赏为仁,秋冬行罚为义,是仁义顺时,敏疾为德者也。"③按敏训疾,非是。敏者,审当之义也④。敏德,谓人各以其性之适当者而成德,成德而行之,谓之敏德。徂徕先生曰:"至德以为道本,谓志于道也;敏德以为行本,谓据于德也;孝德以知逆恶,谓依于仁也。"⑤所重虽殊,要之莫不归于行也。

《中庸》哀公问政章,孔子答言极富,其论三达德曰:

> 天下之达道五,所以行之者三。曰君臣也、父子也、夫妇也、昆弟也、朋友之交也,五者天下之达道也。知、仁、勇,三者天下之达德也。所以行之者,一也。或生而知之,或学而知之,或困而知之。及其知之,一也。或安而行之,或利而行之,或勉强而行之,及其成功,一也。

达德者,顾名见义,谓通达于众人之德也。德之通于人人而皆有之,曰达德。夫德以性殊,人各以其性之所近而成德焉,达德则人人皆可通达,通贤愚贵贱皆有之,故谓之达德。《尚书·周官》三德,至德言其恳至,谓先王之大德也;敏德言其审当,人之审当各因人而异也;孝德言其敬顺,人之敬顺通达诸色人等,故唯孝德可谓之达德。郑玄曰:"若行五道,必须三德,无知不能识其理,无仁不能安其事,无勇不能果其行,故必须三德也。百王以来行此五道三

---

① 郑玄、贾公彦:《周礼注疏》(上),上海古籍出版社,2010,第493页。
② "至德"释义详见本章第四节。
③ 郑玄、贾公彦:《周礼注疏》(上),上海古籍出版社,2010,第494页。
④ 参见本书第二章第一节"敏求"部分。
⑤ 松平赖宽:《论语征集览》(中),上海古籍出版社,2017,第525页。

德，其义一也，古今不变也。"[①] 或安而行之，谓主仁而行之也；或利而行之，谓主知而行之也；或勉强而行之，谓主勇而行之也。所主虽殊，及其成功，一也。成功，言以德而成其功也。知、仁、勇三达德，所谓"达"者，皆以行言之，非行无以言"达"。"德行"合称者，谓身有是德而必有是行也。

第三节 政德

政之与德，本为一贯。孔子论政，多以德发之，例如"为政以德""道之以德"，皆重大之命题。本节逐一阐释二语之义，发明孔子政德思想。

一、为政以德：政治之大经

《论语·为政》篇多记为政之大道，可谓为政之经也。与此相类而略殊者，《论语·子路》篇多记为政之大节，可谓为政之纬也。《论语·为政》篇首章，孔子以喻辞而言为政之大经所在，微言大义，极高明而探本源，殊非等闲之思可知也。

> 子曰："为政以德，譬如北辰，居其所而众星共之。"（《论语·为政》）

本章孔子取天象以论人道，观天文而释人文，高矣深矣。孔子深悉于《易》者，此其一斑乎？人道之大者，政也。人文之大者，德也。为政之道，千头万绪，而孔子以众星共北辰喻之，其要义何在？古来训解富矣，要之可归为如下三问题：

（一）本章德字，如何训解方称确切？
（二）众星共北辰之喻，所喻者奚指？
（三）或曰此章隐喻无为而治，然否？

由第一问题，可确立为政之根本；由第二问题，可确立为政之统系；由第三问题，可确立为政之境界。三者明，孔子政治哲学之概要，可得而见焉。

且先探究第一问题，明天象之实。问题有二：一曰北辰何指？二曰北辰

[①] 郑玄、孔颖达、正义等：《礼记正义》（第三册），浙江大学出版社，2019，第1263页。

动否？

北辰，或以为北极星，或以为北天之枢。以为北极星者实误。辰者，次舍之名，非星也。凡天之无星处曰辰。辰以其处言，谓之辰者，无星而有位也。朱注云："北辰，北极，天之枢也。"三者所指皆一，第各有所侧重尔："极以其柱天而言，枢以其为运动之主而言，辰则以其为十二舍之中而言。"《公羊传》昭十七年传"北辰亦为大辰"，何休注云："迷惑不知东西者，须视北辰，以别心、伐。"① 故知北辰者，运动之主，众星所以环绕而行也。

其次，北辰动乎？以天文言，北辰并非不动，而其所动恒不离所处。故宋儒以磨心、车毂譬北辰者，似是而实非。"磨心与磨上之运转者不属，车毂与车轮之运转者不属，且磨心、车毂真不动矣，与'为'字、'以'字及北辰之象皆不合。"② 知北辰并非纯然不动者，又知其所动恒不离其处，则"居其所"之义可推知焉。

为政之道，纷繁万端，实有难以直言而尽之者。孔子以譬喻论之，言有尽而意无穷，学者思而得之，其妙如此。天象既明，下分三节论之。

（一）生生：为政之根本

子曰"为政以德"，德字之训，至为关键。细审德字之解，又包含二问题：一曰德字何义？二曰德字孰归？

此章德字之义，古来训解大体有三。一曰以生训德。邢疏引《正义》曰："物得以生，谓之德。"③ 皇侃疏引郭象云："万物皆得性谓之德。夫为政者奚事哉？得万物之性，故云德而已也。得其性则归之，失其性则违之。"按生、性本通，可归一类。二曰以得训德。朱子曰："德之为言得也，得于心而不失之谓也。"钱穆踵朱子之训曰："德，得也。行道而有得于心，其所得，若其所固有，故谓之德性。"④ 三曰以有德之人训德。徂徕曰："以德，谓用有德之人也。秉政而用有德之人，不劳而治，故有北辰之喻。"⑤ 按以上三训，本自贯通。《中庸》曰"为政在人"，又曰"人存政举，人亡政息"。德以在人为言，舍人无所谓德，故训德为有德之人，诚然。然止此而训德，殊未尽其义。何以故？曰：训德为有德之人，无异于不训也。试问：有德之人何以有德乎？窃以三训适可并存，且必须并存。人之有德，以"生"为本，以"升"为事，所谓"实德业

---

① 程树德：《论语集释》（上），中华书局，2013，第 71-72 页。
② 程树德：《论语集释》（上），中华书局，2013，第 74 页。
③ 何晏、邢昺：《论语注疏》，中国致公出版社，2016，第 14 页。
④ 钱穆：《论语新解》，九州出版社，2011，第 20 页。
⑤ ［日］松平赖宽：《论语征集览》（上），上海古籍出版社，2017，第 102-103 页。

三，各不相离"也。

其次，德字孰归？归乎君主？归乎为政者？归乎万民？古来解者，多以德归诸君主或从政者。后世所谓德治之说，本于此训。朱注曰："为政以德，则无为而天下归之。"钱穆踵之曰："为政者当以己之德性为本，所谓以人治人。"又曰："德者德性，即其人之品德。孔子谓政治领袖，主要在其德性，在其一己之品德，为一切领导之主动。唯德可以感召，可以推行，非无为。"① 此所谓德治主义之说也。其说非不美矣，惜其偏颇之弊，流毒千古，遗患无穷。孔子立言之旨，岂止是哉？细考孔子语意，以德归诸为政者固当，然止此不足语"以德"之义。夫为政以德者，不徒为政者以德，凡政所届之天下万民，亦因之而以德生生也。不然，"众星共之"何谓也？岂不赘语乎！此义下文明之。

总上，德者，生生而赋予人者也。为政以德，谓为政者据此生生之德，化导天下万民同务此生生之德而永不穷竭，此其义也。

（二）互生：为政之统系

孔子此章以譬喻而立论。譬喻之诠解本极灵活。古来解"为政以德"者，殆未及深察譬喻之义，遂致偏颇。德治主义之患，皆坐此偏颇之弊。孔子明言"譬如北辰居其所而众星共之"，此"为政以德"之义也，岂能置之不顾乎？"北辰居其所"，况为政者也；"众星共之"，况天下万民也。舍"众星共之"不察，徒以"北辰居其所"而论为政，截文取义，其可乎哉？

"共"同"拱"，环绕之象。"北辰居其所"与"众星共之"，适成一共生互构之统系。北辰所以能居其所者，以众星共之也；众星所以共之者，以北辰居其所也。二者咸系乎德，舍德之生生，则北辰失其所，众星失其共，如是统系崩矣。德之为生生，贯乎为政者与万民而言。为政者，在上者也。万民，在下者也。要之皆人也，均禀德之生生而为人焉。故为政以德者，谓为政者据此生生之德（根据），用此生生之德（方式），为此生生之德（目的），生之长之养之辅之成之美之，以养育生命为终极旨归焉。

"以德"之"以"，可表凭借，可表方式，可表目的，一字而诸义悉备。朱子曰："政之为言正也，所以正人之不正也。"其论非是。夫"政之为言正也"固是，然非"所以正人之不正也"。夫人之能生生，乃天命之德，此"正"之根本所在。人皆能自正其生，天意也。为政者，无非顺此生生而遂之，察此生生之障碍而除之，此所谓正也。为政者不能遂此生生而正之，则己之正本自可疑，何谈"正人之不正"乎？是故"为政"者，令其臣民众庶各得其所宜止

---

① 钱穆：《论语新解》，九州出版社，2011，第20-21页。

焉，此之谓"政者正也"，亦"居其所"之义也。"以德"者，承天之明命而修其身，各以性之所近而成其德，以遂此生生焉，此谓"以德"。故为政之归，不外乎"各正性命，保合太和"。政必贯以德，德必贯乎政，本诸生生而结成一互生共荣之统系，此谓"为政以德"。

（三）化生：为政之境界

孔子以"无为而治"赞舜，叹其"恭己正南面而已"，可知"无为而治"者，本孔子思想之大端，不容疑焉。本章北辰之喻，古来颇有以"无为"解之者。包咸曰："德者无为，犹北辰之不移而众星共之。"朱子袭其说曰："为政以德，则无为而天下归之，其象如此。"复引程子曰："为政以德，然后无为。"引范氏曰："为政以德，则不动而化，不言而信，无为而成。所守者至简而能御烦，所处者至静而能制动，所务者至寡而能服众。"① 此类皆以无为解之，大旨相同。

然反对以"无为"解之者，亦不乏其人。《论语稽求篇》云："夫为政以德，正是有为。夫子已明下一'为'字，况为政尤以无为为戒。"又云："夫子明下一'为'字，则纵有无为之治，此节断不可用矣。"为政固当有所为，征诸《礼记》，有哀公问为政一节："哀公问为政。孔子曰：'政者，正也。君为政，则百姓从政矣。君之所为，百姓之所从也。君所不为，百姓何从？'"此可证君之为政，并非无为，实有所为。程树德谓："此章之旨，不过谓人君有德，一人高拱于上，庶政悉理于下，犹北辰之安居而众星顺序，即任力者劳、任德者逸之义也。与孔子称舜无为而治了不相涉。"②

二说似皆有据，然细究之，其误解孔子之义则同。毋论主张无为或反对无为孰是孰非，其不解孔子无为之义，并无二致。殊不知孔子并不单言"无为"，而言"无为而治"，二者非一事也。"无为而治"者，治象也，非谓政象也，故孔子特以"治"字表之，岂容无视乎？为政固当有所为矣，苟为政之"为"果当乎，则为政之效而成其治象者，恰似无为，故谓之"无为而治"焉耳。

治象而曰"无为而治"，何谓也？

审夫子之语，譬"为政以德"如"北辰居其所而众星共之"，此言为政以德之治象，其效固如此也。北辰居其所，不动之象也；众星共之，动之象也。夫以不动之政而成自动之治，何也？曰："以德"之效也。北辰之不动，非截然不动也；众星之动，非截然自动也。德者，生生之谓。德之贯乎上下人等，一

---

① 朱熹：《四书章句集注》（上），上海古籍出版社，2006，第66页。
② 程树德：《论语集释》（上），中华书局，2013，第74页。

如星辰之牵于万有引力。言不动者,谓为政者不恃赏劝刑威而民自正也。言无为者,谓君民各正其所宜以遂其生生也。为政以德,所重在施于民者言之,非以君德言之也。言德则必有所为矣。德之非无为,与北辰之非不动,均也。人君之贤如舜者,亦有"恭己正南面"之事,自不容不内修其德。君民各修其所当为,则众星之环绕以动,自与北辰俱转;民之自新而不已,自与人君同正。

故为政而不急于动民者,"北辰居其所"之象也;天下共效其动者,"众星共"之象也。"居其所"云者,犹言自做自事,原无牵带众星之事也。"众星共"云者,亦言自做自事,无非顺势所趋而生生自庸也。是故"居其所"者,非言北辰之德也,言北辰之势也。① 夫子释"知"而曰"务民之义",君民各务其所宜,其势自生而不可御,此谓"无为而治"。故无为者,言治象也,非言君德也。不言君德而君德在焉,不言民德而民德在焉,此谓"为政以德"。为政之化境,莫过于是矣。

故为政之道,贵在缘德以生势,务民之义,各正性命。民之义,势之所在也。"务"之本,据于德。德者得也,修而后得。君子者,成德之名。德者,君子所以自感而后感人者也。此德既得于己,则为生物之本也;施之于民,则民又得其生物之本也。② 君民互生,生生自庸,同化于德。夫为政之所"为",重在正德施教以导民,民乐其德教而生生不已。生生不已,势即在焉。故孔子又有"道之以德"之说,下文详之。

二、道之以德:化民之大义

《论语·为政》篇第三章,孔子言治化导民之术,别政刑与德礼之效,大义闳深,万古不磨,为政之堂奥,莫尽于是。中外古今,论政者多哉,此章独步千古,谓之"最彻底之见解"③,非专美之辞也。

> 子曰:"道之以政,齐之以刑,民免而无耻;道之以德,齐之以礼,有耻且格。"(《论语·为政》)

孔子以政刑与德礼相较,细味其文,盖为当时专尚政刑者发焉。道者,引导也。齐者,整齐也。夫为政必有所引导,有所整齐,而导之齐之者不同,其

---

① 王夫之:《船山遗书》(第七册),中国书店出版社,2016,第140页。
② 三野象麓:《论语象义》,上海古籍出版社,2017,第62页。
③ 梁启超:《先秦政治思想史》,中华书局,2016,第116页。

效自殊焉。政者，制令也。刑者，刑罚也。违背制令者，则处以刑罚。道之以政，齐之以刑，此为政之通则，然其效止于"民免而无耻"而已。道之以德，德者好生之德，谓导之以好生之德而使民人自得之也。齐之以礼，礼者各安其分之序也。如是而为政，其效则"有耻且格"。本章"齐"字"格"字，取义精微，容稍解之。

齐字，甲金文像三株禾麦并立之形，中者略高，左右略低。《说文》："齐，禾麦吐穗上平也。象形。"段注："从二者，象地有高下也。禾麦随地之高下为高下，似不齐而实齐。参差其上者，盖明其不齐而齐也。"朱骏声《通训定声》曰："其中，高地之禾；左右，下地之禾也。"徐灏《段注笺》："引申之义为齐等，为齐备，为齐整；整犹正也，故又训齐为中；声转为齐衰之齐；又为齐戒之齐，别作斋。"① 夫禾麦之不齐，出于地之高下；地之高下禀乎天然，是故齐字，本于天然之不齐而化之以齐也。能化者，礼也。礼所以辨异也②；礼而曰"齐之以礼"，用字精审如是，谓孔子为语言大家，诚非过誉之辞。汉字之妙，一字一道理，一字一命题，美矣哉！

格字，或训正（何晏），或训至（朱熹），皆有所本，而尚嫌不周。"有耻且格"，格在句末，训至，犹云"有耻且至"，句法不顺。训正，"有耻且正"，文理均通，然犹不能尽格之义。《说文》："格，木长皃。从木，各声。"按皃同貌。木长必有所至。格可训至，复可训来。此接于彼曰至，彼接于此曰来。由至来而生感通，考格字古昔用法，兼有感应、感召之义。③ 又格之为感通，敬固在焉，故格与恪通。"有耻且格"汉碑作"有耻且恪"，《尔雅·释诂》曰："恪，敬也。"《汉书·货殖传》云："于是在民上者道之以德，齐之以礼，故民有耻而且敬。"复次，格与革音义并同，复可训革，有洗心革面之义。④ 三代以上，音同之字混用如常，如仁者人也，义者宜也，礼者履也，德者得也，皆假声发义，使学者思而得之，古之道也。故格字实兼多义，一曰正也，二曰通也，三曰敬也，四曰革也，皆并行分训也。道之以德，则生生不息；齐之以礼，则

---

① 汤可敬：《说文解字今释》（二），上海古籍出版社，2018，第985-986页。
② 《礼记·乐记》曰："乐统同，礼辨异。"
③ 段注云：木长皃者，格之本义。引申之，长必有所至，故《释诂》曰："格，至也。"《抑》诗传亦曰："格，至也。"凡《尚书》"格于上下""格于艺祖""格于皇天""格于上帝"是也。此接于彼曰至，彼接于此曰来。郑注《大学》曰"格，来也"。凡《尚书》"格尔众庶""格汝众"是也。至则有摩扢之义焉。如云"格君心之非"是也（。许慎、段玉裁：《说文解字注》，凤凰出版社，2015，第442页。）按摩扢之扢，音gū，整平之意，可与"齐之以礼"之齐字相发。
④ 程树德：《论语集释》（上），中华书局，2013，第81页。

化民无迹。其收"有耻且格"之效，理固然焉。

本章之义，群籍多有阐发。《礼记·缁衣》篇载孔子之言曰："夫民，教之以德，齐之以礼，则民有格心；教之以政，齐之以刑，则民有遁心。"《孔子家语·刑政》篇，子曰："圣人治化，必刑政相参焉。太上以德教民，而以礼齐之。其次以政导民，而以刑禁之。"《孔丛子·刑论》篇，仲弓问古之刑教与今之刑教，孔子曰："古之刑省，今之刑繁。其为教，古有礼然后有刑，是以刑省；今无礼以教而齐之以刑，是以刑繁。"故道之以政，齐之以刑，事倍而功半；道之以德，齐之以礼，事半而功倍。为政之术不同，其效之殊如此。

孔子之论为政，所重不在治民莅事，而在化民成俗。所以化民者，文教也，礼乐也。所谓"劳之，来之，匡之，直之，辅之，翼之"（《孟子·滕文公·上》），而归于"自得之"。如是，则为政者之任，实与施教者同①，其极则"政治与教育同功，君长与师傅共职"。国家虽有庠、序、学、校之施教机关，而政治社会实不异一融贯之组织，所以颐养人格，化民成俗者是也。② 准此以观，孔子所谓政治，较之西洋政治，本非同一位阶，其手法、境界之殊趣，不可相提并论。③

道之以德，朱注曰："道，犹引导，谓先之也。齐，所以一之也。"此解"齐"字未尽，已如上述；而解"道"字则甚精。道之以德者，以德为先导也。故导之，必先之，非先之何以导之邪？此观孔子答子路问政，明白之甚。

> 子路问政。子曰："先之，劳之。"请益。曰："无倦。"（《论语·子路》）

《论语》凡"问政"者，非泛问从政之道，乃其人方从政而问所当务也。④

---

① 梁启超：《先秦政治思想史》，中华书局，2016，第117页。
② 萧公权：《中国政治思想史》（一），辽宁教育出版社，1998，第62页。
③ 萧公权谓，近代论政治之功用者不外治人与治事之二端。孔子则持"政者正也"之主张，认定政治之主要工作乃在化人。非以治人，更非治事。（萧公权：《中国政治思想史》（一），辽宁教育出版社，1998，第62页。）按萧氏所言，实有所偏。孔子论为政固以化人为归，然其所以化人者，事也。舍事何以化人哉？顾孔子所以化人之事，在礼乐也，与西人之治事不同耳。
④ 徂徕曰：文武之政，布在方策，岂待问乎？故诸人问政，皆非为其异日从政而预问之也，其人方从政而问其所当务也。故孔子答之，亦非泛言从政之道也，皆随其人其时及其所治之土各殊焉。（松平赖宽：《论语征集览》（下），上海古籍出版社，2017，第976-977页。）按徂徕辨之甚是。

此章子路问政亦然。二"之"字，皆指民。先之者，在民之先以引导之也。劳之者，"择可劳而劳之"（《论语·尧曰》）也。劳，读去声，慰劳也。择可劳而劳之，则民无所怨。盖民所知有限，生计多艰，为政者先之以引导，使民知所适从；又择可劳而劳之，使民生计无虞。为政而有所先之，勿遽而以渐，则民不惊矣。为政而有所劳之，行仁以安民，则民不怨矣。不惊不怨，长人安民之道，庶几备焉。子路勇于义，故夫子告之以此，既切子路之性情，亦发为政之恒道。徂徕先生曰："大抵勇于义之人，以己视民，必有发政不以渐，而遽责其从己者，故曰'先之'。又必有以义责民而不恤其劳苦者，故曰'劳之'。"① 子路"请益"，请申说其所以能如此之道也。答以"无倦"者，谓引导之慰劳之，唯无倦者能如此也。② 盖为政者偶一先之，偶一劳之，不难也，而恒如此者，诚难矣。孔子答以"无倦"，持之以恒也。为政而无恒，其政必怠，其事必荒，何以长人安民哉！③ 故曰：先之劳之而无倦，万古为政之大纬也。能之则盛，不能则衰，遍览历代王朝盛衰之由，孔子六字尽之矣。

先之者，道之以德之谓也。道之以德者，为政以德之谓也。"为"者，谓先以教博施于民，使民由之而行。由之久而行之深，百姓日用而不知，自得之而餍足之，乐其教化，上下相安，生生自庸。"先之"而又必以"无倦"者，谓事变无常，时移世易，所施之教亦当因时损益，纾解民瘼，助益民生，庶无过不及之虞。故必"先之""劳之"而"无倦"，恒以切时，务民之义，长治久安之道也。

第四节　中庸

《论语》载孔子言至德者三次，一以赞泰伯，二以赞周德，三以赞中庸。上文释《尚书·周官》三德，已及至德，犹有未尽，容再申论之，庶几至德明而

---

① 松平赖宽：《论语征集览》（下），上海古籍出版社，2017，第978页。
② 程树德：《论语集释》（下），中华书局，2013，第1015页。
③ 《四书通》云："子张堂堂，子路行行，皆易锐于始而怠于终，故答其问政，皆以无倦告之。"《集解》引孔安国曰："子路嫌其少，故请益。"《集注》引吴氏曰："勇者喜于有为而不能持久，故以此告之。"按：此类解读皆误；何以知子路锐于始而怠于终？何以知子路嫌其少也？何以知勇者必不能持久也？孔子之答虽极简，其义极大矣，子路请益，非嫌少也，乃请所以如此之道也。《四书近指》曰："圣人非因子路所长，迪以先劳，是万古治乱盛衰之所系。非因子路所短，益以无倦，是万古自治而乱、自盛而衰之所系。"其说确矣。（程树德：《论语集释》（下），中华书局，2013，第1015-1016页。）

中庸之大义可重见天日焉。孔子曰"中庸之为德也",明言中庸之为德,非道也。后儒无视之,以中庸为道,谓之"中庸之道",殆子思肇其端①,非孔子之旧矣。且先明至德,再论中庸。

一、至德解义:中庸释义之线索

《论语·泰伯》篇孔子言至德二次,一赞泰伯,一赞周德。

先究字义,再以孔子之言为证。至德之至,字义丰富,容稍训释。《说文》曰:"至,鸟飞从高下至地也。从一,一犹地也。象形。不,上去;而至,下来也。""不"与"至"反义,"不"像鸟飞上去;"至"像鸟飞下来。② 段注:"凡云'来至'者,皆于此义引申假借。引申之,为恳至,为极至。"③ 又《说文·见部》"親,至也",段注云:"到其地曰至,情意恳到曰至。父母者,情之最至者也,故谓之亲。"故知至字之义,兼来至、恳至而一焉。来至者,言其事也;恳至者,状其德也。揆诸"实德业三,各不相离",义固相通。由到来、恳至之义,又有通、达之义。《玉篇·至部》:"至,通也。""至,达也。"《国语·楚语·上》"至于神明"韦昭注:"至,通也。"《礼记·乐记》"礼至则无怨"郑玄注:"至,犹达也,行也。"④ 总上,"至"训为恳到、通达之义,最称允切。

《逸周书·本典》记召公请教周公为政之道,周公言及至德,颇可发明其义,爰录如下:

> 朕不知明德所则,政教所行,字民之道,礼乐所生。非不念而知,故问伯父。

> 周公再拜稽首,曰:"臣闻之文考,能督民过者德也,为民犯难者武也。智能亲智,仁能亲仁,义能亲义,德能亲德,武能亲武,五者昌于国曰明。明能见物,高能致物,物备咸至曰帝。帝乡在地曰本,本生万物曰世,世可则效曰至。至德照天,百姓震惊。备有好丑,民无不戒。……"

---

① 曰子思肇其端者,学界多以《中庸》为子思所作,姑从之耳。《中庸》之年代,尚存疑问。《孔子世家》云"子思作中庸",后人未及细究,信以为真。然《中庸》与《孟子》多有重言,孰先孰后,尚待细考,此不遑细究之。
② 汤可敬:《说文解字今释》(四),上海古籍出版社,2018,第1709页。
③ 许慎、段玉裁:《说文解字注》(下),凤凰出版社,2015,第1016页。
④ 宗邦福、陈世铙、萧海波:《故训汇纂》,商务印书馆,2003,第1882页。

朱右曾注云:"乡音向,犹眷顾也,天所眷顾其本在德。"①

审其文义,至德所重,殆可窥见。"明能见物,高能致物,物备咸至曰帝",此言天也,故下文径曰"至德照天",明白显豁。《大戴礼记·卫将军文子》篇,孔子曰:"孝,德之始也;弟,德之序也;信,德之厚也;忠,德之正也。"卢辩注云:"天道曰至德,地道曰敏德,人道曰孝德。夫学天地之德者,皆以无私为能也。动而乐施者,天德也;安而能化者,地德也。"② 天道所以称至德者,以天道之大公、恳到、通达而周遍也。地道所以称敏德者,以地貌之异、地气之殊而各有其适宜之义也,故曰敏德。敏者,审当之谓也。古人用字之精审如此。

至德之义,所重在天,言至者,谓人象天而使其德来至于我,又谓其德恳到周遍可通达于人,故曰至德。《论语·泰伯》篇屡记先王之至德要道者,孔子一以至德赞泰伯,一以至德赞周之德。

子曰:"泰伯,其可谓至德也已矣!三以天下让,民无得而称焉。"(《论语·泰伯》)

舜有臣五人而天下治。武王曰:"予有乱臣十人。"孔子曰:"才难,不其然乎?唐虞之际,于斯为盛。有妇人焉,九人而已。三分天下有其二,以服事殷。周之德,其可谓至德也已矣。"(《论语·泰伯》)

周太王生子三,长子曰泰伯,次子曰仲雍,三子曰季历。季历贤,又生子昌,即后来之文王也。太王知季历之贤,又生文王,有圣人之表。太王时,殷道式微,周德日盛,太王素抱翦商之志,欲立季历以济其事。泰伯窥知父意,乃三让于季历,卒与仲雍逃之荆蛮。曰"三让"者,古人辞让,以三为节:一让为礼,二让为固,三让为终。曰"以天下让"者,周后有天下,孔子据已然之事为言,谓泰伯之让终成其美,周灭商而天下归仁。解者不审,误以泰伯以天下为让,则太王时周为一侯国耳,岂可云让天下乎?曰"民无得而称"者,泰伯之让隐微,无迹可见,故民不知所以称之。曰"至德"者何也?盖泰伯之让,出于无私,大公与天等,上以全父之志,下以成弟之友,天伦尽而政事美,

---

① 黄怀信、张懋镕、田旭东:《逸周书汇校集注》(下册),上海古籍出版社,2007,第753-754页。按原文有缺字二处,据此汇校本补全。
② 王聘珍:《大戴礼记解诂》,中华书局,1983,第110页。

可谓恳到而通达矣，故谓之至德也。

下章赞周之德，所重在兴人才而用之，以成天下之治，要之亦天德之属。天地之大德曰生，广兴人才以遂其生生，顺天也。所以能如此者，恭承天命也。乱，治也。唐虞之际，尧舜交会之间也。于斯为盛，于此周为最盛也。是篇称至德者二，一以泰伯，二以周。周德兼文武而言。泰伯以让，文武以恭。《书》赞尧而曰"允恭克让"，恭让皆所以承天之明命，遂其生生，济天下之美，故以至德赞之。盖恭让而无益于人者，止洁身而已，岂可比拟尧舜泰伯文武之善美乎？是其所以为至德也。①

两章言至德，皆以人承天意以安天下为言，泰伯之让，以天下，周之恭，亦以天下。承天命以成其德，恳到而通达，故曰至德。至德之义殆如此。

二、民鲜久矣：句法辨正与新解

孔子言"中庸"独见一次，可谓孤语，因无旁证以参，其训解甚为棘手。然中庸并非毫无来由，亦非孔子所创之词，《尚书·周官》言乐德有六，中庸居其二，其来有本。孔子之中庸，与《礼记》之中庸，后人多混为一谈。太史公又云"子思作中庸"，子思乃孔子之孙，学脉兼以血脉，一脉相承，似不容疑。于是焉后人皆祖《中庸》以论孔子之中庸，以为中庸大义，尽在《中庸》一篇，子思发之尽矣。果其然乎哉？兹且不论《中庸》成于何人之手，亦不论《中庸》之主旨，只以《论语》论孔子，窥其所谓中庸，到底何义。

子曰："中庸之为德也，其至矣乎！民鲜久矣！"（《论语·雍也》）

审孔子之言，虽不直言"至德"，而观"其至矣乎"紧承"之为德也"，可知中庸实为"至德"，朗然可见。"德"之义上文已明，此不赘论。此句之"为"字，"鲜"字，后人多误会，粗疏读之，容稍辨其义；二字不明，中庸之义不可得而明也。

（一）中庸为德而非道

细读孔子之言，可知其由二句组成：其一曰"中庸之为德也，其至矣乎！"，感叹之句也；其二曰"民鲜久矣！"，亦感叹之句也。辨明句子结构，语意关系方可澄清，不可草率视之。

"中庸之为德也"，何谓"为德"乎？后人皆以"为"为判断词，遂滋误

---

① 松平赖宽：《论语征集览》（中），上海古籍出版社，2017，第609-610页。

解。《说文》曰："爲，母猴也。其爲禽好爪，爪，母猴象也。下腹爲母猴形。"按许说实误，就篆文形体臆说耳。考甲骨爲字，像以手牵象之形。罗振玉云："卜辞作手牵象形。""意古者役象以助劳，其事或尚在服牛乘马以前。"李孝定曰："以手役象有作为之义，故引申为作为。"① 段玉裁注："假借为作为之字，凡有所变化曰为。"《尔雅》："造作，为也。"《广雅·释诂三》："爲，施也。又，成也。"此"爲"字本训也。②

《论语》"为"字，其为动词，或训作，或训行，或训治，其确训须据语境而定。训作者，如《先进》"不图为乐之至于斯也"，何晏引王氏曰"为，作也"；《先进》"鲁人为长府"，《宪问》"为命"，皇侃疏曰"为，作也"。训行者，如《学而》"其为仁之本与"，刘宝楠正义"为仁，犹言行仁"；《里仁》"其为仁矣"，刘宝楠正义"为仁，即用力于仁也"。训治者，如《里仁》"能以礼让为国乎"，《先进》"由也为之"，皇侃疏曰"为，犹治也"；《子路》"善人为邦百年"，皇侃疏曰"为者，治也"。诸如此类，"为"之为动词，皆有所兴发造作之义。

审"中庸之为德也"，与"大哉尧之为君也"，句式正同。"为德""为君"之"为"，皆有所兴发造作之义，非谓"中庸之是德也""尧之是君也"。殊不知尧是君乎，孔子何必言之。"为德""为君"之为，皆动词，非判断词。盖"为"之兴发造作，其确义奚指，取义极活，须缘语境敏以求之，不可拘泥以解，不可囫囵而过。③

以语法而言，"中庸之为德"，本为主谓结构，"中庸"主语也，"为德"谓语也，"之"为主谓间虚词，借以取消句子独立性，故"中庸之为德也"借"之"字而失其主谓意义，变为一名词性主语，以作整句之主语，后文"其至矣乎"乃句子之谓语。恰如"大哉尧之为君也"，"尧之为君也"主语也，"大哉"谓语也，倒装于前耳。"民鲜久矣"，乃另一独立句子，下文详之。

---

① 汤可敬：《说文解字今释》（一），上海古籍出版社，2018，第399页。
② 据甲骨文分析，"爲"字构字字根有二：一为爪，一为象。爪在象鼻之上方，而非右下方（俗解实误），其构意非役象劳作，而表示大象鼻子如人手可抓拿东西，故"爲"字本义并非作、做，而是仿效。引申之，有担任、充当之义；再引申之，有变成、成为义；复引申之，乃有作为义。（唐汉：《道德经新解》前言，北京联合出版公司，2019，第2-3页。）按此说甚新，以之解《道德经》，诸多语句亦通达。如解"无为"，谓无所仿效，有使民自治之义。"无为而治"，谓无所仿效而天下自治。姑备一说，俟将来深究。
③ 《论语》"为"字训义，详见本书第七章第三节"秩序原理"部分。

（二）何谓"民鲜久矣"

"鲜"字古来解者一概训少，恐非也。"民鲜久矣"乃一独立句子，鲜训少，是为副词，然则动词安在邪？古文固常省略，然谓语动作断不可省，省则句子不能成立。此一文法，不容不知。

以《论语》文法审视，"……久矣"前或为主谓结构，或为"主语+之+谓语"结构，均之表述某一动作事态，"久矣"乃描述其事态者，如今日之状语。此一定则，《论语》无有例外。① 且看其例：

《八佾》：天下之无道也久矣。
《述而》：丘之祷久矣。
《子张》：上失其道，民散久矣。

"天下之无道也""丘之祷"皆为"主语+之+谓语"结构，"民散"则为主谓结构，均之表示某一动作事态。以句法言，"民鲜久矣"与"民散久矣"正同。《论语》尚有倒装之情形：

《述而》：久矣吾不复梦见周公！（=吾不复梦见周公久矣！）
《子罕》：久矣哉，由之行诈也！（=由之行诈也久矣哉！）

另可见《左传》之用例，如：

文公十四年：尔求之久矣。
僖公二十二年：天之弃商久矣。

在在可证，"久矣"前均为某一动作事态，否则不成句子。古文绝无单用一"久"字表示"长久进行某种行为或动作"者。

据以上分析，可得结论："民鲜久矣"乃一独立句子，"民鲜"须为主谓结构；否则文法不立，句子不成。职是之故，《中庸》特加"能"字而曰"民鲜能久矣"，"鲜"若训少，必加"能"字，否则句子无动作词，绝无成立之理。《中庸》作者无意而加"能"，其误会孔子之中庸，岂不昭然若揭乎？

《论语》"鲜"字凡六见，五次皆为"鲜矣"结构，其例为"而好犯上者鲜

---

① 蒋绍愚：《论语研读》，中西书局，2018，第 149-150 页。

矣"（《学而》），"巧言令色鲜矣仁"（《学而》《阳货》），"以约失之者鲜矣"（《里仁》），"由知德者鲜矣"（《卫灵公》），前四例"鲜"皆可训少；"由知德者鲜矣"之"鲜"当训其本义①。"民鲜久矣"句法不同，"鲜"字为动词，其义须另作训解，不可与其余诸例等而视之。

《尔雅》曰："鲜，善也。"鲜为"鱻"之假音。《说文》云："鱻，新鱼精也。"是"鱻"取生新为义。凡鸟兽鱼鳖之肉，皆新鱻者善，故训善也。通作"鲜"，从鱼从羊。盖鱼为味之美者，羊为物之善者，羹羞之美而善者曰鲜，故有"新鲜"之解。②《方言》云："鲜，好也。""好"亦善也。《诗》"篷篨不鲜""鲜我方将""鲜我觏尔""度其鲜原"，郑笺并云："鲜，善也。"又鲜可训尽。《易传·系辞·上》"故君子之道鲜矣"，《释文》引师说云："鲜，尽也。"③ 训善、训好、训尽，皆可由形容词转为动词。

据以上训义，切入孔子原文语境，今试解其文义如下：

> 孔子曰：中庸之兴发德行，可谓恩至周遍矣乎！人民赖之而生生日新者久矣！

（三）孔子"中庸"新解

上据文法而论，兹以古来注解为参，诠释"中庸鲜民"之义。

考中庸之源，出于《尚书·周官》。《尚书·周官》之书，孔子时虽未必完备，所记内容多后人追记者，然后人追记，必有所本，殊非向壁虚构者比。《尚书·周官》之春官宗伯下云：

> 凡有道、有德者，使教焉，死则以为乐祖，祭于瞽宗。以乐德教国子：中、和、祗、庸、孝、友。

> 郑玄注：道，多才多艺者。德，能躬行者。中，犹忠也。和，刚柔适也。祗，敬。庸，有常也。善父母曰孝。善兄弟曰友。④

据《尚书·周官》可知，中和祗庸孝友，六者皆乐德也。《乐记》云："乐由天作，礼以地制。"是乐德皆天德也。孔子以至德称之，良有以焉。孔子不悉

---

① "由知德者鲜矣"之释义，详见本书第七章第三节"秩序原理"部分。
② 高树藩：《中文形音义综合大字典》，中华书局，1989，第2167页。
③ 郝懿行：《尔雅义疏》（上），中华书局，2019，第19、21、179页。
④ 郑玄、贾公彦：《周礼注疏》（中），上海古籍出版社，2010，第832-833页。

采六德，只择其二而曰"中庸"，何也？古书凡以六言者，皆两两相对：中和一类，祗庸一类，孝友一类。祗，敬也，用之天地鬼神，故敬之。庸，用也，用之民生日用，习用如常，有平常之义。可常行者，或禀天道，或类天道，固所当敬。祗庸一类，不亦确乎？《尚书·康诰》有"庸庸祗祗"，可见祗庸相比成类，古之道也。就六德取二者而曰中庸，必古言相传之习，故孔子采之以括乐之六德。① 括之曰"中庸"，则"中"可概"中和"之义，"庸"可概"祗庸"之义。至于"孝友"，本属民之常用者，"庸"字尽之，不言孝友而孝友在焉。

容稍辨中庸二字之义。

中字甲骨文存者颇富，多为独体字，字形虽略异，核心则不变："丨"，表上下贯通。《说文》："中，内也。从口、丨，上下通。"上下多与天人关涉。此训可征诸古籍。《左传》成公十三年："民受天地之中以生。"文公元年："举正于中，民则不惑。"《尚书·仲虺之诰》："王懋昭大德，建中于民。"中秉天意，故《汉书》径云："建大中以承天心。"（《汉书·谷永杜邺传》）《尚书·汤诰》："唯皇上帝，降衷于下民。""降衷于下民"之"衷"或本为"中"，与"建中于民"同义。《论语》记尧嘱舜之言"允执其中"，大旨亦同。要之"中"有二义。"人受天地之中以生"，不偏不倚也。舜"用其中于民"，无过不及也。宋儒之解本此。不偏不倚，无过不及，古归一义。譬如王都在中，东西南北道途均，行则易至，是不偏有易行之义，此以物理言之也。又如贤者俯而就之，不肖者企而及之，是无过不及亦有易行之义，此以事理言之也。合而言之，二者皆谓不甚高远而易行之义。②

庸字通训有二：一训用，一训常。《说文》："庸，用也。从用，从庚。庚，更事也。"朱骏声《通训定声》云："庚有继续一义。事可施行谓之用，行而继之以常谓之庸。"故庸有赓续常行之意。③《尔雅·释诂·上》："庸，常也。"郝懿行义疏："庸，用之常也。"由"用之常"而有"和也""善也"诸义。《广雅·释诂三》："庸，和也。"《小尔雅·广言》："庸，善也。"《易·乾·文言》"庸言之信，庸行之谨"，焦循章句曰："庸，用也，常也，以更代而有常也。"

《庄子·齐物论》阐发"庸"之义甚备，其言曰："唯达者知通为一，为是不用而寓诸庸。庸也者，用也。用也者，通也。通也者，得也。适得而几矣。"释"庸"为"用"，归"用"于"通"，"通"则"得也"，"得"又通"德"，

---

① 松平赖宽：《论语征集览》（上），上海古籍出版社，2017，第495-496页。
② 松平赖宽：《论语征集览》（上），上海古籍出版社，2017，第496-497页。
③ 高树藩：《中文形音义综合大字典》，中华书局，1989，第408页。

其论精微矣。章太炎谓："'庸'、'用'、'通'、'得'，皆以叠韵为训。'得'借为'中'。古无舌上音，'中'读如'冬'，与'得'双声。"① 据此，可知用与庸相关而异义：用之义浅，庸之义深；用之义狭，庸之义广；用之义暂，庸之义恒；用之义私，庸之义公。唯其深也广也恒也公也，故曰"不用而寓诸庸"，谓不自用其用，而寄诸人人之通用也。② 人人通用，此谓之庸。人人通用而不取，而奚取焉？是故用而不常，不可谓之庸；常而不用，亦不可谓之庸；用之如常，始可谓之庸。以今语释之，用之结构化为常行者，即庸之义也。庄子屡言"为是不用而寓诸庸"，谓不自用其用，而寄寓人人之通用也。是故庸之义，单训用或单训常，皆不完备，必兼取二义，唯用之可常行者，始可谓之庸。

庸字之义既如此其备，何必再言中乎？盖中者天道也，庸者人道也，必合中庸构词，始见天人一贯之义。故中庸二字，缺一不可：言中不言庸，则中悬空而无着落；言庸不言中，则庸浮泛而无根据。徐复观以"普遍妥当性之行为"解中庸，不为无据。③ 普遍妥当之行为，必本乎天人一贯之旨。外是而语中庸，虽千言万语，终究未澈。

孔子赞中庸之为德而称"至"者，天人一贯之旨寓焉，用字极为精审。《周礼·师氏》有三德之说，其一为"至德"："一曰至德，以为道本。"至德乃道之本源，其义深矣。郑玄注云："至德，中和之德，覆焘持载含容者也。"后即引孔子论中庸之语。④ "覆焘"者，覆盖也；"持载"者，载物也；"含容"者，包容也。三者不外恳至、周遍、通达之义也。可知"中庸"之为"至德"，"至"应训为恳至、周遍、通达之义，方与"覆焘持载含容"相合，训为极至者不确矣。

明乎中庸之义，可知古来解"民鲜久矣"者，皆不通之论也。何晏《集解》曰："庸，常也。中和可常行之德也。世乱，先王之道废，民鲜能行此道久矣。"加"能行"解之，与《中庸》加"能"字而曰"民鲜能久矣"，如出一辙。殊不知德而曰中庸者，天意禀赋于人之常行而成德者也，天下凡有人民之生活，此德即在焉。无论世乱与否，无论道之兴废，中庸之德恒在焉；否则，岂可谓之"中庸"乎？苟以世乱道废为中庸不行之由，敢问有史以来，几时而

---

① 钱穆：《庄子纂笺》，生活·读书·新知三联书店，2010，第 19 页。按钱穆以为《中庸》之思想源于庄子此处申论之义；可备一说。
② 刘崧：《庄子哲学通义》，团结出版社，2016，第 319-320 页。
③ 徐复观：《中国人性论史》（先秦篇），华东师范大学出版社，2005，第 102-103 页。按徐氏解中庸为"普遍妥当性之行为"，诚然矣，惜未窥"中"字之天意，仍未彻耳。
④ 郑玄、贾公彦：《周礼注疏》（上），上海古籍出版社，2010，第 493 页。

不世乱道废？孙奕《示儿篇》云："民鲜久矣，言中庸之德非极至难能之事，斯民之所日用常行者也。然行之者能暂而不能久，故曰'民鲜久矣'。"① 既言中庸非极至难能之事、民之所日用常行者，又言能暂不能久，天下岂有是理乎哉？此类自相矛盾之说，皆坐误解"鲜"字，遂成千古谬谈，夫子中庸之义不见天日，悲夫！

《易传·系辞》作者尚难确考，然其思想与孔子足资发明，则不容置疑。且看下段：

> 一阴一阳之谓道：继之者善也，成之者性也。仁者见之谓之仁，知者见之谓之知；百姓日用而不知，故君子之道鲜矣！显诸仁，藏诸用，鼓万物而不与圣人同忧，盛德大业至矣哉！富有之谓大业，日新之谓盛德，生生之谓易，成象之谓乾，效法之谓坤。

"继之""成之"之"之"，指代阴阳之道，言继承此天道者善也，修而成乎德者性也。德者万殊，仁知为贵，成仁成知则为君子。"见"同"现"，谓仁者体现此道则为仁，知者体现此道则为知。百姓日用而不知，中庸之谓也，"百姓日用"即"庸"也。故君子之道鲜矣，"鲜"，《释文》释为"尽"，不如释为"善""好"之切也，又不如释为"新鲜""日新"之益切也。君子之道鲜矣，即下文"日新之谓盛德"之义。民鲜久矣，与此同义。"盛德大业至矣哉"，犹孔子云"其至矣乎"，皆以"至"赞其德，岂偶然哉！窃以此段适足阐发孔子中庸之义，唯其论阴阳所重在天道，孔子言中庸所重在人道，此其殊耳。然天人不二，其揆一也。

盖《中庸》作时老墨盛行，以仁非天道，故《中庸》特云"天命之谓性，率性之谓道，修道之谓教"以抗之。用意虽美，而其论主君子立言，以小人与之对；又曰"中庸不可能也"，其误解"鲜"字与后儒无异。不知孔子之论中庸，本以总括民德，故曰"民鲜久矣"。民者，集合之辞，君子为政所临之众庶也。二者殊趣，细读可知。

仁与中庸，皆德也，非道也。② 二者一以贯之：仁语其大，中庸语其精微。

---

① 程树德：《论语集释》（下），中华书局，2013，第492、493页。
② 仁为德而非道。今人"仁道"构词流行，泛泛而言，不妨用之。

能大者不离精微，尽精微者始能语大。故行仁必本于中庸；行乎中庸，仁即在焉。① 夫德虽多乎，要之皆本于中庸。背离中庸者，非德也。中庸，人之用而常行者也。天行有常，能常行者非天不足以语之。故中庸之为德也，本有习惯义在焉。② 夫习与性成，习惯而成法，德亦在焉。③ 习惯而行之久远，乃成传统。德之有习惯、传统之义，前文已明。《周颂·我将》曰："仪式刑文王之典，日靖四方。"《左传》昭公六年引此诗曰："仪式刑文王之德，日靖四方。"典者，法也。以"德"易"典"，二者本通，文王之典即文王之德。④ 是故"为政以德""道之以德"云云，德可以中庸解之，可以传统解之，可以习惯法解之，如出一辙，大义本通。大德不逾闲，小德出入可也：此为政以德之要也。

本章概要

孔子曰："为政以德""道之以德"，又曰"据于德""天生德于予"。德也者，为政之大本也。孔子之崇尚德治，遍载典籍，不容置疑。然孔子之德，犹袭古义，虽有所发散，大旨不离《书》《易》之本源，非后世所谓"道德"之属。德者，人道根据之承受也，本于天地生生之德，而成于人所行之道。德本源于天地之生性，而体现为人道之升进，故德有其变者焉，有其不变者焉：人承受天德而成人德，此其不变者也；人德日用而趋新，此其变者也。据其不变者，以敬天之明命；观其可变者，以行损益之方法。人行而成道，故德有传统之义。传统本源于古道，活现于现实。传统非人为所能设定，乃天赋于人，化而成之，故传统以文化而传承。为政以德，"以"字兼含三义：据此生生之德而为政（根据），用此生生之德而为政（手段），为此生生之德而为政（目的）。

---

① 或曰：夫子一贯之道，即仁而已。当时以无过不及不偏不倚称曰中庸，申言之，则一贯之道，其内容为仁，其形式为中庸。仁与中庸非二物也，唯其所见者异，故异其名耳。（宇野哲人：《孔子》，陈彬龢译，山西人民出版社，2015，第24页。）按内容、形式之分，乃西洋知识论所设定之概念图式，引以范围孔子之学，分属仁与中庸，似是而实非。孔子明言"吾道一以贯之"，何来内容与形式之分？中庸者德也，民之日用常行者，岂可谓之形式乎？
② 李泽厚云：德之原义显非道德，盖指各氏族之习惯法规。德之为一套行为，非谓一般行为，而与氏族之祭祀、出征等重大活动相关。德由氏族之祖先祭祀与巫术礼仪含义，而渐变为氏族生存发展之所系，诸如氏族之规范、秩序、要求、习惯等非成文法规。（李泽厚：《中国古代史思想史论》，天津社会科学院出版社，2003，第79-80页。）
③ 黑格尔谓：所谓道德，无非某一群体之习惯尔。语似浅薄，实含深意。
④ 斯维至：《说德》，《人文杂志》1982年第6期，第74-83页。

为政之最高意义，在于承续文化日新之德，以澄明人道之正。子曰："为政以德，譬如北辰，居其所而众星共之。"此语精微，论为政之治象也。下文"道之以德"章，论为政之正事也。有其正事，乃可成其治象。正事与治象，皆本于生生之德。君民各以其德而自化，此无为而治之象也。析而言之：生生，为政之根本也；互生，为政之统系也；化生，为政之境界也。德之生性，本于天命，而成于百姓日用之常，此即孔子所谓"中庸"之义。孔子言中庸，义在论民德。民者，总合之辞。故孔子之言中庸，实为总论历史（民）之动力，与《中庸》论君子之行，不可同日而语。"民鲜久矣"之鲜，并非稀少之义，而取其本义：创新、创生之谓也。"民鲜久矣"，谓民据此生生之德，日新创化不已，其时久矣。孔子明言"中庸之为德也"，可知中庸为德而非道，后世滥言"中庸之道"，非古义矣。

第五章

敷　教

　　古者学在王官，教掌官师，政教合一。下民无由进学，唯以风俗自化。上下悬隔，古来为然。孔子以天纵之资，信而好古，述而不作，敏求先王之道，理正六经，兴办私学，力推教学下移之风。平民受学仕进，政教渐趋分离，实赖孔子助成。春秋之世，政权下移，士民上进，二者互动而演成时势，孔子所为，顺趋势而助推之，厥功伟焉。孔子虽短暂从政，而天下无道如故，故其志道之具，体现于从政者小，落实于教学者大也。小者湮灭于一时，大者陶铸乎百代。故论孔子之为政，实以敷教为最大最久者。谓敷教即孔子最大之为政，未为不可。以今日观之，助推政教分离之时势，打破上下悬隔之藩篱，此孔子之大功也。推其功也，不独功在春秋，犹且利泽后世，吾人至今犹享其福润焉。①

　　今言政教合一、政教分离，其言囫囵，尚须分辨。盖政教之为义，有广狭之分。所谓广义，以政教之相互建构而言。政教无所不及，凡有人类生活，必有其政教。其政其教，互为建构，互为资用，政之资取于教，教之影响于政，无论古今而恒然也。所谓狭义，以政教之职事言之。政教异其器用，殊其职事，各有专司。准此分辨乃可明其用语。古者学在王官，政教合一，此以狭义言之也。孔子顺应时势，助推政教分离，亦以狭义言之也。苟以广义言之，则政教相互建构，自古及今，未始截然二分。故狭义之政教合一，谓为政者与为教者之掌于同一组织；广义之政教合一，谓为政者与为教者之相互成就功效。明乎此义，乃可知孔子之助推狭义之政教分离，实以助成广义之政教合一也。此广义之政教合一，其功效之卓著，润泽之深远，亘贯百世，至今不息。洞明此义，乃可知后人尊奉孔子为至圣先师，足堪万世师法，洵非虚言。

---

① 萧公权云："就荡平阶级之功言，孔子不啻陈涉、吴广之发难，而首享其成者反为商、韩、苏、张'异端''邪说'之流亚。抑又有进者，孔子意在拔平民以上跻贵族，其思想又由'先王'之道陶融以成，故认定封建政治与宗法社会乃其实行成功之必要条件。"（萧公权：《中国政治思想史》（一），辽宁教育出版社，1998，第51页）。

第一节　性习

夫人之造就现实，推动历史，禀乎人之性也。万物皆有其性，人不例外。举凡关注现实之思想家，必思及人性问题。现实之如此这般呈现，必有其所以然，而人性问题必居其一。推而言之，一切注重现实之哲学，必有其人性根基，或明揭，或预设，要之不可或缺。孔子之重政教，人性问题自不容回避。而以《论语》观之，孔子于人性问题，殊少明白之论断。然细究其思想逻辑，人性问题实隐含其中。可断言者，孔子绝非性善论者，亦绝非性恶论者。以善恶论人性，大抵不出或善或恶或不善不恶之窠臼，均落第二义。以孔子之意，人性不可以善恶言也。所谓不可以善恶言，非谓人性不可以为恶或为善也。吾人可借由如下二问题，深思孔子关于人性之洞察焉。

（一）孔子为何如此重视"学习"？
（二）孔子为何如此借重"君子"？

苟人性果为善也，则孔子如此重视学习，似嫌不甚切要；苟人性果为善也，孔子似不必如此借重君子。重视学习，表明人性尚待完善，亦表明人性可以完善，非学无以成人，亦无以成仁。借重君子，表明人之大多数缺乏自觉自主，亦表明人群之中固有可以学成君子者，学成君子以帅群伦，庶可行仁于天下。准此以观，径谓孔子为性恶论者，固属不妥，然孔子对人群之多数，大体持以实际态度，而寄厚望于君子，则为基本事实也。盖以正面言之，孔子肯定人性成德之可能；以反面言之，孔子强调现实人生之尚待完善。此即意味，现实人生固有昏暗、陷溺之一面，故须修德以提升之。苟无反面一层意思，强调成德之努力将失去意义。故所谓"幽暗意识"[1]，适与"成德意识"同时并存，相为表里。[2]

一、性近习远：教化之人性根据

孔子言性极罕，《论语》仅一见，且言极简约。虽然，学者苟能慎思明辨，

---

[1] 所谓幽暗意识，参见第一章第二节"理性建构论举隅"之"（三）民主专制说"部分。
[2] 张灏：《转型时代与幽暗意识》，上海人民出版社，2018，第51页。

其要义仍可细求而明。学者首先须知，孔子言性，乃直切人类生存本源而言之，而非以人性为一既定对象而论之。此所谓"本源"，一则异于一神宗教之预设，诸如人有原罪之说；一则异于科学之以人性为一既定对象而探究之，诸如探究物性者然；一则异于形而上学之性相说，如佛教所论法性、法相之类。孔子之言性，切入生存事实与本源发生，探究人之所以为人者而论之。孔子论人性，不作前在预设，不作概念推演，而恒就"人之为人"者言之也。

孔子论性之旨，唐君毅先生有以见之，其言曰：

> 中国先哲之人性论，非将人或人性视为一客观事物而论其普遍性、特殊性或可能性，而就人之面对天地万物及内部所体验之人生理想，而自反省此人性之何所是，以及天地万物之何所是。如是则人虽为万物之一类，而不只为万物之一类；人之现实性不必能穷尽人之可能性。欲知人之可能性，亦不能如人之求知其他事物之可能性，本推论与假设以知之；而当由人之内在理想之如何，与如何实现，以知之。①

孔子论人性，诚如唐氏所言，不视人性为其他万物之一种，因而不预设特定概念之构造，自外假设其何所是。人固为天地之一物，然人为万物之灵，人性与万物之性不可等而视之，故寻常之定义法与概念构造，其不宜于论人性，理甚明白。明乎此，则孔子言性而不执定其为何如，较之后起者纵论善恶，实属高明也。

> 吾人若由人之面对天地万物与其所体验之内在理想，而自反省其性之何所是时，是否可言人有定性，则大成问题。因人所面对之天地万物与理想，皆为变化无方者。则人之能向往理想，能面对天地万物之性，亦至少有一义之变化无方。中国思想之论人性，即就此人性之能变化无方处，而指为人之特性所在，此即人之灵性，而异于万物为性之一定而不灵者。②

谓天地万物之变化无方，固然也；谓人之理想亦变化无方，尚须有辨焉。既云人有灵性，则其理想只可谓"变化"，而不可谓"无方"。盖人之有灵性，

---

① 唐君毅：《中国哲学原论·原性篇》，中国社会科学出版社，2005，第2页。按唐氏原文句式甚长，文白杂糅，拗口难读，引文有删改，保持原义不变。读者可参原文，可知删改之必要也。

② 唐君毅：《中国哲学原论·原性篇》，中国社会科学出版社，2005，第4页。

即知其理想之何所是，及实现理想之何所由，不可言"无方"也。孔子有"笃信好学，守死善道"（《论语·泰伯》）之语，适足以明人之有灵性，岂可谓"无方"乎？然非"笃信好学"，亦不能"守死善道"，孔子所重在学，理甚明了。

孔子之论人性，大体不外如上路数。今且以其论人性之相关章句，稍作疏释。

> 子曰：性相近也，习相远也。（《论语·阳货》）
> 子曰：唯上知与下愚不移。（《论语·阳货》）
> 子曰：中人以上，可以语上也；中人以下，不可以语上也。（《论语·雍也》）

孔子言性，仅见"性相近也"一语，其余章句与此相关。性字始见《尚书》，"唯皇上帝，降衷于下民，若有恒性"。盖"若有恒性"者，即孔子"性相近"之所本。宋儒解孔子之性，区别气质之性、本然之性，析孔子之性而二之，复缠绕其说，纠结其论①，要之皆叠床架屋，自创一说，不足为训。孔子之性，皆谓性质，生而然者，初不甚相远，故曰"性相近也"；以习行之殊，由之既久，遂致相远，故曰"习相远也"。然此章之义，所重在习，孔子之意，实在劝学。与其视为论性之言，不如视为劝学之言为切也。

细究孔子之义，既言"相近"，则性之不等可知。性近而各殊，遂有上中下之等差，此即后两章所言者。上知、下愚之不移，以学不学而言，非以善恶而言。移云者，非移性之谓②，移材移德之谓也。徂徕先生曰：

> 移亦性也，不移亦性也。故曰上知与下愚不移，言其性殊也。中人可上可下，亦言其性殊也。不知者则谓性可得而移焉。夫性岂可移乎？学以养之，养而后其材成，成则有殊于前，是谓之移，又谓之变。其材之成也，

---

① 朱子《集注》曰："此所谓性，兼气质而言也。气质之性固有美恶之不同矣，然以其初而言，则皆不甚相远也。但习于善则善，习于恶则恶，于是始相远耳。"又引程子曰："此言气质之性，非言性之本也。若言其本，则性即是理。理无不善，孟子之言性善是也，何相近之有哉？"

② 夫性，生而为然，不可移也，可移者不可谓之性。学者多有移性之说，实误。《四书反身录》曰：性因习远，诚反其所习而习善，相远者可使之复近。习之不已，相远者可知之如初。是习能移性，亦能复性。（程树德：《论语集释》（下），中华书局，2013，第1357页。）

性之成也。故《书》曰"习与性成",非性之移也。①

人性各殊,大体相近,其相远者,唯在所习。故孔子所重在习,冀望在移。所以移之者,习也。奚由而习? 由先王之道而习也,诗书礼乐之属是也。孔子所重在习,在移,不在不移,故特著一"唯"字,以明可移者之多,兼叹下愚不移之固也。夫上知何以不移? 上知生而知之,故不移也。非不能移,不必移也。下愚何以不移? 无他,不学之故也。

　　孔子曰:"君子有三畏:畏天命,畏大人,畏圣人之言。小人不知天命而不畏也,狎大人,侮圣人之言。"(《论语·季氏》)
　　孔子曰:"生而知之者,上也;学而知之者,次也;困而学之,又其次也;困而不学,民斯为下矣。"(《论语·季氏》)

二章相承,旨义一贯。下章三"之"字,承上章而来,谓人道与天命所相符之达道也。生而知之者,言不待教学,唯从其生而善,知其道者,此于众人中最尊上也。上者,圣人也。学圣人之道而始知其道者,其次也。困于所知而学之以知其道者,又其次也。虽困于所知而犹无意于学,故不知其道,此民之所以为下矣。② 困有极尽、穷竭之义。③ 孔安国曰:"困谓有所不通。"何以不通哉? 己之知力穷竭而不通也。困而学之,言极尽所知而犹不能知其道,故不可不学也。困而不学,言极尽所知亦不知其道,而犹然不学也。此章足以发明性近习远之义,孔子劝学之言也。

二、直道而行:进德之天然潜能

明乎性习之辨,乃可进而讨论直道而行。曰"直道"者,直以道言,非以

---

① 松平赖宽:《论语征集览》(下),中华书局,2013,第1262-1263页。
② 田中履堂:《论语讲义并辨正》,上海古籍出版社,2017,第252-253页。
③ 《说文》:"困,故庐也。从木在口中。"王筠《句读》:"废顿之庐也。口者四壁,木在其中者,栋折榱崩,废顿于其中也。"困为梱之古文。梱有限制义,凡困极、困穷之义皆从限制一义而引申之。(汤可敬:《说文解字今释》(二),上海古籍出版社,2018,第885-886页。)按《论语》"困"字,皆取困极、限制之义,如"不为酒困","四海困穷"。段玉裁曰:"困之本义为止而不过,引伸之谓极尽。《论语》'四海困穷',谓君德充塞宇宙,与'横被四表'之义略同。凡言困勉、困苦,皆极尽之义。(许慎、段玉裁:《说文解字注》(上),凤凰出版社,2015,第490页。)

德言，甚为明白。① 人之生也直，此天之所赋者，顺此天赋而长养之，文之以礼乐，可受教而成德焉。

> 子曰：人之生也直，罔之生也幸而免。（《论语·雍也》）

汉字"生""性"本有关联。"生"之初义，本为出生之动词，而所生之本，所赋之质亦谓之生，后遂以"生"谓前者，"性"谓后者。古初以万物之生皆由天，凡人与物生来之所赋，皆天生之也。后人所谓"性"字，古时仅谓具体动作所生之结果，不脱生之本义。②

"人之生也"与"罔之生也"对言，二"生"字同义。或以上"生"字为"始生之生"，下"生"字为"生存之生"③，非是。"罔"字古书多有，而《说文》不录。《论语》"罔"字三见，皆训诬罔，引申为蒙蔽，大义相近。④ 或训罔为"无"，非是。《论语》"无"义用"亡"，不用"罔"，通读全书可知。"人之生也直"，犹言人之道也直。"罔之生也"，人道之反，故曰"幸而免"，侥幸而免祸耳。直者，顺天赋之本然而趋也。⑤

孔子以人道本直，故可据此直道而修德，非谓徒直即为德也。苟无礼乐教化之功，徒直适足以成害。

> 子曰："孰谓微生高直？或乞醯焉，乞诸其邻而与之。"（《论语·公冶长》）
> 子曰："直而无礼则绞。"（《论语·泰伯》）
> 子曰："好直不好学，其蔽也绞。"（《论语·阳货》）

---

① 王夫之曰：盖道，虚迹也；德，实得也。若夫直也者，则道也，而非德也。（王夫之：《读四书大全说》卷五（《船山遗书》（第七册）），中国书店出版社，2016，第199页。）韩愈以"直"为"惪"字之误，开后世窜乱经文之习，不可从也。（程树德：《论语集释》（上），中华书局，2013，第464页。
② 傅斯年：《性命古训辩证》，上海三联书店，2018，第97页。
③ 语出《四书或问》，（程树德：《论语集释》（上），中华书局，2013，第464页。）
④ 《为政》"学而不思则罔"，皇侃疏："罔，诬罔也。"《雍也》"罔之生也幸而免"，皇侃疏："罔，谓邪曲诬罔者也。"邢昺疏："罔，诬罔也。"刘宝楠正义："罔，与诬同。"
⑤ 《说文》："直，正见也。从乚，从十，从目。"段注："谓以十目视乚，乚者无所逃也。"王筠《句读》："十目所视，无微不见，爰得我直矣。"直甲骨文为目上一竖，徐中舒《甲骨文字典》："从目上一竖，会以目视悬（懸锤），测得直立之意。"（汤可敬：《说文解字今释》（四），上海古籍出版社，2018，第1858页。）

三章可见徒直之不足以为德也。上章微生高，盖孔子乡人，以直见称乡党，孔子亦亲爱之。"孰谓微生高直"，似谓非直者，味其辞气，孔子以反言戏之，使喻凡事不可徒直，教诲之道也。① 后二句可见徒直之害也绞。人之生也直，徒直不足为德，必好学而知礼，以成其德，方可称善。

盖直为虚，德为实。虚不可为实，执虚道为实德，则不复问所直者何事，而孤据一直，执以为德，其弊适足以害德。子证父攘羊之例，即谓此也。

> 叶公语孔子曰："吾党有直躬者，其父攘羊，而子证之。"孔子曰："吾党之直者异于是：父为子隐，子为父隐，直在其中矣。"（《论语·子路》）

或以"直躬"为人名，恐非。后文孔子曰"吾党之直者"无"躬"字，可知"直躬"非人名。直躬，况其人欲暴己之直而躬行之者也。此章孔子之义，异说纷纭。"直在其中矣"，岂许直之言乎？朱子曰："父子相隐，天理人情之至也，故不求为直而直在其中。"仁斋先生曰："隐非直也，然父子相隐，人情之至也。人情之至即道也，故谓之直。"二先生皆以父子相隐为直。徂徕先生驳之曰：

> 欲富、欲贵、欲安佚、欲声色，皆人情之所同，岂道乎？要之道自道，人情自人情，岂容混乎？至道固不悖人情，人情岂皆合道乎？理学家率推一以废万，其言如可听也，其实皆一偏之说耳。②

细审"直在其中矣"，知孔子非命之为直也。《论语》凡言"……在其中"者，皆谓为此而得彼。③ 如"禄在其中矣""馁在其中矣""乐亦在其中矣""仁在其中矣"，皆是。乐在其中，本非可乐之事也；馁在其中，本非致馁之道也；禄在其中，本非得禄之道也。父子之道，主恩不主直。君子求道不求禄，安命不求乐，然不可谓直者非君子所尚也，不可谓君子欲贫也，不可谓君子求忧也。④

直为虚道，而非实德，观下章可知。

---

① 松平赖宽：《论语征集览》（上），上海古籍出版社，2017，第 403-405 页。
② 松平赖宽：《论语征集览》（下），上海古籍出版社，2017，第 1015 页。
③ 松平赖宽：《论语征集览》（上），上海古籍出版社，2017，第 150 页。按"……在其中矣"乃《论语》固定用法，其意义之讨论，参见第七章第三节"生生不息"部分。
④ 松平赖宽：《论语征集览》（下），上海古籍出版社，2017，第 1016 页。

或曰:"以德报怨,何如?"子曰:"何以报德?以直报怨,以德报德。"(《论语·宪问》)

"以直报怨,以德报德",直与德对言,可见直非德也。何晏曰:"德,恩惠之德。"以直报怨者,当怨则怨,不当怨则不怨。当怨之时,漠然无所用心,非所当矣。以德报德者,以恩惠报恩惠也。①

直为道而非德,故孔子明言"直道",柳下惠亦言之。

子曰:"吾之于人也,谁毁谁誉?如有所誉者,其有所试矣。斯民也,三代之所以直道而行也。"(《论语·卫灵公》)

柳下惠为士师,三黜。人曰:"子未可以去乎?"曰:"直道而事人,焉往而不三黜?枉道而事人,何必去父母之邦。"(《尚书·微子》)

上章言君子化下之道,下章言君子事上之道。上章孔子自言,于人无所毁誉,若有所誉,必有所试而后誉,则誉当其实。盖君子之教,以奖掖为主,隐恶扬善之义也。奖掖其善,人自欢欣踊跃,奋进弗已,风吹草偃,时俗自化。上句言"吾之于人也",下句言"斯民也","人""民"对言,其义自殊,人指在上者,民指在下者。直道,道谓礼乐政刑之属。直道而行,言直其礼乐政刑以施治化民也。道者,施治之具也;行者,施以化民也。② 下章"士师"为狱讼之官。"直道"与"枉道"对言。直道而事人,谓直其政刑以事人也。

船山先生论道、德、仁、直之关联,甚为明白精审:

德也者,所以行夫道也。道也者,所以载夫德也。仁也者,所以行其直也。直也者,所以载夫仁也。仁为德,则天以为德,命以为德,性以为德,而情亦以为德。直为道,则在天而天道直也,直道以示人,天之事也;在人而人道直也,遵直道以自生,人之事也。③

孔子以直、罔对言,总明人受天道以生,禀其直道而建德,非谓直即为德

---

① 松平赖宽:《论语征集览》(下),上海古籍出版社,2017,第1106页。
② 竹添光鸿:《论语会笺》(贰),凤凰出版社,2012,第1025页。
③ 王夫之:《船山遗书》(第七册),中国书店出版社,2016,第199页。

也。直特无害，无有所益，唯据此直而修德，人道始备。观孔子言直，必以学礼为备。是故直者，人受之于天，所以进德修业之天然潜能也。①直为天然潜能，据之可行直道，亦可行罔道，其道何如，唯在人之所为。为之以礼乐，则进德修业；为之以罔道，则幸免而已。解者误以直为德，乃训直为"诚"②，非矣。"仁智以进德，而直以遵道。进德者以精义入神，遵道者以利用安身。圣贤之言，统同别异，其条理岂可紊哉！"③

三、学以成人：人之为人必以学

孔子以人之生也，大体不远，而等差亦见，故必济之以学，然后归于一路。④非学无以成德，非德无以成人。论学，则有如下问题：谁来学？学什么？如何学？为何学？学后如何？诸此问题，孔子所论无不悉备。今且分梳如下要点以述之：一曰志学之年，二曰人以学分，三曰学主思辅，四曰学无常师，五曰博而能约，六曰学以谋道，七曰学礼为大，八曰好学者鲜，九曰学贵贯通，十曰学无止境。

一曰志学之年。学必立志，志立则学有所期焉。古者以十五岁为束发之年，束发即成童，故以十五岁为入学之年。⑤孔子志学之年在十五岁，其收徒授学亦以十五岁。

　　子曰："吾十有五而志于学，……。"（《论语·为政》）
　　子曰："自行束脩以上，吾未尝无诲焉。"（《论语·述而》）

---

① 凡以"直"为母字之字，如植、埴、殖、稙、置等，皆与立基、生根、潜能之义相关。据字源可知，直为进德之天然潜能，而本身尚不足以称德。据此又可推知，孔子"父为子隐，子为父隐，直在其中"之说，固有以孝道立根奠基，使人性潜能得以成长之义。（倪培民：《孔子：人能弘道》，世界图书出版公司，2021，第140页。）
② 刘宝楠《论语正义》云："直者，诚也。诚者内不自以欺，外不以欺人。"
③ 王夫之：《船山遗书》（第七册），中国书店出版社，2016，第200页。
④ 傅斯年谓：以性论言，孟子全与孔子不同，此义宋儒明知之，而非宋儒所敢明言也。孔子之人性说，以大齐为断，以中性为解，又谓必济之以学而后可致德行，其中绝无性善论之含义，且其劝学乃如荀子。（傅斯年：《性命古训辩证》，上海三联书店，2018，第188页。）
⑤ 《礼记·王制》注引《尚书传》："年十五始入小学，十八入大学。"《大戴礼·保傅》云："古者年八岁而出就外傅，束发而就大学。"所记入小学、大学之年有差，盖以出身而别焉。《尚书》周传云："王子、公卿大夫元士之适子十五入小学，二十入大学。"《书传略说》云："余子十五入小学，十八入大学。"（程树德：《论语集释》（上），中华书局，2013，第82、83页。）

下章素有歧解，或以束脩为贽礼，或以束脩指年龄，或兼取二说。然观"自行……以上"句式，中为年岁方妥。束脩，亦作束修①，谓成童能束带修饰者，故可指代十五岁。自行束脩以上，谓年十五以上能自行束带修饰者，此处束脩既实指十五岁，亦包含约束、检点、修正之意。若谓束脩为肉脯之礼，则"自""行""以上"诸字皆不稳。② 且古者重礼，贽见必有礼物，此不待多言，孔子何必斤斤焉以贽礼立言哉？

上二章可明志学求教之年。若问来学者何人，观"吾未尝无诲焉"之语，则不分诸色人等，凡年满十五岁能自行束带修饰者，孔子无不诲之。故论从学之人，唯在所志，志诚求教，则无不可教。虽然，孔子授学，所重在养成君子，君子所以行仁，故学者以学成君子为要，以安天下为归。此观樊迟请学稼章，夫子之答语可见焉。

樊迟请学稼。子曰："吾不如老农。"请学为圃。曰："吾不如老圃。"樊迟出。子曰："小人哉，樊须也！上好礼，则民莫敢不敬；上好义，则民莫敢不服；上好信，则民莫敢不用情。夫如是，则四方之民襁负其子而至矣。焉用稼？"（《论语·子路》）

稼圃之属，小人之事也。小人之事，小人为之可也。樊迟请学之，夫子斥之"小人"，讽樊迟之志小也。"上好礼""上好义""上好信"云云，是礼、义、信之属，在上者之要事也。夫子欲樊迟学在上者之事，故曰"焉用稼"，非谓稼之无用也，而谓君子之所学，有轻重缓急，诚能学在上者之事，以成长人安民之德，则稼圃之属，自可成就。凡据此章而以孔子轻视农业者，皆偏执之徒，不善读书者也。

二曰人以学分。《易传·系辞》曰："方以类聚，物以群分。"人之性虽各殊，要之莫不可因材施教，缘性之所近，学以成材焉。故人之区限，唯在学不学而已。民之在下，不学之故也。

---

① 束修、束脩并见《后汉书》，如卷一 《皇后纪·上》："先公既以武功书之竹帛，兼以文德教化子孙，故能束脩，不触罗网。"卷二八上《冯衍传》："大将军之事，岂得珪璧其行，束修其心而已哉？"可见至迟自汉代，修、脩之部分义项已通用。

② 修字不见于金文，始见于篆文，修当为脩之分化后起字。无修字时，脩包含修（修饰）之义，有修字后，则脩之部分义项（修饰）由修承担，而脩之字义遂缩小（为肉脯）。脩字出土字形止见于战国，而孔子为春秋时人，所言"束脩"之脩，若指谓长条干肉，亦乖于文字演进之逻辑。

孔子曰："生而知之者，上也；学而知之者，次也；困而学之，又其次也；困而不学，民斯为下矣。"（《论语·季氏》）

三曰学主思辅。孔子论学，以学思互益，而以学为主，以思为辅。学而能思，则所学益明；思而能学，则所思益睿。

　　子曰："学而不思则罔，思而不学则殆。"（《论语·学而》）
　　子曰："吾尝终日不食，终夜不寝，以思，无益，不如学也。"（《论语·卫灵公》）

夫学，学所以安天下之道也。安天下之道，备于先圣所作。上章"学而不思则罔"，言学先王之道而不思，则迷惘而不知其所以然也；"思而不学则殆"，言徒思而不学先王之道，则危殆无所归也。下章表明徒思不学之无益，孔子切身之言也。

四曰学无常师。孔子学无常师，下二章可见。

　　子曰："三人行，必有我师焉：择其善者而从之，其不善者而改之。"（《论语·述而》）
　　卫公孙朝问于子贡曰："仲尼焉学？"子贡曰："文武之道，未坠于地，在人。贤者识其大者，不贤者识其小者，莫不有文武之道焉。夫子焉不学？而亦何常师之有？"（《论语·子张》）

孔子之学，以仁为归，仁所以安天下者也。安天下之道备于先王。文武之道未坠，在人，故皆可由其人而明其学。学无常师，无论善否，皆有可师者在。其人之善者，则择而遵从之，其人之不善者则改之，要之皆可师法焉。三人行，行谓行事也。①

五曰博而能约。君子之学，博而能约。何以博之？曰：博学于文也。何以约之？曰：约之以礼也。

---

① 解者多以"三人行"为"三人一起走路"，非也。《论语》之行字多主行事言之。且孔子择善而从，其不善而改，何必待三人一起走路乎？解经可笑如是，不识文辞之过也。三人，言人之凡常耳。

子曰:"君子博学于文,约之以礼,亦可以弗畔矣夫!"(《论语·雍也》《论语·颜渊》)

颜渊喟然叹曰:"……夫子……博我以文,约我以礼……"(《论语·子罕》)

二章皆明学问之道,贵在博而能约。"约"兼二义:一曰约制,二曰简约。二义可通:有所约制整肃,乃能统摄博学于简约。既博学于文,又约之以礼,则所学皆可纳于礼而弗叛于先王安天下之道矣。学之大者,莫大于安天下。安天下之道备于先王所作。先王之道,又曰文。文有广狭之义。狭义之文,诗书六艺是也;广义之文,谓先王之道,"天之未丧斯文"之文是也。

子曰:"弟子入则孝,出则弟;谨而信;泛爱众,而亲仁。行有余力,则以学文。"(《论语·学而》)

子路问成人。子曰:"若臧武仲之知,公绰之不欲,卞庄子之勇,冉求之艺,文之以礼乐,亦可以为成人矣。"曰:"今之成人者何必然?见利思义,见危授命,久要不忘平生之言,亦可以为成人矣。"(《论语·宪问》)

上章言弟子之小学,以孝悌之行而始。谨而信,谨谓寡言[①],信谓言实,二字皆指言语之道。泛爱众而亲仁,泛爱众人而亲近仁人,爱人之道也。行有余力,则以学文,学诗书六艺之类也。下章子路问成人,孔子答以"文之以礼乐",盖人各有其材质,要之皆须以礼乐文之,始可谓成人。

六曰学以谋道。夫学贵立志;所志在成为君子;君子所以行仁者也。欲行仁于天下,必志于道而有所营谋焉。故君子就学,必谋乎道。人以食而生,然君子之学,不以食为谋,必以道为谋,谋道而食在其中,此君子之所以为大也。

子曰:"君子谋道不谋食。耕也,馁在其中矣;学也,禄在其中矣。君

[①] 谨字,俗解为谨慎,谬矣。《论语》用字,谨、慎各殊:谨谓寡言,"谨而信"是也;慎谓谨慎,"敏于事而慎于言"是也。《说文》:"谨,慎也。从言,堇声。"许君之训,非初义矣。《史记·货殖列传》:"堇堇物之所由。"《集解》引应劭曰:"堇,少也。"堇有少义,故堇声之字多含寡少之义。如僅有少义,廑谓"少劣之居",饉则"蔬不熟"也,槿指"朝华暮落"之木,要之皆缘少取义。谨"从言堇声"者,谓寡言也。(杨树达:《释谨》,载杨树达《积微居小学金石论丛》,湖南教育出版社,2008,第22-24页。)

子忧道不忧贫。"(《论语·卫灵公》)

> 子夏曰:"百工居肆以成其事,君子学以致其道。"(《论语·子张》)
> 子夏曰:"仕而优则学,学而优则仕。"(《论语·子张》)

前二章皆明君子学以谋道之义。下章子夏论仕学相资。按仕字本训学①,仕学之分,盖起于子夏之言。优,优裕之谓。仕而优则学,为已仕者言之也。学而优则仕,为未仕者言之也。古之学,未有离用而言者。学必有所用,用之大,莫如仕,古时为然。论仕学次第,则学在先,仕在后。子夏先言仕、后言学者,盖切时弊而言之也。学而未仕,心思不杂;一作官吏,事务纠缠,未免情移境夺,以致汩没而不复问学。天下之事变无穷,一人之知识有限,学则能力与时俱进,心思与时俱开,不致汩没忘学。故子夏云尔。

君子之学,以谋道为归,其志大也。为学而志大者,不易得也;此义见于下章。

> 子曰:"三年学,不至于谷,不易得也。"(《论语·泰伯》)

此章之解,多不得其旨。孔安国曰:"谷,善也。"训谷为善,孔氏之迂也。朱注曰:"谷,禄也。'至'疑当作'志'。"宋儒窜乱经文之病,凡解经不通则发作,不足为训。按此章之旨,言学者而立大志,不易得也。谷者,禄也。俸之薄者曰谷,俸之厚者曰禄。古者以三年为考课之期。《射义》曰"诸侯岁献贡士于天子",注云:"三岁而贡士。"《周礼·乡大夫职》:"三年则大比,考其德行道艺,而兴贤者能者。"学三年,所学未至得谷之才,是志大而学博者,故曰不易得也。②《学记》云:"一年视离经辨志,三年视敬业乐群,五年视博习亲师,七年视论学取友,谓之小成。九年知类通达,强立而不反,谓之大成。"孔子之意,学三年而至得谷者,凡庸之辈,其人多有;其志大而不愿小用其材者,学至小成而大成,必期知类通达,强立而不反,学至于此,如颜渊者,洵不易得也。

七曰学礼为大。仁以安天下为归,非学无以成仁。君子之学,学先王安天下之道。先王之道,礼乐为备。故言学,学礼当其首。子曰"不学礼,无以立"(《论语·季氏》),"不知礼,无以立也"(《论语·尧曰》),可以见焉。

---

① 《说文》:"仕,学也。"段注:"训仕为入官,此今义也。古义宦训仕,仕训学。"
② 松平赖宽:《论语征集览》(中),上海古籍出版社,2017,第644页。

第五章 敷教

> 子曰："恭而无礼则劳，慎而无礼则葸，勇而无礼则乱，直而无礼则绞。君子笃于亲，则民兴于仁；故旧不遗，则民不偷。"（《论语·泰伯》）
>
> 子曰："由也，女闻六言六蔽矣乎？"对曰："未也。""居！吾语女。好仁不好学，其蔽也愚；好知不好学，其蔽也荡；好信不好学，其蔽也贼；好直不好学，其蔽也绞；好勇不好学，其蔽也乱；好刚不好学，其蔽也狂。"（《论语·阳货》）

上章表明无礼之弊。恭、慎、勇、直之属，必以礼为备。下章表明不好学之蔽。所谓好学，以学礼为大。学礼即学文。文与礼，浑言则一类，析言则有别：文之义广，可包括礼，礼主行为规范言之。六言六蔽，盖古来相传之说，其蔽皆在不好学。古之学，谓学诗书礼乐以成长人安民之德也。诗书，义之府；礼乐，德之则。德之成就，必以礼乐。故曰：礼乐得于身，谓之德。德以性殊，故有多品。唯其多品，必约之以礼，以成其德。苟博学而无礼，则好仁、好知、好信、好直、好勇、好刚之属，所好适成所蔽。不知礼，博而不能约，泛滥无归，则愚、荡、贼、绞、乱、狂，无所不极矣。

八曰好学者鲜。好学弥足珍贵，然好学之人，实不多见。孔门弟子多哉，而孔子称好学者，唯颜渊一人而已。

> 哀公问："弟子孰为好学？"孔子对曰："有颜回者好学，不迁怒，不贰过。不幸短命死矣！今也则亡，未闻好学者也。"（《论语·雍也》）
>
> 季康子问："弟子孰为好学？"孔子对曰："有颜回者好学，不幸短命死矣！今也则亡。"（《论语·先进》）

哀公与季康子问弟子孰为好学，孔子皆答以颜渊。答语有详略之殊，问者之位不同，因人而异辞，古之道也。《大戴礼·虞戴德》云："子曰：'丘于君，唯无言，言必尽；于他人则否。'"朱子曰："同问而对有详略者，臣之告君不可不尽，若康子，必待其能问乃告之，此教诲之道也。"颜子之好学，孔子以"不迁怒，不贰过"称之，主学之功效言也。朱子曰："怒于甲者不移于乙，过于前者不复于后。"不迁怒者，居仁也；不贰过者，徙义也。居仁徙义，学之大成也。《学记》曰："知类通达，强立而不反，谓之大成。"盖不迁怒者，因怒而见其不迁也；不贰过者，因过而见其不贰也。① 不迁怒，不贰过，大成气象也。

颜子而外，孔子许以好学者，唯自己与孔文子而已。

> 子贡问曰："孔文子何以谓之文也？"子曰："敏而好学，不耻下问，是以谓之文也。"（《论语·公冶长》）
> 子曰："十室之邑，必有忠信如丘者焉，不如丘之好学也。"（《论语·公冶长》）

上章孔子解孔文子何以谓之文，曰"敏而好学，不耻下问"，可知学也者，不外于文也。下章"十室之邑"，邑之小者。古者四井为邑，井有三家，四井凡十二家。其邑虽小，必有忠信如我者，唯不如我之好学也。卫瓘以"焉"字属下句，读为"焉不如丘之好学也"②，义虽可通，然不合辞气节奏，不可从也。

孔子论颜子好学，评以"不迁怒，不贰过"，则好学之道，可窥一斑。孔子与子夏另有谈论好学之语。

> 子曰："君子食无求饱，居无求安，敏于事而慎于言，就有道而正焉，可谓好学也已。"（《论语·学而》）
> 子夏曰："日知其所亡，月无忘其所能，可谓好学也已矣。"（《论语·子张》）

孔子论君子之好学，以居、食、事、言而论之，归于就有道而正焉。子夏之论好学，以知、能之日新月异而论之。何谓好学，所学何谓，可以推见。

九曰学贵贯通。孔子论学，以博学为基，以贯通为贵，故有"一以贯之"之说。

> 子曰："赐也，女以予为多学而识之者与？"对曰："然，非与？"曰："非也，予一以贯之。"（《论语·卫灵公》）
> 子夏曰："博学而笃志，切问而近思，仁在其中矣。"（《论语·子张》）

---

① 王夫之：《船山遗书》（第七册），中国书店出版社，2016，第187页。
② 程树德：《论语集释》（上），中华书局，2013，第415页。

多学而识之，博学之事也。孔子非徒博学而已，贵在一以贯之，博而能约，方称善学。博学必以笃志，其学方能坚定志向。志者，志于道也，志于仁也。切问必以近思，所问始可下手解答。苟能如此，仁在其中矣。

学贵博而能约，未有不博而能约者。《学记》曰："九年知类通达，强立而不反，谓之大成。"知类通达，博而能约之谓也。学贵知类，知类则通达，不知类则不通达。通达之反，固是也。孔子"疾固"（《论语·宪问》），子绝四之一曰"毋固"（《论语·子罕》）。欲去其固，唯有学而已。

子曰："君子不重则不威，学则不固。"（《论语·学而》）

旧解以"重"为敦重，"威"为威严，然敦重属性质，岂可勉强？《论语》"重"字皆无敦重之义，而取重大、重要之义。① 君子不重则不威，言君子非重事则不设威仪也。国之大事，在祀与戎，其它诸大礼，重事也。君子奉天道以行之，建旌旗以象日月，设百官有司以象星辰，明等威以象天地。② 故重大之事必设威仪，非重大之事则不设威仪，恶执一以废万也。固，固蔽、固陋、顽固也。学则不固，言君子从学则不固蔽，以知类通达为尚。"学则不固"，盖有二端：以方式言，君子之学也，博学无方，不固执一师之说；以效果言，君子之学也，知类通达，不固蔽于一曲之说。孔子之学，恶执一以废万。"君子不重则不威，学则不固"，皆发此义。

十曰学无止境。可学而识之者多矣，要归一以贯之。君子学无常师，无所不学，以学礼成仁为大。仁道永无止境，故学亦永无止境。

子曰："学如不及，犹恐失之。"（《论语·泰伯》）

何晏曰："学自外入，至熟乃可长久。"此非学也，习耳。"如不及"者，已及之；"犹恐失"者，尚未失。曰"如"曰"犹"，况学者心意之歉然也。"失"者，曾得而复失之谓，若未曾得，可谓之"不得"，不可谓之"失"。"不及"者，有所期而不能获之谓。云"如不及"，则已及之矣。故此二句，显分两

---

① 《论语·泰伯》篇子夏云："士不可不弘毅，任重而道远。"《尧曰》篇"所重：民、食、丧、祭。"重字皆谓重大。
② 松平赖宽：《论语征集览》（上），上海古籍出版社，2017，第66页。

段:"'如不及'者,以进其所未得;'犹恐失'者,以保其所已得也。"① 此章与子夏"日知其所亡,月无忘其所能"相发,皆明学无止境之义也。

第二节 教法

后人尊奉孔子为至圣先师,非虚言也。太史公谓孔子"弟子盖三千焉,身通六艺者七十二人",数目或有出入,然孔子育人之广,化人之深,有目共睹。孔子之教,必有其教法焉。今以《论语》观之,记其教法者,彰彰具在。庶可概括为四端言之:一曰有教无类,教化之原则也;二曰不言之教,教学之要诀也;三曰格物进德,教育之凭借也;四曰缘情立序,教术之规模也。

一、有教无类:教化之原则

孔子教学之大纲,多载《论语·述而》篇。举凡道术之来源,教学之内容、原则、旨归,孔子之所学、所师、所慎、所言、所不语,孔子之身教、言教、不言之教,莫不备录焉。孔子另有"有教无类"一语,解者多视为孔子之教育思想,其实不然。果其然也,则此语不载《述而》篇,而载《论语·卫灵公》篇,甚可异者矣。盖今人所谓"教",与孔子时所谓"教",所指实有广狭之殊:今之教者,多谓教育,学校所为,教师所施者也;孔子时所谓教,主为政者所施而言,故其教,实谓政教。

教主为政者所施而言,可征诸古籍及《论语》。《礼记·学记》云:"教也者,长善而救其失者也。"《礼记·王制》:"修其教而不易其俗。"孔颖达疏:"教,谓礼乐教化。"《荀子·修身》:"以善先人者谓之教。"《国语·周语·下》:"教,文之施也。"可见古时之教,主为政者施教化而言,不可与今日教育等视。古者学在王官,政教统于官师,民唯受其教化而已。孔子开创私学,其所言"教",实谓教化,孔子个人之"教",多用"诲"字,所谓"诲人不倦""吾未尝无诲焉"(《论语·述而》)是也。② 揆诸《论语》,教字之义明白

---

① 王夫之:《船山遗书》(第七册),中国书店出版社,2016,第 226 页。
② 赵纪彬著文《有教无类解》,认为训教为教育,纯系望文生义,揆之《论语》全书,毫无根据。"有教无类"之"教",乃奴隶主贵族施教化于所域之民,发布教令,推行军事技能强制训练;目的在于将奴隶主所需之精神绳索强加于民,迫之必从。(赵纪彬《论语新探》,人民出版社,1976,第 83 页)。按赵氏释"教"字,确有所见。然奴隶主迫民必从云云,乃赵氏阶级斗争观念作祟,与中国古史不符。

可见。

> 季康子问："使民敬、忠以劝，如之何？"子曰："临之以庄则敬，孝慈则忠，举善而教不能，则劝。"（《论语·为政》）
> 子适卫，冉有仆。子曰："庶矣哉！"冉有曰："既庶矣。又何加焉？"曰："富之。"曰："既富矣，又何加焉？"曰："教之。"（《论语·子路》）
> 子曰："善人教民七年，亦可以即戎矣。"（《论语·子路》）
> 子曰："以不教民战，是谓弃之。"（《论语·子路》）
> 子曰："不教而杀谓之虐。"（《论语·尧曰》）

以上各例，教皆主为政者言之，甚为明白。"教"字《论语》凡七见，另两例为"有教无类""子以四教"，考究其义，皆不外此，详义如下。

且先解"教"字之义。《说文》云："教，上所施，下所效也。从攴，从孝。"段注："上施故从攴，下效故从孝。"① 《说文》："孝，放也。从子，爻声。"段注："放、仿古通用。孝训放者，谓随之、依之也。今人则专用仿矣。教字、学字皆以孝会意。教者，与人以可放也。学者，放而像之也。"② 古教、学为一字，皆从孝，从子奉爻。杨树达云："古人言语施受不分，如买与卖，受与授，糴与糶，本皆一辞，后乃分化耳。教与学文亦然。"③

> 子以四教：文、行、忠、信。（《论语·述而》）
> 德行：颜渊，闵子骞，冉伯牛，仲弓。言语：宰我，子贡。政事：冉有，季路。文学：子游，子夏。（《论语·先进》）

上章记孔子行教之主脑。文谓文学，行谓德行，忠主政事，信主言语。④ 故下章所载四科，堪与此章对应。皇疏引李充曰："文以发其蒙，行以积其德，忠以立其节，信以全其终。"⑤ 四者一贯，无本末之分，而有先后之序。程子曰：

---

① 许慎、段玉裁：《说文解字注》（上），凤凰出版社，2015，第226页。
② 许慎、段玉裁：《说文解字注》（下），凤凰出版社，2015，第1290页。
③ 汤可敬：《说文解字今释》（一），上海古籍出版社，2018，第452页。
④ 刘敞《公是弟子记》云："文，所谓文学是也。行，所谓德行是也。政事主忠，言语主信。"（程树德：《论语集释》（上），中华书局，2013，第562页。）徂徕曰："文行忠信，是孔门四科。文，文学。行，德行。忠，谓政事。信，谓言语。"（松平赖宽：《论语征集览》（中），上海古籍出版社，2017，第569页。）
⑤ 程树德：《论语集释》（上），中华书局，2013，第562页。

"忠信，本也。"非是。四教并重，非有本末。主政事而曰忠，主言语而曰信，谓其物也。① 教必有物，子贡所谓"可得而闻"者是也（详见下文），如乡三物，射五物，古之道为然。无物而空谈性理，非孔子之义也。盖此章所记，就孔子行教之大者言之；《论语·学而》篇"弟子入则孝"章所记，就初学者言之。《义门读书记》云："小学先行而后文，弟子章是也。大学先文而后行，此章是也。"②

子曰："弟子入则孝，出则弟，谨而信，泛爱众，而亲仁。行有余力，则以学文。"（《论语·学而》）

《困学纪闻》曰："四教以文为先，自博而约。四科以文为后，自本而末。"③ 谓四教"自博而约"，然也；谓四科"自本而末"，非也。盖四教所言，博文采，敏践履，尽思虑，实言语④，虽各有所重，要皆一以贯之。以本末、体用论之，非古义矣。又文也者，不独诗书六艺之属，举凡威仪、辞说、兵、农、水、火、钱、谷、工、虞，可以藻彩吾身、黼黻乾坤者，皆文也。孔子赞尧曰："焕乎其有文章。"周公作谥曰："经天纬地曰文，道德博闻曰文。"⑤ 由是以观，"子以四教"之教，其义广包，迥非今人所谓教育所能尽矣。

"有教无类"一语，与其紧邻章句相关，宜合并而解。

子曰："君子贞而不谅。"（《论语·卫灵公》）
子曰："事君，敬其事而后其食。"（《论语·卫灵公》）
子曰："有教，无类。"（《论语·卫灵公》）
子曰："道不同，不相为谋。"（《论语·卫灵公》）

数章相承而下，义一贯也。分解则支离，合释则通畅。

贞者，持之而不变也。谅者，求信于人也。孔安国曰："贞，正。"朱子曰："贞，正而固也。"皆后世之见。徂徕曰："贞者，谓存于内者之不变也。谅者，求信于人也。夫君子之为信也，存于内者不变也，非求见信于人而为之，故曰

---

① 松平赖宽：《论语征集览》（中），上海古籍出版社，2017，第569页。
② 程树德：《论语集释》（上），中华书局，2013，第562页。
③ 程树德：《论语集释》（上），中华书局，2013，第563页。
④ 竹添光鸿：《论语会笺》（壹），凤凰出版社，2012，第449页。
⑤ 颜元：《颜元集》（上），中华书局，1987，第190页。

贞而不谅。"其解得之。《象传》以"正"解"贞",音近相训,其所谓正,非它书正字之义。①

君子贞而不谅,见之于事君,则敬其事而后其食,唯当君主之志值得尊重,而后食其俸禄也。苟不值得尊重,即不食其俸禄。食谓俸禄,君之所赐。君事无非天事,故必敬其事。苟君事背离天意,君子即"不相为谋"。

君事万端,要之无非教化,故曰有教无类。"有教"一节,"无类"一节。有教者,言君子必有其教也,非谓尽人而有之以为教也。"有教"之为言,言乎所以化人之道术也。无类者,言君子设教以化民也,其为道也"高者无所私授,卑者无所曲引,示之以大中至正之矩,而不徇以其类"也。② 类者,族类也。《荀子·礼论》曰:"先祖者,类之本也。"类谓族类也。③ 或释类为善恶种类④,非古义矣。古者氏族共居,因以立政成俗,族类之间,互有殊异,教亦不同。春秋时犹存古风。孔子之义,谓为政者广布教化,当示以大中至正之道,不别族类而行之;至于风俗所宜,咸付民之自化可也,不必强求同一。

"道不同",道谓道术,非谓先王之道也。政教所施,必赖道术。谋谓谋划,谋必有所营为,或为人谋,或就人谋,皆有所谋划营为,而论定其方略法式。⑤道术不同,则政教自殊。政教殊则所习有异,所知有差,强谋必坏事,故曰"道不同,不相为谋"也。子曰"不可与言而与之言,失言",君子主忠信,不失言亦不失人,此亦贞而不谅之一义也。

四章之义,相贯而下。君子守死善道,故能居贞而取大信焉。君子贞而大信,故能视君事如天事,持之以敬焉。君事不外敷教化民,故必有以正其教而不徇其类焉。有教而无类,其道大也;有教而有类,小道是也。教必有其术焉,

---

① 松平赖宽:《论语征集览》(下),上海古籍出版社,2017,第1198-1199页。
② 王夫之:《船山遗书》(第七册),中国书店出版社,2016,第303页。
③ 类字之义,古籍可见。《国语·周语·下》:"诗曰:'其类维何?室家之壸。'类也者,不忝前哲之谓也。"韦《解》云:类,族也。古能以孝道施于族类,故不辱前哲之人也。《国语·晋语一》:"生之族也。"韦《解》云:族,类也。按类、族可互训,族又涵姓、氏之义。《易》同人卦象辞云"君子以类族辨物",清人惠栋《周易述》云:"族,姓。"《左传》众仲曰:"天子建德,因生以赐姓;胙之土而命之氏。诸侯以字为谥,因以为族;官有世功,则有官族;邑亦如之。"此族字,氏之别名。类字之义,参见赵纪彬:《论语新探》,人民出版社,1976,第83-87页。
④ 马融曰:"言人所在见教,无有种类。"朱子曰:"人性皆善,而其类有善恶之殊者,气习之染也。"类字之解,皆非古义。
⑤ 谋以事言,曾子曰"为人谋而不忠乎",孔子曰"临事而惧,好谋而成""君子谋道不谋食""谋动干戈于邦内",皆以事言之。

教术因道而殊，君子主忠信，不失言亦不失人，故道不同，不相为谋也。① 四章总明君子贞固，足以干事也。②

二、不言之教：教学之大法

孔子之教主行，行之渐而自得之。如"主忠信"，忠信皆行也，忠主政事，信主言语。又"子以四教：文、行、忠、信"，文者诗书礼乐，诗书言也，礼乐事也，不外行也。教主于行，行而自得，不待言说，故孔子有"默而识之""何有于我哉"之说。请录数章以明其义。

> 子曰："默而识之，学而不厌，诲人不倦，何有于我哉？"（《论语·述而》）
>
> 子曰："出则事公卿，入则事父兄，丧事不敢不勉，不为酒困，何有于我哉？"（《论语·子罕》）

二章皆以"何有于我哉"结句，孔子习用之语也。后儒不辨其义，莫之能解。何晏《集解》引郑曰："人无有是行于我，我独有之也。"皇疏引李充曰："言人若有此三行者，复何有贵于我乎。"二解均不得其辞。朱子《集注》曰："何有于我，言何者能有于我也。三者已非圣人之极至，而犹不敢当，则谦而又谦之辞也。"朱子视为孔子自谦之辞，亦昧文辞。孔子以好学著名，明言"不如丘之好学也"，明言"抑为之不厌，诲人不倦"，何自谦之有哉？黄式三《论语后案》云："何有，不难词。全经通例，经中所言'何有'皆不难之词。"此解文辞得之。程树德曰："果尔，殊令人难于索解耳。此等处止宜阙疑。""出则事公卿"章，程氏亦谓"此章之义不可解"③。谓其不可解，皆不识"何有于我哉"何谓焉耳。"何有于我哉"，犹言何有于我之用力哉，谓我无须用力而其事自成也。且以二章之义阐明之。

---

① "道不同不相为谋"一语，缠中说禅断句为："道，不同、不相为谋。"谓不同、不相乃君子谋道之最高原则，"相"读去声，如《金刚经》我相、人相、众生相、寿者相之义。（缠中说禅：《缠解论语》，九州出版社，2014，第25-26页。）今按：此君解《论语》，时有谛见，其蔽在好奇过甚，诸多断句皆不合文法，此章即一例也。古文绝无"道，不同、不相为谋"之文法。且《论语》"道"字义丰，此章之道乃道术之义，与"志于道"不同伦，此君执一以解之，援禅解孔，焉能得其旨乎。一叶障目，不见泰山，殆亦"我相"过甚作祟邪？

② 四章之相承关系，三野象麓：《论语象义》，上海古籍出版社，2017，第469-470页。

③ 程树德：《论语集释》（上），中华书局，2013，第507、704页。

上章载《论语·述而》篇第二章，孔子自言教学之方法也。先王之道，俱在六经。六经皆史，所载皆先王诗书礼乐之教。诗书，义之府也；礼乐，德之则也。礼义皆以行事见之。孔子祖述先王之道，其教主行，习行之久，与之同化，德成而知明，无假外力而材自成焉，故曰"何有于我哉"，谓不容我力而人自成材也。"默而识之"，不言而喻也。默谓不言，识之则喻。徂徕曰："默而识之则好，好则学而不厌，不厌则乐，乐则诲人不倦。之三者相因而至焉，故曰何有于我哉，言其不容我力也。"① 善哉斯解。

下章载《论语·子罕》篇。是篇大旨在"与命与仁"，大率皆劝人进学修德之言。此章乃夫子赞礼之辞，劝人学礼以善其事也。出则事公卿以礼，入则事父兄以礼，丧事则勉之以礼，朋友献酬之间亦以礼。礼有节度，自然不为酒困。皆谓何有于我之用力哉，故曰"何有于我哉"，谓我无须用力而其事自成也。何以自成？非我之力，礼之力也。② 此章虽不见礼字，所言无非礼之力也。徒执字面以解，安能得其解哉。"何有于我哉"，乃文言习用语，或倒其辞云"于我何有哉"，其义一也。③

子曰："不愤不启，不悱不发，举一隅不以三隅反，则不复也。"

此章载《论语·述而》篇，亦孔子教学之方法也。愤，求之切也，求而不得则愤。启，思之启也，微示端绪使开悟也。悱，口欲言而辞未达也。发，如发挥，谓达其枝叶也。学问之道，欲人自得自喻，故孔子之教，主学而自得，学而愤则启之，学而悱则发之。不愤则不启，即启亦无益也；不悱则不发，即发亦无益也。《学记》曰："善歌者，使人继其声，善教者，使人继其志。其言也约而达，微而臧，罕譬而喻，可谓继志矣。"又曰："善待问者如撞钟，叩之以小者则小鸣，叩之以大者则大鸣，待其从容，然后尽其声。"④ 皆发此义也。

引发孔子不言之教者，莫善于子贡。孔子尝对子贡慨叹"予欲无言"，子贡会意，遂有"夫子之言性与天道，不可得而闻"之语。二章之义本相发明，后儒弗之察，频引之以为孔子论天之语，南辕北辙，惜哉！请试为疏解，考究其确义。

---

① 松平赖宽：《论语征集览》（上），上海古籍出版社，2017，第 514 页。
② 松平赖宽：《论语征集览》（中），上海古籍出版社，2017，第 729 页。
③ 先秦《击壤歌》云："日出而作，日入而息。凿井而饮，耕田而食。帝力于我何有哉！"帝谓天帝。帝力于我何有哉，言我禀赋帝力，自然如是，无须额外假力于我也。
④ 松平赖宽：《论语征集览》（上），上海古籍出版社，2017，第 531 页。

子贡曰："夫子之文章，可得而闻也；夫子之言性与天道，不可得而闻也。"（《论语·公冶长》）

子曰："予欲无言。"子贡曰："子如不言，则小子何述焉？"子曰："天何言哉？四时行焉，百物生焉，天何言哉？"（《论语·阳货》）

文章，谓礼乐章明也。何晏曰："章，明也。文采形质著见，可以耳目循也。性者，人之所受以生者也。"天道，古来多歧解。何晏曰："天道者，元亨日新之道也。深微，故不可得而闻也。"《养新录》曰："古书言天道者，皆主吉凶祸福而言。"①朱子曰："天道者，天理自然之本体。"宋儒言天，不离理字。程树德谓："古无以天道作天理解者。天道者，如不知棋局几道之道。盖既有天，即有阴阳，日月迭运，雷风相薄，泰极则否，剥极必复，以为无定，而若有可凭；以为有定，而屈伸消长，孰为为之，孰令致之，又无可指。"刘宝楠《正义》引《且住庵文稿》，谓天道指易学："盖《易》藏太史氏，学者不可得见。孔子五十学《易》，唯子夏、商瞿晚年弟子得传是学。然则子贡言性与天道不可得闻，《易》是也。"是以诗书礼乐为文章，以易与春秋为言性与天道，程树德取之，谓"其论精确不磨"②。果其然乎哉？

上章之歧解，焦点有二：其一为"天道"，或以为盈虚消息之道，或以为吉凶祸福之理。要之，二解大略可通："盈虚消息之理，与七政变占虽有精粗之别，而理固相通。"③其二为孔子是否言及"性与天道"，是又分二派：一为孔子不言"性与天道"，二为孔子言及"性与天道"。以下章观之，则孔子明明言及天之运行创生，虽未用"天道"一词，然读书不可拘泥，不可谓其非言天道也。故此类解说均属不通，须另为疏解。

细索下章语脉，孔子以"予欲无言"发端，子贡问其故："子如不言，则小子何述焉？"述者，遵循之义，由故道曰述，凡循旧迹而申明之亦曰述；义同"述而不作"之述，前文已论及。子贡之问，犹曰："子若不言，吾辈小子何以遵循焉？"孔子遂以天设譬，质问"天何言哉"者再，以天之无言而运行创生不

---

① 天道主吉凶祸福而言，古籍可征。《书》曰："满招损，谦受益，时乃天道。天道福善而祸淫。"《易传》："天道盈亏而益谦。"《春秋传》："天道多在西北""天道远，人道迩，灶焉之天道"。《国语》："天道赏善而罚淫。我非瞽史，焉知天道？"《老子》："天道无亲，常与善人。"（程树德：《论语集释》（上），中华书局，2013，第368页。）
② 程树德：《论语集释》（上），中华书局，2013，第369-370页。
③ 程树德：《论语集释》（上），中华书局，2013，第372页。

已，自有可述者在焉，明示教之不言而可默识之也。故此章孔子之言天道，大义在阐发不言之教，特以天道譬之耳。孔子之义，天不言而运行创生不已，人为天所生，教化之道，亦可循天道而成人道，天道不言而运化不已，人道亦犹是也。盖教有二道焉，一曰言语之教，一曰不言之教。言语之为教也浅而显，不言之为教也深而隐。可与言则言之，不可与言则寄诸默识，行而自得之，不可强也。徂徕先生有见于此，曰：

> 此章本为教而发也。教者谓礼乐也。孔子欲无言，明礼乐之义，不可以言尽也。观于子贡"小子何述焉"，则孔子为教而发者审矣。夫礼乐事而已矣，莫有言语，亦其尊先王如天，故引天以明其不待言而可默识之也。夫礼乐之教，至于默而识之，其义莫有穷尽也哉。①

统观二章，可知上章实为子贡总结夫子不言之教而发，非谓夫子不言性与天道也。子贡既云"夫子之言性与天道"，明示夫子"言"之矣，唯夫子之"言"，不可得而闻尔。是章之义，学者多疏忽"得""闻"二字，遂致千古疑难。容稍辨字义。《说文》曰："得，行有所得也。从彳，导声。"段注曰："行而有所取，是曰得也。《左传》曰：'凡获器用曰得。'"②"得"字甲骨文像手持贝，古者以贝为商品等价物③，故"得"有持获之义。"闻"字甲骨文金文，皆像人跪坐掩面，倾耳以听貌。④《说文》曰："闻，知声也。从耳，门声。䎽，古文从昏。"段注曰："往曰听，来曰闻。《大学》曰：'心不在焉，听而不闻。'引申之，为令闻广誉。"⑤王筠《句读》云："《孟子》'闻其乐而知其德'，案《大学》'听而不闻'，是知听者耳之官也，闻者心之官也。"可知闻与听殊，听者感官之事，闻者知能之事。故《广雅·释诂》曰："闻，智也。"闻之为知道，《论语》用例多焉，如"朝闻道夕死可矣""回也闻一以知十""闻义不能徙""子在齐闻韶三月"皆是也。

---

① 松平赖宽：《论语征集览》（下），上海古籍出版社，2017，第1304、1305页。
② 许慎、段玉裁：《说文解字注》（上），凤凰出版社，2015，第137页。
③ 汤可敬：《说文解字今释》（一），上海古籍出版社，2018，第253页。
④ 于省吾《殷契骈枝续编》云：甲骨文闻字本像人之跪坐、以手掩面、倾耳以听外警。李孝定《金文诂林读后记》云：金文闻字，像人形著大"耳"会意，非形声字，金文或假为"昏庸""婚媾"，以其音近也，于是遂有《说文》古文之䎽，转为从耳、昏声之形声字，篆文又改为从耳、门声。（汤可敬：《说文解字今释》（四），上海古籍出版社，2018，第1732页。）
⑤ 许慎、段玉裁：《说文解字注》（下），凤凰出版社，2015，第1028页。

明乎"得""闻"之义，子贡之言遂迎刃而解。试阐释其义如下：

> 子贡曰：夫子之礼乐文章，吾辈可持获于身，行而知晓其道也；夫子之言及性与天道，吾辈不可持获于身，行而知晓其道也。

孔子之教主行，行而自得，不待言说，是为不言之教。子游悟其道，以事君与交友而阐发之。子贡问友，孔子所答，不外此义。

> 子游曰："事君数，斯辱矣；朋友数，斯疏矣。"（《论语·里仁》）
> 子贡问友。子曰："忠告而善道之，不可则止，无自辱焉。"（《论语·颜渊》）

上章载《论语·里仁》篇末，总结学仁之道，贵自得之。苟不自得，多言无益。数，烦琐之谓。礼不贵亵，进止有仪。《儒行》曰："其过失可微辨而不可面数。"《曲礼》曰："为人臣之礼不显谏。"程树德曰："五伦之中，父子兄弟以天合，君臣朋友以人合，夫妇之合人而兼天者也。父子兄弟夫妇在家庭之间，虽烦琐而不觉。若君与友，则生厌矣。"[1] 父母在上，故事父母，有"几谏"之义。

孔子之教，著于一身之行事举止而示教焉，无隐乎尔。观下章可知：

> 子曰："二三子以我为隐乎？吾无隐乎尔。吾无行而不与二三子者，是丘也。"（《论语·述而》）

此章"与"字，犹示也，字从舁，四手，上下向各二，共举意也。以示训与，征于天也。《说文》云："示，天垂象，见吉凶，所以示人也。"《孟子》："天不言，以行与事示之而已。"孔子曰："天何言哉！"天不言而时行物生，圣不言而材达德成。[2] 太史公自序载子曰："我欲载之空言，不如见之于行事之深切著明也。"不言之教，超越言诠，如天之示人，可谓至矣。《易传·系辞·上》云："默而成之，不言而信，存乎德行。"《荀子·非十二子》曰："言而当，知也；默而当，亦知也。故知默犹知言也。"诸例皆可引证孔子之义。

---

[1] 程树德：《论语集释》（上），中华书局，2013，第326页。
[2] 刘咸炘：《中书》，四川文艺出版社，2010，第41页。

三、格物进德：教育之条件

《大学》有"致知在格物""物格而后知至"之说，解者多失其义。请试为辨析，以资发明孔子教学之道。朱子曰："致，推极也。知，犹识也。推极吾之知识，欲其所知无不尽也。格，至也。物，犹事也。穷至事物之理，欲其极处无不到也。"又曰："物格者，物理之极处无不到也。知至者，吾心之所知无不尽也。"① "物"固可训事，然训"格物"之"物"为事，殊不切旨。《礼记·缁衣》云"言有物而行有格"，以"言有物"与"行有格"对言，可知之"言有物"之"物"，即"格物"之"物"。然则"格物"何谓也？

且先明字义。《说文》："物，万物也。牛为大物，天地之数，起于牵牛，故从牛。勿声。"张舜徽《约注》："数犹事也，民以食为重，牛资农耕，事之大者，故引牛而耕，乃天地间万事万物根本。"② 古者谓杂帛为"物"，由"物"本为杂色牛之名，后推之以名杂帛。《诗·小雅》曰："三十维物，尔牲则具。"传云："异毛色者三十也。"王静安云："三十维物"与"三百维群"句法正同，谓杂色牛三十也。"由杂色牛之名，因之以名杂帛，更因以名万有不齐之庶物。斯文字引申之通例矣。"③

王引之辨"物"字之义甚详，俱引如下：

"物"之为事，常训也，又训为类。《系辞传》"爻有等，故曰物。"桓二年《左传》"五色比象，昭其物也"，谓昭其比类也。宣公十二年《传》"百官象物而动"，谓象类而动也。《周语》"象物天地，比类百则"，"象物"犹"比类"也。《方言》曰："类，法也。""物"训为类，故又有法则之义。有所法则谓之"有物"，《家人·象传》"君子以言有物而行有恒"，《缁衣》曰"言有物而行有格也"是也。不失法则，谓之"不过乎物"，《哀公问》"仁人不过乎物，孝子不过乎物，是故仁人之事亲也如事天，事天如事亲"是也。不如常法谓之"不物"，《地官·司稽》"掌巡市而察其犯禁者，与其不物者"，《司门》"几出入不物者"，《秋官·野庐氏》"几禁行作不时者、不物者"是也。解者失其义久矣。④

---

① 朱熹：《四书章句集注》（上），上海古籍出版社，2006，第6页。
② 汤可敬：《说文解字今释》（一），上海古籍出版社，2018，第152页。
③ 王国维：《观堂集林》，浙江教育出版社，2014，第153页。
④ 王引之：《经义述闻》（四），上海古籍出版社，2018，第1870-1871页。

王氏辨"物",庶几得之。《易传·象传·同人》曰:"君子以类族辨物。"王氏曰:"各如其品以辨别之,则谓之'辨物'。物,品类也。故《象传》曰'品物流行',又曰'品物咸亨'。"① "物"之为义,古籍可征者甚多,略举数例为证:

(一)《书·微子之命》:"修其礼物。"蔡沈集传:"物,文物也。"

(二)《诗·大雅》:"天生烝民,有物有则。"马瑞辰传笺通释:"古以射者画地立处为物。"

(三)《易·系辞·下》:"爻有等,故曰物。"

(四)《易·系辞·上》:"物以群分。"焦循章句:"物者,爻有等也。"

(五)《礼记·檀弓·上》:"哀与其不当物也。"孔颖达疏:"物谓升缕及法制长短幅数也。"

(六)《礼记·檀弓·下》:"有以故兴物者。"郑玄注:"物者,哀经之制。"

诸例之"物"皆不训事,而训比类,训法则,互相引申训义。宋儒混言事、物,故不得其解。总上以观,物义虽博,要之或比类,或法则。比类法则者,立教之条件,无非教之物也。"格物"之物,谓教之物也,礼之物也,物兼比类与法则之义。例(一)"修其礼物",修其礼之比类与法则也。《大学》又云"物有本末,事有终始,知所先后,则近道矣":物、事对言,其义自殊。事者凡事之谓,物者先王所制。天地间有是事,则制物以应之,礼乐之属,莫不皆然。故物者教之物也,其物有本有末。② 事者修齐治平之事,其事有始有终。"知所先后"者,格物以知事之终始也。"近道"者,切近先王之道也。

徂徕先生释"物"曰:

物者,教之条件也。古之人,学以求成德于己。故教人者教以条件,学者亦以条件守之,如乡三物、射五物是也。盖六艺皆有之,成德之节度也。习其事久之,而所守者成,是谓物格。方其始受教,而物尚不来于我,

---

① 王引之:《经义述闻》(一),上海古籍出版社,2018,第102-103页。
② 本末,犹言源流。凡所谓本,皆谓其施功所始,如天下之本在国,国之本在家,皆是也。如"孝悌也者,其为仁之本与",言行仁政必自孝悌始也。后世本体、本心、体用之说,古书所无。[[日]物茂卿:《荻生徂徕全集》(第一卷),河出书房新社,1973,第457-458页。]

譬诸在彼而不来焉。及于其成，而物为我有，譬诸自彼来至焉。谓其不容力也，故曰物格。格者来也。教之条件得于我，则知自然明，是谓知至，亦谓不容力也。郑玄解《大学》，训格为来，古训尚存者为尔。①

古所谓致知，非穷理之谓，乃谓物得诸身而后知始明也。知明而德成于己焉，"德者得也"之训本此。学而成德于己，所受教之条件有成功，是谓物格也。物格而后知至，故知又可训"匹"。②孟子曰："万物皆备于我矣，反身而诚，乐莫大焉。"（《孟子·尽心·上》）亦谓此也。教之条件，其数甚多，故曰万物。皆有于我之事也，故曰"皆备于我"。习之熟而后为我有，为我有则不思而得，不勉而中，是谓"反身而诚"。不然，谓天地万物皆备于我，孟子岂出如此虚玄之论乎？又如"其次致曲"，曲谓曲礼，言学曲礼而得诸身也。曲礼在彼，习之久而身得之，如自彼来至，故曰致。《大象传》"言有物而行有恒"，《缁衣》"言有物而行有格"，皆此义耳。盖古之君子，非先王之法言不敢道，所言皆诵古言，是所谓"言有物"也，言其不任臆肆言，唯古言是诵，孔子"畏圣人之言"，亦此义也。古言相传，人记古言，如在胸中，犹如有物然，故谓之物。"行有格"者，言不待格，必至于行，行而得诸身，故曰"行有格"。行而能格，其行必可久，故又曰"行有恒"。其义一也。③

先王之教，具在六经。六经也者，教之物也，道具存焉，施诸行事，深切著明。圣人恶空言，故曰"天何言哉！四时行焉，百物生焉"，教之术也。又曰"不愤不启，不悱不发"，竢乎生也。生者，生生自庸而知自生也。生则无御，非自外铄也，非袭而取也。故圣人之教，贵乎格。④格也者，行而德自来也。圣人之教，格物而进德，物之格也无穷，德之进也无尽，如斯而已矣。徂徕曰："礼乐刑政，仁之物也。孝悌忠信礼义勇智，均之亦仁之物也。苟非孔子发之，则安知先王之道不外于人哉？然孔子非必讲明其义以教之，且就六德揭其仁以示之，使学者默而识之，思而得之。是亦孔子家法也。"⑤

---

① ［日］物茂卿：《荻生徂徕全集》（第一卷），河出书房新社，1973，第458-459页。
② 《尔雅》："知，匹也。"匹者，合也。《墨子·经上》："知，接也。"《庄子·庚桑楚》："知者，接也。"郝懿行曰："盖'接'以交会对合为义，故为匹也。"《诗》云"乐子之无知"，郑笺："知，匹也。乐其无妃匹之意。"郝懿行：《尔雅义疏》（上），中华书局，2019，第45、46、48页。
③ ［日］物茂卿：《荻生徂徕全集》（第一卷），河出书房新社，1973，第459页。
④ ［日］物茂卿：《徂徕集》（2），江苏大学出版社，2018，第221页。
⑤ ［日］物茂卿：《荻生徂徕全集》（第一卷），河出书房新社，1973，第536页。

四、缘情立序：教术之规模

夫教，必有其物焉，必有其术焉。物格而后知至，德由是而成。孔子之教，本于先王所作。先王之教，诗书礼乐是也。《论语·泰伯》篇，多记先贤之至德要道者，诗书礼乐之教备于是篇，而多以事言之也。明记孔子论教者，见于下章。

子曰："兴于诗，立于礼，成于乐。"（《论语·泰伯》）

此章之旨，直记孔子自述敷教大义，诗书礼乐四者，言及其三，不言书者何也？请试阐发其义。

（一）兴于诗

包咸曰："兴，起也。"此解空疏，只得一斑。朱子踵之，佐以理学，发其宏论曰："兴，起也。诗本性情，有邪有正。学者之初，所以兴起其好善恶恶之心而不能自已者。"朱子首开理学解诗之绪。《论语集注述要》云："尝窃疑之，古人歌诗舞蹈，自初学即以习之，春秋教以礼乐，冬夏教以诗书，固自周初远古而来也。《集注》所谓诗有善有恶者，当指国风诸淫诗言。"又云："故知《论语》所谓学诗，所谓兴于诗，必除诸淫诗外指其正者而言。"① 此皆不知诗之言也。孔子明言曰："诗三百，一言以蔽之：思无邪。"既云无邪，何淫诗之有哉？若谓诗言男女之情即为淫诗，是不知诗也。夫男女之情，发诸天然，何淫邪之有？《中庸》曰："君子之道，造端乎夫妇，及其至也，察乎天地。"明示夫妇之情与天地之道，皆不离君子之道，何淫邪之有哉？此类解说皆坐不明"兴"之深义。

兴固可训起，然兴之为起，乃有所振兴鼓舞之谓也。② 兴于诗，兴于仁，礼乐不兴，兴皆有振兴鼓舞义。先王之教，备于诗书礼乐。孔子不言书者何也？盖书道政事，古之学者，学而为政，其本业也。学则可上而为士，不学则下而为民。仕以从政。子路曰："何必读《书》，然后为学？"《书》所载皆先王大训，万世大法，其言正大，其义闳深，其辞古朴，初学者径入，难窥其堂奥，

---

① 程树德：《论语集释》（上），中华书局，2013，第 610-611 页。
② 《说文》："兴，起也。从舁，从同，同力也。"《九经字样》："谓众手同力能兴起也。"兴字甲骨文像四手各执盘之一角而兴起之。又或增口，则举重物"邪许"之声，统一节奏是也。众人举物，须统一用力，口出"邪许"之声，故加口。（汤可敬：《说文解字今释》（一），上海古籍出版社，2018，第 373-374 页。）

故必以诗礼乐为辅，长养陶冶，博学圆融，而后可窥其义。《易大传》曰："《书》不尽言，言不尽意。"谓《尚书》之言有尽而意无穷也。故孔子必以诗礼乐辅之养之，而后可与言《尚书》。此孔子所以屡言诗礼乐而不及《尚书》之故也。①

兴于诗之义，徂徕先生阐之备矣：

> 先王之教，诗书礼乐。礼乐事也，言唯诗书。而书者古圣贤大训具在焉，上至天子诸侯，下至士大夫，所以修身从政之道，求诸此而无复遗焉。乃圣人何故而又设诗之教也？诗所言不必道德仁义，未足以为训诫，盖泛滥无要，未有过焉者。然上至天时，下至人事，土风民俗，鸟兽草木，零细悉备，讽之咏之，兴焉观焉，优柔厌饫，体诸人情。古之学者，所以逊其志，和其气，开意智，广理义者，未有过焉者。故书主君，诗主民，书道德，诗情态，书立其大者，诗不遗细物。高明象天，书之德也。博厚象地，诗之德也。后世说诗，必传之道义者，儒家之说也，非先王孔子之旧也。②

兴之为义，有感而发，沁润不觉，奋起不已。诗之为言，人情世态，琐细纤悉，无所不包。其言也，婉而不直，初不必以为训，又不必以为戒，人各以其意取义，兴发其情焉。其义也，譬类无常，辗转不穷，伴以歌舞，陶冶润泽，兴人于不知不觉之间。故学诗而后有所鼓舞，触类以长，意见益广，新知纷生，乃有所振起于众人之中，斐然成章焉。③俟其兴也，性情丰足，气象见长，乃约之以礼，故继以立于礼焉。

（二）立于礼

孔子之重礼，所谓"文行忠信"，文即礼乐之属。故子路问成人，子曰"文之以礼乐"。《论语·季氏》篇子曰："不学礼，无以立。"《论语·尧曰》篇子曰："不知礼，无以立也。"凡言"立"，必立于礼，举凡立身、立家、立国、立政、立事，皆谓立于礼，无礼则不能立，而与禽兽无以异矣。

人之立于礼，其故何也？曰：敬天之义也。《尚书》曰："天秩有礼。"秩者，随其大小尊卑高下所宜之谓。秩、䠆古通。《说文》引秩作䠆，云："䠆，

---

① 松平赖宽：《论语征集览》（中），上海古籍出版社，2017，第635-636页。
② ［日］物茂卿：《荻生徂徕全集》（第一卷），河出书房新社，1973，第501-502页。引文略有删减。
③ 松平赖宽：《论语征集览》（中），上海古籍出版社，2017，第636-637页。

爵之次第也。"① 是尧舜之制礼，奉天道以行之，顺天道而为之，所以神其教而正其事，而立人之敬焉。奉天道，故其教神矣；顺天道，故其事正矣；教神而事正，敬即寓焉。后儒不识是意，而以为天者自然也，谓自然有是礼也，宋儒视礼为"天理之节文"本此。殊不知以天为自然者，后世之见，古所无也。若果使礼自然有之，则三代殊其礼，其谓之何？② 故曰：礼之立，在人为与自然之外也。礼者，先王之道也。斯道也，人共由之，不知不觉在道中，而不知其所以生焉，故曰："已而不知其然谓之道。"（《庄子·齐物论》）

礼而曰立，何也？立字，像人立于地上。③ "立于礼"者，谓凡上自朝廷宗庙，下至乡党朋友，外则聘会军旅搜狩，内则家人闺门之中，以至言语容貌之间，器服制度之际，先王皆立之礼，以为成德之则，执而守之，习之不觉，人皆有以立于道而不可移夺也。④ 诚能立于礼，人皆奉礼而行，则万事莫不陶然以兴，沛然而化，似无所为而为者。故孔子曰："何有于我哉？"庄子曰："怒者其谁邪？"似有为而无为，似无为而有为；天邪？人邪？不可偏执天人之一端而明判之也。斯义深矣，学者思焉。

（三）成于乐

兴于诗，立于礼，其义易晓，而成于乐之理，深微难言。成者，成就也。⑤ 包咸曰："乐所以成性。"乐不独成性而已，举凡诗、礼、政、俗之类，皆以乐成之。古人之教，以乐为第一大事，尧舜以前已然。舜命夔典乐，教胄子，其言曰："诗言志，歌永言，声依永，律和声；八音克谐，无相夺伦；神人以和。"（《尚书·舜典》）夫礼乐相须：礼主敬，乐主和；礼以制之，乐以养之；礼以制事，乐以养中。礼有所操，必有所知，至于乐之鼓动以养之，则有不知其然而然者焉。养之则乐，乐则油然以生，沛然以长，人不知

---

① 屈万里：《尚书集释》，中西书局，2014，第35页。"天秩有礼"，语见《皋陶谟》。
② ［日］物茂卿：《荻生徂徕全集》（第一卷），河出书房新社，1973，第430页。
③ 《说文》："立，住也。从大立一之上。"段注以"住"当为"侸"，"人立"当为"人在"："侸，各本作'住'，今正。人部曰：'侸者，立也。'浅人易为住字，亦许书之所无。"又侸字下云："侸，立也。十篇曰：'立，侸也。'与此为互训。今本立下改为'住也'，则不可通矣。"（许慎、段玉裁：《说文解字注》，凤凰出版社，2015，第654-655、872页。）
④ 松平赖宽：《论语征集览》（中），上海古籍出版社，2017，第637页。
⑤ 《说文》："成，就也。从戊，丁声。古文成从午。"丁声，声中有义，人成曰成丁。徐灏《段注笺》："戊古读为茂，茂盛者，物之成也；丁壮亦成也。"古文从午，徐锴《系传》："午，南方，亦物成之义。"（汤可敬：《说文解字今释》（四），上海古籍出版社，2018，第2155页。）

不觉而成于道，故曰成于乐也。

夫兴诗、立礼、成乐，三者固有时序之差，而未尝不可一以贯之也。以兴诗冠其首，则诗教之为先也甚明。盖诗者，所以兴发性情，开启智意，初学入门之机也。孔子曰："吾十有五而志于学，三十而立。"志于学，学诗书礼乐也；三十而立，立于礼也。以时序言之，兴诗在前，立礼在后。至于成于乐，则"从心所欲不逾矩"，天人同化矣。三者虽有时序之差，然不可拘泥视之，虽三十而立于礼，然十五志于学，所学即学礼矣。韩退之曰："三者皆起于诗而已。"李充曰："诗者，起于吟咏性情者也。发乎情，是起于诗也。止乎礼义，是立于礼也。删诗而乐正雅颂，是成于乐也。三经一原也。"[1] 三经虽一原，然各有情状，不可执一而废多。六经之道，性情各异，致用各殊，故须一以贯之。若六经皆同，何必一以贯之乎？

兴于诗，立于礼，成于乐，孔子之三句教也。三句须活解，不可拘泥。诗主兴，然能兴者不止诗而已。兴于诗，言"兴"尝有资于诗也；立于礼，言"立"尝有资于礼也；成于乐，言"成"尝有资于乐也。非必自诗而得"兴"，自礼而得"立"，自乐而得"成"也。若然，则尧舜以前无兴、立、成之事乎？朱注曰"必于此而得之"，泥哉。[2]

三句记于《论语·泰伯》篇，殊堪玩味。《论语·泰伯》篇所记多至德要道者。三句载是篇，盖谓三者非徒敷教之枢机，亦立政之纲纪也。古者政教合一，兴教即所以立政。故兴者兴于道也，立者立于道也，成者成于道也。先王之道广大深远，极高明而道中庸，譬诸天之无所不覆焉，小大不遗，各成其德，各尽其用。朱子谓乐以"养人之性情，而荡涤其邪秽，消融其渣滓"云云，本于理学"变化气质"之说，后世之见耳。殊不知古之学，譬如撞钟，大者大鸣，小者小鸣，各以其资质所近而成德焉，岂必变化气质哉！[3]

本章概要

为政必重教，兴教以立政，此孔子学说之大纲也。孔子之教，主政而言，侧重教化之义，今日所谓"教育"，止其一端而已。性相近而习相远，此兴教之

---

[1] 程树德：《论语集释》（上），中华书局，2013，第612页。
[2] 颜元：《颜元集》（上），中华书局，1987，第196页。
[3] 松平赖宽：《论语征集览》（中），上海古籍出版社，2017，第638页。

人性根据也。孔子所重在习,而不明断性之若何。探其微旨,其言性也,特就人之为人者而言之,特重人之潜质与可能而言之。后世性善、性恶之说,均不足以尽孔子言性之深蕴。人之生也直,此进德之天然潜能也。然徒直不足以成德,故必待学以成人,教以化人。学也者,学先王诗书礼乐之教以成人也。人成而教兴,教兴而政举,善善相循,美美与共,莫有穷极。孔子之教大也哉!教化之原则,曰有教无类,示以大中至正之矩而不徇其族类也。教学之大法,曰不言之教,以礼乐之行事化人于不知不觉,如天之不言而运行创生不已也。教育之条件,曰格物进德,循先王所制之品物以成其德也。教术之规模,曰缘情立序,以诗礼乐兴之立之成之,陶然润泽乎先王之道也。教之兴也,政之立也,互为助缘,相资取用,庶几风吹草偃,无为而化,归于以天下治天下。先王之道,于斯而极其美矣。

第六章

敬 天

《易》曰：天地之大德曰生。天者，仁之本而德之出也。孔子言天，不及言仁言德之频，若以谓天于孔子之思想无关紧要，则大谬不然。某一观念之重要与否，不看言之多寡，而看如何言之。天至高无极，至大无穷，至久无尽，本非人之言语所能尽，宜其罕言之矣。天，可言之而不必屡言之，此孔子之教法也。孔子言天虽罕，而每一言之，则至高无上之意沛然在焉，肃穆敬畏之意油然生焉。何以故？曰：天者，敬之本源也。道理本甚简明，而碌碌之人，未之覃思耳。

第一节　敬意

孔子之学，上述古道。古之道也，敬天为本。孔子之学，主仁主礼，仁礼一贯，所以贯之者，敬而已矣。论天必以敬，何也？天者，人道之大本大源，而敬意之所由生也。论天必以敬；不敬，不知天命而畏之，人道无由得立矣。故论天之义，必以探究敬意之本源发生，方得其究竟。

一、敬意本源：有限者之终极情感

天之为义，本不待解，人尽皆知。人为万物之灵，岂可昧于天乎？惜哉人生在世，忙于身家之利，囿于一己之见，恰如井底之蛙，于天或则盲目焉，或则小视之，或则误会之，敬意无由而生。以天地之灵而不觉其灵，自限而不知，自小而不觉，自误而不察，此人之大可悲者也！

天，高高在上，望之苍苍然，邈邈乎不可得而穷也，冥冥乎不可得而测也，日月星辰系焉，风雨寒暑行焉，万物所受命，而百神之宗者也。至尊无比，莫能逾而上之，故自古圣帝明王，皆法天以治天下，奉天以行其政教。是以圣人之道，六经所载，孔子所述，莫不归乎敬天为本。是圣门第一义也。学者先识斯义，而后圣人之道可得而窥也。①

论天必以敬，何谓也？曰：人禀受天命以生，而天不为人所彻知也。人可得而见者，唯天之运行而已。子曰："天何言哉！四时行焉，百物生焉，天何言哉！"天自运行焉，而万物以生，考其何以能行，何以能生，则超乎人之知力以外，非逻辑理性所能究诘。此人类宗教感情之最本源者也。人禀受天命以生，深体其实，必有一受造感油然生焉。此一受造感，内含一依赖感。人受造于天，必依赖于天，此一本源感情，譬如人子之依赖父母然。然此譬犹欠允当也：父母亦人而已，同为受造者，天则永恒创生而无穷者，亘古常新，无有尽期。人但知其受造于天，而不知天何以能造，如何而造，深体其实，必有一神秘感油然生焉。此一神秘感，内含一畏惧感。人不知天何以能造，如何而造，人于其所不知者，唯有敬畏而已。受造感及随附而生之依赖感，神秘感及随附而生之敬畏感，乃敬意之本源。② 凡生而为人，无论时移世易，无论远古将来，无论科技如何进步，必有此敬意焉，自觉或不自觉而已。一言以蔽之：人生有尽而天命无穷，此敬意之本源也。

天之神秘，容稍作阐发。特尔斯特根曰："可被理解之上帝，绝非上帝。"③ 天之不可知，如上帝然。天不可知，故曰"神秘"。此一神秘，以宗教语言论之，谓之"完全相异者"（the wholly other）。完全相异者，非人之理性知力所能彻知，一切概念语言均归无效。或曰：神秘非吾人一时所能理解，非谓吾人终究不能理解，唯暂时不能理解而已，故与其谓之"神秘"，不如谓之"问题"。殊不知"神秘"之为完全相异者，并非寻常之局限，实为人类生命不可突破之大限。故"神秘"并非久暂之"问题"，实为人类生命之根本事实，无可穿透者。"神秘"与人类特性迥异，与人类知见绝不相通。④ 深悟此一大限，则人之于天，不可不敬。敬天之意，起于人之生存实感，活泼混沌，唯可体悟，而不可以概念究诘。举凡依据知见而探论敬天或宗教之意者，其荒谬不通，不啻砍掉人头而再行构造人体焉。⑤ 本源既丧，徒逞知见，焉能得其真邪？

后世学者不敬天，逞私智而自用，不遵先王孔子之教，任臆以言天，遂有

---

① ［日］物茂卿：《荻生徂徕全集》（第一卷），河出书房新社，1973，第 442 页。
② 鲁道夫·奥托：《论"神圣"》，成穷、周邦宪译，四川人民出版社，1995，第 10-35 页。
③ 鲁道夫·奥托：《论"神圣"》，成穷、周邦宪译，四川人民出版社，1995，第 29 页。
④ 鲁道夫·奥托：《论"神圣"》，成穷、周邦宪译，四川人民出版社，1995，第 29-35 页。
⑤ 鲁道夫·奥托：《论"神圣"》，成穷、周邦宪译，四川人民出版社，1995，第 43 页。

"天即理"之说。其学以理为第一义，谓圣人之道，理足以尽之。以理究天，似为尊天之至者。然理岂足以尽天乎？"神秘"岂理也哉？若云天即理，穷理即可知天，天即无神秘之可言，是天之神秘与天即理之说不可并存也。且理云理云，取诸其臆耳，后儒群起以知天自负，无足怪矣。孔子唯言天知我①，不言我知天，我所能知者，唯天之所命而已，故曰知天命。知天命者，知天之命我，非知天也。区区有穷之我，焉能知无穷之天乎？

夫"神秘"之为言，不可究诘之谓也。天之神秘，人之知力不可究诘，犹夏虫之不可语冰也。人虽为万物之灵，其灵唯在知天人之完全相异，知天之神秘而不可究诘，故能敬天。是故天之德也，非人言所能穷尽矣。《易传·系辞》曰："天地之大德曰生。"生者，天之大德也，非天之全德也。《中庸》以"至诚无息"论天，引《诗》"维天之命，于穆不已"证之。岂此诗之本旨哉？夫"维天之命，于穆不已"，本言天之所以降大命于周者，虽深远不可见，滚滚不可底止已。宋儒弗察，以诚为天道之本体。夫诚者天之一德，岂足以尽天哉？②天道之本体，岂有限之人所能彻知哉？

程子曰："天地无心而有化。"此其言也，以知天自负者也。《易》曰："复其见天地之心。"天之有心，古人固已悟及矣。《尚书》曰："唯天无亲，克敬唯亲。"又曰："天道福善祸淫。"《易》曰："天道亏盈而益谦。"孔子曰："获罪于天，无所祷也。"岂非以天心言之乎？③盖人之论心，喜执器以言，以人有心脏，而天无心脏。殊不知，心非器之属，心岂心脏之谓哉？心脏者，心力活动于人之一端倪而已，岂可尽乎心哉？举凡目之能视，耳之能听，口之能味，鼻之能嗅，身之能触，皆心力之徵也。仁斋先生驳宋儒曰："以有心视之，则流于灾异，若汉儒是也。以无心视之，则流于虚无，若宋儒是也。"如是调停折中，可谓搅浆糊也已，果其说之是乎，则天也者有心无心之间尔。"有心无心之间"者，无谓之戏论也。徂徕先生驳之曰：

夫天之不与人同伦也，犹人之不与禽兽同伦焉。故以人视禽兽之心，岂可得乎？然谓禽兽无心，不可也。呜呼！天岂若人之心哉！盖天也者，不可得而测焉者也。故曰：天命靡常，唯命不于常。古之圣人，钦崇敬畏之弗遑，若是其至焉者，以其不可得而测故也。汉儒灾异之说，犹之古之

---

① 《论语·宪问》篇载：子曰："知我者其天乎！"
② ［日］物茂卿：《荻生徂徕全集》（第一卷），河出书房新社，1973，第443页。
③ ［日］物茂卿：《荻生徂徕全集》（第一卷），河出书房新社，1973，第443页。

遗矣。然其谓日食若何,地震若何者,是以私智测天者也。宋儒曰"天即理"也者,亦以私智测天者也。仁斋先生所谓"当求之于冥冥之中,自有阴骘之理"者亦然。夫阴骘者,天心也,岂可以理言之乎!故其说终归于有心无心之间命之,悲哉!①

今之人,享科技之便,逞发明之利,每忘乎所以,以为知识在我,唯有人之尚未知者,莫有人之不可知者。此其狂妄自大,何异佛祖掌中之孙猴乎?试问外星生命,孰能知之?宇宙之谜,孰能解之?以康德之睿,骋其理性知见,条分缕析,犹且归之二律背反。二律背反者,人类理性之自相悖谬,固然如是且必然如是者,岂可以寻常知见化之乎?夫宇宙之不可究诘,故康德有二敬畏之说,谓头上之星空与心内之律则,足堪人类敬之畏之,恒然有增不已者也。②故生而为人,敬天实为第一义,明小我之有限,觉大我之无穷,敬之畏之,如是而已。

二、贯之以敬:仁礼皆以敬天为本

孔子言敬,必有敬之对象;无对象之敬,非敬也。诸如"敬事而信""执事敬""敬父母""敬鬼神""门人不敬子路""民莫敢不敬""事思敬""祭思敬"皆是。举凡诸敬,或敬人,或敬事,人者天所生,事者天所任,要之皆天民、天职,故究极而言,敬无不本于敬天。宋儒以知天自负,故其论敬,实为不敬。程子曰:"主一无适之谓敬。"高忠宪曰:"心无一事之谓敬。"③ 可谓不知敬矣。孔子耳顺之后,犹且"从心所欲不逾矩",初未尝主一无适,未尝心无一事也。段玉裁曰:"后儒或云'主一无适为敬',夫'主一'与敬义无涉,且《文子》曰:'一也者,无适之道。'《淮南子·诠言》曰:'一者,万物之本也,无敌之道也。'适即敌字,非他往之谓。"④ 盖敬者,人之意向活动,必有所指涉,方始为敬。所谓"主一无适""心无一事"云云,意向空无,与坐枯禅何异?故知其非孔子之敬矣。

夫人之所以为人者,以敬而显。人之异于禽兽者几希,唯心存敬意,一点灵犀,斯万物之灵也。

---

① [日]物茂卿:《荻生徂徕全集》(第一卷),河出书房新社,1973,第443页。
② 语见康德《实践理性批判》之末,笔者意取之,非直译也。
③ 程树德:《论语集释》(下),中华书局,2013,第1173页。
④ 许慎、段玉裁:《说文解字注》(上),凤凰出版社,2015,第759页。

<<< 第六章 敬　天

> 子游问孝。子曰："今之孝者，是谓能养。至于犬马，皆能有养；不敬，何以别乎？"（《论语·为政》）

孝也者，必以敬。若徒以能养为孝，则犬马亦能养人。① 然犬马之养人，有能养之功而无礼敬之实，不可与人等视。人之行孝，必养以敬，敬父母而上溯远祖，敬远祖而上溯于天，故孝之极，必归于敬天。②

孔子言仁礼，皆立本于天。孔子言天，一主于敬。敬实统仁礼而贯之，此观其答仲弓问仁，分明可见。

> 仲弓问仁。子曰："出门如见大宾，使民如承大祭。己所不欲，勿施于人。在邦无怨，在家无怨。"仲弓曰："雍虽不敏，请事斯语矣。"（《论语·颜渊》）

颜渊、仲弓并列孔门德行科，二子问仁，皆问为邦行仁之道也。孔子答诸子问仁，唯与颜子、子张论及天下，唯与颜子、仲弓论及南面为邦之道。出门、使民二句，孔子引古语也。③ 二句总明为仁之道，以敬为上。出门，出私门而入公门，谓卿大夫朝君之时，合王事君事言之也。大宾，卿大夫出其邦，聘于天子或会同诸侯，皆王事见大宾也。出门如见大宾，谓君事如王事，敬之至也。使民如承大祭，谓从政使民之时，合神事民事言之也。使民，非以己意使之，己承民意而行之，而后使之者也。祭神，非以己意祭之，己承神意而行之，而后祭之者也。④ 使民如承大祭，谓民事如神事，敬之至也。"己所不欲，勿施于人。在邦无怨，在家无怨"，孔子所以解"出门如见大宾，使民如承大祭"者也。"己所不欲，勿施于人"，言礼敬之方，忠恕是也。"在家无怨，在邦无怨"，言礼敬之效，无怨则安也。在邦，谓仕于诸侯之邦；在家，谓仕于卿大夫之家。在家无怨，仁及乎一家矣。在邦无怨，仁及乎一国矣。举凡王事、君事、神事、民事，无非天事，敬其事则敬天也。朱注曰："敬以持己，恕以及物，则

---

① "至于犬马，皆能有养"，谓犬马能养人，犬以守御，马以代劳，皆能养人也。朱子乃曰："言人畜犬马皆能有以养之，若能养其亲而敬不至，则与养犬马者何异。"是朱子以"有养"谓人养犬马，非谓犬马养人，可谓妄解矣。以养父母与养犬马设譬，孔子岂出此不伦不敬之言乎？
② 孝之释义，详见第七章第三节"孝化天下"部分。
③ 《左传》白季曰："出门如宾，承事如祭，仁之则也。"可知为古语。孔子答颜渊、仲弓问仁，皆引古语而阐发之。
④ 三野象麓：《论语象义》，上海古籍出版社，2017，第352-353页。

243

私意无所容而心德全。"析敬、恕为二,非也;以"私意无所容而心德全"释仁,理学家言,徒增迷乱而已。

孔子答仲弓问仁,皆以礼敬为答,可知仁礼一贯,天人一贯,而所以贯之者,敬也。敬之极,敬天也。

> 子路问君子。子曰:"修己以敬。"曰:"如斯而已乎?"曰:"修己以安人。"曰:"如斯而已乎?"曰:"修己以安百姓。修己以安百姓,尧舜其犹病诸!"(《论语·宪问》)

君子,在位以临民,所以行仁者也。修己以敬,犹言克己复礼也。修己,克己之事也。以敬,礼无不敬也。徂徕先生曰:"修己以敬,不言所敬,敬天也。仁斋曰:'敬民事。'君子岂无王事乎?要之民事王事皆天职也,故敬天为本。"[1] 其论审矣。

第二节 天人

天人关系,乃哲学之基本问题。举凡措思乎人世之作为经纶,未有不明于天人关系而可得其奠基者也。人受天道以生,人道岂可离天而明乎?

一、孔子论天:分析解说与通贯领会

人之敬意,本于敬天。今且考察孔子论天之义以证之。《论语》载孔子论天之言虽少,然每一言及,则敬意寓焉,虔诚在焉。且孔子以诗书礼乐教弟子,尝亲订《诗》《书》,是则《诗》《书》所载论天之语,其为孔子所承认者,殆无可疑。

孔子生春秋之世,周制渐衰,新制方萌。后世以"周秦之变"论之,而设身处地以想,孔子无由得知何谓秦制也。孔子切慕周文郁郁,素有"从周"之想,有志乎因时损益,以正天下之既歪,拯万民于将溺。《论语》之书,上承古

---

[1] 松平赖宽:《论语征集览》(下),上海古籍出版社,2017,第1125页。

义，下述周文，以启未来。秦汉以降，吾人深染秦制二千余载[1]，濡染既深，遂成"前见"，每不自觉而以秦制视角读《论语》，故多失其本韵而不觉。

细绎《论语》论天之语，可明孔子天论之旨，分梳如下：一曰天创生万物而不可违，二曰天至上全知而不可欺，三曰天之创化有秩序可循，四曰天人潜存感通之可能，五曰人可感知并承受天命。本节且论前四者，第五条容下节专题论之。

（一）天创生万物而不可违

此义可见于下二章。

> 子曰："天生德于予，桓魋其如予何？"（《论语·述而》）
> 子曰："天何言哉？四时行焉，百物生焉，天何言哉？"（《论语·阳货》）

上章明言德由天生。德之大小，因人而异。孔子敬天好学，下学而上达，故其所禀之德也大，其信念心力乃强，遂有"桓魋其如予何"之语也。下章主旨阐发不言之教，而"四时行焉，百物生焉"，亦可明天之运行创生，自然而然，永无尽期，不可究诘。

（二）天至上全知而不可欺

此义可见于下二章。

> 子见南子，子路不说。夫子矢之曰："予所否者，天厌之！天厌之！"（《论语·雍也》）
> 子疾病，子路使门人为臣。病闲，曰："久矣哉！由之行诈也，无臣而为有臣。吾谁欺？欺天乎？且予与其死于臣之手也，毋宁死于二三子之手乎？且予纵不得大葬，予死于道路乎？"（《论语·子罕》）

上章孔子对天起誓，则默认天之周彻全知，无可疑也。凡人之起誓，必对至上全知者而发，或曰天，或曰上帝，以其全知全能，足以洞彻一切，对之起誓始有意义。人何以对天起誓？曰：人为有限者，天为全知者，故人必对天起

---

[1] 秦制塑造中国之深远，观毛泽东诗《读〈封建论〉呈郭老》可知：劝君少骂秦始皇，焚坑事件要商量。祖龙魂死业犹在，孔学名高实秕糠。百代都行秦政法，十批不是好文章。熟读唐人封建论，莫从子厚返文王。

誓也。人之有限，即意谓人之非全知全能；人之非全知全能，故欲保证将来之不确定以归于确定，乃有起誓之行为。苟不然，起誓即形同儿戏。下章孔子明确反问"吾谁欺？欺天乎？"，明示天之不可欺也。天不可欺，其为全知全能者，乃必然之结论。然须注意者，天之知与人之知，不同伦也，故不可以人意窥天意，此亦敬天之一义也。

（三）天之创化有秩序可循

此义可见于下二章。

> 子曰："大哉，尧之为君也！巍巍乎！唯天为大，唯尧则之。"（《论语·泰伯》）
>
> 子曰："天何言哉？四时行焉，百物生焉，天何言哉？"（《论语·阳货》）

上章孔子赞尧之大，以天象之。唯天为大，言天至大无极也。唯尧则之，言天之创化，有迹可循，有序可遵，故尧始能"则之"。下章言天之创化，时行而物生，固有秩序在焉。然此章之义，大旨在不言之教，此义《敷教》章已明之。

（四）天人潜存感通之可能

且以如下数章为例。

> （孔子）闻迅雷风烈，必变。（《论语·乡党》）
>
> 颜渊死。子曰："噫！天丧予！天丧予！"（《论语·先进》）
>
> 子曰："莫我知也夫！"子贡曰："何为其莫知子也？"子曰："不怨天，不尤人，下学而上达。知我者其天乎！"（《论语·宪问》）

上章孔子因天之变而正容止，敬天之意，见于日常。郑玄曰："敬天之怒。"以雷为天怒，古未之闻，未脱汉儒以人窥天之臆说。孔子所以必变者，象天之神行也。《说卦》曰："帝出乎震。"《大象传》曰："洊雷震，君子以恐惧修省。"言君子象洊雷，奋作而变容止，非惧雷也。《孔子闲居》曰："地载神气，神气风霆，风霆流形，庶物露生。"皆言神之行也。君子所以惧者，值神之行也。[①] 夫礼，时为大，适值天时之变，君子以礼应之，此孔子行礼之化境也。

[①] 松平赖宽：《论语征集览》（中），上海古籍出版社，2017，第837页。

"颜渊死"章，夫子因颜渊死而叹"天丧予"，恸失好学之巨子、辅弼之良才也。人之弘道，非一人所能独任，颜子孔门高徒，孔子素冀厚望焉，尝谓"回也其庶乎"，而今不幸早丧，则天意可窥，是所以伤也。[1] 既云"天丧予"，明示天人之感通矣。下章孔子慨叹"知我者其天乎"，亦明示天人之感通矣。虽感叹之辞，而天可以知人，人不可妄言知天，可辩而明也。然此章之主旨在知天命，容下文详解之。

须指出者，以上所分梳之义项，不可单立而成义，必以通贯领会，方合孔子论天之本旨。所以分梳言之者，以语言解说，不得不然也。孔子之天，乃一活体，如人体然。天之诸义项不可分立而成义，恰如人之耳目手足，不可割裂于人之活体而成其为耳目手足。此义精微，学者察焉。

二、天人定位：异而不隔与分而不裂

举凡论天者，揆诸人情，每伴生如下问题：（一）天是否有人格？（二）天是否主宰人类？（三）天纯然在外乎？（四）人能否彻知天意？（五）人可否视天为神秘？（六）"自然之天"之说能否成立？（七）"天人合一"之说是否恰当？诸此问题，关乎天人定位，关乎天人一贯之旨，不可浮皮略过，容稍辩之。

如上所述，天人潜存感通之可能。然此可能唯以潜存言，人之能否感通于天，尚待人之自觉与通达，所谓"下学而上达"是也。苟实现天人之感通，则于人之一方，恒有以天拟人之倾向，视天为有人格之神而后已。然细究孔子之天，并无人格神之义。天之有意志，不可违抗，不可欺瞒，未必即导向人格神之设定。而天之无人格，亦不碍天人之相互感通，不碍天之可敬可畏。此中道理，上知之人，自可一言而悟。

同理，天之有意志，不可违抗，不可欺瞒，亦未必即可推出天之主宰人类。盖凡言主宰，必预设甲乙二物，或甲主宰乙，或乙主宰甲。此乃神学之路数，视上帝为绝对完善、独立自足之大全，人赋有原罪，受上帝主宰；人欲得救，唯有信靠上帝，舍此乃别无他法，而人亦因信靠上帝而焕然脱胎，转为一独立自足之个体。如是，上帝与人，遂成甲主宰乙、乙仰赖甲之格局。以孔子思想观之，则唯可言人仰赖天，而不可言天主宰人。盖天人虽有无穷与有限之殊，然天人并非截然二体。人受天命以生，天生德于人，此即可证人禀赋天之灵，不在天之外。复次，人之感通能力，潜存下学上达之机。天之于人，不可言"在外"，亦不可言"在内"，天之为无限之大全，超越"内""外"之分。盖凡

---

[1] 松平赖宽：《论语征集览》（中），上海古籍出版社，2017，第861-862页。

言"内""外"者，皆人之小"我"作祟也，岂可以此"我"而比拟于天乎？明乎此，可知以天为人世之主宰，不合孔子思想之本貌也。① 坐"我"观天，以天比"我"，妄哉！是故"主宰"之说，非孔子之义，不可从也。

孔子天人之定位，要言之：一则天赋人以欲求、知能，人潜存与天感通之机能；一则天乃无穷无尽者，而人为有生有死者，故人必以天为终极之敬畏对象；一则天命人以德，人受天德而领受天命，故人之本分在于知天命而畏之，承担天命以达成之。

天人之感通，尚容稍辨。天为全知者，天之知人，理甚明白，不待多言。唯人之感通于天，此所谓感通，尚需辨析。人之感通于天，孔子唯以"知天命"言之，而未尝言人可以彻知天之全幅也。天为无限者，人为有限者，人之知能，恒有一根本大限，无以尽知天之全幅。人之感通于天，以知天命而彰显。知天命，乃人之灵性所见，非"心理表象"之说所可比附。② 人之知天命，以其能感知天所命于人者言之，所重在人之使命，至于天之全幅，迥非有限之人所能彻知也。此中关节，甚关紧要，故一再申言之。

人可否视天为神秘，上文已论及，容再申辩一二。天人感通之机，系乎人之自觉自力。人以自觉自力而感通于天，表明天并非截然封闭者，而有向人开放之机缘。虽然，是否可以据此而否认天之神秘？此中关节，非同等闲。唐君毅先生云，天有开朗外现之机能，故天之神秘即内在其所生之人、物中，而人可借由与人、物之感通，实现与天之感通。其言曰：

> 具至德至道之天，开朗而向外表现，发育流行于万物，亦内在于一切人、物。此天之神秘性，唯由其发育流行之无尽处而昭显。即在其发育流行之无尽处，同时有此神秘性之昭显，可见天原无必须保留之神秘。故此

---

① 以天为主宰者，持论者颇多。谢无量谓：孔子之言天，有四种含义：（一）就其主宰者言之，（二）就运命言之，（三）就形体言之，（四）就理言之。[谢无量：《谢无量文集》（第二卷），中国人民大学出版社，2011，第53页。] 傅佩荣亦持此说，以天为关怀人世之主宰，而持论颇为飘忽不定；遂又云：孔子对天本身之情状并未多言，其关怀在于天如何引领人类步上理想状态。(傅佩荣《儒道天论发微》，中华书局，2010，第91—92页。) 今按：孔子相信"人能弘道，非道弘人"，知畏天命，其所重仍在人之领会天命，而并未以天为实际引领人类者。且孔子明言"不怨天"，果然天为人世之主宰，孔子生逢礼坏乐崩之世，则其不怨天之言，甚不可解者也。

② 谢无量谓：盖天者，实不过吾人心理之表象，所谓宇宙即是吾心，吾心即是宇宙，诚见其理之浑然一体者。宗教之尊者，与旷代之元哲，其心力自信，率胜恒人，则每见主宰之天焉，要即自心之所发者也。[谢无量：《谢无量文集》（第二卷），中国人民大学出版社，2011，第55页。]

天，恒在其由隐而显，由微而彰之历程中，亦恒内在于其所生之人、物中。故吾人可由与天所生之人、物之感通，实现与天感通；而不须超离与此天所生之人、物之感通，别求与天之神秘之感通，然后方有与天之感通，及事天之事者也。①

唐氏所言，确有道理在。天之神秘固有体现于所生之人、物者，然此不足以尽括天之神秘也。天之神秘不限于天所生之人、物，而尚有非人之知能所可企及者。今可指出者，盖有二端。其一，万物固为天所生，而何以有天自身之存在，则迥非人之知所能究诘，故不得不归诸神秘。② 其二，天之创生万物，人所尽知，而天何以能创生万物，亦非人之知所能究诘，故不得不归诸神秘。此二端，任何科学皆无法解答，任何神学皆不屑解答。③ 总此二端，皆天所本具，人不思则已，一旦启动思想，必然遭遇之。故天之神秘，不可褫夺，不可祛魅。理由极其简单：人为有限者，不能彻知无限者，神秘与天道亘古俱在。而此神秘，唯于人而言始有意义，以人之观天而谓之神秘，在天自身则无所谓神秘也。

要之，天人之关联与定位，可括之曰：异而不隔，分而不裂。先断之于此，详究请俟下文。

三、天与自然：自然之天与天之自然

学界又有"自然之天"一说，学者侈言之，视为理所当然，果其然乎哉？此问题关系甚大，不容不辨。倡论"自然之天"者，现代学者甚多，冯友兰先

---

① 唐君毅：《中国哲学原论·原道篇》（上册），中国社会科学出版社，2006，第42页。原文极拗绕，引文有删改。
② 西方大哲，于此所见略同。叔本华《作为意志和表象之世界》，引歌德之问题，题诸扉页，云："大自然到底能否究诘？"叔氏宣称：世界万物之整体存在不可究问其原因，人唯可究问某物何以在此时此地之原因。（叔本华：《作为意志和表现的世界》，石冲百译，商务印书馆，1982，第201页。）海德格尔究问曰：究竟为何在者在而无反倒不在？海氏视之为形而上学之基本问题，盖一切形而上学之运思皆缘此而发生。（海德格尔：《形而上学导论》，熊伟、王庆节译，商务印书馆，1996，第3页。）维特根斯坦云：世界如何存在并不神秘，世界竟然存在则堪称神秘。又云：人生问题之解答，在于问题之消除。（维特根斯坦：《逻辑哲学论》，贺绍甲译，商务印书馆，1996，第104页。）今按：此类问题之萌生，实缘人之有限性，自然而生发，必然而生发。唯在上帝自身，此类问题无由发生。人既不能突破其有限性而成为无限者，则此类问题永无消除之可能。人之有限性，乃人之根本大限，不可超越者。故此类问题之必然发生，亘古恒在，不可言消除，但可言回避耳。
③ 神学以天地万物为上帝所造，而上帝乃无始无终者，不可究问其何所自来也。

生堪称代表。其所著《中国哲学史》，解析先秦时期"天"之诸义项云：

> 在中国文字中，所谓天有五义：曰物质之天，即与地相对之天；曰主宰之天，即所谓皇天上帝，有人格之天、帝；曰运命之天，指人生中吾人所无奈何者，如孟子所谓"若夫成功则天也"之天是也；曰自然之天，指自然之运行，如《荀子·天论》所言之天是也；曰义理之天，乃谓宇宙之最高原理，如《中庸》"天命之谓性"之天是也。《诗》、《书》、《左传》、《国语》中所谓之天，除指物质之天外，似皆指主宰之天。《论语》中孔子所言之天，亦皆主宰之天也。①

欲明"自然之天"何谓，须先明"自然"何谓。今人之言自然，其义极为紊乱，要之可归为二端：一为中国古典思想之"自然"，一为现代观念之"自然"。现代观念之自然，肇端西方近代自然科学之兴起。古希腊虽有近似"自然"之词，而与近代后起之自然，取义不同，不容不辨。② 近世以降，自然科学缘工商业而俱兴。意大利物理学家伽利略，素以"现代科学之父"见称，以数学推研自然，将自然数学化，遂致自然重新赋义，而纳入理念范畴，演为"数学之流形"。③ 于是焉自然与精神、客体与主体，演成二元分立。按此自然观念，实为数理抽象之物，迥非吾人生活世界所源源生发之"自然"矣。今人受此抽象观念形塑，习焉不察，遂有"自然界"之说，以谓外在之客体世界，视为理所当然而不觉。以精神与自然之二分为前设，自然科学乃勃兴猛进焉，而"自然界"遂演成无可置疑之前设，流为人类科技掌控之"对象"。能反思其谬者，实寥寥焉。④

然而，中国古典之"自然"，与现代观念之"自然"，大义悬隔，旨趣迥殊，不可不辨。观乎老庄诸子之文，屡见"自然"之说，义皆相近。且引数例。

---

① 冯友兰：《中国哲学史》，重庆出版社，2009，第35页。引文略有改动。
② 海德格尔曾撰《论"自然"的本质和概念》一文，详究古希腊之"自然"，释其义曰"涌现""让……从自身起源""让存在进入无蔽"。此义之自然固不可与现代之自然等视，而与中国古典之自然略可比观。（海德格尔：《路标》，孙国兴译，商务印书馆，2000，第274-352页。）
③ 胡塞尔：《欧洲科学的危机与超越论的现象学》，王炳文译，商务印书馆，2001，第33-34页。
④ 唐君毅《中国古代哲学精神》谓："吾人数十年来习于自然主义宇宙观者尤深，故易以中国先哲之天，视为自然现象之全体，以是于天道之名，罕能得其解焉。按唐先生所见谛当，可谓善反思者也。"

第六章 敬 天

（一）百姓皆谓我自然。（《老子》十七章）

王弼注：自然，其端兆不可得而见也，其意趣不可得而睹也。功成事遂，而百姓不知其所以然也。①

（二）道法自然。（《老子》二十五章）

王弼注：法自然者，在方而法方，在圆而法圆，于自然无所违也。自然者，无称之言，穷极之辞也。②

（三）常因自然而不益生也。（《庄子·德充符》）

郭象注：止于当也。

成玄英疏：因任自然之理，以此为常；止于所禀之涯，不知生分。③

（四）顺物自然而无容私焉，而天下治矣。（《庄子·应帝王》）

成玄英疏：随造化之物情，顺自然之本性，无容私作法术措意治之，放而任之，则物我全之矣。④

（五）莫之为而常自然。（《庄子·缮性》）

郭象注：自然，谓自成也。

成玄英疏：莫之为而自为，无为也；不知所以然而然，自然也。⑤

（六）自然而已。（《列子·黄帝》）

张湛注：自然者，不资于外也。

（七）性之和所生，精合感应，不事而自然者谓之性。（《荀子·正名》）

熊公哲注：事，从事也，犹俗言努力做也。

（八）若夫目好色，耳好声，口好味，心好利，骨体肤理好愉佚，是皆生于人之情性者也，感而自然，不待事而后生者也。夫感而不能然，必且待事而后然者，谓之生于伪，是性伪之所生，其不同之征也。故圣人化性而起伪，伪起而生礼义，礼义生而制法度。然则礼义法度者，是圣人之所生也。（《荀子·性恶》）

（九）命者，自然者也。（《鹖冠子·环流》）

陆佃注：莫能使之然，亦莫能使之不然，谓之自然。

---

① 王弼、楼宇烈：《老子道德经注校释》，中华书局，2008，第41-42页。
② 王弼、楼宇烈：《老子道德经注校释》，中华书局，2008，第41-42页。
③ 郭象、成玄英：《庄子注疏》，中华书局，2011，第122页。
④ 郭象、成玄英：《庄子注疏》，中华书局，2011，第161页。
⑤ 郭象、成玄英：《庄子注疏》，中华书局，2011，第299页。

（十）天动不欲以生物而物自生，此则自然也。（《论衡·自然》）

据诸子原文与注疏，"自然"者，自己而然、自己如此之谓也。中国古时之自然，皆取此义，莫有例外。自然不可究诘，故王弼以"无称之言，穷极之辞"表之。索玩此解，实非解也，第转换言辞以言之尔。所谓"无称之言，穷极之辞"，非神秘而何也？夫神秘之不可究诘，不可言说，正与自然等，故特立"自然"之名以言之，可谓不可言而强为言之也。①

明乎"自然"之二义，则"自然之天"之说，无非二指，概述如下。

一取古典义，"自然之天"意谓"自己如此之天"。而古时之"天"，本含自己如此之义，故"自然之天"犹言"自己如此之自己如此"，纯属同义反复。言"天"即已内含自己如此之义，不必再加"自然"，则"自然"如同赘疣，弃之如敝屣可也。"自然之天"实属同义反复，"天之自然"则可用之。譬诸"会说话之人"，是人皆会说话，同义反复也；"人之会说话"，侧重人之官能而言，可以用之也。"天之自然"者，侧重天之自己如此之义，故可用之。

二取现代义，则"自然"纯属数理抽象之物，割裂生命经验之本然，抽空生活世界之灵动。究其实，此义之"自然"仅在自然科学有效，在哲学则须考问其前提，未经审察前提即用之，非哲学也。视"自然"为"自然界"，在哲学纯属伪概念，当以奥卡姆剃刀剔除之。

综上，"自然之天"一说，乃未经审察前提之伪概念，当宣告其寿终正寝可也。

又冯氏所谓"物质之天"，"物质"亦属抽象之物，出于思维规定，非古人所梦及。② 至谓《荀子·天论》所言之天为"自然之天"，亦想当然耳，以今度

---

① 维特根斯坦《逻辑哲学论》末尾，下结论云：对于不可言说者，吾人必须保持沉默。（维特根斯坦：《逻辑哲学论》，贺绍甲译，商务印书馆，1996，第 105 页。）按"自然"一辞，足以表征人类语言之极限，亦即人类智力之极限也。

② "物质"概念，及其所奠基之"物质本体论"，逮胡塞尔现象学出，明者皆知其谬。又近世多有以物质本体论以解马克思学说者，皆不知马克思而妄解者也。马克思之学说，主旨恰在破除存在与思维之二分，以还原历史为人之实践活动。人之实践活动，必本天人交涉而为之，天人一贯而成之。马克思与孔子之思想，大义略同，颇可比观。

古而不觉,非荀子所梦及。①所谓"义理之天"云云,又踵宋儒以理言天之失,不足为训。要之,孔子之天,直切生命本源而言之,未有离析诸义而各自成立者也。

遍览《论语》全书,以天为自然苍天者,实无一例。②明乎"自然"之有古今之殊,则解者多以下章孔子所言之天为"自然之天"者③,想当然耳!

子曰:"予欲无言。"子贡曰:"子如不言,则小子何述焉?"子曰:"天何言哉?四时行焉,百物生焉,天何言哉?"(《论语·阳货》)

"四时行焉,百物生焉",天之自己如此(自然)也。若以现代之"自然"衡之,则大乖古义。夫时行物生,天之自己如此者,奚以知其为精神之对立者——"自然"乎?人岂能外于天之时行物生而为人乎?奚以知孔子所谓时行物生,必为精神之外在"自然界"乎?学者诚能设身处地,怀抱历史之同情,则所谓与精神对立之"自然",实非孔子所梦及也。以孔子之睿智,苟生于当今之世,亦不以"自然之天"为确当之论,可以推想矣。

第三节 天命

君子必知命。孔子曰:"不知命,无以为君子也。"其自述则曰"五十而知天命"。又君子有三畏,"畏天命"居其首。命与天命,关乎孔子思想之大节,不可不慎思深察。命与天命,何以别其义乎?本节申论天命之义。

---

① 《荀子·天论》云:"大天而思之,孰与物畜而制之!从天而颂之,孰与制天命而用之!"学者多据此而论荀子之天乃"自然之天",殊不知荀子此言,所重在人之能弘道,彰显人之能法天也。俗见望文生义,谓"制天命"为控制天命,狂妄极矣。制者,法也。制天命者,法天命也。《说文》:"制,裁也,从刀从未。未,物成有滋味可裁断。"故制有裁断、裁度之义,要之不外取法之义。《易传·系辞·上》云:"制而用之之谓法。"可知"制天命而用之",谓法天命而用之也。后人误解"制"字,以现代语感视之,乃据此而唱言"人定胜天"之说,无知狂妄极矣。
② 傅佩荣谓,《论语》全书以天为自然苍天者仅一处,即《子张》篇子贡所言:"夫子之不可及也,犹天之不可阶而升也。"(傅佩荣《儒道天论发微》,中华书局,2010,第103页。)实则,此处天亦非数理抽象之"自然之天",傅氏以"自然"论之,不免乎"今之视昔"矣。
③ 按此章主旨在发明不言之教,详见本书第五章第二节"二、不言之教:教法之大纲"部分。

一、命通天人：明极限而知天命

盖古人造字，必非无端。每造一字，皆有赋义。而人之赋义于字，必有其缘由，苟无缘由，其字必不见用，即用亦难行之久远。审造字赋义之缘由，略可区分二端：一曰普遍缘由，二曰特殊缘由。普遍缘由，无分思想与文化之殊，举凡人类生活皆然。即如命字，虽各种语言取义略殊，而命之为命，本于人之大限而生发。人之异于物者，以其有知于自我之限也。人之异于神者，以其不能尽知上天之全也。有知于自我之限，而又非全知之神，故人必有命之观念，不得不然也。特殊缘由，则基于特殊境域之思想际遇，源于特定文化之生活形式，而生发其概念与命题者也。诸如孝、弟、仁、礼、缘分诸字，皆根于吾人之生活形式而赋义，基于特定之生活结构而得名，凡浸润于此生活者，皆能领会其义，外于此生活者，则难以切身领会之。此类字眼，甚难通译为其他语言，以其生活无此特殊缘由故也。

中文"命"字，既有普遍缘由，复有特殊缘由，阐释其义，堪称棘手。命者，令也。《说文》云："命，使也。从口从令。"甲文金文，命令同字。令加口即为命。① 段注曰："令者，发号也。君，事也。非君而口使之，是亦令也。故曰命者，天之令也。"② 故命者，本于天，彻于人，言命则天人一贯之义在焉。今且以孔子自述之言以明斯义。

> 子曰："吾十有五而志于学，三十而立，四十而不惑，五十而知天命，六十而耳顺，七十而从心所欲不逾矩。"（《论语·为政》）

按孔子"五十而知天命"，必至五十而始言之，其义闳深，诚不可以浅见视之。今且参以古来之解，试为辨析其义。

孔安国曰："知天命之始终。"此囫囵之言，未明孔子之义。皇侃疏曰："谓穷通之分也。谓为天命者，言人禀天气而生，得此穷通，皆由天所命也。天本无言而云有所命者，假之言也。人年未五十，则犹有横企无崖。及至五十始衰，则自审己分之可否也。"皇氏此解，只得其浅，不足与言"知天命"。朱子注"四十而不惑"曰："于事物之所当然而无所疑，则知之明而无所事守矣。"注

---

① 戴家祥《金文大字典》云："命为令之加旁字，从口从令，令亦声。"[汤可敬：《说文解字今释》（一），上海古籍出版社，2018，第166页。]
② 许慎、段玉裁：《说文解字注》（上），凤凰出版社，2015，第99页。

"五十而知天命"曰:"天命即天道之流行而赋于物者,乃事物所以当然之故也。知此则知极其精,而不惑又不足言矣。"① 以理言命,逞"知"而论,理学之见,非孔子所梦及;又区分当然、所以然,智短词穷之兆耳。② 刘宝楠区分德命、禄命,云:"哲与愚对,是生质之异,而皆可以为善,则德命也;吉凶历年,则禄命也。君子修其德命,自能安处禄命。"③ 此解有见于德命,庶几近之,而犹未详也。

今人论孔子之天命,殆不外如上路数。傅斯年论孔子之天命观曰:"孔子所谓天命,指天之意志,决定人事之成败吉凶祸福者,其命定论之彩色不少。"又云:"虽命定论之彩色不少,要非完全之命定论,而为命定论与命正论之调合。"夫得失不系乎善恶而天命前定者,极端之命定论也。善则必得天眷,不善则必遭天殃,极端之命正论也。"后说孔子以为盖不尽信,前说孔子以为盖无可取,其归宿必至于俟命论。"④ 俟命论者,谓天意福善祸淫,然亦有不齐焉者,以人言之则贤愚不必均福,以事言之则吉凶未必一定。以孔子归诸俟命论,其论似极稳妥,然其不解孔子之天命,与古之解者无异。何以言之?曰:此类论命者,皆以政治穷通与人事祸福为视野,要之皆可归为禄命一脉,其不得孔子天命之全幅深意,并无二致。

禄命之说,原始信仰所同然,中国古时不例外。孔子之天命观,虽承续周初之绪,敬天之诚一如既往,然孔子承此敬意,以行仁为倡,以好学为基,重在开拓人之能动力量,其用意所指,大异囊昔。天命若指禄命,则孔子至"五十而知天命",明见"道之不行",当闭门却扫,专事教学,不必有五十以后从政之事,亦不必周游列国,至于席不暇暖,惶惶乎如丧家之犬。以禄命解"五十而知天命",则孔子此类行为,皆枉费工夫。且孔子素以"知其不可而为之"见称,若五十而知禄命,"知其不可而为之"乃不可理喻。故禄命之说,幼稚浅

---

① 程树德:《论语集释》(上),中华书局,2013,第84、85页。
② 毛奇龄曰:"必以当然、所以然分别之。实则知当然即应知所以然,无大深浅,岂有十年知当然,又十年知所以然者?"[程树德:《论语集释》(上),中华书局,2013,第86页。]
③ 程树德:《论语集释》(上),中华书局,2013,第86页。
④ 傅斯年:《性命古训辩证》,上海三联书店,2018,第169-170页。傅氏以为,东周之天命论,大体可分五趋势:一曰命定论,二曰命正论,三曰俟命论,四曰命运论,五曰非命论。命定论者,以天命为固定,不可改易者也。命正论者,谓天眷无常,因人之行事以降祸福。傅氏以此义为儒家之核心,如孟子者。命运论者,以命之潜移默换自有其必然者在焉。非命论者,则全然否定命字;此义以墨子为代表。参见前书,第141-145页。

薄，甚属可笑。①

禄命说之外，尚有天命主宰一说。冯友兰谓：孔子之所谓天，乃一有意志之上帝，一主宰之天。若天为有意志之上帝，则天命即为上帝之意志。孔子自以为所负神圣使命，即天之所命。故曰："天之未丧斯文也，匡人其如予何。"孔子同时之人，亦有以孔子为承受天命者。如仪封人曰："天下之无道久矣。天将以夫子为木铎。"② 按此说与傅斯年所谓命定论，如出一辙。考其谬误，在于视孔子之天为纯然主宰之天，人力无如之何。主宰之天，非孔子论天之旨，前文已明，此不赘述。

命者，因人之极限而得名也。人之知力所不能逮，谓之极限，此命之所由生也。凡言命，则极限之义在焉。既谓之极限，明示人之知力不可企及，则自有天意在焉。此极限一则以天而显其限度，一则以人而名其限度。是故极限之名，实含天人交涉之义。纯然以天视之，无所谓极限也；纯然以人言之，极限亦失其参照。立此极限，称之曰命，唯人能之，他物不能。此一极限以人而立言，而以天为参照。人之知力所能及，不谓之命。如食色之欲，天赋于人者，不可谓之命也。人之知力所不能及，而与人全无关涉者，亦不谓之命。如冀望长生不老、羽化登仙，不可谓之命也。③ 故凡言命，必因人之极限而立名，以天人交涉而取义。明此极限，谓之知命。《论语》命字，多取此义。

（一）伯牛有疾，子问之，自牖执其手，曰："亡之，命矣夫！斯人也而有斯疾也！斯人也而有斯疾也！"（《雍也》）

（二）子夏曰："商闻之矣：死生有命，富贵在天。"（《颜渊》）

（三）子曰："富而可求也，虽执鞭之士，吾亦为之。如不可求，从吾所好。"（《述而》）

（四）子曰："不知命，无以为君子也。"（《尧曰》）

夫命以人之极限而得名，或人力所不能逮，或人知所不能及，皆谓之命。"亡之命矣乎""死生有命"，谓人知所不能及也，故付之于命。例（三）虽不言命字，而命义在焉。"可求""不可求"，皆以人之知力而论，以天人之交会

---

① 徐复观：《有关中国思想史中一个基题的考察——释〈论语〉"五十而知天命"》，载徐复观：《中国思想史论集续篇》，九州出版社，2014，第420—421页。
② 冯友兰：《中国哲学史》，重庆出版社，2009，第53、54页。
③ 徐复观：《中国思想史论集续篇》，九州出版社，2014，第424页。

而明。洞明此一极限，可求则努力求之，不可求则从吾所好，是谓知命。例（四）"不知命"，即不知可求与不可求之所在也。

然人之知力有其极限，所谓"极限"尚容少辨。盖"极限"之于人也，有人人皆同者，有因人而殊者。譬如人之必有一死，人人皆同也；而人之死或重于泰山，或轻于鸿毛，因人而殊也。故"极限"之于人，并非固定模型。或生而知之，或学而知之，或困而不学，皆因个人之用力与觉悟而殊致。故命也者，有天命焉，有自命焉。命悬天意，曰天命。命由己造，曰自命。虽曰自命，而己之造命，不可任意妄为，必以天命为参准。故凡单言"命"者，多以自命言之，亦时而兼及天命。凡叠言"天命"者，则专指天命。故命虽一字，而取义甚活，或言自命，或言天命，或兼言二者。天命巍然如是，人所共仰；自命纷然由己，人各殊致。明乎此，所谓命定论之说，混言天命与自命，囫囵断以一命字，孔子之旨晦矣。

孔子之言命，必与仁俱，所谓"与命与仁"是也。夫仁也者，贯通天人而取义；命也者，交涉天人而立名。君子者，知命而行仁者也。以行仁而知命，以知命而行仁，此之谓君子。故命在仁中，仁在命中；命以仁显，仁以命达。知天命者，必知自命；不知天命者，自命无由得知。故言知命，以知天命为大，以知自命为归。孔子"五十而知天命"，由知天命而知自命，复由知自命而知天命，而以天命为大，故但言"知天命"，"知自命"不待言也。此孔子言命之大略也。

二、因义明命：知天命而知自命

据上文梳理，孔子"五十而知天命"，实以知天命而知自命，以知自命而知天命，天人感通，一以贯之，第以天命为大，故但言知天命耳。然孔子此所谓"知"，尚待深究。盖孔子此知，非徒知天命之当然或所以然，犹且知一己之责任与使命所在也。"知天命"之知，当释为彻知而契合之义，方为的确。[①] 知天命者，洞知天命所在而以己身任之之谓也。徒知天命之当然而不以己身承担力行，非孔子所谓知也。《左传》成公十三年载刘康公之言曰："吾闻之：民受天地之中以生，所谓命也。是以有动作威仪之节，以定命也。"定命云者，非德行奚以定之乎？言定命，自含德行之义。刘子此言，去孔子出生不远，与孔子之言命，可资参照。既有所命，必有所行，命而不行，空言而已。故命必归诸德行，归诸责任，归诸使命。孔子之知天命，乃彻知天命所在与己之天职所在，

[①] 《尔雅》曰："知，匹也。"又曰："匹，合也。"匹有匹配、契合之义。

油然而生其无可推避之责任感与使命感也。

可见"五十而知天命",内含人天感通之微旨,实为孔子自述使命与信念之宣言。明乎此义,孔子诸多言语遂迎刃而解,豁然开朗。

子曰:"天生德于予,桓魋其如予何!"(《论语·述而》)

子畏于匡。曰:"文王既没,文不在兹乎?天之将丧斯文也,后死者不得与于斯文也;天之未丧斯文也,匡人其如予何?"(《论语·子罕》)

公伯寮愬子路于季孙。子服景伯以告,曰:"夫子固有惑志于公伯寮,吾力犹能肆诸市朝。"子曰:"道之将行也与?命也。道之将废也与?命也。公伯寮其如命何!"(《论语·宪问》)

上章"天生德于予",犹言"天命德于予",孔子当危难之际,每有此类敬天之语。孔子彻知天命在身,故云"桓魋其如予何",非谓桓魋不能奈孔子何,实谓桓魋不能奈天命何也。天命自彼而来至于人,故曰"天生德于予"。出于天,故曰命;落于身,故曰德。天命之德大矣,自不限于一身。桓魋纵可害孔子之身,而天命巍然如是,大德巍然如是,殊不因一身之害而沦亡。至于道之行否,孔子不以必然言之,而归诸天意,后二章皆明此义。"子畏于匡"章载《子罕》篇,阐发"与命与仁"之义也。文者,道之别名,礼乐是也。兹,此也,孔子自谓也。孔子信任天命,故曰文王既没,而文犹在我身,可知斯文未丧也。至于天命之将来如何,人意岂能尽知乎?故寄诸悬而未决之辞。此孔子"毋必"之义,敬天之微言也。"天之将丧斯文也"与"天之未丧斯文也"对言,悬而未决之辞也。"道之将行也与"与"道之将废也与"对言,亦悬而未决之辞也,故归之于命。此命实指天命而言。"公伯寮其如命何",言天命巍然如是,公伯寮无可奈何也。孔子以知天命自任,而不以知天自负,细玩二章辞气,不难窥见。

依孔子之义,天人可言感通。感通云者,默认天人本有区划,各有位分,然后乃可言感通。故天人关系,异而不隔,分而不裂。"异"云者,言天人各有自体,大小悬绝,天之大也至于无限,人之小也不过百年,故曰"大小悬绝",谓天人之自体,不可等视也。"不隔"云者,言天人之大小虽迥异乎,而人为天所生,天生德予人,人禀天赋之灵,可修德而感通于天。"分"云者,言天人相分[fēn]于大小,而各有其位分[fèn],大小既云迥异,位分自有不同。"不裂"云者,言天人虽以大小相分,各有位分,而人之位分必以天为参照,以天为正鉴。《中庸》曰:"君子之道,造端乎夫妇,及其至也,察乎天地。"人伦本源天命，故又曰天伦。是故泛泛言之，人在天中，天在人中，可也；审慎以究，则二"在"字取义迥然不同，不可不辨。人"在"天中，谓人生于天地之间，禀赋天地之灵，此"小"之在"大"者也①——此"在"主位分言之。天"在"人中，谓天生德于人，诸如食色之欲，作息之节，皆天之所命，此"大"之在"小"者也——此"在"主机能言之。天赋机能于人，反之则否；天赋位分于人，反之则否。天人不可等视，彰彰明甚。②

孔子知天人之不隔而异，不裂而分，故不妄言"知天"，亦不妄言"天人合一"，唯言知天命。既能知天命，乃能畏天命。

孔子曰："君子有三畏：畏天命，畏大人，畏圣人之言。小人不知天命而不畏也，狎大人，侮圣人之言。"（《论语·季氏》）

畏字精微，尚容分辨。畏者，敬畏其威也，非恐惧之义也。恐惧者，恐惧于祸患之来也。畏者，言在彼者之可畏也。③ 如"子畏于匡"，"后生可畏"，皆可畏者在彼也。又畏与威近义，二字一音之转。《书》曰："天明畏自我民明威。达于上下，敬哉。"（《尚书·皋陶谟》）孔子曰："俨然人望而畏之，斯不亦威而不猛乎？"（《论语·尧曰》）可见畏、威可互训其义。何晏曰："大人即圣人。"非也。若大人即圣人，后文又云"畏圣人之言"，孔子之言，岂若是混乎？大人者，在上位而有德者也。郑玄曰："大人，为天子诸侯为政教者。"④ 是但以位言，不兼德义。在位而无其德，不可谓大人。《文言》曰："夫大人者，与天地合其德，与日月合其明，与四时合其序，与鬼神合其吉凶。"此以德言也。

---

① 此以大小论天人，实属不当之词，故加引号。天者无限者也，人者有限者也。"大"不足以尽"无限"之义，"小"亦不足以尽"有限"之义。夫无限之于有限，乃"完全相异者"，有限之叠加仍为有限，不可达诸无限。故以大小论天人，实属不妥。略为辨之，学者察焉，不以辞害意可也。

② 宋儒云：天人本不二，不必言合一。此说似高妙，实则僭妄之甚。所谓"不二"者，止于天人感通而言，所谓天赋机能于人是也。以机能言，天人固可感通，然赋予者与承受者，分明如是，岂可言"不二"乎？论者曰：强调"天人合一"，实则"合一"之前，已先预取"不二"之立场。就理论构筑言，"不二说"先于"合一说"，"不二说"就理想之本原状态而言，"合一说"就现实之实践修养而言；"不二说"就"因位"而言，"合一说"就"果位"而言。（林安梧：《道的错置：中国政治思想的根本困结》，台湾学生书局，2003，第142页。）按林氏所言，仍未透悟天人不可言"合一"之理。"天人合一"之谬，详见下文。

③ 松平赖宽：《论语征集览》（下），上海古籍出版社，2017，第1227页。

④ 程树德：《论语集释》（下），中华书局，2013，第1325页。

但以德言，只可言敬，不可言畏。大人必以德位相兼而言，有德无位，有位无德，皆不可谓大人。大人者，禀大德、居大位、作大事者也。德也者，天德也；位也者，天位也；事也者，天事也。故君子畏之。作者之谓圣。圣人所以能作，以圣人禀仁知大德，敬天应人而作也。圣人之言，所以明其作焉。故君子畏之。三畏以畏天命冠其首，何也？曰：大人、圣人之言，皆导源于天命，不外天命也。苟不知天命而畏之，何来大人？何来圣人之言？

故孔子凡言天命，必有天人感通之义在焉。命字本于天人之感通而造。曰天命者，敬天之义也。凡以天命为纯然外在于人之"本然"或"实然"者，不可谓知天命。① 凡以天命为纯然在人者，亦不可谓知天命。天命本于天人感通而立名，故有人道之"当然"义。孔子所言之天命，明有一命令呼召之义，人进学修德而契会之，信受之，知之而畏之。

唐君毅先生论命，颇多谛见。且引其言以论之。

> 天命与人德之关系，乃天人相对，而直命直应，其归自是天人一道，而初不自天人一道说。孔子于天，虽不重其人格神之义，于命则仍存旧义。其即义见命，知义之所当然，见天命之呼召所在，故无义无命。人对此天命，知之畏之俟之，此即人对天命之直接回应。
>
> 孔子之言义与命，恒与人所处之位、所在之时，相连而言。人处不同之位、不同之时，自有不同之遇合，人之义所当然之回应自不同，而其当下所见之天命亦不同。盖时位不同，则遇合不同，此皆非一己所能决定，亦非他人所能决定，故皆可说出于天。②

按唐氏"无义无命"之说，颇能发明孔子天命之义。然天命唯可言"知之""畏之"，不可言"俟之"。何也？曰：天命无时不在也。若云"俟之"，则天命此时不在，岂天命之谓乎？言"俟"则命在将来，此时无有。夫命也者，以天人交涉而立名，何时不有？何所不在？举凡俟命论之说，皆坐此谬。故略为辩之。

唐氏释义命云：

---

① 唐君毅曰：一般宗教哲学与先秦他家学说所谓天命，皆视天命为一存在之"本然"或"实然"。此皆与孔子以"当然"之义而言天命者不同。[唐君毅：《中国哲学原论·原道篇》（上册），中国社会科学出版社，2006，第27页。]

② 唐君毅：《中国哲学原论·原道篇》（上册），中国社会科学出版社，2006，第31页。原文甚拗，引文有改写。

> 义之范围至大，凡自然之事而合当然者，皆是义，皆可由之以见天命。故我之晨兴，即天之朝阳命我兴；我之夜寐，即天之繁星命我寐。义何所不存？义何时不新？天何所不在？命何时不降？①

按此段释义命甚为精彩，而其言"命何时不降"，与"俟命"之说乖违，可谓自相矛盾矣。盖其所谓俟命之说，以道之将行为天命，然此非天命之全义，无论道之行废，皆天命也。② 故道自道，天命自天命，不可混为一谈。

唐氏又云：

> 天时降新命于我，即我之自命于我，如为孝子、为慈亲，皆我之自命于我者也。然不可只说是自命。无我，固无此自命；无我之遇合，亦无此自命。凡可说为自命者，忘我以观之，皆可说为我之遇合之命我，亦即天之所以命我。故我之有命，乃我与我之自命相遭遇，亦我与天之所以命我相遭遇。我之实践此义所当然之自命，即为我对此自我之回应，亦即为我对天命之回应也。③

唐氏以上所论皆有谛见。然其阐发"无义无命"之说，而归诸"义命不二"之论④，则立言不妥。何者？命虽关乎义，然二者不可一视之也。义者，人之义也，子曰"务民之义""见义不为，无勇也"，可以见矣。义以在人而言，人之义有合于天者，有不合于天者。命者，以天人交涉而立名，本于天而行诸人，谓之命。是故"义命不二"之说，殊非立言之审当者也。

天之所命，即人所当为之义，故因义而明命，此义命之关联也。劳思光先

---

① 唐君毅：《中国哲学原论·原道篇》（上册），中国社会科学出版社，2006，第32页。引文有缩简。
② 唐氏谓：知天命、畏天命、俟天命三言既不同，取义自殊。以知情意分之，知天命属知，畏天命属情，俟天命属意。知为现在所已有之知，畏为现在所正生之情，俟则由现在以待未来之意。俟天命，为待未来天命之降，而知其时之义所当为之事。[唐君毅：《中国哲学原论·原道篇》（上册），中国社会科学出版社，2006，第39页。] 今按：知天命岂无情意在乎？畏天命岂无知意在乎？以知情意区分三者，貌似严整，实属戏论。至于"俟天命"，此"天命"已然变其含义，近于"道之将行"矣。夫言必有所当也，立言不当，非徒无益，反生遮蔽，何如不言！学者察诸。
③ 唐君毅：《中国哲学原论·原道篇》（上册），中国社会科学出版社，2006，第32页。引文有缩简。
④ 唐君毅：《中国哲学原论·原道篇》（上册），中国社会科学出版社，2006，第35页。

生乃有"义命分立"之说,与唐先生适成反对。孰是孰非,甚关紧要,不可不辩。劳氏引孔子之言"道之将行也与,命也;道之将废也与,命也",而论之曰:

> 此段最能表现孔子对"应然"与"必然"(或"自觉主宰"与"客观限制")之区别。就"义"而言,自然"道之行"合乎"义","道之废"则不合乎"义"。但道之"应行"是一事;道之能否"行",或将"废",则是事实问题,乃受客观限制所决定者。换言之,道之"行"或"不行",是成败问题;道之"应行",则是价值是非问题。人所能负责者,只在于是非问题,而非成败问题。①

按劳氏所谓"命",指"被决定"而言,"一切事物在性质与关系上皆是已定者,就此而论,遂有所谓'命'概念"。循此路数,劳氏乃以"自觉主宰"之领域归诸"义",此中唯有是非问题;以"客观限制"之领域归诸"命",此中则有成败问题。孔子明确分划此二领域,"一切传统或俗见之纠缠,遂一扫而清"。"命"观念表"必然","义"观念表"自由"。② 劳氏此论,陷入主客分立之窠臼,与命定论之说无异,去孔子义命之旨远矣。

劳氏坐此窠臼,其释"五十而知天命",亦在所不免:

> 此节俗说中以为表示孔子崇信天命,实则大谬。此明言"知天命"。"知天命"者,即知客观限制之领域是也。"不惑"以前之工夫,皆用在自觉意志之培养上,"知天命"则转往客体性一面。"不惑"时已"知义",再能"知命",于是人能主宰之领域与不能主宰之领域,同时朗现。由是主客之分际皆定,故由耳顺而进入从心所欲之境界。③

孔子明言"畏天命",岂不崇信天命乎?谓"知天命"为"知客观限制",以孔子之明达,何待五十而始知之?且命虽有"极限"之义,而"极限"亦因人而殊,以孔子与常人等视,可谓不知孔子矣。劳氏所论,与俗见所谓命定论并无二致。察其根源,则由"主客之分际"作祟。命定论之惑乱圣义,危害甚

---

① 劳思光:《新编中国哲学史》(一卷),广西师范大学出版社,2005,第101页。
② 劳思光:《新编中国哲学史》(一卷),广西师范大学出版社,2005,第104-105、101页。
③ 劳思光:《新编中国哲学史》(一卷),广西师范大学出版社,2005,第102页。

巨，故引而辨之如上，学者其深思焉。

三、天人合一：僭妄症与伪命题

周秦之变，其剧而全者，莫甚于春秋战国之际。以敬天之意观之，其变可循而知焉。夫观念之兴，必非无由。时变必有以映现于观念者，故由观念反推，时变之迹亦可循知。孔子以前，"天命"通行诸经，人皆共识共鉴。战国以降，"天命"罕见，"天道"乃通行群籍。① 西周君王，自称小子，敬天之诚，历历可见。孔子唯言"天命"，不言"天道"，唯言天知我，不言我知天，我所知者，天命而已。敬天之诚，一如曩昔。演至战国，《孟子》《中庸》大倡"知天"之说，敬天之意，爝火微弱，丧失殆尽。至韩非、商鞅之徒，不言天命，侈言道法。始皇而后，君主不称小子，而自称皇帝，不啻自我封神，敬天之意泯灭尽焉。② 春秋战国之际，循究天之观念，线索似可归结为"天命→天道→道→道法"，其演进轨迹，大略如是。至后世狂儒，乃倡言"天人合一"，人之僭越狂妄，可谓登峰造极。

按"天人合一"之说，出于宋儒，其源则在误读董子之书。董子有"天人之际，合而为一"之说，宋儒乃简略而言之曰"天人合一"；此中之误，不可不察。董子《春秋繁露·深察名号》篇云：

> 名也者，名其别离分散也。号凡而略，名详而目。目者，遍辨其事也；凡者，独举其大也。享鬼神者号一，曰祭；祭之散名：春曰祠，夏曰礿，秋曰尝，冬曰烝。猎禽兽者号一，曰田；田之散名：春苗，秋蒐，冬狩，夏狝。无有不皆中天意者。物莫不有凡号，号莫不有散名如是。是故事各顺于名，名各顺于天，天人之际，合而为一。同而通理，动而相益，顺而相受，谓之德道。《诗》曰："维号斯信，有伦有迹。"此之谓也。

---

① 按《左传》全书，"天命"八见，"天道"（"天之道"）十五见。《老子》"天道"（"天之道"）八见，"天命"不见。《庄子》无"天命""天道"（天之道）七见。《荀子》"天命"仅一见（制天命而用之），"天道"（天之道）二见。《管子》无"天命"，"天道"（天之道）三十四见。《韩非子》"天命"仅一见，其义无关紧要。《商君书》无"天命"，亦无"天道"。《中庸》"天命"一见（天命之谓性），然其义已非孔子之旧，所谓"天命之谓性"，天命之性在我，无异我与上天同体矣。

② 《史记·秦始皇本纪》记琅琊会议，主旨之一，即废诸侯，否认神，其极必至于人间造神而后已。

按董子此段所论，义在探讨名号互殊，而名号皆本天意而立之，"无有不皆中天意者"。其言"天人之际，合而为一"，谓名顺于天，则取义合于天意。所以"合而为一"者，以名本于"天人之际"故也。何谓"天人之际"？《说文》曰："際，壁会也。"段注："際，两墙相合之缝也。"王筠《句读》："際，谓版筑相交之处也。"故天人之际，谓天人之交会感通也。今人乃解"天人之际"为天人关系①，不识文辞，一至于斯。"天人之际，合而为一"，谓名若本于天人之交会感通，则合于天意。其言"合一"，谓其"际"（交会）之"合一"，非谓"天人"之"合一"。故"天人之际，合而为一"，不可略为"天人合一"，差之毫厘，谬以千里。此中关节甚大，断不可囫囵视之。

天人唯可言感通，不可言合一。人之感通于天，故能知天命，如是而已。明乎此义，乃知后世"天人合一"之说，僭妄之甚矣。夫言各有所当也，有可简略而言之者，有不可简略而言之者。不循事理，一概简略言之，非但无益明理，乃徒增思想惑乱。天人不伦，岂可言"合一"乎？既云"天人合一"，则天人固无感通之可能，亦无感通之必要，岂不荒谬乎！②《穷以达时》云："有天有人，天人有分。察天人之分，而知所行矣。"又云："有天有命。知天所为，知人所为，然后知道。知道然后知命。"人之所能，以感通之诚而知天命，如是而已，岂可妄言"天人合一"？胡言乱道，不知分也已。

"天人合一"之说，循究其本，实根源于语言之分析倾向。夫"天"虽一字，其道无限，其义无穷，人之语言永不能竭尽其义。盖语言之出现于人类，导源于如下前提：一则人之为有限之存在者，二则此一存在者可感通于无限者。语言之机缘，实本于此一感通之需。二者缺一，语言即不能产生。有限者多矣，而唯人可感通于无限者，故语言唯人类有之。无限者何以无语言？曰：无限者圆满而遍在，整全而如一，无感通之缘也。子曰："天何言哉？四时行焉，百物

---

① 解者曰："天人之际：天和人之间的相互关系。际，彼此之间。"（张世亮、钟肇鹏、周桂钿：《春秋繁露》，中华书局，2012，第370页。）
② "天人合一"，浅人侈言之，而殊少反思其言之当否。夫天人位分不同，大小迥异，何由得言"合一"也？重视天启者，莫若宗教徒。宗教徒唯言"上帝在我心"，而不敢妄言上帝与我合一。上帝自上帝，我自我。天自天，人自人，乌得谓"合一"乎？或云"合一"非"同一"之谓，此诚然矣。"合一"已属僭妄，"同一"何啻梦语！

生焉，天何言哉？"天之不言，以其为无限者，圆满而遍在，整全而如一，故不言也。①

凡语言，皆有限者之语言。有限者之语言，亦为有限者。语言之为有限者，不足以尽乎无限者，理甚浅显。语言之为有限者，固有分析之倾向，此亦人之天然倾向也。举凡分析之言，诸如内在之天、超越之天、原理之天、实体之天、自然之天、法则之天、理法之天、道德之天、主宰之天、命运之天、终极之天、无限之天……，其言或当或不当，皆不足以尽天之义。②人之不能彻知天之义，不可以"知天"自负，以是故也。此乃人之根本大限，明彻此一大限，实为敬意之本源。不知此大限，肆无忌惮，无所不为矣。③"小人不知天命而不畏"，宜乎其为小人也。

第四节　鬼　神

孔子敬天之意，以知天命、畏天命、任天命而彰之，而不妄言知天。夫子之道一以贯之，循敬天之义，必有敬鬼神之义。天不可知而唯敬之，鬼神亦不可知而唯敬之而已。人之不能知天，以人与天之不同伦也；人之不能知鬼神，

---

① 冯友兰曰：以天不言为一命题，即含有天能言而不言之意，否则此命题为无意义，如吾人不说石头不言，棹子不言，因石头棹子，本非能言之物也。（冯友兰：《中国哲学史》，重庆出版社，2009，第54页。）按冯氏所言，固有所见。然子曰"天何言哉"，谓天不以人之言而言也。天与人不伦，非人之俦，天虽言乎，其言岂人所能彻知乎？以人意而窥天，不亦妄乎！
② 沟口雄三谓：天之特质，最大限度关系民族性、历史性之特质，利用此种属性之规定，不能把握天之特质。（沟口雄三：《中国的天》，载沟口雄三《中国的思维世界》，牟坚译，生活·读书·新知三联书店，2014，第1页。）今按：天为无限者，人为有限者，有限者之语言，固不足以尽无限者之"事实"。曰"事实"已属牵强，曰"特质"亦属不妥。天之为无限者，岂可言"特质"乎？盖天之意义，近于存在之意义。海德格尔以存在为最普遍之概念，不归属任何可定义之种类范畴，一切定义法皆归无效，然存在禀赋自明之义，故人可先行领会其义。而探究存在之意义，舍现象学方法则不能也。（海德格尔：《存在与时间》，陈嘉映、王庆节译，生活·读书·新知三联书店，2006，第4—6、32—36页。）
③ 庞朴曰：战国时代，主宰之天无非一象征性存在，而无任何实际内容或实际作为，譬如《性自命出》所谓降命之天或天降之命，并无甚主张，亦无甚反对，只是虚晃一枪，为性之出场鸣锣开道而已。（庞朴：《天人三式——郭店楚简所见天人关系试说》，载《郭店楚简国际学术研讨会论文集》，湖北人民出版社，2000，第35页。）按：谓天命为"虚晃一枪"，可谓不知大限之妄言也。

亦以人与鬼神之不同伦也。《诗》曰："神之格思，不可度思，矧可射思。"鬼神虽不可知，不可谓无鬼神也。言鬼神，人多迷糊含混，要之可归为三态度：一曰有鬼神，二曰无鬼神，三曰鬼神若有若无。孔子明言"敬鬼神而远之"，此其态度，有鬼神无疑也；否则，何谈"敬鬼神"哉？然此所谓"有"，迥异寻常知见所谓"有"。盖寻常知见之"有"，必以可见可执乃谓之"有"，此非鬼神之"有"矣。然则，孔子所敬之鬼神何谓也？此则关涉鬼神如何存在，如何而"有"。世之言鬼神者，或堕世俗功利之见，或堕寻常心象之谈，要皆迷糊含混之说①，可谓不敬鬼神者也。

一、鬼神辩义：有其名必有其义

庄子曰："道行之而成，物谓之而然。恶乎然？然于然。恶乎不然？不然于不然。"（《庄子·齐物论》）物谓之而然，鬼神亦谓之而然也。鬼神者，教之物也，先王所立以教民也。鬼神之名既立，必有其所以然之故，必有其所以立名之义焉。否则，鬼神若纯属虚妄，何不删除其名，岂不省事？

先明字义。鬼神者，人鬼天神也。鬼，人鬼也，人死曰鬼。《说文》："鬼，人所归为鬼。从人，象鬼头。"段注曰："以叠韵为训。《礼运》曰：'魂气归于天，形魄归于地。'"王筠《释例》："鬼字当是全体象形。其物为人所不见之物。"② 神，天神也。《说文》："神，天神，引出万物者也。从示申。"杨树达谓许解非初义，神字初文当为申，申电同文，皆像阴阳激耀之形，"盖天象之可异者莫神于电，故在古文，申也，电也，神也，实一字也。其加雨于申而为电，加示于申而为神，皆后起分别之事矣。《说文》申部云：'申，神也。'正谓申为神之初文矣。"③

以上训义皆可征诸古籍。《周礼》大宗伯掌"天神人鬼地祇之礼"，不言地祇者，合天神言之也。《礼记》曰："天有四时，春秋冬夏，风雨霜露，无非教也。地载神气，神气风霆，风霆流形，庶物露生，无非教也。"《说卦》曰：

---

① 钱穆论鬼神，可为其代表。其言曰：东方人说，鬼者归也，神者升也。鬼无非人死后残存于活人心中之记忆，日渐退淡消失，譬如行人，愈走愈远，音闻隔阔，而终于不知其所往。其记忆仍能活泼呈现而不退淡，反而浓烈鲜明，则谓之神。故鬼为死后人格之暂时保存，神则为死后人格之继续扩大，洋洋乎如在其上，如在其左右。如是则鬼神仍不过活人心中之两种现象，并非确然另有一物也。钱穆：《湖上闲思录》，九州出版社，2011，第110页。
② 汤可敬：《说文解字今释》（三），上海古籍出版社，2018，第1305-1306页。
③ 杨树达：《积微居小学金石论丛》，湖南教育出版社，2008，第25页。

第六章　敬　天

"神也者，妙万物而为言者也。"可知鬼神者，立言以命义，圣人所以立之以为教也。妙万物而为言者，岂可谓无乎？人死曰鬼，岂可谓无乎？何人无死？死即名之曰鬼，鬼岂可谓无乎？

阐发鬼神之义，莫善于《易传》。《易传》曰："仰以观于天文，俯以察于地理，是故知幽明之故。原始反终，故知死生之说。精气为物，游魂为变，是故知鬼神之情状。"人可知者，鬼神之情状而已，缘其情状而立之名。徂徕先生论之尤精，其言曰：

> 易者，伏羲仰观俯察以作之，前无所因，直取诸天地，故曰知幽明之故。是在礼乐未作之先也。幽明之故者，谓鬼神与人之礼也。不曰礼而曰故，谓上世相传者也。尧舜未制礼之前，盖已有其故，尧舜亦因之制作耳。取诸天地，故曰幽明之故。原始反终者，易道为然，始则终，终则始，循环无端。易者所以知来也，原其始而反其终，故知来。苟能原人之始，以反诸其终，则知幽明之礼。死生幽明，互其文耳。夫人受天地之中以生，故圣人作事鬼之礼，亦原始以反之于终而归诸天。唯天也不可知矣，唯鬼神也不可知矣，故礼或求诸阳，或求诸阴，皆谓其不可知也。敬之至矣，教之术也。①

教必有其术，必有其物。《大传》曰："乾，阳物也。坤，阴物也。"六十四卦，孰非阴阳？圣人特立之物曰乾坤，于是焉天地位而造化行，乾坤立而易道明。乾坤毁，无以见易。鬼神之立，亦犹是也。《易传》曰："明命鬼神，以为黔首则。"圣人据天地之义，立其物曰鬼神，立其礼以教民。是教之术也。②

《中庸》载孔子论鬼神之语，足资相发。

> 子曰："鬼神之为德，其盛矣乎！视之而弗见，听之而弗闻，体物而不可遗。使天下之人齐明盛服，以承祭祀，洋洋乎如在其上，如在其左右。《诗》曰：'神之格思，不可度思，矧可射思！'夫微之显，诚之不可掩如此夫。"

---

① ［日］物茂卿：《荻生徂徕全集》（第一卷），河出书房新社，1973，第445页。引文有删节。
② ［日］物茂卿：《荻生徂徕全集》（第一卷），河出书房新社，1973，第445-446页。

267

《易传·系辞》曰:"知鬼神之情状,与天地相似,以能生万物也。"圣人特立鬼神之名,以为教之物;制礼以敬之,以为教之术。故鬼神者,以形言之则曰天地,以变言之则曰阴阳,以宰言之则曰鬼神。鬼神之宰也,视之而无形,听之而无声,体之而无物。在天地则有天地之鬼神,在山川则有山川之鬼神,在宗庙则有宗庙之鬼神,凡报本反始之有乎物者,皆鬼神之不可遗者也。[1] 引《诗》之语,皆明此义。思,声助词。格,感召而至也。度,人意测度也。射,懈怠松弛也。神唯以诚感召而至,不可以人意测度,如之何而懈怠松弛乎!

以上据易道辩鬼神之义。容再缘人情之常者申言之,庶几天人一贯之旨可得而彰焉。夫神也者,以引出万物而取义,所谓"妙万物而为言者"是也。其义甚合理,不难理解。夫鬼也者,以人死所归而取义,人死则有灵魂存灭之争,故于理性每有难达之处,尚须略加阐释。

夫人之有情也,本然而有,自然而然,不可致诘。人之于父母亲人,爱之敬之,亦本然而有,自然而然,不可致诘。人死而形朽,故鬼之有无,本不可与凡物之有无等视。以人之逻辑理性而论鬼之有无,与论灵魂之存灭,必致悖谬。辨以逻辑,审以理性,认鬼为实有,与认鬼为绝无,皆不能证明之。虽理性不能证明之,而人情足以阐明之。夫人之有情也,不可致诘。生者对死者之情,未尝因其形朽而灭焉。即此不灭之至情,虽生死悬隔,而未尝不可因情而感通焉。即此一念之感通,而敬生焉,礼生焉,仁至焉。礼者,顺人情而为之,所以报本反始也。有其至情,必有其礼。故先圣立鬼神之名,缘人情之感通,立祭祀之礼,而不论证鬼神之实有,非其思之不备也,非其道之不周也。人之至情,本非无端而生,而其端不可致诘,受天之命而然者也。

《论语》载曾子忆孔子之言曰:

曾子曰:"吾闻诸夫子:人未有自致者也,必也亲丧乎!"(《子张》)

人情罕有自致其极者,必也亲丧,何为其然也?此天之所命,不可究问也。亲丧之情,哀从中出,油然而生,人所同然。洞彻其情,则鬼神有无之究问,可以果然打断,而直截缘其至情而认其确有。凡有至情,必有其实。先王缘至情而制礼义,长人安民之胜义,悉在是焉。

《礼记》载孔子之言曰:

---

[1] 卫湜、杨少涵《中庸集说》,漓江出版社,2001,第151页。

孔子曰："之死而致死之，不仁而不可为也。之死而致生之，不知而不可为也。"（《檀弓·上》）

"之死"，之，往也，谓生者以物送死者。"之死而致死之"，谓生者以物送死者而视之为不复有知，如此用情，不仁之事也，故不可为也。"之死而致生之"，谓生者以物送死者而犹视其为生，不知之事也，故不可为也。① 人对鬼神之礼与仁，不可执之以为死，亦不可执之以为生，唯以生者之至情与鬼神感通而兴发仁礼。此一感通，发乎至情，真实活泼，洋洋乎如在其上，如在其左右，不可视为纯然心理"假想"之属。② 凡生而为人，必有此至情之诚，亦必有此感通之灵。人之所以异于禽兽者几希，此其一也。

二、礼敬鬼神：敬之何以必远之

孔子对鬼神之态度，据《论语》所记以观，其义分明可见。《论语·述而》篇乃孔子立教之大纲，其中二章记子所不语与子之所慎，甚关紧要。

子之所慎：斋、战、疾。
子不语怪力乱神。

上章记子之所慎，"斋"居其首，孔子之慎重于祭祀，昭然明白，不待多言。下章断句有争议，俟下文讨论。《论语·乡党》篇所记皆为孔子行礼之事，如下二章可见孔子之慎于斋，贯乎日常生活。

斋必有明衣，布；斋必变食；居必迁坐。
虽疏食菜羹瓜祭，必斋如也。

---

① 郑玄、孔颖达、正义等：《礼记正义》（第一册），浙江大学出版社，2019，第200页。
② 唐君毅解"祭如在"曰：所谓如在，非其本不在，只假想其为在之谓。"如在"不同于一般想象推测而视之为吾人知识对象之"在"；而本于吾人之回忆思念而视死如生之在。故其在，又不同于生者之在，而为一纯粹感通之"纯在"。鬼神之"纯在"，乃将一切死者如何存在之想象推测，加以超化，亦将此一切想象推测之活动，加以止息；唯赋予死者以纯粹之虔敬，以仁心感通之。[唐君毅：《中国哲学原论·原道篇》（上册），中国社会科学出版社，2006，第47页。] 按此说之论鬼神，归诸"假想"，蒙心理学之蔽，而以"纯在"论之，分辨鬼神之在不同于知识对象之在，则颇为中肯。

礼乐的乡愁：孔子政治哲学述要 >>>

"子不语怪力乱神"，断句向有争议，俗解断为：子不语怪、力、乱、神。朱注曰："怪异勇力悖乱之事，非理之正，固圣人所不语。鬼神造化之迹，虽非不正，然非穷理之至，有未易明者，故亦不轻以语人也。"又引谢氏曰："圣人语常而不语怪，语德而不语力，语治而不语乱，语人而不语神。"然统观《论语》全书，孔子语怪虽极少，语乱、语神则不在少数，语力尤多。且其语乱也，乱字皆不训悖乱，其语力也，力字皆不训勇力。可知朱子之解不通矣。考其根由，实为断句之误。此章须重新断句，可引南宫适之问为证，并录如下。

　　子不语怪力、乱神。（《论语·述而》）
　　南宫适问于孔子曰："羿善射，奡荡舟，俱不得其死然；禹稷躬稼，而有天下。"夫子不答。南宫适出。子曰："君子哉若人！尚德哉若人！"（《论语·宪问》）

《说文》曰："直言曰言，论难曰语。"或曰：答述曰语。孔子所不语者，怪力、乱神二者是也。皇疏引李充曰："力不由理，斯怪力也。神不由正，斯乱神也。怪力、乱神，有兴于邪，无益于教，故不言也。"[1] 南宫适问羿、奡之事，皆怪力也，故孔子不答，此适可证"子不语怪力、乱神"也。

孔子之重祭，可见如下二章。

　　子曰："非其鬼而祭之，谄也。见义不为，无勇也。"（《论语·为政》）
　　祭如在。祭神如神在。子曰："吾不与祭如不祭。"（《论语·八佾》）

何晏《集解》引郑氏曰："非其祖考而祭之者，是谄求福也。"朱子《集注》曰："非其鬼，谓非其所当祭之鬼。谄，求媚也。"程树德曰："郑注专指非其祖考，不若《集注》之义该。以谄为求福，亦不如《集注》之义确。人鬼不尽为祖考也。"引《祭法》云："法施于民则祀之，以死勤事则祀之，以劳定国则祀之，能御大灾则祀之，能捍大患则祀之。"[2] 辩之审矣。盖此章孔子所言二事："非其鬼而祭之"，不当为而为也；"见义不为"，当为而不为也。[3] 此章

---

[1] 程树德：《论语集释》（上），中华书局，2013，第556页。
[2] 程树德：《论语集释》（上），中华书局，2013，第155页。
[3] 程树德：《论语集释》（上），中华书局，2013，第156页。

置《论语·为政》篇末,总结为政之道,不外乎为所当为而不为所不当为,苟能如是,天下自正。

下章"祭如在",古言也;"祭神如神在",释古言也。"如"者,况神在之妙,而不可以寻常事物等视也。《礼记·祭义》云:"斋之日,思其笑语,思其志意,思其所乐,思其所嗜。""祭之日,入室,僾然必有见乎其位;周还出户,肃然必有闻乎其容声;出户而听,忾然必有闻乎其叹息之声。"是皆发明"祭如在"之义也。后引孔子之言以证斯义。"吾不与祭如不祭",断句有二:其一断为"吾不与祭,如不祭","与"取参与义;其二断为"吾不与:祭如不祭","与"取赞许义,如"吾与点也"之"与"。①《祭统》云:"君子之祭也,必身亲莅之,有故则使人可也。"孔子曾为大夫,祭祖先之外,尚须祭五祀,有故使人代祭,未为不可。两种断句,义皆可通。然以语脉观之,前云"祭如在,祭神如神在",皆言祭以礼敬,"在"谓鬼神在,非指人也,故后一断句为确。"祭如不祭"者,无敬也,非礼也,无敬无礼,鬼神焉能"如在"?"祭如不祭",乃"祭如在"之反面,故孔子不取也。

此章之解,宋儒之见尤堪注意,以其事关鬼神之大节,不可等闲视之。朱注引范氏曰:"有其诚则有其神,无其诚则无其神,可不谨乎?吾不与祭,如不祭,诚为实,礼为虚。"② 以鬼神之有无,取决于己心之诚否,可谓妄矣!以诚为实,礼为虚,谬之大也!徂徕先生斥之曰:

> 范氏曰:有其诚则有其神,无其诚则无其神。不曰"至不至"而曰"有无",宋儒之废鬼神尚矣。剖树以求花于其中,乌能见之!谓之无花可乎哉?《易》曰"知鬼神之情状",是圣人之事也。后世儒者皆理学,乌能知之!又按:不曰"如亲在"而曰"如神在",事死如事生,语其心也。礼则否,虽亲亦神之,虽妻亦拜之,可以见已。后儒昧乎礼而不知此义。③

孔子之礼敬鬼神,备于如下二章。

樊迟问知。子曰:"务民之义,敬鬼神而远之。"(《论语·雍也》)

---

① 王闿运《论语训》以"与"后断句,"与"取赞许义。程树德曰:"王氏读'不与'断句可也,至训'与'为'许',则未免好奇之过。"[程树德:《论语集释》(上),中华书局,2013,第205页。]
② 朱熹:《四书章句集注》(上),上海古籍出版社,2006,第81页。
③ 松平赖宽:《论语征集览》(上),上海古籍出版社,2017,第219-220页。

> 子曰："禹，吾无间然矣。菲饮食，而致孝乎鬼神；恶衣服，而致美乎黻冕；卑宫室，而尽力乎沟洫。禹，吾无间然矣。"（《论语·泰伯》）

下章孔子赞禹之德，以"致孝乎鬼神"置其首，敬鬼神也；"致美乎黻冕"，敬往圣也。黻冕，祭祀之服，冕其冠也。"尽力乎沟洫"，敬下民也。"菲饮食""恶衣服""卑宫室"，言禹之恭俭也。禹行己以恭俭，而致敬于鬼神、往圣、下民，鬼神冠其首，大义朗然，不待多辩。

上章曲解甚多，容稍辨其义。樊迟问知，孔子以二语启之，一曰"务民之义"，一曰"敬鬼神而远之"，二语实相关也。后人多执"远"字大加发挥，而置"敬"字于不顾，何其视而不见邪？[①] 何以"敬之"必"远之"？鬼神不与人同伦，岂可言"近之"乎？鬼神不可执，人岂可与鬼神狎昵一处乎？故"远之"者，所以"敬之"也。包咸曰："敬鬼神而不黩。"盖人卑而鬼神尊，故敬之；幽明隔，故远之。颛顼命重黎绝地天通，"远之"之义本此，谓不黩也。此章孔子答樊迟问知，本对临民而言，朱子乃曰"民亦人也"，又训义为"人道之所宜"，陈义似高，而无裨发明圣学。徂徕先生辩之审矣，其言曰：

> 礼与义，古圣人所建，道之大端也。故此二者每对言，如"以礼制心，以义制事"是也。礼在经典，义存诗书，故曰诗书义之府也。仁义礼智之说兴，而或以为德，或以为性，孔子以前所无也。仁智，德也，存乎人焉。礼义，道也，作乎圣焉。民之义者，义有种种，此谓其施诸治民者也。训民为人，其谬起自《大学》"亲民"；而义训宜，借以明其意者也，岂可直易以"宜"乎？可谓妄已！[②]

朱注引程子曰："人多信鬼神，惑也。而不信者，又不能敬。能敬能远，可谓知矣。"程子之言，以功利言鬼神，其义以无鬼神方为不惑，然则圣人立鬼神者惑乎？可谓乱道之言矣。此章二语，"务民之义"，人之道也；"敬鬼神而远之"，天道而贯于人者也。明于天人之分，达于幽明之故，可谓知矣。此义非等闲所知，故上章孔子曰："中人以上，可以语上也；中人以下，不可以语上也。"樊迟善问，中人以上者也，故孔子与语之尔。

[①] 冯友兰曰：以"敬鬼神而远之"为知，则不远之者为不知矣；既以不远之者为不知，又何必敬之？冯友兰：《中国哲学史》，重庆出版社，2009，第54页。今按：冯氏此言，不知鬼神之何以必"敬而远之"，又不知何以"敬"之必以"远"之之故也。

[②] 松平赖宽：《论语征集览》（上），上海古籍出版社，2017，第474-475页。

徐复观谓：孔子对鬼神采取非常合理之态度，既未公开反对鬼神，却贬斥鬼神于学问教化之外，而以"义"代替普通人对鬼神之依赖。① 徐氏此言，以义与鬼神为截然两事，可谓不知鬼神，又不知义矣。殊不知，先王之立鬼神，即所以立义也。又命重黎"绝地天通"，故曰"敬鬼神而远之"，此即"务民之义"也。

孔子敬天，敬鬼神，故重祷。祷者，事天之仪节，所以致敬也。

> 王孙贾问曰："与其媚于奥，宁媚于灶，何谓也？"子曰："不然，获罪于天，无所祷也。"（《论语·八佾》）

> 子疾病，子路请祷。子曰："有诸？"子路对曰："有之。诔曰：'祷尔于上下神祇。'"子曰："丘之祷久矣。"（《论语·述而》）

上章"天"字，朱子曰："天即理也。"是以知天自负者之言也。"获罪于天"，岂谓"获罪于理"乎？"无所祷也"，岂谓"无所祷于理"乎？② 下章子路请祷，孔子问"有诸"，谓有其礼乎？朱子乃曰："有诸，有此理否？"其谬同前，可笑之甚。祷，所以祈神求寿也。③《说文》云："䛐，祷也。《论语》云：《䛐》曰：'祷尔于上下神祇。'"段注云："䛐，施于生者以求福。诔，施于死者以作谥。"以此观之，原文"诔"当作"䛐"，方合于义。《论语述要》云："时夫子方生，子路断不引哀死之诔以答，'诔'当作'䛐'无疑也。"④《论语》实录子路之言，子路误之，实录其误，不必改也。上下，天神地祇也。子曰"丘之祷久矣"，何谓也？孔子敬天之意，贯乎日常行止，非唯病时之事耳，故曰"久矣"。《论语稽》曰："上曰神属天，下曰祇属地，上下之中有人，人戴天履地，岂有不能感通者？然不知感通在平日，不在临时。若平日德不足以感通，有疾乃求神祇，则不唯诬神祇，且自诬矣。"⑤

---

① 徐复观：《中国人性论史》，华东师范大学出版社，2005，第51页。
② 钱大昕诘问曰："谓祷于天，岂祷于理乎？"（《十驾斋养心录》卷三）可谓直击要害。（傅佩荣：《儒道天论发微》，中华书局，2010，第104页。）
③ 《说文》云："祷，告事求福也。从示，寿声。"又示下云："示，神事也。"杨树达云，祷从示寿声，盖谓求延年之福于神，许慎泛训为告事求福，殆非初义。人类年寿之修短，本为神秘不可知之事，若别有真宰主持其间，可以自为与夺，宜乎古人有祷神求寿之事矣。求寿曰祷，外此而曰祷者，皆后起引申之义。（杨树达《积微居小学金石论丛》，湖南教育出版社，2008，第26、27页。）
④ 程树德：《论语集释》（上），中华书局，2013，第579页。
⑤ 程树德：《论语集释》（上），中华书局，2013，第581页。

总上以观，孔子之礼敬鬼神，大义昭彰，白纸黑字，不容辩驳。学者或以孔子于鬼神取"阙疑"①态度者，细读《论语》，其谬可知。

三、福善祸淫：天命人以分与时

《书》曰："天道福善祸淫，降灾于夏，以彰厥罪。"传曰："政善天福之，淫过天祸之。"② 天者，天神也。礼敬鬼神，必包含福善祸淫之义。此中大义，浅人多疑而不信，不知分与时之过也。

天授命于人，人承天之命，故人之为人，必有其分焉，必有其时焉。分者，位分也。时者，时运也。天命君子以位分，以时运，故君子知命而知其位分，知其时运。位分授之于我，时运操之在天，要之皆天之所命也。坤卦《文言》曰："坤道其顺乎，承天而时行。积善之家必有余庆，积不善之家必有余殃。"福善祸淫，天之道也。圣人之言，真实无妄，而今人多不之信。所以不信者，不知分与时也。分由命定；命定于生之始。生之始，分已定焉，时已在焉。故人不可以为鸟兽，鸟兽不可以为人，命也。子曰："鸟兽不可与同群，吾非斯人之徒与而谁与？"知命之言也。人各有其分，各有其时。随分从时，福之至也。是故秦朝二世而灭国，祸也。高祖败楚而兴汉，福也。故知福祸之名，由分而殊。非分之得，无关福也。越分之想，非君子也。时者，天之所运也。天者在上之名。故子之所天者父也，妻之所天者夫也，臣之所天者君也，君之所天者上天也。天不可违，故丑妇虽贤，不获乎好色之夫；老臣虽忠，不获乎好少之主，时所塞也。止于塞，行于通，故君子顺天而时行，不违时以求福。伊吕得位，孔颜得名，位分所归，时运所致也。故不知分者，不知己也；不知时者，执己也。执而不知，暗乎天命，而谓圣言不征，岂不惑乎！③ 故君子不求福于分外，不惧祸于时趋，顺天承命，不忧不惧也。

孔子不言分，而言名，其实一也。名由分定，不知分斯不知名，分乱则名

---

① 徐复观谓：孔子之于祭祀鬼神，既不能于知识证明其必有，复不能于知识证明其必无，故取"阙疑"之态度。又谓：孔子祭祀，纯属表现诚敬仁爱之德，此乃春秋时代以祭祀表现人文之倾向。（徐复观：《中国人性论史》，华东师范大学出版社，2005，第52页。）按徐氏之论，与所谓"人文主义"老调无大异。殊不知，鬼神之事，乃天人一贯所必然而有者，岂"人文主义"所能反对乎？毋论时代变迁，毋论科技鼎革，凡有人类生活，鬼神即不可谓无。无鬼神之文化，必流于浮薄而无根。"文革"之祸，殷鉴不远。又，汉语之鬼神，与一神宗教之神，原非一事，此又不容不辨。
② 孔安国、孔颖达、正义：《尚书正义》，上海古籍出版社，2007，第297页。
③ 徂徕先生阐发福善祸淫之旨甚精，此段多承其义。[［日］物茂卿：《徂徕集》（1），江苏大学出版社，2018，第421–423页。]

乱矣。名分乱，礼乐无以兴。故孔子述从政之道，以正名为先；答齐景公问政，而曰"君君臣臣父父子子"，定名分而明大义也。

第五节　生死

生死乃哲学之根本问题。① 人死曰鬼，故鬼神问题，实关乎生死问题。生死问题，又关乎礼乐所由而立之大本大节，不可等闲视之。

一、生死之教：敬生死以敦礼乐

孔子论鬼神，尚有"季路问事鬼神"一章，因涉及生死问题，故于此节专为阐释。此章载《论语·先进》篇。《论语·先进》篇主旨在行仁，仁不外礼乐。② 故首章"先进于礼乐"总论礼乐生成之一般原则，表明孔子用礼乐之取向。末章诸子侍坐而言志，孔子独叹"吾与点也"，以曾点之志有"野人"气象，可谓"先进于礼乐"者，切中夫子之意，呼应首章"如用之，则吾从先进"之义。③ 篇中各章所记，粗看散乱曼衍，细究则无不可归于如何用礼乐之义。

兹以"季路问事鬼神"章及其后三章，并为解释，以明其义。

（一）季路问事鬼神。子曰："未能事人，焉能事鬼?"敢问死。曰："未知生，焉知死?"（《论语·先进》）

（二）闵子侍侧，訚訚如也；子路，行行如也；冉有、子贡，侃侃如也。子乐。"若由也，不得其死然。"（《论语·先进》）

（三）鲁人为长府。闵子骞曰："仍旧贯，如之何？何必改作？"子曰："夫人不言，言必有中。"（《论语·先进》）

（四）子曰："由之瑟奚为于丘之门？"门人不敬子路。子曰："由也升堂矣，未入于室也。"（《论语·先进》）

---

① 古希腊诸贤皆谓哲学乃预习死亡；海德格尔倡言"向死而在"；加缪以自杀为哲学之首要问题：皆此义也。
② 参见本书第二章第四节讨论《论语》结构相关内容及第七章第二节"义利关系"部分。
③ 《先进》篇首末章释义，详见第七章第三节"正本清源"部分。

四章相承而编者，主旨皆在礼乐，义一贯也。章（一）（二）（四）皆与子路相关；章（三）言闵子骞，大义仍属一贯。且先释其义。仍旧贯，谓沿袭旧时之法，隐射礼乐也。鲁人欲扩建长府，闵子骞以劳民伤财，不合先王所以立礼乐之义，故曰"何必改作"。孔子赞之"言必有中"。中者，中礼也，谓有验于礼也。朱子曰："言不妄发，发必当理，唯有德者能之。"解中为当理，谬矣。中之义，如"言中伦，行中虑""身中清废中权"（《论语·微子》），皆谓有验合于古圣人之道也。又如"刑罚不中"（《论语·子路》），谓刑罚不验合于先王之典也。徂徕曰："理在我，思而得之，岂得谓之中乎？是皆坐不知古言已。"①

章（四）记子路之鼓瑟，可谓"升堂"而未及"入室"，以子路于礼乐之造诣而言之。升堂入室，古言也。"盖身通六艺而其材足以为大夫，是升堂者也；通礼乐之原而知古圣人之心，是入室者也。"② 章（二）记四子之样貌举止，性情各殊，而无不合于礼也，故"子乐"。又记夫子之言"若由也，不得其死然"，言子路性情刚强，行为鲁莽（下文云"由也喭"），夫子恐其不得善终，暗指子路"未知生"者也。

明了子路之性情行事，则孔子之答，所以矫枉而归正也。皇疏曰："外教无三世之义，见乎此句也。周孔之教唯说现在，不明过去未来。"③ 其言"外教无三世之义"，盖谓孔子寓三世于礼乐之宗，固当矣；而言周孔之教"不明过去未来"，则大谬不然。孔子明言"敬鬼神"，以生死之意寄乎鬼神之事，而礼乐寓焉，此不言之言也，岂"不明过去未来"乎？夫生死相须，人鬼相待，知生则知死，知所以事人，则知所以事鬼。盖世间万象，有可明言者，有不可明言者。其不可明言者，唯以行事见之。"未知生，焉知死"，知生斯知死矣。"未能事人，焉能事鬼"，能事人斯能事鬼矣。事人事鬼，皆礼乐之事，教之术也。孔子语孝，明言"生，事之以礼；死，葬之以礼，祭之以礼"（《论语·为政》），此可明言者也。至于死，不可明言者也。孔子未死，子路未死，孔子即言之，子路亦不能信，是言之无益也。俗见以孔子主无鬼神，子路明问"事鬼神"，无鬼神岂可言"事"乎？果其无鬼，孔子何以言"焉能事鬼"？既言"事鬼"，鬼

---

① 松平赖宽：《论语征集览》（中），上海古籍出版社，2017，第871页。
② 松平赖宽：《论语征集览》（中），上海古籍出版社，2017，第874页。
③ 程树德：《论语集释》（下），中华书局，2013，第876页。

岂可谓无哉！鬼若无，"事鬼"成何文辞！①

　　盖人之知，有至焉者，有不至焉者。苟其知至，言之无妨。《祭义》云："宰我曰：'吾闻鬼神之名，不知其所谓。'子曰：'气也者，神之盛也；魄也者，鬼之盛也。合鬼与神，教之至也。'"孔子不与子路直言鬼神，而与宰我直言鬼神者，以二人之知殊也。子曰："可与言而不与之言，失人；不可与言而与之言，失言。知者不失人，亦不失言。"（《论语·卫灵公》）夫子不失人，亦不失言，教之道也。

　　人之有生死，自然之道也。礼起于治生死，人之教也。故生死以礼，人道之大者也。荀子释知明矣："礼者，谨于治生死者也。生，人之始也；死，人之终也。终始俱善，人道毕矣。故君子敬始而慎终。终始如一，是君子之道，礼乐之文也。"（《荀子·礼论》）

二、闻道成仁：生死以成仁为大

　　孔子之重生死，不必言生死，而生死在焉。孔子之重生死，又皆教以礼乐，以成仁为归。孔子之重生死，其措思有迥然不同于寻常哲学家者矣。

　　孔子不言生死而生死之义在焉者，可见下章。

　　　子曰："父母之年，不可不知也：一则以喜，一则以惧。"（《论语·里仁》）

　　朱子曰："常知父母之年，则既喜其寿，又惧其衰，而于爱日之诚，自有不能已者。"此解似是而未切。刘开《论语补注》曰："惧即生于喜，终身在喜之内，即终身在惧之中。若专言喜其寿而惧其衰，则于老年之父母如此，而人子少时，父母尚在强盛之年者，岂无所用其喜惧乎？"② 观此章，可知孔子于生死问题，恒以礼乐为归，礼乐所以行仁也。此章寥寥数语，切本源而取胜义，不言孝字而孝道在焉，不言生死而生死在焉。孔子所谓生死，殊非一己孤立之生死，而以恒发于仁爱之心，遍于人己之间为念。父母之年，盈乎孝子之心，以喜以惧，喜惧缘构共生，不可分割。海德格尔倡言"向死存在"，以启"畏

---

① 论者曰：孔子对神和来世问题，持既怀疑又务实之态度；孔子非不是无神论，但他显然并不相信祭奠神灵实际上会有效果。（倪培民：《孔子：人能弘道》，世界图书出版公司，2021，第40页。）此类断语，误读孔子之义，可谓不敬鬼神之妄言，皆不知先王所以立教之旨也。

② 程树德：《论语集释》（上），中华书局，2013，第318-319页。

惧"而反逼人之"决断",较之孔子喜惧交融之殷殷,切本源而取胜义,旨趣殊矣。此孔子之视生死,所以迥异西哲者也。

孔子之教,皆本于仁。孔子之重生死,皆以礼乐为教,以成仁为归。且以下二章明之。

> 子曰:"朝闻道,夕死可矣。"(《论语·里仁》)
> 子曰:"志士仁人,无求生以害仁,有杀身以成仁。"(《论语·卫灵公》)

上章所谓"道",乃孔子所慕之道,先王之道也。矣,决辞也。闻道则生死以之,极言其慕道之切,又叹世间之无道久矣。何晏《集解》曰:"言将至死,不闻世间之有道也。"《示儿篇》云:"孔子岂尚未闻道者?苟闻天下之有道,则死亦无遗憾,盖忧天下如此其急。"夫仁无止境,道无终结。《日知录》云:"'吾见其进也,未见其止也。'有一日未死之生,则有一日未闻之道。"[①] 朱注曰:"道者,事物当然之理。"理学家言,不着边际。孔子岂不知"事物当然之理"乎?以知其理则赴死,而无长人安民之功,可谓白死矣,岂孔子之义哉!

下章"志士",志于仁之士也。"仁人",行仁而成德者也。仁者,人之所以生者也。故志士仁人,必以成仁为归,造次必于是,颠沛必于是。成仁,遂其生生而归乎安安,成就长人安民也。朱子曰:"理当死而求生,则于其心有不安矣,是害其心之德也。当死而死,则心安而德全矣。"徒成就一己之德,岂可谓成仁乎?杀身成仁者,如舜勤众事而野死,冥勤其官而水死,为民抗灾除患,所以长人安民也,故虽身死而犹成仁。有杀身以成仁者,有杀身而不成仁者,有不杀身而亦成仁者。有杀身以成仁者,如舜、冥是也。有杀身而不成仁者,如召忽是也。有不杀身亦成仁者,如管仲是也。程子曰:"杀身以成仁者,只是成就一个'是'而已。"徒成就一个"是",岂可谓之成仁乎?成就一个"是"可谓成仁,则召忽亦成仁矣,而孔子不仁召忽而仁管仲。[②] 孔子之态度明白如是,何宋儒读书之不慎也。

[①] 程树德:《论语集释》(上),中华书局,2013,第282-283页。
[②] 松平赖宽:《论语征集览》(下),上海古籍出版社,2017,第1154页。

第六章 敬 天

本章概要

　　孔子之学，上绍往圣长人安民之大道。长人安民，天事也，故敬天为本。敬天乃孔子论政之第一义。君子者，事君以安民者也。君事即天事，故事君即事天，岂能不敬乎。孔子曰君子有三畏，畏天命冠其首；叹尧之为君也大哉，"唯天为大，唯尧则之"。孔子论天，犹存古义，述其要点，一曰天创生万物而不可违，二曰天至上全知而不可欺，三曰天之创化有秩序可循，四曰天人潜存感通之可能。孔子之天，浑然融贯，虽可分析于言语，而不可肢解为观念。举凡内在之天、超越之天、原理之天、实体之天、自然之天、法则之天、理法之天、道德之天、主宰之天、命运之天……，其言或当或不当，皆不足以尽天之义。

　　孔子之天，并无人格神之义，不可与一神宗教之上帝等视。孔子虽曰"天生德于予"，而未尝视天为人之主宰，故有"人能弘道，非道弘人"之语。凡人所不能彻知者，孔子皆寄诸天命，此敬天之一端也。故孔子不妄言知天，唯言天知我（知我者其天乎），此与后儒唱言"知天"截然异趣。人既以知天自负，遂有"天人合一"之妄语。天不可究诘，岂可言"天人合一"？人之敬意，根源于天之不可致诘，由此而生神秘与敬畏之感。孔子敬天之义，以知天命、畏天命、任天命而彰之。知天命不等于知天。知天命者，知天之命我也。孔子之道一以贯之，循敬天之义，必有敬鬼神之义。天不可知故敬之，鬼神亦不可知故敬之。有敬之义，礼遂生焉。敬贯天人，礼贯生死。天之不可知，以人与天之不同伦也；鬼神之不可知，亦以人与鬼神之不同伦也。鬼神虽不可知，而不可妄言无鬼神也。

　　人虽不可致诘于天，而可好学以感通于天。子曰"下学而上达，知我者其天乎"，此之谓也。故天人关系之定位，可括之曰：异而不隔，分而不裂。"异"云者，言天人各有自体，大小悬绝，天之大也至于无限，人之小也不过此躯，故曰"大小悬绝"，谓天人之自体，不可等视也。"不隔"云者，言天人之大小虽迥异乎，而人为天所生，天生德予人，人禀天赋之灵，修德以感通于天。"分"云者，言天人相分［fēn］于大小，而各有其位分［fēn］，大小既云迥异，位分自有不同。"不裂"云者，言天人虽以大小相分，各有位分，而人之位分必以天为参照，以天为正鉴。明乎天人之定位，人遂能报本反始，此亦敬意之一端也。

第七章

立 政

时代乃思想之母。论孔子政治哲学，不可忽略春秋时代之变局。春秋变局与政治最相关涉者，大抵有如下问题：其一，政治正当性问题；其二，政权合法性问题；其三，诸侯国际关系问题；其四，社会秩序问题；其五，大一统问题。诸此问题，皆可纳入礼乐视野以观，不外乎秩序问题。孔子之政治哲学，各类问题均有涉及，或预设，或明言，或微启。论者谓"政权转移问题"乃孔子遗留之问题，待孟子方始解决[1]，实则此问题孔子已有涉及，第读者未察耳。秩序问题关乎礼乐。孔子之政治关怀，以重建礼乐为归。礼乐之重建，舍政莫能为。要言之，为政之大要，"正"是也。具言之，立政之本，"正义"是也；兴政之方，"正德"是也；行政之要，"由道"是也。三者一以贯之。

第一节 正义

兴起即大道。政者，道之大者也。政治之为兴起现象，其故何也？欲明政治兴起之道，须解析其结构要素，而其所以兴起之由，乃能明了。本节先分析吾国政治所以兴起之结构要素。

一、要素分析：君民共命与能动原理

首章已述，本文以"道义信托"定位孔子政治哲学之大义。信托本于道义：道义言其理也，信托言其事也。此一定位之成立，取决于吾国之政治抟结方式、权力组织方式、人群互动方式、化民成俗方式，共同塑造"道义信托"之义。欲探明吾国政治之大义，须先探明其结构要素。吾国政治之为道义信托，审其

---

[1] 劳思光：《新编中国哲学史》（一卷），广西师范大学出版社，2005，第116页。林安梧亦云：儒家并未正视权力根源之正当性问题，或者说，即使正视了，亦未予有效之处理。（林安梧：《道的错置：中国政治思想的根本困结》，台湾学生书局，2003，第204页）。

结构要素，涉及三对搭配：曰君与民、君子与小人、家与国。君与民以政治主体而言，君子与小人以政治层级而言，家与国以政治构造而言，三者缘构共生而成其生态共同体。吾国政治兴起之道及其结构原理，皆出于此。

（一）君民共命：二重主体与政治生态

先讨论君民之区分与关联。

君字从尹从口，尹者治也，口者号令也。① 民与君对称，谓在下缘土而居之芸芸众生。据钱穆所考，民字乃氏字之微变，二字皆缘古人山居而取义，"称其聚族而居则曰氏，就其每一人而言之则曰民"②。民乃集合名词，故准确言之，当云"就每一人之总合而言之则曰民"。君民互构而成义，此乃吾国政治二重主体之语词反映，不待多言。君受命而施治，民承命而受治；而所以命之者，天也。所谓天，实为民意之映射，托诸天而言也。君为施治者，民为受治者，施受之间，天意在焉。谓之天者，乃吾国社会构造使然，非人力所可造设。

民之确义，于《论语》之释义甚关紧要。其中"人""民"之别，尤须明辨。赵纪彬氏大倡"人""民"对立之说，视二者为春秋时期相互对立之二阶级：以生产关系言，二者属于"剥削与被剥削"之关系；在政治领域，二者有"统治与被统治"之区别。③ 具言之，"人"为"奴隶主阶级"，"民"为"奴隶阶级"。④ 赵氏立论之理由有二：一为《论语》中动词"爱""使"之用法，"爱"止限于"爱人"，"使"止限于"使民"；一为动词"教""诲"之用法，"教"止用于"教民"，"诲"止用于"诲人"。⑤ 赵氏以"教"非今日"教育"之义，而为"教练"之义；"诲"则近于今日"教育"之义。⑥ "人""民"既

---

① 《说文》："君，尊也。从尹口。"段注："尹，治也。"君本作尹，章太炎《文始》："春秋君氏亦作尹氏。《荀子》'君畤'《新序》作'尹畤'。则尹君一字也。"尹为治民之通称，故引申为尊称。[汤可敬：《说文解字今释》（一），上海古籍出版社，2018，第165-166页。]

② 钱穆：《中国古代山居考》，载钱穆《中国学术思想史论丛》（1），生活·读书·新知三联书店，2019，第89页。《说文》："民，众萌也，从古文之象。"此释民字不得其原，其谓从古文之象，亦无以说之。古时之氏，大抵从土得名，无土则无氏。盖古人居山阪，氏即阪也。故曰某氏，犹言某地耳。氏与部亦相关联，中国人分别而居，则曰某氏某氏，于四裔之分别而居，则称之曰某部某部。（见前书，第74、75页。）

③ 赵纪彬：《释人民》，载赵纪彬《论语新探》，人民出版社，1976，第1页。

④ 赵纪彬：《论语新探》，人民出版社，1976，第26页。

⑤ 赵纪彬：《论语新探》，人民出版社，1976，第7页。

⑥ 赵纪彬：《论语新探》，人民出版社，1976，第6页。

分属治者与受治者之对立，故唯"人"有资格发"言"①，唯"人"有资格被"举"②，"民"则无与焉。赵氏以"人""民"分属两阶级之说，断不能成立，其所谓"理由"皆不堪一击。推论之前提既经不起推敲，结论自属荒谬。《论语》虽多以"使民"构词，然并非绝对，"及其使人也，器之"（《子路》），"惠则足以使人"（《阳货》），皆其反例也。至于"教"，确与今日"教育"不同，然训之为"教练"乃至"军事训练"，纯属子虚乌有。③

《论语》"人"字颇灵活，概有三义。其一，泛指人，一切人。然须注意，人泛指人、一切人，此义仍就个体之"人"而泛指之。例如"其为人也孝悌""人而不仁如礼何""人之过也各于其党""人而无信不知其可也""人无远虑必有近忧"，皆是也。其二，表示他人、别人，此义多与"己"对言。例如"为仁由己，而由人乎哉""古之学者为己，今之学者为人""修己以安人""君子求诸己，小人求诸长人"，皆是也。其三，以"人""民"对言，"人"表示个体之人，"民"指谓人之群体。下例甚为显然：

> 子曰："道千乘之国：敬事而信，节用而爱人，使民以时。"（《论语·学而》）

赵氏据此章而分划"人""民"之阶级对立：对"人"言"爱"，对"民"言"使"；"爱""使"二字，显示"人""民"乃划然有别之"两个阶级"。④殊不知此章以"道千乘之国"而立言，以"爱人"与"使民"对言者，"人"指他人，泛指一切个体之人，盖侧重在位从政之人而言，其说话对象乃"道千乘之国"之君主；"使民以时"之"民"指人之总体，为政之对象也，其说话对象亦为君主。"民"非与"人"对立，而与"君"对称，甚为显然。

"人""民"之别，杨逢彬辩之甚明："人"表个体之"人"，"民"表"人"之群体，即芸芸众生。"人"或可包括天子、诸侯，"民"则为天子、诸侯治下之大众、民众。"民"为集合之辞，与"人"指个体相异。洞明"人""民"之别，则赵氏所生造之诸多问题，乃涣然冰释，迎刃而解。例如，何以

---

① 赵纪彬：《论语新探》，人民出版社，1976，第17页。
② 赵纪彬：《论语新探》，人民出版社，1976，第18页。
③ 杨逢彬据《论语》同时或稍后语料，博引《左传》《国语》《孟子》之例，驳斥赵氏之论甚确。[杨逢彬：《也谈〈论语〉中的"人"与"民"》，载杨逢彬《论语新注新译》（繁体版），北京大学出版社，2016，第433-462页。]
④ 赵纪彬：《论语新探》，人民出版社，1976，第2页。

《论语》唯言"人"方提姓名；何以唯"人"有资格发"言"；何以言"举"皆指"人"而言，凡被"举"者皆"人"，凡"举"人者亦"人"，皆由于"人"表个体而"民"表群体，故"民"不得与其事焉耳。①

君民相对而立言，互构而成义。以春秋政制言，卿大夫以上皆可称君，而不限于王侯。② 君民互构而结为命运共同体，此义《左传》发之最明：

> 邾文公卜迁于绎。史曰："利于民而不利于君。"邾子曰："苟利于民，孤之利也。天生民而树之君，以利之也。民既利矣，孤必与焉。"左右曰："命可长也，君何弗为？"邾子曰："命在养民。死之短长，时也。民苟利矣，迁也，吉莫如之！"遂迁于绎。(《左传》文公十三年)

君民互构而结为命运共同体，"命运共同体"一词尤当深思。"命运"言其不得不然，谓君民皆承受其命而担任其命也。所以如此者，乃吾国社会之构造使然，殊非人为所能设计或更改。"共同体"言其自足性，不具自足之条件者，不可谓共同体。论政治要素，必切入现实结构以言，方得究竟。论吾国政治，君民孰为主体，学界颇存争议。或曰民为主体，所谓"民本论"是也；或曰君为主体，所谓"君本论"是也。细索争议之由，源于"主体"一词之歧义。实则"主体"一词可有二指：一指实际掌握政权之主体，一指政治结构要素之主体。以前者言，吾国实际掌握政权之主体为君主，自古皆然，其为君本论③，妇孺皆知。然君主之掌握政权，虽为客观事实，然此事实不可谓之"自足"；苟取

---

① 杨逢彬《论语新注新译》(繁体版)，北京大学出版社，2016，第460-461页。
② 梁启超曰：君字不能专作王侯解。凡社会组织，总不能无长属关系。长即君，属即臣。例如学校，师长即君，生徒即臣。工厂经理即君，厂员即臣。师长对生徒，经理对厂员，宜止于仁。生徒对师长所授学业，厂员对经理所派职守，宜止于敬。不特此也，凡社会皆以一人兼君臣二役，师长对生徒为君，对学校为臣，乃至天子对天下为君，对天为臣。儒家所谓君臣，应作如是解。(梁启超：《先秦政治思想史》，中华书局，2016，第108页。)
③ 杨泽波论政治"主体"，以实际掌握政权而言，故谓民本论不能解释为"民为政治主体"，民本论之关键在于强调民心，其实质可定位为"理想化的君本论"。(杨泽波《孟子评传》，南京大学出版社，1998，第183-194页。) 以实际掌握政权而定位政治主体之义，其言固是矣；然论政治结构，不能止于是而论之。

消民之存在，君之掌权即不可理喻。① 论政治结构，限于实际掌握政权而言主体，必有所蔽，不容不辨。

君与民之关系，一如父母与子女，古来惯用之譬也。② 此譬最能发明其义。试问：父母与子女，究竟孰为主体？以实际位分言，父母居于主位，而子女附属之，理之常也。然而，父母之为父母，苟无子女，奚以为父母？君之为君，苟无其民，奚以成君？是故以生理而言，父母生出子女；而以伦理言之，子女亦"生出"父母也。换辞言之，父母生出子女之身体，子女"生出"父母之位分。论道必穷源，政道不例外。伦理之本源，既不在父母一方，亦不在子女一方，而在父母与子女因以结成命运共同体之"关系"本身，此伦理之所本也。执父母或子女任何一方而论主体，均非谛透。君民关系亦如之。"君本论"者，专就实际掌握政治权力而论政治主体。试问：君主之掌握政权，岂无由乎？君民互构而成命运共同体，此乃君主掌权之天然前提。君主掌握政权，此为客观事实，然此一事实之本源，决不在事实本身，而必须追问此一事实所以成为事实之"自足性"何在。不明"自足性"之所在，此"君本论"之蔽也。"民本论"亦难逃其蔽。要之，"君本论"与"民本论"各执一端为说，均非究竟。伦理之本源在亲子"关系"，政治之本源在君民"关系"。"关系"者，自足之本源也。"信托政治"之名，所谓"信托"，乃据政治之本源"关系"而立言。苟无"关系"，何来"道义"？何来"信托"？故曰：吾国政治结构，君民俱为主体，无民斯无君，无君斯无民，君民互构而成义，此其生态结构之大要也。

（二）能动原理：向善之爱与属己之爱

君以施治而得名。君之施治，不能独任，必有其辅治者焉。故论吾国政治要素，实由三者组成：一曰施治者，二曰受治者，三曰辅治者。③ 施治者君也，受治者民也，辅治者士也。大概言之，辅治者仍可归属于"君"；具体言之，辅治者包括君子与小人。君子、小人皆以个体言，一如"人"字。俗解以"小人"等同于"民"，非是。以语法言，"民"乃集合之辞，"小人"则个体之辞，

---

① 黑格尔云："只有人民对外完全是独立的并组成自己的国家，才谈得上人民主权。"马克思评论曰："这是尽人皆知的道理。如果君王是'现实的国家主权'，那么'君王'对外也应当被认为是一个'独立的国家'，甚至不要人民也行。但是，如果君王，就其代表人民统一体来说，是主宰，那么他本人只是人民主权的代表、象征。人民主权不是凭借君王产生的，君王倒是凭借人民主权产生的。"[马克思：《黑格尔法哲学批判》，载《马克思恩格斯全集》（第3卷），人民出版社，2002，第37页。]
② 以君为民父母之说，先秦古籍多有，以《尚书》《孟子》言之尤备，兹不具引。
③ 张东荪：张东荪：《知识与文化》，岳麓书社，2011，第161页。

不可等视。以事实言，君子、小人皆属辅治者。赵纪彬氏论"人""民"之对立皆谬，而论"君子""小人"之分裂，则颇有可取者。赵氏谓春秋时期"君子"与"小人"分裂为两个对立之政治派别，小人经济地位与民相近，而政治地位较民为高，于国家战和大计有一定程度之参与权。①

《左传》云：

> 师旷侍于晋侯。晋侯曰："卫人出其君，不亦甚乎？"对曰："或者其君实甚。良君……养民如子，盖之如天，容之如地。民奉其君，爱之如父母，仰之如日月，敬之如神明，畏之如雷霆，其可出乎？夫君，神之主而民之望也。若困民之主，匮神乏祀，百姓绝望，社稷无主，将安用之？弗去何为？

此段论君民互构之义甚明。其续云：

> ……自王以下，各有父兄子弟，以补察其政。史为书，瞽为诗，工诵箴谏，大夫规诲，士传言，庶人谤，商旅于市，百工献艺。……天之爱民甚矣，岂其使一人肆于民上，以从其淫，而弃天地之性？"（襄公十四年）

"自王以下"，凡"补察其政"者，皆辅治者之事也。史、瞽、工、大夫、士以上，君子也，庶人、商旅、百工，小人也。士可上可下，介乎君子、小人之间。或以史以下至于百工，诸色人等皆归为民②，非是。史至百工，所以"补察其政"，皆辅治者也，民则受治者，岂可混同？《左传》记刘康公曰：

> 吾闻之，民受天地之中以生，所谓命也。是以有动作礼义威仪之则，以定命也。能者养以之福，不能者败以取祸。是故君子勤礼，小人尽力。勤礼莫如致敬，尽力莫如敦笃。敬在养神，笃在守业。（成公十三年）

论者以此段之君子、小人皆为民之一部③，亦属误解。"君子勤礼，小人尽力"，皆辅治者之事也。"养神""守业"，事有专司，所以辅治也；民则唯生计

---

① 赵纪彬：《论语新探》，人民出版社，1976，第101-102页。
② 杨逢彬《论语新注新译》（繁体版），北京大学出版社，2016，第452页。
③ 杨逢彬《论语新注新译》（繁体版），北京大学出版社，2016，第453页。

是务，显属不俦。

君子、小人俱属辅治者，而孔子屡以二者相对而言，命义何在？究其深义，盖欲激活政治结构之动力机制，以促政治之向善也。请试述其义。首先，君子、小人皆属辅治者；辅治者实为政治之核心力量。深究吾国政治结构，君民之为施受者，上下悬隔，难以生发作用力，必赖一中介而始能沟通之。施治者（君）与受治者（民）恰如阴阳之互动，而所以激发其互动者，实在辅治者（士）之所为。辅治者"仕而优则学，学而优则仕"，一则施力以左右施治者，一则施教以化育受治者。① 吾国政治之动力源，系于辅治者为大。故辅治者之内部激励机制，乃关乎政治之大局与走向。

是故其次，孔子于辅治者内部，又区分君子、小人，以形成上下贯通流动之活力场。盖君子、小人之分划，既出于"现实"之结构，又蕴含"合理"之驱动，由是而张力生焉。此一活力场，包含"向善之爱"与"属己之爱"之张力。赖此张力，吾国政治之动力乃生发不竭。施特劳斯曰：

> 所有人类的爱都服从一条法则，它既是对自己东西的爱又是对善的爱，在属己与善之间必然有一种紧张。属己与善的关系在政治中的表现是祖国与政制之间的关系。善比属己性有更高的尊严，或者说最佳政制是比祖国更高的一种考虑。②

何谓最佳政制？如何实现之？此乃政治哲学之根本问题。最佳政制恒以"理想"面目而呈现——最佳政制虽优于所有实际政制，而缺乏现实性——其终极原因在于人之双重本性：人可上可下，或曰：人介于神与兽之间。③ 此中要义，孔子洞若观火。

子曰："君子上达，小人下达。"（《论语·宪问》）

人或"上达"，或"下达"，或上或下，孰上孰下，虽受制于处境，亦取决于自觉。达者，通达也。君子上达者，向上通达于君、通达于天也；小人下达者，向下通达于民、通达于地也。所谓"上达""下达"者，乃事实之描述，

---

① 张东荪：《知识与文化》，人民出版社，1976，第161页。
② 列奥·施特劳斯：《什么是政治哲学》，李世祥等译，华夏出版社，2014，第26-27页。
③ 列奥·施特劳斯：《什么是政治哲学》，李世祥等译，华夏出版社，2014，第25-26页。

而非道德之褒贬。

孔子论"道"（最佳政制），所以特寄厚望于君子者，以其为辅治者之能动力量也。

> 子曰："君子喻于义，小人喻于利。"（《论语·里仁》）
> 子曰："君子谋道不谋食。耕也，馁在其中矣；学也，禄在其中矣。君子忧道不忧贫。"（《论语·卫灵公》）

君子"喻于义"，故"谋道"，而从事于"向善之爱"；小人"喻于利"，故"谋食"，而从事于"属己之爱"。人类之行为，其因由虽极其复杂错综，而总括言之，无非两类意向模式，即"食之谋"与"道之谋"。然此章之深意，不在于"谋道"与"谋食"之分辨，而在于二者何以分划之故。谋者，"谋划"也，俗解为"营求"，殊不切旨。盖馁也耕也食也，乃人类之基本需求，无分君子、小人，无不同之。然"耕→馁→食→耕→馁→食……"乃无尽之恶性循环。其为恶性循环，见于二义：一为人之生理层面，"耕→馁→食"循环无尽；一为人之组织层面，"耕→馁→食"循环无尽。[①] 人类一切争斗与苦难，皆坐此而生。人类若徒务于此（谋食），与禽兽奚以异哉，而政治断无改善之可能矣。故必由"耕→馁→食"之低级恶性循环，转为"学→禄[②]→道"之高级良性循环，此即谋道之义，而礼即道之现实也[③]。是故谋道者，天之命于君子者也。子曰："不知命，无以为君子也；不知礼，无以立也。"为是故也。"君子谋道不谋食"，非谓君子不食人间烟火，而谓君子之"谋"格局阔大也。

二、道义信托：家国同构与以学塑政

吾国政治之结构，以君民共命而立其大体，以辅治者为枢纽而挔结上下，以君子、小人之分途而激其动力，此其大要也。深究此一结构之运作，实包含一内在困境，亦缘此而内生其化解之道焉。

（一）家国同构：互为本末与互相信托

所谓道义信托，以政治要素言，包含二重主体，即君与民。二者之关系为：

[①] 缠中说禅：《缠解论语》，九州出版社，2014，第109页。
[②] 此章"禄"字，本义为俸禄，亦隐寓福禄之义。"君子谋道不谋食"，人类方有福禄之可言。
[③] 狄百瑞：《儒家的困境》，黄水婴译，北京大学出版社，2009，第80页。

君以土地信托于民,民以政权信托于君,二者互为前提。土地伦理与政权组织相互建构,此中道理,尚须深究。

欲探明其理,莫如取吾国自有之范畴而言之。吾国自有范畴,莫如"本""末"为切①。有本末乃有顺逆②、主从,本末、顺逆、主从,三对范畴相互配合。本末范畴之立,与功能观念相须。由功能之顺逆,而有事物之本末。故本末范畴已然预伏"秩序"之观念于其中。③ 由思想之偏重某一范畴,可借以参透秩序(社会构造)之所以然。中国思想之重视本末,与何种社会构造相应?曰:中心制。此义张东荪抉发甚明:

> 所谓中心制是指一个组织而系于一个中心而言。例如军队必须有一个总司令。须知社会组织不限于皆有中心。各部分平均分权亦是组织之一种。至于中国则有一个特殊情形:就是绝对地没有他种组织,而只有中心制。中国人把有中心即认有组织,这一点是和本末的范畴的使用大有关系。④

"中心制"格局,孔子亦尝言之:

> 叶公问政。子曰:"近者说,远者来。"(《论语·子路》)

说,欣悦也。来,归附也;与《论语·子张》篇"绥之斯来"之来同义。

---

① 张东荪视"本末"为中国哲学范畴之"最重要"者。(张东荪:《知识与文化》,岳麓书社,2011,第156、158页。)《大学》有"物有本末,事有终始"之言。考其源也,"本末""终始"皆来自《论语·子张》篇,子游曰:"子夏之门人小子,当洒扫、应对、进退,则可矣。抑末也,本之则无。如之何?"子夏闻之曰:"噫!言游过矣!君子之道,孰先传焉?孰后倦焉?譬诸草木,区以别矣。君子之道,焉可诬也?有始有卒者,其唯圣人乎!""本末"出自子游之口,"终始"出自子夏之口(有始有卒)。按《大学》之义,盖即为发明此章之义而作也。
② 从本到末为顺,从末到本为逆。张东荪:《知识与文化》,岳麓书社,2011,第156页。
③ 张东荪:《知识与文化》,岳麓书社,2011,第157页。
④ 张东荪:《知识与文化》,岳麓书社,2011,第158页。

或释为"来去"之来,谓远人来我处,非矣。① 朱子曰:"被其泽则说,闻其风则来。""来"字之义,可据《韩非子·非难》篇所载而明:叶都大而国小,民有背心。叶公子高问政于仲尼,仲尼曰:"政在悦近而来远。"可见"来"与"民有背心"相对而言,其为归附之义甚明。此章叶公问政,孔子但以远近之效而论。"远近"依"政"之中心而言,立"政"即立其中心,据此中心而辐射四方,犹如同心圆之圈层,乃有近悦远来之效。

为政之"中心制"格局,乃德治之必然效果,孔子下章所言甚明显:

子曰:"为政以德,譬如北辰,居其所而众星共之。"(《论语·为政》)

众星共北辰,北辰即中心也,众星则势如圆环。众星环绕而共之者,德之功效也。此章大义已详于《明德》章,此处不赘。

论吾国政治之要,可归结于:君民互为本末。以政权组织而言,则君为本,民为末,故政权组织必自上而下为顺;以土地伦理而言,则民为本,君为末,故土地伦理必自下而上为顺。自上而下与自下而上,二者同构共生,互动循环不已。君民互为本末,此一机制,换辞言之,曰"家国同构"。家国同构服从"中心制"原理,"家"为小中心,"国"为大中心,"天下"乃更大之中心,如大圆套小圆然。

若问"家国"何以"同构"?曰:此兴起之事也,无需中介,自然如此。有子与孔子论"孝"与"政"之关联,可窥斯义。

有子曰:"其为人也孝悌,而好犯上者,鲜矣;不好犯上而好作乱者,

---

① 皇疏曰:"为政之道,若能使近民欢悦,则远人来至也。"加一"则"字,句意关系遂变;以"来"为来至之义,亦非。论者多误会"来"字之义,乃以孔子讨论移民问题,甚属可笑。(方旭东:《"远者来":关于外来移民问题的儒家智慧》,《文史哲》2021年第1期,第7页。)夫移民问题,乃政教之自然结果,移或不移,咸付民之自主,岂为政者所能强乎?且"近者说,远者来"乃孔子答叶公问政之语,"远""近"相对而立言,我之"远"即远人之"近",我之"近"即远人之"远",为政之道若必使远人来我处,然则有"我"即有"远""近",而何处无"我"?"我"既遍于天下,则何处非"远"?何处非"近"?推其极也,必至自相矛盾,岂孔子立言之旨哉?甚且,人缘地而生,《中庸》曰"人道敏政,地道敏树",有其地则有其人,有其人则有其政,若必使远人来我处,则远地空虚无人,何以立其政邪?故知"远者来"绝非远人来我处,而谓远人心悦诚服而归顺也。

未之有也。君子务本，本立而道生。孝悌也者，其为仁之本与！"（《论语·学而》）

或谓孔子曰："子奚不为政？"子曰："书云：'孝乎唯孝，友于兄弟，施于有政。'是亦为政；奚其为为政？"（《论语·为政》）

有子所谓"务本"即"孝悌"，"道生"之"道"，谓治道、仁道；"生"即兴起也。孝悌与政治之关联，实即土地伦理与政治建制之关联。所谓"关联"，非因果联系，乃兴起之事。孔子论"孝"之"施于有政"，"施"亦兴起之事。亲子关系作为原初纽带，其兴发之力源源不绝，其辐射之力不限于家之范围。"孝"为亲子关系之精神凝聚，即对此一价值之肯认。孔子论"孝"多载《论语·为政》篇，寓意深焉。盖"孝"道之兴起，即"政"道之生成，而"家国同构"乃赖此而铸成也。

家国同构之原理在于兴起，其机制曰"中心制"，而非硬性之制度设计与架构。家如同人之身体，乃吾人感知方式之原"象"。家为一切伦理之本源，亦为一切意义之本源。家为吾人生命之原"象"，自然兴起其他事"象"。吾人坐此"象"而观乎人情世故，遂"举整个社会各种关系而一概家庭化之"[1]。所以"化"之者，"象"之"兴"也。子曰"君子笃于亲，则民兴于仁"（《论语·泰伯》），亦谓此义。家之为原"象"，其兴起之力发乎天然，而足以"化成天下"。梁漱溟谓"中国人就家庭关系推广发挥，以伦理组织社会"云：

全社会之人，不期而辗转互相连锁起来，无形中成为一种组织。此种组织与团体组织是不合的。它没有边界，不形成对抗。恰相反，它由近及远，更引远而入近；泯忘彼此，尚何有于划界？[2]

梁先生洞见一"无形"之"组织"，可谓灼识。欲参透吾国政治社会之结构原理，洞察此一"无形"之"组织"，极关紧要。明乎此，吾国问题之诸多困惑乃顿然获释。

杜维明尝生造"信赖社群"[3]（fiduciary community）一语，以界定儒学之宗

---

[1] 梁漱溟：《中国文化要义》，上海人民出版社，2011，第79页。
[2] 梁漱溟：《中国文化要义》，上海人民出版社，2011，第79页。
[3] 按杜氏之义，社群之层面包括家庭、邻里、宗族、种族、民族、世界、宇宙。所有层面皆可整合于"自我转化"之过程。（杜维明：《中庸：论儒学的宗教性》，生活·读书·新知三联书店，2013，第117页。）

教维度。信赖社群基于信赖而非契约,乃儒学宗教性之"规定性特征"。① 自我"修身"之转化力,可由"齐家"而"治国",延伸至普天下乃至宇宙,之间并无断裂。按杜先生所言"信赖",颇有见于吾国之结构原理,然其所谓"社群",乃西洋概念图式,与吾国之事实终嫌凿枘。汉学家狄百瑞献疑曰:

> 在杜维明的阐述中,这一过程非常接近《大学》八条目中修身与政治变革之间的连续性。但是,我们在《大学》中却看不到"社群"。尽管如此,由于杜维明一遍遍地重复"自我—家庭—国家—天下"这个系列,所以我们终于注意到,他总是把"社群"塞进家庭与国家之间。对于现代思维来说,只有在家庭和国家之间安插一个中间阶段,这个源头观念才显得完整。②

按狄氏之质疑,仍坐西方概念图式而生。西洋政治,家与国之间,有一中介层面,即狭义之"社会",或曰"市民社会"是也。"社会"独立于国家之外,而形成一平衡力量。狄氏"依葫芦画瓢",必于中国寻找与西方"社会"相类者,以插入"核心小家庭"与"庞大国家"之间,扮演"调解性基础设施"③。然而,此一发挥均衡作用之"基础设施"至今仍未生成;狄氏目之为中国所面临之一大"困难"。④ 实则,中国并无与西方对等之"社会",若必寻其对等物,则"民间"庶几近之。若谓中国亦有"社会",即"家国同构"之总体是也。然此"社会"笼统言之,与西方"社会"不可同论。狄氏所谓"调解性基础设施",中国固有之,此即梁漱溟所谓"无形"之"组织",或曰"伦理"是也。"伦理"虽"无形",且无"边界",不"对抗",然无往不在,其结构力与调解力,未必在西方"社会"之下。狄氏据西人之"前见",以"有形"推"无形",以"实体"推"兴象",宜其生疑也。

苟不见中国"社会"之特殊,未经审察而套用西方概念图式于中国,每每凿枘不合。诸如社会与国家之分立、公共领域与私人领域之分立、道德与政治之分立,此类概念范型,未加反思而套用于中国,非徒无益,反生蔽乱。狄氏诸多论断,皆坐此蔽而不明真相。

---

① 杜维明:《中庸:论儒学的宗教性》,生活·读书·新知三联书店,2013,第118页。
② 狄百瑞:《儒家的困境》,黄水婴译,北京大学出版社,2009,第116页。
③ 狄百瑞:《儒家的困境》,黄水婴译,北京大学出版社,2009,第116页。
④ 狄百瑞:《儒家的困境》,黄水婴译,北京大学出版社,2009,第123页。

儒家学者缺乏能够清晰表达思想的公民所提供的有组织的支持，或者缺乏由舆论工具提供的有组织的支持。他们经常不得不单枪匹马面对大权在握的统治者，他们越是有良知就越容易成为烈士，或者更多的时候成为空想政治家。①

狄氏所谓"组织"支持，仍属依西方之"葫芦"而画中国之"瓢"，欲于中国寻觅与西方对等之"组织"。殊不知"伦理"即中国最坚硬之"组织"，唯其"无形"可执，遂不易把捉。再者，中国政治既以"家国同构"为之奠基，君民本可贯通为一体，今日之"民"，未必不可为明日之"君"；今日之"君"，未必不可为明日之"民"。要之，狄氏预设社会与国家、道德与政治相互分立为准绳，据此以论中国。然而"家国同构"之坚硬"现实"，即已断绝社会与国家、道德与政治分立之可能。举凡以"市民社会"一套理论预设以讨论中国者，徒生知障，不见本真。与"市民社会"相异，中国或可界定为"伦理社会"。②即以今日中国而论，纵然社会转型甚殷，而其转型之趋向仍可推断：中国未来之可能性恰恰在于其成为"市民社会"之不可能性。③

盖以社会学而言，学者固可讨论中国之"社会建设"；然以哲学深究之，所谓中国之"社会建设"，殊非"建设"某一独立之"社会"领域，如西方然。"家国同构"已断绝此一可能。④ 中国之"社会建设"，归根结底即指向"伦理建设"。此一"伦理"渗透于"家国同构"整体中之各类"组织"：家庭、村落、里弄、社区、单位。此中，家庭乃最有活力之原生"组织"，其兴化之力，

---

① 狄百瑞：《儒家的困境》，黄水婴译，北京大学出版社，2009，第103、117页。
② 中国社会之为伦理社会，梁漱溟先生论之最澈，参见《中国文化要义》，其第五章集中讨论此义。伦理社会之义，谢遐龄先生结合今日现实，亦多有洞识，参见谢遐龄：《中国社会是伦理社会》，《社会学研究》1996年第6期，第73-82页。
③ 吴晓明：《从社会现实的观点把握中国社会的性质与变迁》，载吴晓明《黑格尔的哲学遗产》，商务印书馆，2020，第362页。
④ 林安梧谓：儒家所谓内圣外王，殆流于"血缘性之自然总体"与"人格性之道德总体"通极为一之理想境界而已。此二总体之外，"应该"有一独立之"社会总体"。然长久以来，吾国之"社会"乃无非此二总体之"附属存在"而已。故《大学》所谓"修身、齐家"（内圣）与"治国、平天下"（外王）之间并非"连续体"，而实为"断裂体"。因此，必须插入一中介者以为连结。此中介者须为独立之客观物，即"法"或"契约"是也，借之以凝式成"社会"。如是，"血缘性之自然总体"与"人格性之道德总体"乃得以超越出来，成为一社会之普遍意志（general will），如卢梭《民约论》所述然。（林安梧：《道的错置：中国政治思想的根本困结》，台湾学生书局，2003，第74-75页。）按林氏所论，据西方之社会结构，欲"依葫芦画瓢"而改造中国，与理性建构论无异，不啻营造空中楼阁也。

足以渗透其余，一概"家庭化之""伦理化之"，而吾国终成为一"伦理整体"。

然则吾国政治之"道义信托"果无其内在困境邪？曰：固有之也。

夫家国之同构，以君民互为本末而立，由是而信托之义生焉。欲成就君民互相信托之义，君民须贯通无碍。故君以得民心为大，得民心者得天下。道义政治，实即民心政治也。孟子倡言"民为贵，社稷次之，君为轻"（《孟子·尽心·下》），"民为贵"者，非"主权在民"①之谓，实即"民心为贵"也。孟子曰："得天下有道，得其民斯得天下矣。得其民有道，得其心斯得民矣。"何以得民之心？曰："得其心有道，所欲与之聚之，所恶勿施尔也。"（《孟子·离娄·上》）然则民之"所欲""所恶"，君何以知之？就虚理而言，则有《大学》所谓"絜矩之道"；就实事而言，则有赖于贯通君民之辅治群体。彻知"家国同构"之原理，则吾国政治之核心动力，实系于辅治群体也。

然则辅治群体如何有效贯通君民？其贯通之有效，盖取决于二：第一，辅治者"能弘道"；第二，辅治者所弘之"道"必贯通天人（君民）。第一义之立，在于辅治"知天命""畏天命"，"不知命，无以为君子也"。第二义之立，在于天人本可一贯。二义皆以"天"为预设。《书》曰"天听自我民听，天视自我民视"，中国政治思想，必以"天"为贯通"君""民"之"中介"。然此"中介"并非某一"实体"，而为君民共在共享之"兴象"。其为"兴象"也，源于君民共命之结构，无须逻辑理性为之"论证"。"民"心即"天"意，"君"主即"天"子，"天"既可表达一般化之社会关系（民心），亦可寄托普遍化之伦理—宗教认同（天命）②，故民心即天命，而政治即含宗教之义也。

天之"兴象"，乃吾国政治运作之不可或缺者。吾人论政治之好坏，无不以天为最高标准。天之为总体意蕴背景，统摄君民于一体。以君之地位言，一方面其施治于人民，另一方面亦受指示于天。以民之处境言，一方面受统治于君，另一方面亦凝合民意而诉诸天，故民意即天意。天、君、民三者，形如三角关系，借天而循环互动焉："治者承天命而治人民；人民被治于治者而又自代表天意。"③盖天道必由人道而显，行人道即所以行天道，此中内蕴天与人之隐性"盟约"。④"盟约"非如西方之"契约"，"契约"有"实体"可执，"盟约"唯以"兴象"而显，此道义关系也。

---

① 以孟子此语而谓其主张"主权在民"者，非但不懂西洋政治思想，亦非真懂孟子者。
② 杜维明：《道·学·政：儒家公共知识分子的三个面相》，生活·读书·新知三联书店，2013，第25页。
③ 张东荪：《知识与文化》，岳麓书社，2011，第120页。
④ 杜维明：《中庸：论儒学的宗教性》，生活·读书·新知三联书店，2013，第120页。

人之行道也，或践行天意，或背离天意。如何保障之？此即道义信托之困境所在。困境之化解，唯在一"学"字而已。

（二）以学塑政：结构困境与化解之道

吾国政治之道义信托，基于君民二重主体，亦即政权组织与土地伦理之互易其主。互易其主之机制，以天为中介，以辅治群体为天命之承担者。故辅治群体之天命，即在于学成君子，正君之命，务民之义，行天之道。天、君、民借由君子而贯通为一体。《周易》同人卦象辞曰："唯君子为能通天下之志。"君子立，则君民通，君民通则二重主体化为一体，或谓之"二元而一体"[1] 可也。"二重主体"以政治结构之要素而言；"一体"以伦理之化成天下而言。孔子所以寄厚望于君子者，以此。何以成君子？曰：学。《论语》所见，在在言学，谆谆促学，孔子之用心良苦哉！

考察吾国政治，其转捩点在春秋战国之际，其时自由学者兴起，百家争鸣，学者多参与各国政治之实权，由此而贵族政治解体，士人政治代兴。子夏之言"仕而优则学，学而优则仕"，陈述当时之现状也。秦汉以下，仕途几为学人所独占，此为中国传统政治甚堪注意之特点。[2] "政""学"之关联，孔子已然彻知，其"学而不厌，诲人不倦""不知老之将至"，岂无由哉？吾国政治之精义，"学治"庶几尽其大旨。钱穆论政制与学术之关联曰：

> 此种政制可名为学人政治，或简称"学治"，以示别于贵族政治或富人政治。平民政治者，乃贵族政治之反面；无产阶级专政，乃富人政治之对垒；学人政治则为一种中和性之政治，无贵族，无庶民，亦无贫富之别，唯择其有学与贤者。
>
> "学治"之精义，在能以学术指导政治，运用政治，以达学术之所蕲向。为求跻此，故学术必先独立于政治之外，不受政治之干预与支配。学术有自由，而后政治有导向。学术者，乃政治之灵魂而非工具，唯其如此，乃有当于学治之精义。[3]

学治之要义，在于以学塑政。具言之，一则注重政学之紧密配合，一则尤注重政学之各尽厥职。所谓"作之君，作之师"，君主政，师主教。孔子以前，

---

[1] 梁涛、苟东锋：《正名致思：孔子的政治哲学》，载梁涛《中国政治哲学史》（第一卷），中国人民大学出版社，2017，第65页。

[2] 钱穆：《政学私言》，九州出版社，2010，第64页。

[3] 钱穆：《政学私言》，九州出版社，2010，第69页。

其道统于君，所谓"王官学"是也；孔子以降，其道统于下，所谓"百家言"是也。而孔子实为转折之枢纽。①春秋以降，治权上行，教权下移，孔子开其大端也。

家国同构之深义，在于以学塑政。非学无以成"君子"，非学无以构家国。家国所以同构者，端赖学而成其事。吾国政学之关联如是深邃而绵远，乃至可下一结论曰：知识即权力。第此"权力"不限"政治"而言，而尤重"思想"之义。学者即便不直接参与政权，仍可参与教育事业，自外围入手，或教书育人，或重释经典，或据现实以提供理念，以"合理"反逼"现实"，重塑政治之"义"。②此事或难立竿见影，然拉长历史眼光以观，其功效反较一时一地之参政，更为深邃绵长。论者曰，儒家之弱点，在其无意或无能于建立自己之"权力基础"③，致使其地位处于"极端依赖与不稳定"之境④。殊不知学以塑政，"学而优则仕"，是学即为政之资也，即"权力基础"也。外此而别求"权力基础"，坐西洋之"井"而观中国之"天"，焉能得之哉？是不知家国同构之深意也。

故吾国之第一大事，曰学。教学相须。吾国政治之终极责任在教学，吾国政治之基本条件亦在教学。⑤学以成君子，此即吾国最美之事。君子"谋道不谋食"。道既为政治之灵魂，君子必"以道事君，不可则止"，此君子之自我主张而显其独立自主也。

子曰："以道事君，不可则止。"（《论语·先进》）
子路问事君。子曰："勿欺也，而犯之。"（《论语·宪问》）

子路性情勇进，孔子因材施教，对子路每以"退之"为矫；唯于事君，则仍取"犯之"，大有"当仁不让"之义。所以必取"犯之"者，君子担其天命而行其天职，敬天之义也。君子辅治为政，即代天以行道。君子"谋道不谋食""行义以达其道"，故君子以"道"为大。

---

① 钱穆：《政学私言》，九州出版社，2010，第69-70页。
② 杜维明：《道·学·政：儒家公共知识分子的三个面相》，生活·读书·新知三联书店，2013，第25页。
③ 狄百瑞：《儒家的困境》，黄水婴译，北京大学出版社，2009，第59页。
④ 狄百瑞：《儒家的困境》，黄水婴译，北京大学出版社，2009，第60页。
⑤ 钱穆：《政学私言》，九州出版社，2010，第106页。

> 子曰："道不同，不相为谋。"（《论语·卫灵公》）
>
> 卫灵公问陈于孔子。孔子对曰："俎豆之事，则尝闻之矣；军旅之事，未之学也。"明日遂行。（《论语·卫灵公》）

君子以"道"为大，故"道不同，不相为谋"，此亦可见君子之重"择"，子曰"择不处仁，焉得知"，谓此也。下章即"道不同，不相为谋"之例证也。

可见，家国同构之"困境"能否化解，取决于君子。"君子成人之美"，学成君子而辅政，政即为君子所塑造，由是而主导政治大局，限制君权发用，乃至决定政权之性质。君子联结学政，其辅治之功，即可企望"学术指导政治"之实现。以吾国现实而稍作分析，其义盖有三层内含：一者，中国传统政治虽无宪法，无国会，然不乏客观标准与理性精神，此义无偏见者皆所共认；二者，士人多成长受教于下层乡村，熟知民意，故可扮演"天听自我民听，天视自我民视"之传达者；三者，中国政制素有选贤与能、设官分职之传统，选贤与能则贤达上晋，设官分职则人尽其才，此亦"贤能政治"与"责任政府"之一义也。[1]

中西相较，学治之义弥彰。以政教言，西洋政治与宗教分离，中国政治与教育合一。不但与教育合一，而且与宗教合一。中国之政治事业，即融会宗教之义，故中国政治家须兼具宗教家之情怀。以治术言，西方尚法治，故主司法独立；中国取学治，故主教育独立。[2] 中国古代之教育，多交付民间自由办理，政府唯执掌考试选拔之事。此须注意者，教育既与政治合一，又独立于政治，二义初看似矛盾，实则非但不矛盾，甚且互为前提也。

三、政者正也：政治定位与礼序正义

今人言政治，受制于西方概念图式，率以社会与个人、私域与公域、责任与权利、人治与法治、自然法与成文法等对立范畴而建构话语。此类概念图式出自西方知识谱系，皆有其特定预设；以此分析孔子思想，非但不得要领，甚而南辕北辙。[3]

---

[1] 张昭军：《"中国式专制"抑或"中国式民主"——近代学人梁启超、钱穆关于中国古代政治制度的探讨》，《近代史研究》，2016年第3期，第70页。
[2] 钱穆：《文化与教育》，九州出版社，2014，第118页。
[3] 郝大维、安乐哲：《孔子哲学思微》，蒋弋为、李志林译，江苏人民出版社，2012，第94页。

(一) 政者正也：政商分途与政治定位

欲明吾国政治之定位，且仍以中西参较为线索。众所周知，西方政治注重"主权"，伸张"权利"，强调"权力"平衡。中国之政治传统，并不以"主权"为重点，故亦谈不上"民权"。[①] 其所关注者，自始即偏重于政府之职分与责任，而不注重政府之权利。"职分与责任"乃一切政治所共有，无论中西，概莫能外。然而，细究中西政治之职分与责任，其出发点与归宿点，乃大异其趣。西方政治之职分与责任，意在保护契约关系以维护公正，其底蕴在经济诉求。中国政治之职分与责任，意在达成和谐秩序以维护道义，其底蕴在伦理诉求。

其所以如此，乃由社会构造之悬殊使然。西方自中世纪以迄现代，其社会恒以经济关系而结构，其政治关系多因经济关系而起。中世之封建关系，皆由经济单位而结成，如一堡垒与一村落，一城市与一基尔特，一教堂与一寺区辖产皆是。中国政治之兴起与经济关联甚微，如西周之"封建"，即以礼乐秩序而建构，各诸侯国皆自成体制，上下尊卑之隶属关系，胥以礼乐而生其统属，经济意义乃居其次。[②] 要言之，中西政治之基本歧异，有一精微之辨，即西方政治内蕴"两体"对抗为之构造，而中国政治恒以"一体"统属为其精神。[③] "两体"对抗，导源于经济结构之对抗，故有均衡之需[④]；"一体"统属，导源于伦理关系之缘构，故有和顺之愿。西方政治注重"主权"，因"主权"而塑"权力"，其重心恒未脱离"强力与财富"之对抗与均衡；中国政治注重"道义"，因"道义"而生"职能"，其重心恒未脱离"智识与学养"之造就与甄选。[⑤] 故中西政治之别，可就其与经济之关系而明其大概，辨其动力。西方政治因经济关系而建制，政治与商业未曾截然分离。中国政治缘伦理秩序而兴起，政治与商业乃判然分途。吾国自古士农与工商分品，官吏无预商业，政治唯扮演经济之管理者与领导者。此亘古恒然之道也。

西方政治势成"两体"对抗，故注重"竞选"以争其主权；中国政治内蕴"一体"统属，故注重"甄选"以行其道义。"一体"统属，出于家国同构之原

[①] 钱穆：《国史新论》，九州出版社，2012，第84页。
[②] 钱穆：《文化与教育》，九州出版社，2014，第34页。
[③] 钱穆：《文化与教育》，九州出版社，2014，第35页。
[④] 马克思主义以"阶级"解析西方社会，主于经济关系之命意，其"阶级"概念主于经济力量言之。近人搬用"阶级"以解释中国，乃摇身一变而为政治概念，此亦概念"水土不服"之一例也。概念与生活结构相关，特定概念必生长于特定之生活结构。"阶级"概念与中国事实未必相伴，而其政治煽惑力则已为历史所印证。此中深意，大可玩味。
[⑤] 钱穆：《国史新论》，九州出版社，2012，第101页。

理。家国同构之隐性原理①，渗透于"伦理化"；家国同构之显性原则，形著于"制度化"。"甄选"制度，诸如察举与考试之类，即家国同构之制度化也。

因于有此制度，而使政府与社会紧密联系，融成一体。政府即由民众所组成，用不着另有代表民意机关来监督政府之行为。近代西方政府民众对立，由民众代表来监督政府，此只可说是一种"间接民权"。若由民间代表自组政府，使政府与民众融成一体，乃始可称为是一种"直接民权"。②

甄选制度使家国连为建制整体，故吾国并无国家与社会之分立。因此，"民权"一说自属无谓之言。谈"民权"一如谈"父权""子权"。父子乃天伦，岂可以"权"论之？君臣亦不外伦理，以"权"论之，终嫌隔膜。

故吾国政治之定位，孔子"君君臣臣父父子子"八字足以尽之，统其精神于一字，曰"正"。子曰"政者正也"，此亦亘古相传之道义也。

季康子问政于孔子。孔子对曰："政者正也。子帅以正，孰敢不正？"（《论语·颜渊》）

季康子乃鲁国上卿，诸臣之帅，故孔子答之以此。或解"正"字为匡正，取义似浅；此章乃孔子揭明政道之本源含义，非言行政之末节也。③ 政道之本源，即秩序兴起之由也。深思"政者正也"之断语，则孔子所谓"政"，与今人之言"政治""政府""统治"诸义皆大异其趣。"正"之深旨，指向"政治—社会秩序"④ 之兴起，而与吾人之生命缘构共生。故"政"之"正"，亦即"人"之"正"。政治哲学与人生哲学，殊非截然之二事。梁启超曰："儒家政论之全部，皆以其人生哲学为出发点，不明乎彼，则此不得而索解也。"⑤ 所见非虚也。

"政者正也"一语，昉自《书》之《君牙》篇，古来相传之言也。君牙，臣名。穆王命君牙为大司徒，其训辞有云："缵乃旧服，无忝祖考，弘敷五典，

---

① 即梁漱溟所谓"无形"之"组织"。
② 钱穆：《国史新论》，九州出版社，2012，第100页。
③ 竹添光鸿：《论语会笺》（贰），凤凰出版社，2012，第823页。
④ 郝大维、安乐哲：《孔子哲学思微》，蒋弋为、李志林译，江苏人民出版社，2012，第115页。
⑤ 梁启超：《先秦政治思想史》，中华书局，2016，第100页。

式和民则。尔身克正，罔敢弗正。民心罔中，唯尔之中。""政者正也"，古义相传，孔子引以答季子。

按政、正古音义皆通，可以互训。欲明政之义，须明正之义。正字早见，甲骨卜辞已有之，上像"口"形，下像"止"形，本为"征伐"之"征"。且引数例卜辞以释：

> 帝其令雨正。[《合》14141（《乙》6651）]
> 帝令雨正年。贞：帝令雨弗其正年。[《合》10139（《前》1.50.1）]
> 未卜，古贞，黍年有正雨。[《合》10137（《缀合》229）]
> 庚辰卜，大贞，雨不正辰，不隹（唯）年。[《合》24933（《前》7.30.10《珠》、454）]

据卜辞字形，文字学家持论不一，或以为"足"，或以为"正"，或以为"足""正"同形。以二字同形者，乃惑于甲骨"正"字与金文"足"字形近而误。实则甲骨"正"字上方之"口"恒为方形，演至金文"口"虽趋圆，而与金文"足"字上方之圆圈仍有明显差别。故以字形而论，"正""足"绝非同形，不可混一。准此，卜辞"雨正""雨正辰""雨不正辰"之"正"不可断为"足"。[1]

刘钊先生解"正"字云：

> 正，中也，直也。正中平直，不高不下，不偏不曲之谓也。《书·说命·上》："唯木从绳则正。"《论语·乡党》："席不正不坐。"由"正中平直，不高不下，不偏不曲"可引申出"适当"、"正当"之义。古"正"与"当"音义皆通。"正"有"中"义，"当"亦有"中"义，《集韵·宕韵》："当，中也。""正""当"音义皆通，故"正"、"当"又可组词为"正当"。《广韵·劲韵》："正，正当也。"《易·否》："象曰：'大人之吉，位正当也。'"以此验诸卜辞，则"帝令其雨正"，即"上帝命令雨下得适当"之义；"帝令雨正年"，即"上帝命令雨下得适于丰收"之义；"雨不正辰"，即"雨下得不是时候"之义。[2]

---

[1] 何景成：《甲骨文字诂林补编》（上册），中华书局，2017，第229-230页。
[2] 何景成：《甲骨文字诂林补编》（上册），中华书局，2017，第230-231页。引文有删节改动。李学勤先生亦云："'正'、'有正'、'当'三者意义相同。"（见前书，第231页。）

"正"解为"正当""适当",于卜辞及《论语》,皆称允当。"正"既可以物理(雨)言之,亦可以事理(礼)言之。而物理之"正"(雨正),必因人而成义,外于人无所谓"正"否。雨之"正"否,咸取决于人。"正"字之义,可验诸《论语》:

> 君赐食,必正席先尝之。(《乡党》)
> 升车,必正立执绥。(《乡党》)
> 子曰:"君子食无求饱,居无求安,敏于事而慎于言,就有道而正焉,可谓好学也已。"(《学而》)
> 子曰:"吾自卫反鲁,然后乐正,雅颂各得其所。"(《子罕》)

前二例侧重物理言之,后二例侧重事理言之。"就有道而正焉",可知"有道"始可云"正",则"正"即含"有道"之义。"雅颂各得其所"乃云"乐正",可知"正"之为"正当""适当",明矣。

"正"之为"正当""正义",其义甚广,而主于爱敬。"政者正也"又见《大戴礼记》,论述尤详。

> 公曰:"敢问何谓为政?"
> 孔子对曰:"政者正也。君为正,则百姓从政矣。君之所为,百姓之所从也。君所不为,百姓何从?"
> 公曰:"敢问为政如之何?"
> 孔子对曰:"夫妇别,父子亲,君臣严,三者正则庶民从之矣。"
> 公曰:"寡人虽无似也,愿闻所以行三言之道,可得而闻乎?"
> 孔子对曰:"古之为政,爱人为大。所以治爱人,礼为大;所以治礼,敬为大;敬之至也,大昏为大。大昏至矣!大昏既至,冕而迎亲,亲之也。亲之也者,亲之也。是故君子兴敬为亲,舍敬是遗亲也。弗爱不亲,弗敬不正,爱与敬其正之本与!"(《哀公问于孔子》第四十一)[①]

据《大戴礼》,"正"兼含今人"政治""伦理"乃至"社会""经济"而言之。古时政教合一,家国同构,理固如是。

---

① 王聘珍:《大戴礼记解诂》,中华书局,1983,第13-14页。

参以《大戴礼》，可知"子帅以正，孰敢不正"，隐含一预设：在上者能正，则在下者自正，故政有树立典范之义，而赢获效仿之功，是皆"正"之义。此非谓在上者"所以正人之不正"（朱熹），而谓在上者能正，则不碍于在下者之自正；若在上者不正，则必碍于在下者之自正。何以如此？或曰："上者表也，民者影也；表正则影直。"① 此以物理而喻事理，固有所当；然而未尽也。举凡为政，必由上下之互动，此亘古恒然之道，而中国政治尤为显著。何以故？曰：礼乐秩序，上下缘构，美善兴起，自然如此。且看下章：

或谓孔子曰："子奚不为政？"子曰："书云：'孝乎唯孝，友于兄弟，施于有政。'是亦为政；奚其为为政？"（《论语·为政》）

按"为政"与"从政"义殊：前者义广，不限于在位者；后者义狭，以在位者言。包咸曰："或人以为居位乃是为政也。"包氏释政为政令之政，其说非是。此章之"政"，以职言，不以事言。施行政令，乃在位者之责。孔子既非在位之人，或人乃以其不行政令为疑，断无是理。若问其何不居卿相之位，此犹阳货之讥孔子之不仕，斯合于事理矣。② "施于有政"，有政指在位者而言，犹言有司。孔子之义，以友于兄弟之道，延及卿相在位之人，亦自收为政之效也。"政者正也"之为秩序兴发，固然如是。可知孔子释"政"以"正"，不限于今人所言之政治领域，实广包天地万有而言之，而"伦理"乃其总原理。所谓"伦理政治化""政治伦理化"③，亦谓此也。

（二）礼序正义：肯定原则与否定原则

上文已明，"正"有"正当""适宜"之义。"义者宜也"，故"正"内含"义"于其中。盖"正""义"之别，"正"主道理言之，"义"主行事言之，

---

① 竹添光鸿：《论语会笺》（贰），凤凰出版社，2012，第823页。
② 政可以职言，可以事言。以职言者，古籍可证。《左传》昭公十五年："孙伯黡司晋之典籍以为大政。"杜预注："孙伯黡，晋正卿。"《国语·周语》："昔先大夫荀伯自下军之佐以政。"又云："赵宣子未有军行而以政。"韦昭以"升为正卿"作注。此章"政"之义，杨树达辩之甚详，参见杨树达：《积微居小学金石论丛》，湖南教育出版社，2008，第309-310页。
③ 近世以来，学者多以"伦理政治化，政治伦理化"描述中国古典政治之类型特征。梁启超曰："我国古代，于氏族方面之组织尤极完密，且能活用其精神，故家与国之联络关系甚圆滑，形成一种伦理的政治。"（梁启超：《先秦政治思想史》，中华书局，2016，第53页。）较系统之研究可参见任剑涛：《伦理王国的构造：现代性视野中的儒家伦理政治》，中国社会科学出版社，2005，第1-397页。

所谓"行义以达其道"是也。合"正"与"义"而曰"正义",兼含道理与行事也。所以行之者,礼也,所谓"义以为质,礼以行之"是也。故较之西方正义论,吾国正义论不取个体视角而取整体视角,不重产权公正而重整体秩序,不妨称之礼序正义。"政者正也"之旨归,导向礼序正义。

孔子既主"政者正也",然则奚以正之?曰:学。所学者何也?曰:学道也。道者统名,孔子好古,其"道"以先王之道为尚。欲塑政治以趋正义,必赖君子学道而弘大之。

子曰:"人能弘道,非道弘人。"(《论语·卫灵公》)

此章言简而意深。孔子肯定人之自觉能动精神,此语最明切。道不虚行,必存乎人。弘者,廓而大之也。朱子曰:"人外无道,道外无人,然人心有觉,而道体无为,故人能大其道,道不能大其人。"以道体论之,混道德为一,乃后世之见,终嫌隔膜。王肃曰:"才大者道随大,才小者道随小。"[①] 此犹得古义。"弘"即子张"执德不弘"之弘,与"执"对言。"执"者,守道而已;"弘"则不徒执守之,犹且廓大之。盖弘有二义:"人之得是道于心也,方其寂然,而无一理之不备,亦无一物之不该,是容受之弘。及感而通,无一事非是理之用,亦无一物非是理之推,是廓大之弘。"[②] 容受之,"学"之事也;廓大之,"行"之事也。容受而又廓大之,方尽弘义。

故孔子之学,特重行事,"子以四教:文行忠信",可以见焉。何以行之哉?此则有肯定原则与否定原则之分辩。弘道之目的,不外实现正义。正义之实现,肯定原则与否定原则,相互配合,不可或缺。所谓肯定原则,即主动力行之义,近于伯林所谓"能动式自由",即"积极自由"(positive freedom)是也。所谓否定原则,即行为自由之限制性边界,近于伯林所谓"无约束之自由",即"消极自由"(negative freedom)是也。明确肯定原则,以激发弘道之主动力量;明确否定原则,以划定弘道之行为边界。二者统一,即礼序正义之行为规则体系。"礼"既指明何者当为,亦指明何者不当为,乃融合两类原则为一体,此即"道义"之"义"也。

孔子答子贡问仁,最能透出肯定原则之义。

[①] 程树德:《论语集释》(下),中华书局,2013,第1280页。
[②] 语出黄仲元《四如讲稿》,见程树德:《论语集释》(下),中华书局,2013,第1280-1281页。

>>> 第七章 立 政

  子贡曰："如有博施于民而能济众，何如？可谓仁乎？"子曰："何事于仁，必也圣乎！尧舜其犹病诸！夫仁者，己欲立而立人，己欲达而达人。能近取譬，可谓仁之方也已。"（《论语·雍也》）

  "己欲立而立人，己欲达而达人"，弘道之肯定原则也。虽曰肯定原则，犹以"能近取譬"为方，不可徒务高远。
  孔子答颜渊问仁，最能看出两类原则交融之妙。

  颜渊问仁。子曰："克己复礼为仁。一日克己复礼，天下归仁焉。为仁由己，而由人乎哉？"颜渊曰："请问其目。"子曰："非礼勿视，非礼勿听，非礼勿言，非礼勿动。"颜渊曰："回虽不敏，请事斯语矣。"（《论语·颜渊》）

  "为仁由己，而由人乎哉"，指明肯定原则也；"非礼勿视听言动"，指明否定原则也。子贡、颜渊问仁二章，已详解于第《原仁》章，此不赘述。
  弘道以实现正义，必包含特定行为规则，不妨统名之曰正当行为规则。正当行为规则包含肯定原则与否定原则；而犹以否定原则为重要。何以言之？此义人多未及深思，容稍作辨析。
  正义涉及人之行为秩序，外于人之行为无正义可言。正义意谓人应当或不应当采取某种行动；"应当"已然预设对某些规则之承认。[1] 正义针对人之行为自身而言，而非指行为之结果而言。"结果"可论其好坏，而不可论其正义与否。正义所指涉之行为，可指个人之行为，亦包括多人联合之行为或组织之行为，如政府之行为，即可论其正义与否。[2]
  正当行为规则通常皆为否定原则，体现为禁令。何以故？盖所谓规则，须适用于未可预知之未来情势。正当行为规则所以取否定形式者，实因规则自身之不断扩展，必超出某一特定范围之外，所使然也。此一范围之内，谓之生活共同体，共享某一生活形式，共享某一生命意义。[3] 此一范围之外，乃属于"不确定"之范围。且"确定"与"不确定"之边界，本身仍属"不确定"。故

---

[1] 哈耶克：《法律、立法与自由》（第二、三卷），邓正来、张守东、李静冰译，中国大百科全书出版社，2000，第52页。
[2] 社会总体则不能论其正义与否；此义详下文。
[3] 哈耶克：《法律、立法与自由》（第二、三卷），邓正来、张守东、李静冰译，中国大百科全书出版社，2000，第55、57页。

正当行为规则，必以否定形式为重点，其理深思可得也。否定原则，等于默认人类之"无知"为前提。此义深邃，尚须思辨。

正义观念预设人类之无知，或曰人类知识之有限。此一"有限"不可克服，乃人之终极大限。人对特定事实之无知，既属"永恒无知"，则任何科学进步皆无力完全消除之。试想，若人人皆为全知全能，其所组成之社会，岂有正义观念存在之余地？假设某一社会皆由全知全能之人组成，则任何人之任何行动均可预知，其行为之结果明确在握。如此，任何学问皆无存在之必要，正义观念必失其存在之根据。故正义行为规则，一如所有抽象规则，乃是对吾人之无知——永恒无知——所做之调适或应对①。此一调适与应当，必取否定形式。

否定原则，孔子以"己所不欲，勿施于人"括之。此语《论语》二见，各有深意。

> 仲弓问仁。子曰："出门如见大宾，使民如承大祭。己所不欲，勿施于人。在邦无怨，在家无怨。"仲弓曰："雍虽不敏，请事斯语矣。"（《颜渊》）

> 子贡问曰："有一言而可以终身行之者乎？"子曰："其恕乎！己所不欲，勿施于人。"（《卫灵公》）

孔子屡以"邦""家"并提，所言"在邦无怨，在家无怨""在邦必闻，在家必闻"，皆以家国同构为底蕴，"丘也闻有国有家者"，亦谓此也。在邦，谓仕于诸侯之邦；在家，谓仕于卿大夫之家。孔子答子贡曰"己所不欲，勿施于人"，所以释"恕"也。《中庸》"施诸己而不愿，亦勿施诸人"，及《大学》"絜矩之道"，皆发明此义。《韩诗外传》曰："己恶饥寒焉，则知天下之欲衣食也。己恶劳苦焉，则知天下之欲安佚也。己恶衰乏焉，则知天下之欲富足也。知此三者，圣王所以不降席而匡天下。"②

正义并非某一既定标准，必与时偕行而调适。何为正义，非可一劳永逸而定之。故吾人并不拥有评断正义之肯定标准，唯拥有评断何者为非正义之否定标准。此一事实表明，规则系统自身必须不断演进，亦必定不断演进。此须指明二点：第一，规则之演进，非出于主观意图，而基于规则自身之内在必要；

---

① 哈耶克：《法律、立法与自由》（第二、三卷），邓正来、张宁东、李静冰译，中国大百科全书出版社，2000，第61页。

② 程树德：《论语集释》（下），中华书局，2013，第1269页。

第二，悬而未决之正义问题，其解决方案，并非一蹴而就，乃一逐渐生成之过程，故正义亦处于逐渐被发现之过程。① 此一过程，即秩序自我扩展之过程：

> 随着规则从目的相关（end-connected）的部族社会向规则相关（rule-connected）的开放社会之扩展，规则必定会逐步摆脱对具体目的之依附，并且在达致此一标准后渐渐变成抽象规则和否定性规则。
>
> 根据规则而非依凭特定结果来判定人之行动，乃是开放社会成为可能的一项重大步骤。此亦为克服个体对多数特定事实之无知所必需之工具——正是此类特定事实，决定一个大社会的具体秩序。②

孔子倡导礼序正义，反复强调礼之效用。礼者，所以明人之所当为与不当为，兼融肯定原则与否定原则，故为实现正义不二之选也。"礼序正义"一词，实包含目的（正义）与途径（礼序）于一体。

> 子曰："君子博学于文，约之以礼，亦可以弗畔矣夫！"（《论语·雍也》《论语·颜渊》）
>
> 子曰："以约失之者，鲜矣。"（《论语·里仁》）

"畔"（同叛）者，背离于道也。"博学于文"，借之缩小"不确定"之范围；"约之以礼"，借之扩大礼序之效用，秩序由是而扩展。"以约失之者"，"约"之内容，可灵活理解为正当行为规则体系。

正义预设人之"永恒无知"，故人必"学"而感知正义，由是而有正义感。正义感可作为吾人思考与判断之出发点。人因"知"而殊"观"，因"学"而殊"感"。"观""感"互殊，则"正义感"何所凭据邪？可知人之正义感未必一贯正确，未必可据以为终极之标准。甚者，吾人之正义感亦可能被证明为错误。③ 是故正当行为规范，非学莫能得其要。孔子既重学，而又"绝四"者，盖以此焉。

---

① 哈耶克：《法律、立法与自由》（第二、三卷），邓正来、张宁东、李静冰译，中国大百科全书出版社，2000，第68页。

② 哈耶克：《法律、立法与自由》（第二、三卷），邓正来、张宁东、李静冰译，中国大百科全书出版社，2000，第60页。引文有删改简化。

③ 哈耶克：《法律、立法与自由》（第二、三卷），邓正来、张宁东、李静冰译，中国大百科全书出版社，2000，第64页。

> 子绝四：毋意，毋必，毋固，毋我。（《论语·子罕》）
> 牢曰："子云：'吾不试，故艺。'"（《论语·子罕》）

"子绝四"章大旨，殊难索解。后儒据字面解之，逞一己之臆，纷纭其说，莫衷一是。朱子解"意"为私意，解"我"为私己，伸其天理人欲之说。试问"私意""私己"何以别乎？

"子绝四"之解，须明其立言之指向；指向不明，徒据字面解之，终属盲人摸象。欲明其立言之指向，须就文脉细加寻绎。《论语·子罕》篇大义在"与命与仁"。"与命与仁"，非学不能。故全篇所言，无非敦人进学，学而知命知仁。何所学？学道也。道之现实在礼，所谓"以礼行之"，故学道即学礼也。可知"子绝四"，言孔子学礼之化境也。《论语·乡党》篇所载，皆展示孔子行礼之化境者也。故此章可视为《论语·乡党》篇之引线。① 此章之义，徂徕解之，切旨通畅，特录其言如下：

> 此章乃语化境也。不啻孔子，凡妙一艺者，皆有化境。孔子之化，其可得见者乃在礼，故曰"动容周旋中礼，盛德之至"，是此章之义也。事至则以礼应之，若初不经意，故曰"毋意"。变则礼从而变，前无期待，后无固滞，故曰"毋必""毋固"。唯有先王之礼而已，无复有孔子，故曰"毋我"。"何有于我哉"，可并证矣。《乡党》形容孔子，唯礼耳。夫孔子之智，岂门人之所能测哉，故当时之观孔子，皆在礼也。故毋意、必、固、我，以孔子行礼解之。后世儒者不知孔子之道即古圣人之道，古圣人之道唯礼尽之，其解《论语》皆以义理，义理无凭，猖狂自恣，岂不谬乎！②

化境即艺境也。故《子罕》篇又记牢之言，孔子以"艺"自许，参较以解，意指甚明。

礼序正义之贯彻，其体现于政治者，在于"均""安"；失序则有"不均""不安"之患。《论语·季氏》篇首章发明此义最悉。是章载"季氏将伐颛臾"之事。季氏即季康子，为鲁国三桓之一。当时鲁地七百里，三桓势大，"四分鲁

---

① 参见第二章第四节讨论《论语》之结构部分。
② 松平赖宽：《论语征集览》（中），上海古籍出版社，2017，第692-693页。

国,季氏取其二,孟孙、叔孙各有其一"①,季氏犹不足,欲伐先王之封国颛臾,拓地自肥。时冉有、子路任季氏之臣,告其事于孔子。孔子当即批评二人。冉有尚辩解一二,孔子遂道出如下重要语段:

> 丘也闻有国有家者,不患寡而患不均,不患贫而患不安。盖均无贫,和无寡,安无倾。夫如是,故远人不服,则修文德以来之;既来之,则安之。

此段之解,后人多误。"不患寡而患不均,不患贫而患不安"一句,解者望文生义,误以孔子意指财富分配,崇尚平均主义;又坐此而误解"寡""均"之义,乃以为原文有错简,妄改为"不患贫而患不均,不患寡而患不安"②。此类释读,歪解原义,致孔子思想蔽晦千古,殊堪痛惜。孔子重礼,礼尚差别、名分、等级,平均主义岂孔子之义哉?

古时诸侯之封地曰国,卿大夫之封地曰家。寡,谓封地之人民稀少,亦兼含土地小之义。均,其义与今人语感悬殊甚大,颇难疏解。均即平也③,有均平或平均之搭配义,然此处绝非份额均等之义。平有"正"之义④。朱子释"均"为"各得其分",刘宝楠《正义》释为"班爵禄,制田里,皆均平也",尤为允切。贫,谓财乏。安,谓上下相安。此章之义,殊不可泛泛解之,必须紧扣"有国有家者"一语,方得正解。孔子既以"丘也闻有国有家者"起首,则显然针对为政者而言,其所言之寡、不均、贫、不安,皆针对"有国有家者"言之,与平民百姓无涉。《论语》孔子论政,皆主在位者而言;至于平民百姓,唯化之无迹而已,此亦"无为"之一义。是故寡者,谓封地之人民少,非谓普通人民之收入少;不均,即不平,谓"有国有家者"所领之封地大小、人民多

---

① 据朱熹《论语集注》,程树德:《论语集释》(下),中华书局,2013,第1299页。
② 董子《春秋繁露·度制》篇引孔子此句曰"不患贫而患不均",《魏书·张普惠传》引之亦作"不患贫而患不均"。后儒不信《论语》而信后出之书,乃据《春秋繁露》而改《论语》,可谓妄矣。杨伯峻袭其谬,解孔子原文曰:"不必着急财富不多,只需着急财富不均;不必着急人民太少,只需着急境内不安。"(杨伯峻:《论语译注》,中华书局,2012,第242页。)钱穆亦踵之,解曰:"不要愁贫乏,只愁财富不均。不要愁民户寡少,只愁其不相安。"(钱穆:《论语新解》,九州出版社,2011,第400页。)
③ 《说文》:"均,平遍也。从土匀,匀亦声。"段注:"遍者,帀也。平遍者,平而帀也,言无所不平也。《小雅·节南山》传曰:'均,平也。'"(许慎、段玉裁:《说文解字注》,凤凰出版社,2015,第1187页。)
④ 《广韵》:"平,正也。"

少与其身份层级不匹配，不协调；贫，谓"有国有家者"财政匮乏；不安，谓"有国有家者"——包括与上级、与下级之关系——不能彼此相安。能不能相安，取决于权力等级之差异（分）与各自身份（名）是否符合，符合（均）则安，不符合（不均）则不安。文德，谓礼乐教化。修文德，谓因时损益，调整政教举措以顺民心。① 来，归附之义。②

洞明孔子立言之指向，厘清整段文义之语脉，其义乃朗然明白。试解如下：

孔丘我曾听闻：有国有家者，不必担忧封地人民少、土地小（不患寡），而应担忧封地之大小、人民之多少与其身份不协调（患不均）；不必担忧财政匮乏（不患贫），而应担忧上下级之间不能和谐相安（患不安）。盖上下级之权力关系（礼之序）比例适当（均），则财政匮乏不构成政治问题（无贫）；彼此和谐共处（和），则封地之人民少、土地小不构成政治问题（无寡）；上下相安无事（安），则国、家无倾覆之虞（无倾）。果能如是，故远人不服，则因时损益而调整政教举措（修文德），使之归顺（以来之）。既能使之归顺（既来之），则彼此自然相安无事矣（则安之）。③

细究孔子之义，旨在发明礼与政之本源关联，甚为明了。孔子下文云："吾恐季孙之忧，不在颛臾，而在萧墙之内也。"俗解以"萧墙之内"为季孙之家，非是。据周礼，天子外屏，诸侯内屏，大夫以帘，士以帷，皆有等差。萧墙唯人君有之，卿大夫以下但设帷薄。可知"萧蔷之内"隐指鲁哀公，孔子暗示君臣关系之"不均"，实为季孙之真"忧"，是忧自上来，非自下出也。季氏欲伐颛臾，拓地自肥，无异抱薪救火矣。

---

① "文德"一词出自《书》之《大禹谟》："帝乃诞敷文德，舞干羽于两阶，七旬有苗格。"传曰："远人不服，大布文德以来之。"
② 《论语》"来"字有二义，一为来去之来，如"有朋自远方来"是也；一为归附之义，如"近者说，远者来""绥之斯来"及此章是也。二义不可混解。"近者说，远者来"之释义，详见本章第一节"家国同构"部分。
③ 谢遐龄以今语解此段云：孔丘我曾听说过，担任国和家领导的高级干部，用不着担心财用匮乏，而要操心各个级别之间权力分配差距不够大而引起的上级管不住下级的情况；用不着担心自己领有的人民稀少，而要操心与上级、与下级的关系是否处理得相安无事。手下各级领导财政比例得当就无所谓财用不足，境内人和就无所谓人民稀少，与上下级相安无事就不会倒台。这样，远人不服，就调整思想政治路线感召他们归顺；归顺了，就好好相处做到相安无事。（谢遐龄：《"不患寡而患不均"正解》，《世纪》2000年第3期，第39页。）按谢先生之解，颇能发明原文之义，惜其仍以原文为错简，视作"不患贫而患不均，不患寡而患不安"而解之。

可见孔子之政治理想，要而言之："均""和""安"三字足以尽之。此中复有次第焉："均无贫"者，富国之法也；"和无寡"者，强国之法也；"安无倾"者，定国之法也。①"均"而后能"和"，"和"而后能"安"。此中"均"字最关键，秩序之本原也。"均"即"平"也，"平"即"正"也。《大学》有"平天下"之语，"平天下"即"均天下"也，"均天下"即"正天下"也。

俗见误解此章之义，以为孔子"不患寡而患不均"崇尚分配之平均主义。此一误解，与误解公正指谓分配之公正，如出一辙。盖俗见理解"平等"多谬，以为"一切人均等"为平等。孟子曰："物之不齐，物之情也。"物如是，人亦如是。"平等"之义，要在以获取自由之机会相等而取义，谓之"机会平等"。至于人之天资、禀赋、出身，焉能齐一均等乎？"平等"非但不否定差异，恰以承认并尊重此差异为前提；无视差异而欲平之，实为"不平等"。

四、正名为先：礼之流动与位分自由

正义之实现，赖政治而达成。孔子论为政，以正名为先。其故何也？曰：孔子论政主礼，礼以义为质②，行礼必涉名分，名分之正否涉及时宜。所谓正名，即矫正不正之名。此中关键在于：何谓"名"？何谓"正"？孔子之正名，颇贻"守旧"之讥，谓孔子迷信"名分"，妄图以制度之"形式"，恢复制度之"实际"，而名分本以实力为后盾，实力变易，名分即同纸老虎。③此类解读，未及慎思"正名"之深意者也。名分以实力为后盾，如此浅白之理，孔子岂不之知邪？

正名必涉及礼制之因革损益，孔子素所用心者在此，观其答子张问"十世可知"可见焉。

> 子张问："十世可知也？"子曰："殷因于夏礼，所损益，可知也；周因于殷礼，所损益，可知也；其或继周者，虽百世可知也。"（《论语·为政》）

孔子所以自信"百世可知"者，以礼之因革损益而知之也。损益者，易道

---

① 颜元：《颜元集》（上），中华书局，1987，第223页。
② 《论语·卫灵公》：义以为质，礼以行之。
③ 梅思平：《春秋时代之政治及孔子之政治思想》，载汪震《孔子哲学》，岳麓书社，2012，第86页。

也。易有三义，变易、不易、简易是也。凡言变易，必预设不易以为前提，苟无此前提，变易即失其参照，而无所谓变易矣。故变易与不易相须，变易中有不易焉，不易中有变易焉。所易者，礼之时宜也；所不易者，礼之精神也。知所以变与所以不变，则损益之道，百世可知。大道至简，不外变易与不易，故谓之简易。孔子素有"从周"之想，从周者，从周之"监于二代"而成其"郁郁乎文"也。[1] 文者，礼乐也。至于礼之内容，因时而损益可也。或谓"从周"乃孔子少壮之学，"因革"乃孔子晚年之意[2]，分"从周"与"因革"为两事。殊不知孔子之从周，即所以因革也，孔子之因革，即所以从周也，二者本不相违。所谓"从周"者，从周之"监于二代"也。若谓孔子"从周"而无"因革"之义，何谈"其或继周者"哉？

（一）礼之流动："忍"之视点与因革损益

礼因名分而生。礼之损益，必涉及名分之正否。礼坏乐崩由于名之不正，抑且毋宁曰：名之不正即表现为礼乐崩坏也。孔子当礼乐崩坏之时，其论为政之道，以正名为先，可谓命中要害，切中"现实"者也。

孔子正名思想，见于答子路之问。

> 子路曰："卫君待子而为政，子将奚先？"子曰："必也正名乎！"子路曰："有是哉，子之迂也！奚其正？"子曰："野哉由也！君子于其所不知，盖阙如也。名不正则言不顺；言不顺则事不成；事不成则礼乐不兴；礼乐不兴则刑罚不中；刑罚不中则民无所措手足。故君子名之必可言也，言之必可行也。君子于其言，无所苟而已矣。"（《论语·子路》）

此章孔子论正名，理路甚严密。所谓"必也正名乎"，"必也……"句式乃《论语》固定用法，假设之辞，意谓"若一定……则……"。[3] 孔子之义谓："若一定要先做某事，则自正名而始罢。"[4] 可知，孔子以"必也正名乎"回答子路"子将奚先？"之问，谓正名乃为政之入手处，所谓"奚先"是也。且"卫君待子而为政"，此为对话背景，为卫国之政当如是，他国之政"奚先"亦当权宜处

---

[1] 参见第二章第二节"时代问题"部分。
[2] 廖平：《今古学考》，载蒙默、蒙怀敬《中国近代思想家文库·廖平卷》，中国人民大学出版社，2015，第20页。
[3] "必也……"句式之用法，参见第三章第一节"仁有次第"部分。
[4] 杨伯峻翻译此句曰："那一定是纠正名分上的用词不当罢！"（杨伯峻：《论语译注》，中华书局，2012，第186页。）杨氏不知"必也……"句式之语法意义，遂误译如此。

之，故正名非教条也。然孔子论正名，思路极为缜密，大有举一反三之义。且子曰"鲁卫之政，兄弟也"，可知当时列国之政，虽轻重缓急有殊，而大致情形不外"礼坏乐崩"。故以正名为一般入手处，未尝不可也。

此章之解，关键在理解何谓"正"，何谓"名"，以及"名""言""事""礼乐""刑罚"诸项之本源关联，而尤以"礼乐"为核心。

孔子斥子路"野哉由也"，"野"讽子路不知礼乐之大义，"质胜文则野"之谓也。"君子于其所不知，盖阙如也"，明示子路不知礼乐之大义矣。"君子"者，指在位为政者而言，非泛论也。下文一段，乃回答子路"奚其正？"之问。是知何谓"正"，孔子明白言之矣。"名不正则言不顺，言不顺则事不成"，二句总论也。"名"者政之名，"言"者政之言，"事"者政之事，"政者正也"，三者皆以"正"，否则非政矣。"名不正则言不顺"，谓政之名不正则政之言不顺也。"言不顺则事不成"，谓政之言不顺则政之事不成也。观二"则"字，"名→言→事"之一贯，可知矣。此论"名→言→事"之本源关联，有其"名"斯有其"言"，有其"言"斯有其"事"，故"名之必可言也，言之必可行也"，行谓行事，礼乐是也。孔子既唱"正名"，可知当时之"名"大有不可"言"者矣，大有不可"行"者矣。"事不成则礼乐不兴"，谓政事不成则礼乐无由而兴也。夫"政者正也"，政乃事之大者，大者既不正，小者可知矣，礼乐何由而兴乎？"礼乐不兴则刑罚不中"，"中"读去声，动词义，中于道也，礼乐是也。刑罚不中于礼乐，斯"民免而无耻"矣。礼主敬，乐主和，礼乐不兴，则刑罚皆无的放矢，何所中乎？故知礼乐不兴，刑罚亦形同虚设。"刑罚不中则民无所措手足"，谓刑罚既成虚设，则何者可为何者不可为，何者当为何者不当为，民茫然不知其道，莫所适从，终至于无所措手足矣。民无所措手足，则群情战栗而各怀侥幸，生命无由而安顿矣，此之谓"以不教民战，是谓弃之"也。[①]"故君子名之必可言也，言之必可行也"，呼应"名不正则言不顺，言不顺则事不成"，强调"名→言→行（事）"之一贯也。"君子于其名，无所苟而已矣"，收束全文，指示何谓"正"也。著一"苟"字，画龙点睛，识破当时为政之苟且、侥幸、无耻，要之皆不正矣。观孔子此段药方，譬若高明中医之把脉诊断，由表及里，看病查源，病之表象与病之本然，洞若观火，一目了然，非等闲可知矣。

"正"已明矣；然则何谓"名"乎？

名之含义甚富，尚需分辨取义。《尹文子》谓"名有三科"："一曰命物之

---

① "以不教民战，是谓弃之"之正解，参见本章第三节"秩序原理"部分。

名，方圆白黑是也。二曰毁誉之名，善恶贵贱是也。三曰况谓之名，贤愚爱憎是也。"此大概之区分，可见名之丰富。此章孔子以为政而论正名，其名有所侧重，非泛论一切名，甚为显然。政必以事行之，所以行之者，礼乐也。故名者，所以命事也。事不离时，而必有其时宜，故名亦当因其时宜而正。苟不然，礼必坏而乐必崩矣。《荀子·正名》曰：

> 名无固宜，约之以命，约定俗成谓之宜，异于约，则谓之不宜。名无固实，约之以命实，约定俗成，谓之实名。名有固善，径易而不拂，谓之善名。

按荀子之义，名之正否，不决定于名自身，而决定于名所代表之宜。名无固宜，约定俗成谓之宜；名无固实，约定俗成谓之实名。夫宜与实，复相关涉。此所谓实，以政言之，指向集群生活之相互缘构之义。"义"之现实曰"实"，"义"之约定与承认曰"名"。"实"既处于变动，"名"必随之而调适，以期约束与承认之有效。孔子正名之大旨，殆不外此。

此章对话以卫国为背景，其时卫国"君不君、臣不臣，父不父、子不子"，可谓"名不正则言不顺，言不顺则事不成"矣。据孔子所论，名、言、事皆以礼乐为统率。礼乐以孝道为本。名不正、言不顺、事不成者，他人或能言之；而礼乐不行、刑罚不中，归本于名不正、言不顺、事不成，非孔子不能言之矣。先王礼乐，孝莫尚焉。孝道不立，礼乐不可得而兴也。朱注引范氏曰："事得其序之谓礼，物得其和之谓乐。事不成则无序而不和，故礼乐不兴。"礼固"序"矣，乐固"和"矣，然"序""和"之本源在"名正"，"名正"之起点在孝道。孝悌者，行仁之本也。① 礼乐者，所以行仁也。徂徕曰："宋儒不知礼乐，徒以序和为说，可谓空言。"②

盖人类之文化，皆由生活世界而自然生长，而后凝结为名物制度等符号系统。名物制度之本义，在于揭示生活结构，安顿生命意义。生活乃生生日新之流，而名物制度则趋于稳定——苟不稳定，何以确定名物？何以揭示生活？何以安顿生命？故此中实包含一内在矛盾：一则生活世界必需显现为名物制度，一则名物制度又遮蔽生活世界之涌流。生活世界生生日新，而名物制度趋于固化。是故人类精神活动亦包含一矛盾：一则人类精神必将生活世界条理化、符

---

① 《学而》篇有子曰："孝悌也者，其为仁之本与？"
② 松平赖宽：《论语征集览》（下），上海古籍出版社，2017，第986页。

号化、名言化，以确定生活秩序（礼乐）；一则人类精神又须不断突破、消解僵化之条理、符号、名言，以切入生活之原初涌流（秩序兴起），还原生活以本来面目（事情本身）。可知，名言系统恒处于揭示与遮蔽之冲突状态。① 是故名者，本身即包含施行之力，总括名物制度与生活涌流之义，故名之"力"即包含内在矛盾。此一矛盾之化解，舍"正"莫能为，故曰"政者正也"。② "必也正名乎"，大义在此。

正名之义，孔子答齐景公问政，所言尤为剀切。

> 齐景公问政于孔子。孔子对曰："君君、臣臣，父父、子子。"公曰："善哉！信如君不君、臣不臣，父不父、子不子，虽有粟，吾得而食诸？"（《论语·颜渊》）

"君君臣臣"为一组，"父父子子"为一组，二组又互构为一大组，"家国同构"之义也，天之命也。"君君臣臣"，就字面言之：君须成其为君，臣须成其为臣。就命义言之：一则君须像君，行君之所当行，臣须象臣，行臣之所当行；二则君以臣为臣而行君之所当行，臣以君为君而行臣之所当行；三则所谓当行者，皆主于礼而言之，礼以义为质，以时为大。要之，君之为君，以臣而显；臣之为臣，以君而显，二者相互建构而成义也。此中包含一至深之问题：君之为君，臣之为臣，彼此之互构而成义，其根据安在？由谁规定？曰：此天意也。天意即民意，而民意亦与时而动矣。"父父子子"亦同其理。或曰：父子以天合，君臣以义合。殊不知，所谓"义合"者，亦天意也，不外"天合"也。故"君不君"即"臣不臣"，"臣不臣"即"君不君"，皆名不正也。名不正即行不正矣，行不正即身不正矣。观下二章可知其义。

> 子曰："其身正，不令而行；其身不正，虽令不从。"（《论语·子路》）

> 子曰："苟正其身矣，于从政乎何有？不能正其身，如正人何？"（《论语·子路》）

---

① 彭锋：《诗可以兴》，安徽教育出版社，2003，第30-31页。
② 吾国改革开放之后，伴随市场力量之深化，国人之认识"市场"亦随之深化，与时俱进不断调整"市场"之定位（正名），此足以说明名之包含名物制度与生活涌流于一体，而名之"力"亦恒处于内在冲突之状态。绝无一劳永逸之"名"，以其内在之"力"恒处于变动故也。

礼乐的乡愁：孔子政治哲学述要　>>>

　　二章"身"字，与今日"身体"不可等视。古所谓身，非一己之身体，乃谓天地人共在结构之身，各种关联意义之身也。君有君之身，臣有臣之身，故君臣互有其身，无君则臣无臣之身，无臣则君无君之身。同理，父有父之身，子有子之身，故父子互有其身，无父则子无子之身，无子则父无父之身。不同位分之身，其"名"（包括名、言、事）不同，所"正"不同，而"正身""修身"之义亦殊焉。且看曾子之言，其"身"何谓可知也。

　　曾子曰："吾日三省吾身：为人谋而不忠乎？与朋友交而不信乎？传不习乎？"（《论语·学而》）

　　曾子曰三省其"身"，非省察一己之身体，乃省察"为人谋而不忠乎""与朋友交而不信乎""传不习乎"。明乎此，"身"之义可知矣。
　　孔子正名思想，多贻"守旧"之讥。深究其实，正名非但不"守旧"，甚且有"革命"之义。若以"名"为贵族统治之要具，"正名"则破除"名"之固化，俾与现实之义相宜，以敦促为政者进德修业，不唯"名"是赖，不唯"位"是求。故正名即以贤能为尚，以好学为基，而破除世袭之功效由以兴焉。孔子之肯定革命，与其正名思想密切相关①，岂"守旧"之伦乎？
　　依孔子之义，正名即正礼，礼与名位相合，政治秩序由以立焉。《左传》成公二年载孔子之言曰："唯器与名不可以假人，君之所司也。名以出信，信以守器，器以藏礼，礼以行义，义以生利，利以平民，政之大节也。若以假人，与人政也，政亡则国家从之，弗可止也已。"何以正礼乐？以"忍"为视点，孔子之深蕴可窥矣。《论语·八佾》篇首章载云：

　　孔子谓季氏："八佾舞于庭，是可忍也，孰不可忍也？"

---

① 徐复观：《中国思想史论集续篇》，九州出版社，2014，第291-292页。革命问题，详见下文。

谓，私下谈论也。① 季氏八佾舞于庭，僭礼之行也。忍殆有二义：一曰忍心，二曰容忍。二义相含，而所指有殊。若取忍心之义，则孔子之言指向季氏；若取容忍之义，则孔子之言别有所指，当为鲁昭公而发也。② 此章之义，虽就季氏之事而立言，所指固不限于季氏，犹包括鲁君，兼摄"君不君臣不臣"③ 之义。据《明堂位》："成王以周公有勋劳于天下，命鲁公世世祀周公以天子之乐。"是鲁祭周公可有八佾，其群公之庙自是六佾。而《公羊传》昭公二十五年云："子家驹谓鲁僭八佾。"此或昭公时群庙皆僭用八佾矣。④ 故知八佾之僭，本源不在季氏。礼乐既已崩坏于上，而后群起效尤于下，此势所必至，昭公自难辞其咎也。昭公素有"知仪不知礼"之讥，复抱"小不忍"之态。《史记·鲁周公世家》云："昭公年十九，犹有童心。"《三国志·魏书·三少帝纪》王经曰："昔鲁昭公不忍季氏，败走失国，为天下笑。"其"君不君"之事，史乘具载，此"名不正"之一端也。

细玩"孔子谓季氏"章辞气，微旨可窥。"是可忍也，孰不可忍也"，孔子之微言也。其言若指向鲁君，盖谓：此既可忍之，尚有何者不可忍之；既可忍之，何不因时而损益之，重塑礼乐之名，以安邦家哉？顾以孔子无位，不能制作礼乐，故不直言之，特以微言发，礼也。倘使孔子居位如周公、管仲者，"吾其为东周乎"，其因革损益之法，可以想见。故知孔子之重礼，绝非泥而不化，必与时损益而正之，此谓"礼之流动"也。

（二）礼之成就：位分自由与"社会"正义

"自由"乃西方舶来语。西人言自由，与近代个体主义之兴起相随。古希腊

---

① 《论语》"谓"与"谓某曰"有别。"谓"为私下谈论，例如：子谓韶"尽美矣，又尽善也。"子谓公冶长"可妻也……"，子谓南容"邦有道，不废……"，子谓子产"有君子之道四焉"，皆私下谈论也。"谓某曰"，乃对某人言之义，例如：或谓孔子曰"子奚不为政"，子谓子贡曰"女与回也孰愈"，子谓子夏曰"女为君子儒"，皆是也。"孔子谓季氏"章，通常断句为：孔子谓季氏："八佾舞于庭，是可忍也，孰不可忍也？"与文意不合。"季氏八佾舞于庭"乃一事，孔子私下谈论此事，记其言只曰"是可忍也，孰不可忍也"。

② 徂徕曰："此章之义，盖为鲁昭公发之。昭公亦小不忍，以致乾侯之祸，故云尔。季氏之僭，不啻一世，从前鲁君所忍，是尚可忍也。僭之大者，尚可忍也，则无不可忍之事矣。鲁君能以此为心，季氏之僭可正，而鲁君可治焉。"［松平赖宽：《论语征集览》（上），上海古籍出版社，2017，第177页。］

③ 毛奇龄考辨云：八佾之僭，不始季氏。季氏以三桓大宗，当立桓庙，桓庙僭八佾，则以鲁祭文王庙，而展转相沿，遂致太庙、公庙一概僭用。苟正礼乐，必将追鲁先公宗伯如夏父弗忌辈而诛之，季氏不受诛也。毛奇龄：《四书改错》（上），华东师范大学出版社，2015，第170页。

④ 程树德：《论语集释》（上），中华书局，2013，第159页。

虽有自由之说，然其自由限于集体自由，而非个体自由。① 近代自由观念之兴起，与主权观念关联②。吾国自古尚礼治，礼主中和，不尚主权与权利，自由观念无由生发。然自由观念不显，不等于无自由。夷考其实，礼非但不排斥自由，而且促成更高层次之自由，唯其形态与西人之自由，迥殊其趣耳。若谓西人之自由为"主体自由"③，吾国之自由，可名之曰"位分自由"，亦孔子思想所包含者也。自由之义不同，则正义之形态亦殊。与位分自由相应，其所造就之正义，曰礼序正义。

处今之世，中西文化交会日笃，论自由之文化形态，仍以中西相较为便。西人论自由者众，而以伯林所谓消极自由与积极自由之区分，影响尤著，其框架足资参考。伯林两类自由之区分，基于不同之问题意识。消极自由，试图回答：主体可以自主其行为而不受他者干预之领域，如何界定？积极自由，试图回答：主体可以自主其行为以达成某一目标之根源，如何明确？简言之，消极自由，即主体不被他者干涉之自由；积极自由，即主体成为自己主人之自由。④ 主体不受他者干涉，其立意在于确定主体行为之边界，而不问主体自身若何。主体之能自主而成为自己之主人，立意则更有进焉，此中包含主体自立之精神。至于主体自身之能力，则与自由之立无关。

伯林区分两类自由，其重心在凸显消极自由，强调主体不受他者控制之"权利"，而不同时视之为主体之"能力"。此点甚关紧要，可见中西思想之异。至于积极自由，伯林多持警戒之意：过多关注"能力"，易为专制政治打开方便之门。以伯林之见，"能力"属于个人自主之事，故不以"能力"纳入自由之内涵，亦不视之为"自由"之特征。西人言自由，殆皆排除主体能力而不论⑤。哈耶克曰：

> 我们还必须认识到，我们可能是自由的，但同时也有可能是悲苦的。自由并不意味着一切善物，甚或亦不意味着一切弊端或恶行之不存在。的

---

① 集体自由与个体自由之义，参见贡斯当：《古代人的自由与现代人的自由》阎克文、刘满贵译，商务印书馆，1999，第23-48页。
② 主权不限于政权而言，个体或团体，亦有主权之说。其根源在于近代工商业之兴起，而有财产权之诉求。平等、自由、安全诸权利，无非财产之平等、自由、安全。此义马克思《论犹太人问题》论之甚谛。
③ 主体自由之"主体"包括个体与群体，二者皆法权单位。
④ 伯林：《论自由》，胡传胜译，译林出版社，2011，第170-171、180页。
⑤ 伯林曰：纯粹没有能力达到某一目的不能叫缺少自由。伯林：《论自由》，胡传胜译，译林出版社，2011，第171页。

确，所谓自由，亦可以意指有饥饿的自由，有犯重大错误的自由，或有冒生命危险的自由。在我所采纳的自由的原始意义上，一个身无分文的流浪汉，虽凑合地过着朝不保夕的生活，但的确要比享有各种保障且过着舒适生活的应征士兵更自由。①

哈耶克区分"力量或能力意义的自由""政治自由"与"内在自由"三种状态而抽象论之，遂以自由归属否定性概念。自由所描述者，即某种特定障碍（他人之强制）之不存在。至于自由能否具有肯定意义，取决于人对自由之使用与认识，而与他事无关也。②

西人言自由而排除能力不论，其中颇有理路可寻。盖西人崇尚主权观念，主权观念之下，他者作为限制者而在场，其为自由之条件乃至构件之意义，势必排除在外。故伯林之分析框架，虽有助于保障主体之权利，亦难免忽视主体能力与他者作用之蔽。③

相反，吾人之位分自由，因位分而立义，因能力而成之。位分，自由之前提也；能力，自由之成就也。位者，人之所立；人之所立，分即寓焉。人所"立"即"位"，"位"定即"分"定。分者，人之所当为也。自大者言之，人之在世，必立于天地之间；自小者言之，人之在世，必立于人伦之中。人伦与天地，又非截然分裂之二体。故自由之义，以天人贯通而立，以天人正位而定。坤卦《文言》曰："君子黄中通理，正位居体，美在其中，而畅于四支，发于事业，美之至也。"鼎卦大《象》曰："木上有火，鼎。君子以正位凝命。"《易传·系辞》曰："天下之理得，而成位乎其中矣。"位有正当与不当，"位正当"，斯自由之前提具焉；"位不当"，即无自由之可言矣。④

位分以天人关系而立其本，以人伦关系而定其实。依位分自由之义，他者并非自由之限制，而实为自由之建构者与互助者；且他者不限于他人，包括家、国乃至天地间之万事万物，而以无限之宇宙为其极限。位之融贯天人关系与人伦关系，家人卦《象》辞曰："女正位乎内，男正位乎外，男女正，天地之大义

---

① 哈耶克：《自由秩序原理》（上），邓正来译，生活·读书·新知三联书店，1997，第12-13页。
② 哈耶克：《自由秩序原理》（上），邓正来译，生活·读书·新知三联书店，1997，第13-14页。
③ 倪培民：《修炼而成的自发性——以伯林为镜看儒家自由观》，《哲学分析》2021年第1期，第73-97、197-198页。
④ 《周易》屡言"位正当"与"位不当"，即此义也。

也。"位分自由，即"天地之大义"，即"正义"之所在。故其实质不诉诸主权，而诉诸"关系"之"中和"。"关系"乃自由之发生场域，无"关系"即无位分，无位分即无自由。自由与否，以位分正当与否而定；自由之程度，既取决于位分之正当与否，又取决于能力之高下。其最高境界，孔子"从心所欲不逾矩"，最得其义。孔子七十始臻之，可见位分自由并非一蹴而就，实为一不断修炼之生成过程也。

人之位分，取决于人之所立所行。此义孔子言之极切：

> 子曰："不患无位，患所以立；不患莫己知，求为可知也。"（《论语·里仁》）

"不患无位，患所以立"，此论"立"与"位"之本然关联也。"位"取广义，不限职位而言。人之"所以立"，即人之"所以位"。人如何"立"于天地之间与人伦之中，即人之"位"也。"不患莫己知，求为可知也"，言人之自主进取以成其能力而得位也。"求为可知"，谓提升能力以备"可知"也。

位分自由必在"关系"中实现，故位分自由之理想状态，并非就某一"主体"而言之，而就"整体"而言之。《易传·系辞》曰："天地设位，圣人成能，人谋鬼谋，百姓与能。"即此义也。

> 子贡曰："我不欲人之加诸我也，吾亦欲无加诸人。"子曰："赐也，非尔所及也。"（《论语·公冶长》）

子贡之言，即"己所不欲，勿施于人"之另一表达。此即消极自由之义。① 孔子答子贡曰"非尔所及也"，甚堪深味。既云"非尔所及"，表明此一自由并非天然在我，必须努力而后可臻也。康有为注云：

> 子贡不欲人之加诸我，自立自由也；无加诸人，不侵犯人之自立自由也。子贡尝闻天道自立自由之学，以完人道之公理，急欲推行于天下。孔

---

① 论者曰："己所不欲"尚属具体个人之"不欲"，尚未脱离个体之特殊性。（倪培民：《修炼而成的自发性——以伯林为镜看儒家自由观》，《哲学分析》2021 年第 1 期，第 73-97、197-198 页。）按此论非是。孔子多以"己"与"人"对言，"人""己"皆取普遍之义。"己所不欲勿施于人"，孔子尝对子贡、子张言之，"己"岂限于子贡、子张而言之乎？

子以生当据乱,世尚幼稚,道虽极美,而行之太早,则如幼童无保傅,易滋流弊,须待进化至升平太平,乃能行之。今去此时世甚远,非子贡所及见也。盖极赞美子贡所创之学派,而惜未至其时也。①

康氏以"非尔所及"指时代言,似嫌牵强;盖"非尔所及"者,子贡之能力修养尚未企及也。无论"非尔所及"所指何谓,皆不碍自由之为自我成就之境界。②

自由建基于位分,而以能力成其高下,故自由虽人人可得,并非人人均等。位分因位而殊,故"父"之自由不同于"子"之自由;虽然不同,而又相互建构,故无"父"即无"子",反之亦然。位分因时而异,今日之"子"又为他日之"父"。位分自由既重位分,又重能力,故同处"父"位,其自由度未必相等。位分自由之理想状态,即孔子所谓"君君臣臣父父子子"。"君君",既明位分,亦指能力,故"君君"即位分自由也。反之,"君不君",位分与能力俱失,无自由可言矣。明了此义,则孔子下章之言遂不难索解。③

> 子曰:"君子而不仁者有矣夫,未有小人而仁者也。"(《论语·宪问》)

盖行仁不单看意愿,尤取决于位分,取决于能力也。

自由以位分而定其方向,以能力而判其高下,故自由所导向之正义,必在礼序中成就。礼序所以明位分者也。此需注意者,位分并非主观设计之物,实出于天地人伦自然之道。位分可由人而发现,不可由人而设计。发现而定之以名,曰礼。父子之位分,乃天道而启发于人伦者,谓之天伦。位分既由天定,礼序亦出天然。位分虽由天定,而实现位分所要求者,则在人为,此即位分自由之义也。

位分自由导向礼序正义。礼序正义之要义,在于正义唯在礼序中始可实现。故笼统而言"社会正义""分配正义",实属无谓之谈。"社会"所指谓者,因其笼统而无法界定,哈耶克谓之"无名氏"。

---

① 康有为:《论语注》,中华书局,1984,第61页。
② 倪培民:《修炼而成的自发性——以伯林为镜看儒家自由观》,《哲学分析》2021年第1期,第73-97、197-198页。
③ 详解见本文第三章第三节"君子"部分。

当我们谈论"社会力量"或"社会结构"时，其目的是要表明，这些事情并不是某种个人意志的产物，而是无数的个人和世世代代的偶然行为的意外后果。从这个意义说，真正可称为社会的东西，由其本质所定，是一个无名氏，它与理性无关，不是逻辑推理的结果，而是一个超越个人之外的进化和选择过程的产物，应当承认个人对它也有贡献，但是它的全部成分不受任何一个头脑的支配。①

　　滥用"社会"一词，一如滥用"人民"一词，混淆实大。以"社会"与"人民"组建词组，诸如"社会正义""人民民主"，颇能愉悦浅人耳目。然而，据实而言，"社会正义"一如"人民民主"，乃一丘之貉所炮制之语义学欺诈。②欲明"社会正义"之谬，须辨"社会秩序"之所以然。"社会正义"一词虽无意义，"社会秩序"则有意义。社会秩序之生成，其小部分可由人之设计——如政府、组织之目标所影响——而成，而其绝大部分仍归于自生自发所造。社会秩序之总体，既保有自生自发之性质，则社会进程所产生之特定结果，皆不可谓之正义或非正义。③所谓"社会正义"或"分配正义"，唯限于某一特定组织之内乃有意义。④既限于特定组织之内，焉能无限扩大而曰"社会正义"乎？

　　总体而言，社会秩序并非自上而下之理性计划之结果，而实系数量不定之人群自下而上生生互动之产物。故礼乐之存在必先于"制礼作乐"而存在，而"礼坏乐崩"必生发于礼乐之存在与名分脱离之后。因此，礼序正义并无固定模式可资永远遵循，而必因时损益而变易无尽。此中要义，关乎正德，下节详解。

第二节　正德

　　孔子论为政，以正名为先。正名之实，归于正德，名正而德正。故曰"为政以德""道之以德"。德者，人道根据之承受也，得之于身者也。"礼乐得于身，谓之德。"礼之精神虽不变，礼之仪节则因时损益，故曰"礼时为大"。

---

① 哈耶克：《哈耶克文选》，冯克利译，河南大学出版社，2015，第375-376页。
② 哈耶克：《哈耶克文选》，冯克利译，河南大学出版社，2015，第380页。
③ 哈耶克：《法律、立法与自由》（第二、三卷），邓正来、张守东、李静冰译，中国大百科全书出版社，2000，第51页。
④ 哈耶克：《法律、立法与自由》（第二、三卷），邓正来、张守东、李静冰译，中国大百科全书出版社，2000，第53页。

第七章 立 政

一、政德时义：先富后教与仁知相济

孔子执礼，以时为大。"子绝四"者，言孔子执礼之化境也；一言以蔽之：时也。《论语·乡党》篇具载孔子行礼气象，周旋从容，各得其妙；一言以蔽之：时也。故篇末一章乃画龙点睛曰：

> 色斯举矣，翔而后集。曰："山梁雌雉，时哉？时哉？"子路共之，三嗅而作。（《论语·乡党》）

此章之解，俗见多谓赞雌雉之知时，不通之甚矣。雉之性耿介，不擅高飞，"翔而后集"断非雌雉所能。《论语》"时"字多训适时、切时、时宜①，此章"时"字亦然。"哉"者，诘问之辞，与"觚哉觚哉"同义。"时哉时哉"，犹言"岂知时哉？岂知时哉？"。鸟之知时者，"色斯举矣，翔而后集"，二句当为逸诗，引以况鸟之知时而灵动者。山梁雌雉，耿介守常，非知时而灵动者也，故曰"时哉时哉"，警示不知时之患也。《论语》之文，或正或反，不可拘泥。此章王船山阐释最明：

> "时哉"云者，非赞雉也，以警雉也。鸟之知时者，"色斯举矣，翔而后集"。今两人至乎其前，而犹立乎山梁，时已迫矣，过此则成禽矣。古称雉为耿介之禽，守死不移，知常不知变，故夫子以翔鸟之义警之，徒然介立而不知几，难乎免矣。人之拱己而始三嗅而作，何其钝也！②

此章载《论语·乡党》篇末，与"未可与权"章载《论语·子罕》篇末，皆发知时权变之义。彼引逸诗"唐棣之华"，此引逸诗"色斯举矣"，遥相映射焉。

夫为国以礼，礼时为大，不知时则不能用礼，故为政必知时，知时而德正。正德之时义，可解析为二：一曰先富后教，一曰仁知相济。

---

① 《论语》"时"字凡十一见，其义有二：一曰天时、时令、时历，如"四时行焉""行夏之时""少之时，血气未定"是也；二曰适时、时机、时宜，如"使民以时""不时，不食""夫子时然后言""孔子时其亡也""好从事而亟失时"是也。以后义多见。"学而时习之"之"时"当训适时，今人或训为时常，非古义矣，《论语》"时"字绝无此义。

② 王夫之：《船山遗书》（第七册），中国书店出版社，2016，第242页。

（一）先富后教：以富安民与以教化民

孔子论为政之时义，《论语·子路》篇尤备。"先富后教"之义，见于孔子与冉有之问答，学者所悉知。

> 子谓卫公子荆："善居室。始有，曰：'苟合矣。'少有，曰：'苟完矣。'富有，曰：'苟美矣。'"（《论语·子路》）

> 子适卫，冉有仆。子曰："庶矣哉！"冉有曰："既庶矣。又何加焉？"曰："富之。"曰："既富矣，又何加焉？"曰："教之。"（《论语·子路》）

二章相承，文义一贯。上章主旨在明为政有其节奏，必循序而有节，不可躐等鲁莽；下章明为政有其步骤，必先富而后教，不可逾越失序。

为政之节奏，自然渐进而成，不以遽速为尚，"欲速则不达"。善居室，居如"居货"之居，室如《左传》"夺其室"之室，谓家财也。善居室，犹云善于处理财政问题。有者，贮有之也。始有，有之始基也；少有，有之稍备也；富有，有之富完也。合，聚也。完，备也。始有者，政之始基，未足以聚人（未合），故曰"苟合"。少有者，聚而未备（合而未完），故曰"苟完"；富有者，备而未美（完而未美），故曰"苟美"。美者，有文采，谓礼乐兴也。孔子论为政，不排斥"欲"，善政"在不遽，而不在不欲"。[1] 凡事皆有节奏，为政不例外。宋儒解此章，动以物欲为说[2]，不得其旨，可笑之甚。

为政之步骤，先富而后教，不可逾越失序。此中道理，《管子》言之明甚："凡治国之道，必先富民。民富则易治也，民贫则难治也。奚以知其然也？民富则安乡重家，安乡重家则敬上畏罪，敬上畏罪则易治也。民贫则危乡轻家，危乡轻家则敢陵上犯禁，陵上犯禁则难治也。"（《管子·治国》）先富后教，乃为政之步骤，而非为政之轻重。先富后教，非谓"养重于教"，亦非谓"教重于养"[3]，养民、教民不以轻重言，而以时序言。先富后教之深义，在于自然兴起，不假强力所造，所谓"仓廪实而知礼节，衣食足而知荣辱"（《管子·牧民》），水到渠成，自然而然。先富后教，风化成治，美善同功，爱杜各类极权之门。

---

[1] 松平赖宽：《论语征集览》（下），上海古籍出版社，2017，第998-999页。
[2] 朱注引杨氏曰："务为全美，则累物而骄吝之心生。公子荆皆曰苟而已，则不以外物为心，其欲易足故也。"
[3] 萧公权氏谓孔子"以信为本，以食为末"，二者轻重不同，实属误读。［萧公权：《中国政治思想史》（一），辽宁教育出版社，1998，第83页］。

极权主义者欲灌输其"教",改造其民,必以控制人民之胃为条件,始能行之无碍。①

孔子之教以礼乐为宗。礼乐自生自发,顺乎人情,由衷而发,缘构秩序。先富后教,富以安民,教以乐民,先安而后乐。就民之整体而言,未有不安而能乐者。② 由教之发达,而家国同构自治,君民安乐与共,则政治之强力归于无用。孔子之德治主义,其终极归于无为而治者,以此也。故德治之极功,庶乎臻于"以教育代替政治,以教育消解政治"之无为境界。③

(二)仁知相济:政治风俗演进之原理

孔子"仁知相济"之义,学者多未及措意,诚有发明之必要。仁知互含之义,前文已明。④ 以德言之,有仁知互含之实;以行言之,有仁知相济之效。孔子论仁知诸德,主治天下而言之。仁知皆大德,其义可互含,其功可互济。如管仲,孔子许之"如其仁",然非桓公知而任之,安能"如其仁"?大抵后儒不见孔子之道乃先王治天下之道,徒囿心性而畅论仁知,不知从治道起见,去孔子本旨远矣。

孔子论仁知相济之功,备于如下二章。

> 子曰:"知者乐水,仁者乐山;知者动,仁者静;知者乐,仁者寿。"(《论语·雍也》)
> 子曰:"齐一变,至于鲁;鲁一变,至于道。"(《论语·雍也》)

二章相承,文义互发。上章以物象譬喻仁知之互济,下章以政俗譬喻仁知之殊功。"知者乐水,仁者乐山",盖引古言也;"知者动,仁者静;知者乐,仁者寿",孔子所以释古言也。朱子曰:"知者达于事理而周流无滞,有似于水,故乐水。仁者安于义理,而厚重不迁,有似于山,故乐山。"此解甚凿。试问"事理""义理"何以别乎?包咸曰:"知者乐运其才智以治世,如水流而不知已也。仁者乐如山之安固,自然不动而万物生焉。"较朱注为胜。《周易》大传曰:"知周乎万物而道济天下,故不过;旁行而不流,乐天知命,故不忧;安土

---

① 徐复观:《中国思想史论集》,九州出版社,2014,第266页。
② 孟子曰:"民之为道也,有恒产者有恒心,无恒产者无恒心。苟无恒心,放僻邪侈,无不为已。"(《滕文公·上》)"无恒产而有恒心者,唯士为能。"(《梁惠王·上》)亦阐发安乃乐之前提也。
③ 徐复观:《中国思想史论集》,九州出版社,2014,第267页。
④ 参见本书第三章第一节"仁知互含"部分。

敦乎仁，故能爱。"与此章之义相发。

下章言齐鲁政治风俗之异，而暗含政治与风俗之关联焉。盖风俗者，政事之田地也。风俗善则政教易成①；是即《中庸》"人道敏政"之义也。齐为太公之后，鲁为周公之后。朱子曰："齐俗急功利，喜夸诈，乃霸政之余习。鲁则重礼教，崇信义，犹有先王之遗教。"归咎于霸政，未必得其真。盖齐俗主知，鲁俗重仁，二者风俗坐是而殊。主知者有一时之功，然其终极必须趋于仁，故曰"齐一变，至于鲁"。孤仁不足以适道②，故鲁之仁须兼容齐之知，而后可归于道，故曰"鲁一变，至于道"。齐鲁既殊，则两"变"字侧重不同："齐之变，是革除；鲁之变，是振起。"③《日知录》曰："变鲁而至于道者，道之以德，齐之以礼。变齐而至于鲁者，道之以政，齐之以刑。"④

若齐俗尚知而鲁俗重仁，此一判定可据，则问题在于：为政以适道为归，何以必取齐变为鲁而非鲁变为齐，以至于道？细索其义，此中乃隐含一时序原理："知→仁→道"，而非"仁→知→道"。此中道理，亦有说乎？深究之，盖与先富后教同其机制，"富"尚"知"而"教"主"仁"，自然兴起之道也。"教"主"仁"，故曰"仁者安仁"；"富"尚"知"，故曰"知者利仁"。"安"者未必"利"，"利"者未必"安"，故必仁知相济，以成其大功。

二、通权达变：明义行权与革命问题

孔子论政，以正名为入手，以适道为旨归。适道之进程，不可拘执一端，唯变所适，唯义是取，必以通权达变为尚焉。孟子誉孔子"圣之时者也"，此之谓也。"时"者，偏重动词义，切时、入时之谓也。孔子之"时"与黑格尔之"现实"，蕴义极为神似。"现实在其展开过程中体现为必然性"，"时"亦指向"必然性"。时之要旨，曰明义行权。

（一）明义行权：现实逻辑与权变原理

礼之精神虽一以贯之，而礼之内容必因时损益。三代之礼各有损益，至周乃臻盛大，"郁郁乎文哉"。探其因革损益之道，"其或继周者，虽百代可知也"。孔子所以自信"百代可知"者，何也？曰：义。礼义互含，二者之关联，孔子尝言之。

---

① 竹添光鸿：《论语会笺》（壹），凤凰出版社，2012，第392页。
② 子曰："未知，焉得仁？"（《论语·公冶长》）
③ 竹添光鸿：《论语会笺》（壹），凤凰出版社，2012，第392页。
④ 程树德：《论语集释》（上），中华书局，2013，第475页。

子曰:"君子义以为质,礼以行之,孙以出之,信以成之。君子哉!"(《论语·卫灵公》)

礼以义为实质,义以礼而行之。礼以义为实质,故礼不可背离义,此为理论程序。义以礼而行之,故人由礼而成义,此为实践程序。以理论程序言,义乃礼之精神规定;以实践程序言,礼义互含相连,不能分离于实践。①

《论语》"义"字意蕴颇丰,大体可解为"正义""正当""适宜"诸义,其引申之义亦不外此。若谓"时"近于黑格尔之"现实"概念,则"义"更近于黑格尔之"合理"概念。下章所记,最能见孔子行礼顺"时"而遵"义"之深意。

子曰:"麻冕,礼也;今也纯——俭,吾从众。拜下,礼也;今拜乎上——泰也,虽违众,吾从下。"(《论语·子罕》)

以麻为冕,乃古来相传之礼;如今改为黑丝——此有俭朴之义,故孔子从众。臣见君,先于堂下拜,而后升堂再拜,乃古来相传之礼;如今取消堂下之拜,唯在堂上拜——此为骄纵不尊,故虽违众,孔子仍取古义。可见,礼并非一味从众(时),而必坚持其原则(义)。礼之原则何在?敬是也。礼主敬,无敬则非礼。敬即礼之义(正当)所在。

礼义相互关联,则义与政必不可分。后儒纳义入心,群起以心性解义,非孔子之旧矣。义与政之关联,下章言之最切。

子曰:"君子之于天下也,无适也,无莫也,义之与比。"(《论语·里仁》)

此章之解,众说纷纭。后儒之解,大抵程朱派概以处事言,陆王派概以存心言,均属模糊影响之谈,非圣人立言之旨。② 韩退之、谢显道皆曰:适,可也;莫,不可也。③ 均属似是而非。殊不知"无可无不可"者,孔子自况出处进退之道,非语常人之事也。邢疏曰:"适,厚也。莫,薄也。比,亲也。言君

---

① 劳思光:《新编中国哲学史》(一卷),广西师范大学出版社,2005,第89页。
② 程树德:《论语集释》(上),中华书局,2013,第289页。
③ 韩氏之语见《论语笔解》,谢氏之语见朱子《集注》引,俱见程树德:《论语集释》(上),中华书局,2013,第288页。

子于天下之人，无择于富厚与穷薄者，但有义者则与相亲也。"① 加"之人"二字，复以"义"为心性之属，浅陋之极。

欲明此章之义，须先洞明其立言之指向。孔子立言指向，"君子之于天下"一语，已然明白限定之。其限定有二：一者，限定所言者为"君子"，君子乃有德有位以从政者也；二者，限定所言者乃"天下"，"天下"岂心性之属哉？适，有所主而往也。② 莫，否定之辞也。适莫犹如两端，适则有所必，莫则无所必。君子之于天下，既非必往之，又非必否之，孰去孰就，唯"义"是取。"义"者，正当、合理且必然之谓，不妨统谓之"现实逻辑"。"义之与比"，言君子之于天下也，无所必趋（适），无所必否（莫），唯遵从现实逻辑（义）为上。凡孔子论"天下"，大旨主于归仁。此章不言仁而言义者，语君子去就之道也。义必有所去就，必有所取舍，必有所抉择。子曰："择不处仁，焉得知？"欲其所择"处仁"，必以知义为务。故樊迟问知，子曰："务民之义，敬鬼神而远之，可谓知矣。"不曰"务人之义"而曰"务民之义"者，民对君言，就君道而论"知""仁"，以药樊迟琐小之病也。③

后儒不识古言，泛滥解"义"，或以行事，或以心性，或以交接，均非古义，唱论弥多，去古弥远，悲哉！徂徕曰："至思孟以道与天下之人争，而后动辄曰'天下''天下'，不复主仁，后儒不知古言，故于古书言天下者，漫不知省也。朱子于此章，作一切解，乃至旁与佛老争义之有无，大谬矣。"④

"义"之为"正当""正义""适当"，故可训"宜"。⑤ "宜"有"适宜""时宜"二义，以事言之，曰适宜，兼时言之，曰时宜。孔子之"义"，统贯二旨。例以黑格尔之术语，"义"恰在"现实"与"合理"之"中"焉。斯旨深微，而孔子言之凿凿矣。

子张问善人之道。子曰："不践迹，亦不入于室。"（《论语·先进》）

善人之道，言使人向善之道也。⑥ "践迹"与"入于室"皆设喻以明理。

---

① 何晏、邢昺：《论语注疏》，中国致公出版社，2016，第56页。
② 《论语》"适"字皆此义。俞樾《群经平议》、刘宝楠《论语正义》皆释"适"为"敌"，大谬不然。
③ 颜元：《颜元集》（上），中华书局，1987，第178页。
④ 松平赖宽：《论语征集览》（上），上海古籍出版社，2017，第311页。
⑤ 《中庸》曰："义者宜也，尊贤为大。"
⑥ 《论语》"善人"五见，或为名词，或为动宾结构。此章"善"字，解为动宾结构为胜，观后文孔子答语可窥焉。

"践迹"，谓蹈袭旧迹而不知变通也。"入于室"，喻高明之境，所谓"升堂入室"① 是也。"亦"为并列连词。② 孔子之语，灵活解之，意谓：使人向善之道，既不蹈袭旧迹而拘泥之，亦不脱离时宜而高求之，一切以遵从现实逻辑（义）为要。③ 此即"无适无莫，义之与比"之旨。明乎此，凡谓孔子"保守""守旧"云者，皆无稽之谈。此章子张问"善人"之道，"善"固为人类永恒之追求；然依孔子之义，历史之动力与目的，皆内在于历史自身，本源于现实生活，既不可拘泥于既往，亦不可超前而规定。盖现实既包含既往，复敞开未来，故旧日之"迹"与未来之"室"，统合于当下之"时"，是"义之与比"之谓也。

> 社会现实的自身结构包含一种本体论上的矛盾：它既是经验的事实性，又是超越的理想性；既是当下、现在，又是未来、可能。④

因此，

> 对社会现实的真理的把握，在本质上要求辩证的思维，因为"是"与"应当"之间的张力是社会现实自身结构的本体论状况。谁要是不能把握这一张力，谁就不能把握真正的现实。……既定的现实是通过自己的历史进展和历史性覆灭才达到自身的真理的。现实本身既是如此，对现实的理论自觉岂有他途？一切不能在"是"当中看到"应当"的因素的科学，都不是关于人的现实存在的真正的科学，因为它没有如现实所是的那样包含批判的要素。⑤

此所谓"批判"，本意即为"革命"。实践之批判即实践之革命性。而何谓实

---

① "升堂入室"同见于《论语·先进》篇，可以互证。
② 《说文》："亦，人之臂亦也。"段注："人臂两垂，臂与身之间则谓之臂亦；臂与身有重叠之意，故引申为重累之词。"显然，"亦"由臂亦之象引申出并列之意。"亦者，两相须之意"（《左传》昭公二十年孔颖达疏）；"亦之承上者，其义同又"（《经词衍释》卷三）。（宗邦福、陈世铙、萧海波：《故训汇纂》，商务印书馆，2003，第70页。）
③ 参考马克思所言："人类始终只提出自己能够解决的任务。"（马克思、恩格斯：《马克思恩格斯选集》（第2卷），人民出版社，1972，第83页。）
④ 王德峰：《人的本源存在与历史生存——对马克思思想的再探讨》，复旦大学，1998，第70-71页。
⑤ 王德峰：《人的本源存在与历史生存——对马克思思想的再探讨》，复旦大学，1998，第71页。

践？实践，即创生人与人之关系之本源活动。① 实践之革命力量，来自实践自身，故实践自身乃一切理论批判之根基。革命并非思想所能发明，而为感性活动对一切社会事物之建构力量。社会事物由革命所建构，亦终将为革命所摧毁。②

领会上述大义，乃可知孔子"正名"之革命意义，深意在此。故"正名""革命""实践""辩证""批判"诸辞皆可关联而取义。阐释至此，可引马克思《资本论》二版跋语为参：

> 辩证法在对现存事物的肯定的理解中同时包含对现存事物的否定的理解，即对现存事物的必然灭亡的理解；辩证法对每一种既成的形式都是从不断的运动中，因而也是从它的暂时性的方面去理解；辩证法不崇拜任何东西，按其本质来说，它是批判的和革命的。③

孔子"不践迹亦不入于室"之语，实包含辩证法之义。此义深微，惜乎后儒之解，皆不悟本源。皇侃《义疏》引孔安国曰："言善人不但循旧迹而已，亦多少能创业，然亦不能入于圣人之奥室也。"④ 释"不"为"不但"，复加一"然"字，无中生有哉。朱注引程子曰："践迹，如言循途守辙。善人虽不必践旧迹而自不为恶，然亦不能入圣人之室也。"⑤ 释"不"为"不必"，复加一"然"字，句意关系全变，谬同孔氏，可谓不识字义矣。

"义"既明矣，乃可论"权"。

> 子曰："可与共学，未可与适道；可与适道，未可与立；可与立，未可与权。"
> "唐棣之华，偏其反而。岂不尔思？室是远而。"子曰："未之思也，夫何远之有？"（《论语·子罕》）

二章相承，并载《论语·子罕》篇末，义一贯也。上章孔子论学问推进之

---

① 王德峰曰："实践是在一定经济关系下发生的突破这种经济关系的活动。如果它不是活动，它就不是实践。"（王德峰：《人的本源存在与历史生存——对马克思思想的再探讨》，复旦大学，1998，第73页。）
② 王德峰：《人的本源存在与历史生存——对马克思思想的再探讨》，复旦大学，1998，第73页。
③ 马克思：《资本论》（第1卷），人民出版社，2004，第22页。
④ 皇侃：《论语集解义疏》，商务印书馆，1937，第154页。
⑤ 朱熹：《四书章句集注》（上），上海古籍出版社，2006，第165页。

次第，下章引逸诗以明学问贵乎立志坚定，所以总结"与命与仁"之义也。其中大义，尚容深察。

"可与"者，许其人之辞也；"未可与"者，难其事之辞也。"可与共学"，谓信道而能相持以学道也。"未可与适道"，虽信道而其志止于一经一艺，不足以适大道也。"可与适道"，谓其志大而足以求至于大道也。"未可与立"，未能立于礼①而坚定其道也。立于礼即立于道矣。"可与立"，可与之共立于礼而坚定其道也。"未可与权"，未能切入时宜而变通以恒守其道也。下章孔子引逸诗而论曰："未之思也，夫何远之有？"言学者于学、道、立、权之进阶，未能矢志而思慕之，苟能思慕不已，"我欲仁，斯仁至矣"，尚何远之有哉！总结《论语·子罕》篇"与命与仁"之义也。

孔子所谓"权"，意在通权达变，切入现实逻辑，无适无莫，义之与比。而后世有所谓"经权之辨"，而归祖孔子，可谓乱认祖宗者矣。子曰："非其鬼而祭之，谄也。"非其祖而宗之，引以自雄，谄也哉！仁斋先生驳之曰：

> 汉儒以经对权，谓反经合道为权，非也。"权"字当以"礼"字对，不可以"经"字对。孟子曰："男女授受不亲，礼也；嫂溺援之以手者，权也。"盖礼有一定之则，而权则制其宜者也，故孟子以"权"对"礼"而言，不对"经"而言。汉儒盖以汤武放伐为权，故谓反经合道，殊不知经即道也。既反经，焉能合道！天下之所同然之谓道，制一时之宜之谓权。②

审孔子语脉，"可与立，未可与权"，立者立于礼，亦可见"权"对"礼"言，是孟子犹得古义。

仁斋驳"经权之辨"是矣，而其言"经即道也"则非。徂徕先生驳之曰：

> 宋儒以权为圣人之大用，仁斋先生讥之是矣。又引孟子，讥汉儒反经合道，而谓权当以礼对，亦是矣。只如谓"经即道也"，殊未然。盖经者以持纬言，是道之大纲处，如"为天下国家有九经"是也。至于以汤武放伐为道，则大不然矣。何者？汤武，圣人也。圣人者，道之所出也。孔子曰"畏圣人之言"，言犹畏之，况其所为乎！③

---

① 孔子言"立"，皆以礼言之，"立于礼""不学礼，无以立""三十而立""患所以立"，皆谓立于礼也。
② 松平赖宽：《论语征集览》（中），上海古籍出版社，2017，第751页。
③ 松平赖宽：《论语征集览》（中），上海古籍出版社，2017，第752页。

(二) 革命问题：政治正当与忠君原则

政治之根本要义在于澄明人道之正而辅成之。兴化之所由，即人道之正当，此赖君民共命而为之。君民互为主体，各司其事，而有互相信托之义。以政权言，则君为之主，其功力足以泽被天下，协和家邦。君之正否，实为政治之核心。君不君则名不正，名不正则言不顺，于是焉诸事不成，而礼乐坏崩，家邦隳坠。是故君不正，必导向革命，重正天下家邦，革命乃势所必然，通权达变之要道也。孔子论政既主通权达变，革命问题自不容回避。[①] 若问孔子于革命问题取何态度，曰：肯定态度是也。革命虽非常轨，而天下事变无穷，革命即所以应对非常之势，通权达变之不得不然者。

孔子革命之态度，可见于如下二者。

一曰政治正当。政治正当即正名之所指。正名即革除名之不正者，以应时势之动，而因革损益，俾其重归于正。有名即有位，正名即正位，此其所以包含革命之微义焉。故正名之旨，不外乎使政治重归正当，重塑人道而辅成之。正名所依赖者，核心在于辅治者，君子是也。

二曰忠君原则。孔子于事君，一则主敬，一则以正。夫事君即事天，敬君之义，本于敬天。所以行其敬者，礼也；敬之实，忠也。故孔子有"事君尽礼""臣事君以忠"之说。政者正也，事君必以正，君不正则谏之，故孔子有"勿欺也，而犯之"之说，"勿欺"即事君以忠也，"犯之"即谏君以正也。总括敬与正之义，曰："以道事君，不可则止。"（《论语·先进》）可见孔子于事君之态度，绝非盲目愚忠之类，而必行其自立、自主、自由之义。孔子畅发此义最显著之语，见于下章。

> 子曰："雍也可使南面。"（《论语·雍也》）

"雍也可使南面"，政治"自由主义"之宣言也。二千五百年前，孔子之出此言，洵属非常，振聋发聩。何谓"南面"？细索《论语》解说史，"南面"释义之流变，适可见思想演变与政治压制之关涉。

汉包咸曰："可使南面者，言任诸侯治。"郑玄曰："南面，谓诸侯也。言冉雍有德行，堪任为诸侯治理一国者也。"[②] 南宋朱子曰："南面者，人君听治之

[①] 此所谓革命，取狭义，与上文所言革命有所不同。
[②] 何晏、邢昺：《论语注疏》，中国致公出版社，2016，第79页。

位。言仲弓宽洪简重，有人君之度也。"① 南宋以前，多以"南面"指人君，昭然可见。明清以降，压制渐深，其解遂每况愈下。清王引之《经义述闻》曰："南面，有谓天子及诸侯者，有谓卿大夫者。雍之可使南面，谓可使为卿大夫也。"为自圆其说，复辩解曰："包注、皇疏皆云可使为诸侯，故《集注》因之。然身为布衣，安得僭拟于人君乎？至《说苑·修文篇》又以南面为天子，则更失圣言之意矣。"凌廷堪《礼经释义》云："此南面指人君，亦兼卿大夫士言之，非春秋之诸侯及后世之帝王也。"王崇简《冬夜笺记》云："可使南面，可使从政也。今人皆以帝王言之，岂有孔子弟子可为帝王者乎？"② "南面"之解，由"天子""诸侯"而"卿大夫"而"士"而"从政"，每况愈下。循其踪迹，适与政治压制相关。刘宝楠曰："包、郑均指诸侯，刘向则谓天子，说虽不同，要皆通也。近之儒者谓为卿大夫，不兼天子诸侯，证引虽博，未免浅测圣言。"③ 刘氏辨之是矣。④

《论语》"南面"并非孤语，不必旁征博引，以《论语》自证足矣。

> 子曰："无为而治者，其舜也与？夫何为哉，恭己正南面而已矣。"（《论语·卫灵公》）

此章孔子论舜之"无为而治"，明言"恭己正南面"，"南面"指人君，彰彰明甚。即便一词多指，"南面"指谓人君之义，亦不可偏废。孔子既明言雍之德可为人君（天子、诸侯），明白记于《论语》，且置《雍也》篇首章，其义非同凡响。洞明其义，所谓世袭专制之说乃不攻自破，而孔子倡导自由进取之精神亦大白于天下。仲雍既可为君主，则君主之位，胥付诸人之能力与德行也。后世愚忠之说兴，与君臣关系之扭曲，同其步调，殆始于暴秦而完成于两汉⑤，非古义矣。

孔子以"君君臣臣"与"父父子子"并说者，皆以敬天为本。父子，天伦

---

① 朱熹：《四书章句集注》（上），上海古籍出版社，2006，第106页。
② 程树德：《论语集释》（上），中华书局，2013，第417、418页。
③ 程树德：《论语集释》（上），中华书局，2013，第418页。
④ 徐复观解释"雍也可使南面"，谓西汉人以"南面"为做皇帝，东汉人以"南面"为做诸侯，而六朝人以"南面"为做卿大夫。"专制之毒愈深，士人之志气愈消沉委屈，遂不得不自甘于政治上之被动而居于附庸之地位，以致中国文化之原有精神面貌亦随此而逐渐萎缩变形。"徐复观：《国史中人君尊严问题的商讨》，载徐复观《儒家思想与现代社会》，九州出版社，2014，第80页。
⑤ 徐复观《儒家思想与现代社会》，九州出版社，2014，第79页。

也；君臣，天事也。君不正，臣即不与焉。纵使"犯之"，亦有其度。故曰："事君数，斯疏矣；朋友数，斯辱矣。"孔子周游列国，干七十余君，其积极开明之态度，朗然可见。

孔子革命之微意，下章所载尤为显然。

> 公山弗扰以费畔，召，子欲往。子路不说，曰："末之也已，何必公山氏之之也。"子曰："夫召我者而岂徒哉？如有用我者，吾其为东周乎？"（《论语·阳货》）

公山弗扰乃阳货之叛臣，孔子犹欲应召而往，以一隅而推三隅，其意可窥焉。孔子之宗教以商为统，孔子之政治以周为宗。"如有用我者，吾其为东周乎"，其所谓"为东周"者，正以齐桓管仲为其典范。故谓孔子为春秋晚期"开明进步论者之最大代表"①，殆非无稽之谈。

《周易》革卦之彖辞云：

> 天地革而四时成，汤武革命，顺乎天而应乎人，革之时义大矣哉！

《十翼》虽非孔子所作，殆其后学所为，而其大义多与孔子相发，则不容疑也。此彖辞所发明者，以天道论人事，大义深幽。"天地革而四时成"，四时之"成"，本于天地之"革"，故"革"乃天道也。天道如此，人道自不能外；洞明"天、君、民"互动循环之义，知此说非虚。② 故汤武革命，顺天应人，此即正当之义。而其所以正当，在于"革之时义"。此"时"字有一发千钧之重。

---

① 傅斯年：《性命古训辩证》，上海三联书店，2018，第167页。
② 以天道论人事，乃《周易》之思维原则，亦其政治哲学之基本原理。或曰：天道自天道，人事自人事，以二者相比附，并不能证实之。答曰：文化与科学不同，科学可以实证，可以实验证成之，文化不能实证，唯可体验于生活，"体验"非"实证"之义。文化不能实证，非文化之弱点，而与文化之本性相关，不得不然。文化本于生活，生活乃兴起之事，并无理性之绝对支点。举凡文化之思想，包括政治哲学，皆比附之说也。比附与实证，并无优劣可言，唯适用领域不同耳。以科学实证之方式论文化，根本行不通，非徒无益，反滋蔽害。譬如性善论，以科学思维视之，绝无被证明之可能。思想史一切性善论之所谓"证明"，究其实质，皆比附之说。比附之为方法，自有其合情合理之处，人当究问者，不在比附自身之当否，唯在比附之能否"自圆其说"。何以故？生活形式塑造概念生态，概念生态必然"自圆其说"。一切文化思想，包括政治哲学，其实质皆"自圆其说"，莫有例外。政治思想皆行比附（analogy）之法，张东荪尝论及，（张东荪：《知识与文化》，岳麓书社，2011，第221-222页。）

孔子"圣之时者也",岂不知"革之时义"之"大"乎!

要之,孔子之正名,即蕴含革命问题之看法,亦蕴含政权转移之看法。"君不君",即以"正名"应之,"君不正",即以"革命"应之。盖"革命"有轻微者,有重大者,而重大者无不起于轻微之渐,正名即轻微之革命。防微以杜渐,正名之义深矣。或谓"政权转移问题",乃孔子遗留之问题①,殊非确论。或曰:"孔子之理想,仍依然遵从大义名分,而以革命为非也。"②殊不知孔子主张正名,正名即革名之命——革除名所代表之权力位分之不合理关系也。孔子固遵从大义名分,然其"尊从"之道,即在"正名"。故"遵从大义名分",与"革命"非但不矛盾,反而互为前提。此中道理,不容不察。

三、义利关系:道义原则与分途同构

如何定位义利关系,关乎正德之大节。后世有所谓"义利之辨""经权之辨",皆归祖孔子。"经权之辨"非自孔子始,实汉儒所创而误认祖于孔子,上文已辨之。所谓"义利之辨",亦非自孔子始,实为孟子所创发。夷考其实,孔子唯分别义利,而并不视二者为对立;非但不对立,乃实属同构共生之关系。孔子所言之"利",秉承上古言利之遗韵,上古之"利",不与"义"对立。此事关孔子政治哲学之要领,不辩不明。

(一)与命与仁:孔子言利之道义原则

《论语·子罕》篇首章记云"子罕言利与命与仁"。此章断句,众说纷纭,难有定论。窃以此语实关孔子思想之大旨,其确切之断句与理解,甚属关键,不可囫囵吞枣,虚晃而过。此章断句之法,大致有二:

　　子罕言利与命与仁。(断句一)
　　子罕言利,与命与仁。(断句二)

断句一主张孔子所罕言者三,利、命、仁是也,"与"为并列连词。断句二主张孔子所罕言者唯利,至于命、仁,则取赞许态度,"与"乃动词,赞许、认可之义。窃以断句二方合孔子本义,断句一所循之文法不合《论语》惯例,其义理亦乖孔子之本旨。

先究文法。《论语》凡载并列之事物,皆不加并列连词,例如:

---

① 劳思光:《新编中国哲学史》(一卷),广西师范大学出版社,2005,第116页。
② 宇野哲人:《孔子》,陈彬龢译,山西人民出版社,2015,第71页。

> 子之所慎：齐、战、疾。（《述而》）
> 子不语：怪力、乱神。（《述而》）
> 子以四教：文、行、忠、信。（《述而》）
> 子绝四：毋意、毋必、毋固、毋我。（《子罕》）

据以上句例可知，苟孔子罕言者果为三者，依《论语》惯例，必记为"子罕言利、命、仁"，加二"与"字，纯属多余。《论语》唯有以"与"连接二项，而绝无以"与"连接三项并列之例。①

复究孔子思想之大旨，孔子言"命"不在少数，言"仁"则遍于《论语》，岂所罕言哉？事实俱在，读书可知，不烦具引。或以"罕言"之"言"为"自言"之义："盖言者，自言也。记者旁窥已久，知夫子于此三者皆罕自言，非谓以此立教也。说者徒见弟子问答多问仁，遂疑命仁为夫子所常言，实则皆非此章之义也。"② 以"言"为"自言"，验诸《论语》，并无根据。③ 或谓孔子"自言命"并不多："《论语》一书孔子自言命者，唯伯牛与公伯寮二事。子夏之言盖亦闻之孔子，然则信乎其罕言也。"④ 至于"罕言仁"，乃"不轻许人以仁"之意："《论语》一书言仁者不一而足，夫子言仁非罕也。所谓罕言仁者，乃不轻许人以仁之意，与罕言利命之义似不同。"⑤ 此类解说，强生枝节，昧于文法，乖乎义理，强为之说，殊不可从。⑥

"与"字解为连词，文法与义理皆不通达。"与"之确义，若与"罕"字对

---

① 杨逢彬于《左传》《国语》寻出"与"字作为连词连接三项之句例，以此推证"与命与仁"之"与"亦为连词。（杨逢彬：《论语新注新译》（简体版），北京大学出版社，2018，第151页。）按据《左传》《国语》以证《论语》，与据《论语》以证《论语》，孰更可据，不言自明。
② 程树德：《论语集释》（上），中华书局，2013，第656页。
③ 究极言之，"自言"绝非可能之事。语言基于社会性意识，语言之存在，无法脱离人之共在经验，故"言"必包含对白性（社会性）。所谓"自言"，归根结底，亦无非共在之特例，并不否定语言之对白性。程树德谓罕言乃"自言"，又云"记者旁窥已久"，徒见其自相矛盾也。
④ 杨树达：《论语疏证》，上海古籍出版社，2013，第210页。
⑤ 杨树达：《论语疏证》，上海古籍出版社，2013，第211页。
⑥ 杨伯峻谓：《论语》言"仁"虽多，然一则多半与人问答之词，一则"仁"乃孔门之"最高道德标准"，正因少谈，孔子偶一谈到，便有记载。不能以记载之多便推论孔子谈得也多。（杨伯峻：《论语译注》，中华书局，2012，第122页。）此亦强为之说者尔。

解，益见其真。《论语》用字极精，书中表示稀少之义，其字有四：鲜、希、寡、罕。① 四字义近而微殊。鲜、希、寡出现较多，罕字则仅见"子罕言利"一例。为何不记曰"子鲜言利"或"子希言利"？盖"罕"字有其特别之处。"罕"为稀少之义，兼有诱导之义。据篆文，"罕"为长柄网具，用于捕鸟。"罕"之构意饶有意味："罕"本身不能捕鸟，其作用在于诱导，鸟受其诱导，遂入罗网中，无"罕"则罗网难以发挥效用。由"罕"不能捕鸟，引申出稀少之义，由"罕"之诱鸟入网，引申出诱导之义，故"罕"字兼有稀少、诱导之义。② 《论语》用字，犹遗古蕴，重于意象而取义。以"子罕言利与命与仁"为例，"罕"字与二"与"字构成语法相关性及意义相关性。焦循《论语补疏》云："'子罕言'三字呼应两'与'字，味其词意甚明。注以'义之和'释'利'字，此正是'与命与仁'之利，为孔子所言。"③ 总上，原文可灵活释义为：

孔子较少且唯引导而言及利，[言则引向]许命、许仁[之方向而言之]。此一命义，《论语》编撰者遂简记为：子罕言利，与命与仁。

钱穆曰：

> 与，赞与义。孔子所赞与者，命与仁。命，在外所不可知，在我所必当然。命原于天，仁本于心。人能知命依仁，则群道自无不利。或说：利与命与仁，皆孔子所少言，此决不然。《论语》言仁最多，言命亦不少，并皆郑重言之，乌得谓少？或说：孔子少言利，必与命与仁并言之，然《论语》中不见其例，非本章正解。④

钱氏所引"或说"有二，后一"或说"，谓孔子言利"必与命与仁并言之"，钱氏以为"《论语》中不见其例"，非本章正解。钱氏所见未免拘泥。孔子言利，而与命、仁并言之，未必非得同时出现"利、命、仁"三字方为"其例"。孔子言"命"，可直用"命"字，可不直用"命"字，如"天生德于予"，

---

① "鲜"之用例，如："其为人也孝悌而好犯上者鲜矣"（《论语·学而》），"巧言令色鲜矣仁"（《论语·学而》），"以约失之者鲜矣"（《论语·里仁》）。"希"之用例，如："怨是用希"（《论语·公冶长》），"盖十世希不失矣"（《论语·季氏》）。"寡"字多见，不烦列举。

② 《说文》云："罕，网也。从网，干声。"段注："罕，谓网之一也。按：罕之制盖似毕，小网长柄。"（唐汉：《论语新解》，北京联合出版公司，2016，第181页。）

③ 程树德：《论语集释》（上），中华书局，2013，第654页。

④ 钱穆：《论语新解》，九州出版社，2011，第206页。

不言"命"而"命"在其中。孔子言"利"亦应如是观，如"富与贵是人之所欲也"，不言"利"而"利"在其中，有何不可？读书贵在达义，岂可拘泥字面乎？如是灵活理解，则《论语》中孔子言利，"必与命与仁并言之"，其例多有：

> 子曰："富与贵是人之所欲也，不以其道得之，不处也；贫与贱是人之所恶也，不以其道得之，不去也。君子去仁，恶乎成名？君子无终食之间违仁，造次必于是，颠沛必于是。"（《里仁》）
> 子曰："富而可求也，虽执鞭之士，吾亦为之。如不可求，从吾所好。"（《述而》）
> 子曰："饭疏食饮水，曲肱而枕之，乐亦在其中矣。不义而富且贵，于我如浮云。"（《述而》）
> 子曰："笃信好学，守死善道。危邦不入，乱邦不居。天下有道则见，无道则隐。邦有道，贫且贱焉，耻也；邦无道，富且贵焉，耻也。"（《泰伯》）
> 季氏富于周公，而求也为之聚敛而附益之。子曰："非吾徒也。小子鸣鼓而攻之可也。"（《先进》）

诸例皆表明，孔子言"利"，必以"命""仁"（可表述为"道""义"）为导向。第一例，"不以其道得之"，"道"即下文"君子去仁"之"仁"，细索语脉可知。第二例，富之"可求"或"不可求"，岂非"命""仁"乎？第三例，"不义而富且贵"，"不义"岂非"与命与仁"之反辞乎？第四例，邦之"有道"或"无道"，岂非"与命与仁"之大义乎？末一例，孔子明确反对获取不义之利，岂非"与命与仁"之别辞乎？可见孔子并不讳言"利"，唯其言"利"必以"命""仁"为导向。例证凿凿，不容辩驳。

孔子言利而"与命与仁"，此道义原则也。言利必以命仁为导向，故谓之道义原则。孔子言利必"与命与仁"而言之，其深义在于，唯以"命""仁"为导向，"利"方导入正途，以避免"多怨"之局。此一解释路向，日本近代学人多持之。徂徕曰：

> 子罕言利，绝句，与命与仁。盖孔子言利，则必与命俱，必与仁俱，其单言利者几希也。旧注利命仁皆孔子所罕言，是八字一句，中间不绝，失于辞矣。且圣人之道，安民之道也，而敬天为本，故孔子曰"不知命无

以为君子"，又曰"君子去仁恶乎成名"，是命与仁，君子所以为君子，孔子岂罕言之哉。何晏以来，诸儒不得于辞而强为之解，不可从矣。①

程朱诸人倡论"命为天道赋物之理，仁为本心之德"，与古义无干，徂徕谓之"自创家学"。圣人之学，以修己安民为本。安民之道，舍利莫能为。舜之三事，"利用厚生"居其二，《易》大传曰"以美利利天下"，《大学》亦云"国不以利为利，以义为利也"。在在表明，圣人不讳言利，唯其所言之利，绝非一己之小利，而为天下之大利。孔子曰"无见小利"（《论语·子路》）"见利思义"（《论语·宪问》），以此故也。

利有大有小，有合义有不合义。圣人所见，在合义之大利，谓之真利。欲见真利，必取"与命与仁"为导向。

盖圣人智大思深，能知真利之所在，于是为天下后世建之道，俾由此以行之，后王后贤遵道而行，不必求利而利在其中。若或以求利为心，凡人心躁智短，所见皆小利耳，其心以为利，而不知害从之矣。夫心躁则不知命，智短则不知仁，舍命与仁，唯利是视，所以蹈祸。故孔子与命与仁，立之防也。②

与徂徕持见一致者，日本不乏其人。且引两段：

孔子不妄言利，苟言及利，则或并与命或并与仁，其单言利者几希也。太宰纯曰：利者人情所同欲，而得之与不得，有命焉。苟知有命，则利在所不求，故夫子言利则并与命言之。仁者，己欲立而立人，己欲达而达人。立人达人，是利人也。君子若能舍己利人，则可以为仁，是利有时乎为之，故夫子言利则并与仁言之。③

罕者，捡视其迹其事，希有之辞也。与，与及也，言夫子平常不言利，虽罕言利，亦必与之于命若仁而言之，曾无言孤利也。与命者，自天佑之吉无不利之类也。与仁者，智者利仁之类也。④

---

① 松平赖宽：《论语征集览》，上海古籍出版社，2017，第678-679页。
② 松平赖宽：《论语征集览》，上海古籍出版社，2017，第679-680页。
③ 山本日下：《论语私考》，上海古籍出版社，2017，第207-208页。
④ 田中履堂：《论语讲义并辨正》，上海古籍出版社，2017，第125页。

(二) 分途同构：义利关系与政商关系

孔子言利之道义原则，曰"与命与仁"，帅以"命""仁"，导"利"归仁，夫然后天下能得其"正"。"与命与仁"即君子"谋道不谋食"之义。故孔子尝明确区分义、利，而分属君子、小人。

> 子曰："君子喻于义，小人喻于利。"（《论语·里仁》）

此章载《论语·里仁》篇，为明仁而发也。行仁以长人安民为归。长人安民，必明义、利之殊用，必明君子、小人之所以分途。《论语》君子、小人皆以德位相兼而言，此章不例外。后儒专以人品言君子、小人，非古义矣，坐是而此章之义亦不得确解。皇疏引范宁曰："弃货利而晓仁义则为君子，晓货利而弃仁义则为小人。"以人品言君子、小人，以君子"弃货利"，小人"弃仁义"，腐儒之言哉！孔子曰："富与贵是人之所欲也。""富而可求也，虽执鞭之士，吾亦为之。"君子岂不欲货利乎？唯其所务在义，故其所喻亦在义。小人岂不欲仁义乎？唯其所务在利，故其所喻亦在利。所务所喻，皆生存事实使然，本于社会层级分化。孔子之言，即陈述此一事实，俾为政者明于"与仁"之道，初无褒贬之意。

此章立言之意，焦循所论得之：

> 唯小人喻于利，则治小人者必因民之所利而利之，故《易》以君子孚于小人为利。君子能孚于小人，而后小人乃化于君子。此教必本于富，驱而之善，必使仰足以事父母，俯足以畜妻子。儒者知义利之辨而舍利不言，可以守己而不可以治天下之小人。小人利而后可义，君子以利天下为义。孔子此言，正欲君子之治小人者知小人之喻利。①

按焦氏此言，不以义利对立，足以发明古义。盖孔子之言义利，本不以二者为对立，唯视二者分途而殊功。究其极也，义利虽分途殊功，其共导天下归乎仁，则缺一不可。故义利之关系，唯可谓之分途，不可谓之对立。要之，义利分途而同构，此其大要也。无利不足以活命，无义不足以成仁。小人谋食，去利不足以立业。君子谋道，去义不足以成名。义利各臻其用，君子小人各致其功，治天下者不可偏废一端。

---

① 程树德：《论语集释》（上），中华书局，2013，第310页。

且古之言利，本非后世所谓私己之利。乾卦《文言》云："元者善之长也，亨者嘉之会也，利者义之和也，贞者事之干也。君子体仁足以长人，嘉会足以合礼，利物足以和义，贞固足以干事。"所谓"利者义之和""利物足以和义"，皆以义释利也。《文言》又云："乾始能以美利利天下，不言所利，大矣哉！"发明义利同构之义甚明。焦循曰：

> 古所谓利，皆以及物言。至春秋时，人第知利己，其能及物遂别为之义，故孔子赞《易》，以义释利，谓古所谓利，今所谓义也。孔子言义，不多言利，故云"子罕言利"。若言利则必与命并言之，与仁并言之。利与命并言，与仁并言，则利即是义。①

孔子论政，既主先富后教，无利何以富之？是以时序言，利犹在义先。后世以义利对立而创发所谓"义利之辨"，非古义矣。《易》曰："理财正辞，禁民为非，曰义。"盖民以营生为务者，君子则奉天职者，理其财，禁其非，使民安其生焉。此先王相传之古义也。《书·盘庚》屡以"生生"喻人，为是故也。宋儒率以天理人情解此章②，昧于古义，可丑之甚。

义利分途而同构，孔子所以区别二者，以君子、小人所务殊焉，非判其高下也。盖春秋之时，利己之"小利"兴，孔子洞其蔽，特以"义"矫之反正，遂又发"放于利而行多怨"之警语。

子曰："放于利而行，多怨。"（《论语·里仁》）

何晏《集解》引孔安国曰："放，依也。每事依利而行，取怨之道。"③ 此解设定之理解框架，后儒多难超越。实则《论语》用字极精，著一"放"字，可谓千金不换。释"放"为"依"，孔子何不径言"依于利而行"？一字可训多义，古文之常则。唯其可训多义，故用字极其讲究。此章"放"字盖兼含二义，

---

① 程树德：《论语集释》（上），中华书局，2013，第654页。
② 朱注曰："义者，天理之所宜。利者，人情之所欲。"试问：利非天理之所宜乎？义非人情之所欲乎？如是解经，何经不可解？又引杨氏曰："君子有舍生而取义者。以利言之，则人之所欲无甚于生，所恶无甚于死，孰肯舍生而取义哉？其所喻者义而已，不知利之为利故也。"此以心术解孔子，浅陋之甚。后世骋道德之说解此章，浅陋可笑，与宋儒无异。
③ 程树德：《论语集释》（上），中华书局，2013，第293页。

必兼取方能尽其微旨。《说文》云："放，逐也。"由放逐而引申为放纵、放弃之义。"放"兼含"放纵""放弃"二义，此歧出分训而并取之也。前一意含表示"纵利而行"，后一意含表示"弃利而行"，二者均之不可取，非道义之正，必致"多怨"之局。① "放于利而行"之反面，即"与命与仁"之义，以"义"导"利"，俾趋于"中"，以正其德。此亦"政者正也"之一义。

义利分途而同构，上古相传之道。孔子承前启后，以义归于君子，以利归于小人，由是而政商分途，开吾国政治之大体。参以今言，义利关系即政商关系；义利分途而同构，即政商分途而同构。分途也，故各司其职，各尽其能，政治独立于商业，商业独立于政治，各赋二者以权限与自由②，不可越界勾结。同构也，故互为信托，共济天下，营利以富国，务义以成教，"不富无以养民情，不教无以理民性"（《荀子·大略》），二者各尽其美，各臻其功。义利虽分途而同构，然地位不同，义之承载者在君子，必以义引导利，以防"放于利而行"。故"正德利用厚生"三事，"正德"领其先。吾国政治"道义信托"之义，赖是而奠基，长治久安之道也。

第三节　由道

清儒颜习斋曰："生世六十余矣，读《论语》分三截：前二十年见得句句是文字，中二十年见得句句是习行，末二十年见得句句是经济。"③ 颜氏之说，可谓见真之谈。"经济"乃经世济民之缩语，与今语"政治"义近。经济之极功，在于由道。论孔子政治哲学，以由道为归，理固然焉。

孔子之道何谓也？道之义虽富，大要不外先王之道。先王之道何谓也？礼乐是也，统称之"文"。"观乎人文，以化成天下"，文之行也，乃有化功，故道云文云，皆以习行得义，庄生"道行之而成"是也。后儒高唱道体，弃孔门习行之义，岂知离文何尝有道，离行何以成道哉！孔子之道即文，《论语》明白

---

① 以今世言之，"纵利而行"，即放纵资本无序扩张，逞其"进步强制"之逻辑，唯利是图，必致权钱交易，官商勾结，怨气横生。"弃利而行"，即弃绝一切资本行为，以乌托邦麻醉人民，禁止人民营利，必致国蹙民贫，群情难安，生生不继，怨气横生。此二极端，验诸吾国历史，殷鉴不远。

② 后世有"重农抑商"之说，非孔子本义。孔子既主富民，富民岂能抑商邪？孔子推重管仲之功，管仲乃重商主义者，无商不富，不富何以成霸业？统观《论语》，孔子实属农商并重者；唯其旨趣不止于"富之"，必加以"教之"，教则礼乐之事也。

③ 颜元：《颜元集》（上），中华书局，1987，第229页。

载之矣。

> 子之武城，闻弦歌之声。夫子莞尔而笑，曰："割鸡焉用牛刀？"子游对曰："昔者偃也闻诸夫子曰：'君子学道则爱人，小人学道则易使也。'"子曰："二三子！偃之言是也。前言戏之耳。"（《阳货》）

前记"闻弦歌之声"，言子游以礼乐治武城也，夫子莞尔戏之，子游乃述夫子之言"君子学道则爱人"云云，岂非礼乐即道乎？后儒别立道体，自创一道，专事讲学，不事习行，坐视礼乐之亡，可谓贼道之祸首矣。[1]

一、秩序原理：由道生知与风化效应

庄子曰："道行之而成，物谓之而然。"（《庄子·齐物论》）"道行之而成"，此为秩序原理之精炼表达，犹言礼乐行之而成也。所谓"秩序原理"，言秩序生成之所以然也，以其极其重要，本节结合孔子言论而诠释之。

（一）秩序发生：由而生知与自发秩序

庄生之道殆别有所指，而借其言以论孔子，未为不可。"道行之而成"，犹言"道由之而成"，"行"即"由"也。孔子之道即文也，即礼乐也，推而言之，即秩序也。秩序之所以然，行而成之，一如人之履地而成路然。是故秩序之生成，虽出于人为（行之），而并非出于人之设计，实属自然而生成，故谓之自生自发秩序，简曰自发秩序。明了此义，乃知"自然/人为"之二分，不足以尽秩序（道）生成之妙矣。

孔子论秩序之自发生成，明载于《论语》，惜哉学者未及深察耳。

> 子曰："攻乎异端，斯害也已！"（《为政》）
> 子曰："由诲女知之乎？知之为知之，不知为不知，是知也。"（《为政》）

二章相承，并载《论语·为政》，义相发焉。上章孔子论异端问题，言攻击异端，非徒无益，反生弊害——此章之义下文详之。下章孔子即深究"攻乎异端"何故有害之原理。此章之义极深，事关孔子政治思想之根本，而后人之解胥误，莫得其旨，殊堪痛惜。

---

[1] 颜元：《颜元集》（上），中华书局，1987，第225页。

首句"由诲女知之乎"阐发秩序生发之基本原理,后句"知之为知之不知为不知是知也"乃据此原理以推论为政之道也。首句俗解断句为"由,诲女知之乎",以"由"为子路,误矣。殊不知此章"由"并非子路,乃与"小大由之""观其所由""何莫由斯道也""民可使由之"之"由"同义。何以见得？曰：考究《论语》之文法可知也。《论语》记孔子自称或称弟子,皆于名或字后加一虚词"也"或"乎",自称如"丘也",称弟子如"回也""赐也""由也""求也""师也""偃也""点也""参乎"等等皆是。此乃《论语》文法,岂容不察乎？王船山曰：

> "矣",从口从矢,矢口即，其词决；"也"之词较缓,微有咏叹之意焉。称人之名而加之"也"者,有言其人而思唯之之意。自称名而加之"也"者,有反自省念之意。皆缓辞也。①

"也"为缓辞,称呼人名而缀以"也"字,乃《论语》通例；其例外者,止见于孔子当面点名或训斥之时,如《论语·先进》篇末章"求！尔何如？""赤！尔何如？""点！尔何如？"当面点名之言也；又《论语·季氏》篇冉求与季路告孔子"季氏将伐颛臾",孔子直斥之曰"求"。二处未加"也"字者,一为点名,一为训斥,其情切也。故知"由诲女知之乎"之"由"绝非子路；由者,行也,用也,释以今言,犹云生命践履之义也。故其断句与释义如下：

> 断句：由诲女,知之乎？
> 释义：生命践履启发汝,知晓其中道理乎？

"由诲女,知之乎",盖孔子生平所常言,"女"泛指孔子言语之对象,门人记忆所及,据实摹写如此。据此,此句乃孔子阐发"由"与"知"之本然关联：人之知也,虽禀天赋,而其所以开豁之机,必借践履（由）始得,换辞言之,即由而生知,人之生命践履,自然生发其知,苟无其"由",即不生其"知",所"由"之道不同,其"知"亦不同。推而言之,秩序之发生亦同其理。故异端之起,出于所"由"不同,恰如道然,道行之而成,所行不同,道亦不同。故"攻乎异端",唯攻其"知",未及其"由",攻亦无益,舍本逐末,适生祸害。

---

① 王夫之：《说文广义》,《船山遗书》（第八册）,中国书店出版社,2016,第243页。

首句阐发"由而生知"之原理，后句孔子即据此而推衍为政之道，曰："知之为知之，不知为不知，是知也。"此句解者咸误，不得其旨，皆坐望文生义，误会"为"字，视为系动词，如后世之"是"字。殊不知《论语》"为"字无一例可视同"是"字。①《论语》"为"字取义极灵活，其确义须缘语境而定。例如：

> 子谓伯鱼曰："女为《周南》《召南》矣乎？人而不为《周南》《召南》，其犹正墙面而立也与？"（《阳货》）

朱注曰："为，犹学也。"此解虽不错，而其囫囵模糊，实未曾解"为"字。孔子何以不言"学"而言"为"？盖"学"者，多指礼乐言；"为"者，多指诗书言。《左传》曰："诗书，义之府也；礼乐，德之则也。"又曰："义以制事，礼以制心。"制事故曰"为"，制心故曰"学"，此二者之殊焉。孔子用字，皆有所指，千金不换。毛西河驳朱子曰：

> 然"为"不训"学"，考诸书，并无其义，当作"学而说之"。《孟子》"固哉，高叟之为诗"，原作"说诗"；即《汉书·刘歆传》谓建元经师"或为雅，或为颂"，亦以"说雅、说颂"为言。此如《曲礼》"主人请入为席"以整而兼设、《周礼》世妇"为斋盛"以主而兼饎、《国策》"东周欲为稻"以布植而兼兴作一例。②

据毛氏，"为"字取义，须据语境而定，如"为席"之"为"谓"整而兼设"，"为斋盛"之"为"谓"主而兼饎"，"为稻"之"为"谓"布植而兼兴作"，皆据其宾语而取义。③

"知之为知之，不知为不知"，二"为"字，义近于行、由，当缘语境训作

---

① 古汉语"为"字有"生成"之义，近于英文 become，而绝不等于 is，或兼有 become 与 is 之义，殆介乎二者之间。吾人只讲生成（becoming），不讲本体（being），实与语言构造相关。（张东荪：《从中国言语构造上看中国哲学》，载张东荪《知识与文化》，岳麓书社，2011，第197页。）段玉裁曰："凡有所变化曰为。"亦可依据。
② 毛奇龄：《四书改错》（下），华东师范大学出版社，2015，第417页。
③ 古文"为"字之灵活，恰如现代语"搞"字。"搞"字泛用于今日口语，几乎可以代替一切动词。搞政治、搞经济、搞音乐、搞哲学，一概"搞"之。然而细究其味，其"搞"自殊，譬如搞哲学与搞政治，岂可囫囵一视乎？

"修为""施为";《论语》凡言"为仁"者,皆同之。① "为"字既明,与首句连贯,孔子原文可释义如下:

> 孔子曰:生命践履启发汝,知晓其中道理乎?[对于有其践履而]知之者,则采取知之[方式];[对于无其践履而]不知者,则采取不知[之方式]。[如是而行,]乃可谓知(智)也。

孔子之大旨,谓人皆有所知,此天赋之能(性相近也),唯其所由不同(习相远也),遂致所知有差。人之所知既取决于所由,则必有其限度。明此限度,乃可谓知。是以君子为政之道,当注重于行,分别"知之"与"不知",以推行其政教,不可一概强制执行。究其旨趣,由而生知,默而识之,不言之教,自然如此。《礼记·王制》曰:"修其教,不易其俗;齐其政,不易其宜。中国戎夷五方之民皆有性也,不可推移。"郑玄注云:"地气使之然。"孔颖达正义,亦能发其义。

> 俗,谓民之风俗。宜,谓土地器物所宜。教,谓礼义教化。政,谓政令施为。言修此教化之时,当随其风俗,故云"不易其俗"。"齐其政"者,谓齐其政令之事,当逐物之所宜,故云"不易其宜"。②

孔子之言,就原理而发;《王制》之言,以运用而论。"由而生知",自然之道,可谓万世照彻之言,千古不磨之义。后人不识文辞,望文生义,莫得其旨,解孔子之言,胥成笑谈③,致圣学蒙蔽千古,伤哉!

孔子论"由"与"知"之本然关联,此章并非孤例,《论语》尚有二例。其最显著之例,莫过于"民可使由之不可使知之"一语。为明其义,并录其上章如下:

---

① 《大戴礼记·千乘》云:"以为无命,则民不偷。"王聘珍解诂曰:"为,修为也,谓修其教也。无命者,不言吉凶祸福之命也。"(王聘珍:《大戴礼记解诂》,中华书局,1983,第157页。)
② 郑玄、孔颖达、正义等:《礼记正义》(第一册),浙江大学出版社,2019,第348、349页。
③ 李泽厚解此章曰:"知道就是知道,不知道就是不知道,这才是真正的知道。"圣学大义,歪解为绕口令,夫子九泉之下,能不伤乎!

> 子曰：兴于诗，立于礼，成于乐。（《泰伯》）
> 子曰：民可使由之，不可使知之。（《泰伯》）

二章并载《论语·泰伯》篇，皆言以至德教化天下之道也。上章就在位者而立言，下章就无位者（民）而立言。以在位者而言，则兴于诗、立于礼、成于乐，此其教化之大端也。以无位之民而言，不可背离"由而生知"之方，故曰"民可使由之，不可使知之"。此章大义，异说纷纭，后世浅人以孔子主张愚民，乃有为孔子开脱者，而另为断句，大可不必。① 明了孔子"由而生知"之理，一切谬见浅识，皆不攻自破。孔子原文，释义如下：

> 孔子曰：民众可使之由其道行［而自知之］，不可［不由其道行而］使之知之。

此章大旨，所重在"由"。苟无所"由"，即无其"知"。徒灌输其"知"，绝非真"知"。故由道而知道，未有不由道而能知道者。道即上章所言之诗礼乐也。孔子论政、论学、论教，一以贯之。孔子好古敏求，据千圣百王持世之成法，而归诸"民可使由之，不可使知之"一语。孔子素崇不言之教，所谓"默而识之""予欲无言""吾无行而不与二三子者"，何莫非此意哉！② 苟不"由之"，徒以言语聒人，欲其"知之"，断无是理。论者翻用孟子之言曰："著之而不行焉，察焉而不习焉，终身知之而不由其道者，众也！"③ 后世但逞口舌讲学之徒，务"知"不务"由"，此语可为画像。

另一例见《论语·卫灵公》篇。为明其义，亦以其上章并录之：

> 子曰："赐也，女以予为多学而识之者与？"对曰："然，非与？"曰："非也，予一以贯之。"
>
> 子曰："由知德者鲜矣。"

---

① 无论就文法、义理或辞章而言，"民可使由之，不可使知之"乃唯一正确之断句，其余断句皆不通。丁四新统观自古迄今之歧见异说，总结各类断句，驳其不通，其说可据。唯丁氏解其义曰："人民可以让他们跟从大道，但无法使他们知晓、认识到道本身。"仍未得孔子大旨。丁氏区分"愚民"与"民愚"，反驳前者，承认后者，看似可据，实属误解。（丁四新：《"民可使由之，不可使知之"问题检讨与新解》，《东岳论丛》2020年第5期，第5页。）
② 颜元：《颜元集》（上），中华书局，1987，第39页。
③ 颜元：《颜元集》（上），中华书局，1987，第40页。

俗解皆以"由"为子路。请问：上章孔子与子贡对话，呼子贡曰"赐也"，何以下章称子路不曰"由也"？文法如是不一，岂《论语》之文乎？且上章对话，明记二人对话之言；下章无任何标示，无问无答，凭空一"由"字，奚以知其必为子路邪？可谓不通之甚矣。俗解以"由"为子路，遂断句为"由，知德者鲜矣"，谓知德者少。如是解经，孔子此言与废话何异哉？

此章"由"既非子路，则"鲜"字亦不训少，当训其本义为是：新鲜、创新之谓，与"民鲜久矣"之"鲜"同义。"由"即"由诲女""民可使由"之"由"，可视为"由道"之省①。据此，此章之断句与释义如下：

　　子曰：由知德者，鲜矣。
　　孔子曰：由［先王之道］而知契于［先王之］德者，生生而日新矣。

"知"字兼知晓、契合之义②。由道而知契于德（诗礼乐），亦"由而生知"之义。"礼乐得于身，谓之德"，欲其得于身，舍"由"何以哉？道行（由）之而成，行（由）之不已，道亦生生日新，创化不已。此孔子立言之大义也。若谓孔子对子路慨叹知德者少，此语形同废话，吾不知《论语》编撰者何以载之矣。

（二）秩序扩展：风化效应与以夏化夷

举凡人类文明之起源与维系，无不依赖人际合作之扩展秩序。此一扩展秩序并非起源于人类之设计与意愿，而为自生自发之产物：秩序源自人群对传统做法之无意遵奉。此类做法，即便其人并不喜之，并不能理解其义，甚或无法证明其有效性，而唯遵奉以行，乃能自得福祉焉③，道理何在也？

秩序犹道也。道行之而成，而人能弘道。人行而成道，故有人必有道。人能弘道，故道之大小取决于人之大小，"贤者识其大者，不贤者识其小者"。礼乐秩序之发生与扩展，同其原理。秩序扩展一如风行天下，不妨称之风化效应。究其路径言之，一曰自上而下，一曰由近及远。

自上而下之路径，孔子答季康子问政，所言最形象。

---

① 有子曰："先王之道斯为美，小大由之。"（《论语·学而》）子曰："何莫由斯道也！"（《论语·雍也》）皆可证"由"即"由道"之义。
② 《尔雅》："知，匹也。"
③ 哈耶克：《致命的自负》，冯克利、胡晋华等译，中国社会科学出版社，2000，第1页。

季康子问政于孔子曰："如杀无道，以就有道，何如？"孔子对曰："子为政，焉用杀？子欲善，而民善矣。君子之德风，小人之德草。草上之风，必偃。"（《论语·颜渊》）

"子欲善而民善矣"，言政教之化民，自然如此。"君子之德风，小人之德草"，言风气之以上帅下，自然如此。盖凡为"中心制"构造之文化，其风化之效力，秩序之扩展，皆自然如此。

由近及远之路径，孔子亦屡言及，且以下二章为例。

子曰："善人教民七年，亦可以即戎矣。"（《论语·子路》）
子曰："以不教民战，是谓弃之。"（《论语·子路》）

二章相承，载《论语·子路》篇末。后世解说，皆视"戎""战"为兵事，大乖孔子原义。朱注曰："教民者，教之以孝悌忠信之行，务农讲武之法。即，就也。戎，兵也。民知亲其上死其长，故可以即戎。"此解问题甚多：其一，教民若为兵事，何须"善人"教之？孰与"恶人""猛人"教之更切？其二，即便教之，更何须"七年"？其三，兵事以暴力为后盾，最重命令与服从；商鞅治秦，赏罚严明，以砍头为晋爵之阶，秦军遂所向无敌，朱子乃以"孝悌忠信之行""民知亲其上死其长"为即戎之条件，岂非迂腐之谈？其四，"亦可以"三字辞气殊堪玩味，朱子换辞曰"故可以"，置"亦"字不顾，焉能得其三昧？

且先探明孔子之真实态度。孔子论政，并非不通时务者比，其答子贡问政，曰："足食，足兵，民信之矣。"以养民（足食）、保民（足兵）为重，子贡问"必不得已而去于斯三者何先"，孔子答以"去兵"，可见于兵事之态度，用意在保民。孔子于战争之态度极其谨慎，《述而》篇载："子之所慎：斋、战、疾。""战"居其一。卫灵公问陈，孔子回以"未之学也"，以示"道不同，不相为谋""明日遂行"。孔子与弟子言志，自述曰："老者安之，朋友信之，少者怀之。"又引古言而叹美曰："'善人为邦百年，亦可以胜残去杀矣。'诚哉是言也！"可见，胜残去杀，安定天下，乃孔子之理想，其态度不难揣知矣。是知传统之解，绝非孔子本义。

旧解所以不通，皆坐误会"戎""战"二字之义。此处"戎"非指兵事，而指西戎。春秋时期，受益于礼乐文明，华夏民族逐渐融合为文明中心。孔子时之诸夏（中国），即为文明中心，辐射其边远地带，东曰夷，南曰蛮，西曰戎，北曰狄。孔子在鲁，偏东，戎字即指代西部地区，此处泛指边陲未化之地。

"战"字亦非指战争，而指谓未开化之生存状态，与"安"反义，可训为危惧、恐惧之义①，未开化之貌也。宰我所言"使民战栗"之战，与此近义。七年，虚指之辞，言其久也。《论语》用语极简，"以不教、民战"，中间略顿，实为"以不教而民战"之省。民而无教，去禽兽不远，势必危惧不安，此亦"有教无类"之一义。"以"，表原因。弃，遗弃也②，犹言遗弃不顾也。据此，二章释义如下：

　　孔子曰：善人教化民众七年之久，［流风所及，］亦可以波及边远地区矣。

　　孔子曰：［为政］因不施教化，使民［未臻开化而］危惧不安，是谓遗弃之。

探明以上二章之义，乃知孔子实有以夏化夷之想。而其化夷之法，绝非战争，而为文化。孔子论政，于远人之态度极明确：以文化怀柔之，归顺之。叶公问政，子曰："近者说，远者来。"季氏将伐颛臾，孔子明确反对，曰"远人不服，则修文德以来之"。皆可证孔子以夏化夷之方，唯在"文而化之"。既主"文而化之"，其视诸夏为文化之中心，优胜于边远之地，乃无可置疑。

　　子曰："夷狄之有君，不如诸夏之亡也。"（《论语·八佾》）

此章之解，歧见亦多。孔子以夷狄与诸夏对举，夷狄有君不如诸夏亡君，何以故？亡，无也。③ 不如，可训二义：一训"不似"，一训"不及"。皇疏曰："周室既衰，诸侯放恣，礼乐征伐之权不复出自天子，反不如夷狄之国尚有尊长统属，不至如我中国之无君也。"朱注引程子曰："夷狄且有君长，不如诸夏之僭乱，反无上下之分也。"④ 二解大旨一致，皆训"不如"为"不似"。字面可通，所言亦合当时之事实。然而，孔子此语，唯意在指出此一事实邪？若然，

---

① 《尔雅》："战、慄，惧也。"《集韵》："战，惧慄也。"《广韵》："战，恐也。"
② 《说文》："弃，捐也。"弃之本义为弃婴。马叙伦《六书疏证》卷八："盖上古杂婚，生子属母。及制为婚娶，乃重父系，而乱交之俗，未尽去也。疑首子非己生，故弃首子。"弃婴之俗见诸文献者夥，不烦俱引。［汤可敬：《说文解字今释》（二），上海古籍出版社，2018，第548页。］
③ 《论语》"亡"字多训无，此章"亡"与"有"对言，亦训无。
④ 程树德：《论语集释》（上），中华书局，2013，第172页。

孔子此言可谓了无深意矣。

此章之解，当深味孔子言外之意。孔子所言，固属事实，然其指出此一事实，是否暗含某一主张？就历史事实言，春秋时之诸夏与夷狄，皆各有其君。以事实言之，夷狄有君，实有其君也；诸夏亡君，非实亡其君也。诸夏各国，明明有君，孔子何以谓之"亡"哉？显然，孔子"有""亡"之义，非就表面事实言之。所谓"夷狄之有君"，"有"者，谓心中有其君也；"诸夏之亡"，谓心中无其君也。然则夷狄之心有其君，反"不如"诸夏之心无其君，何以故？可知，"不如"之义，不可训为"不似"，当训为"不及"（比不上）。释慧琳云："有君无礼，不如有礼无君。"① 故知此章实为孔子论礼乐之治化功用而发也。

此章大义有二：其一，礼乐纲纪乃立政之本，纲纪不立，即便有君，亦不及有纲纪而无君。是故其二，圣人治天下之道，赖礼乐纲纪而成其功，礼乐兴，则君民共化于礼乐，消解其主体性，自收无为而治之效。孔子叹舜"无为而治"者，盖以此也。诸夏之亡君，犹谓礼坏乐崩也。孔子之义，礼乐崩坏，犹胜于无礼乐也。盖礼乐之结构力与文化力，迥非无礼乐者比。礼乐兴则秩序成，流风所及，风吹草偃，自成一统，生生自庸。孔子此语，既伤时叹世，复寓礼乐治化之深意。其载《论语·八佾》篇，殊非偶然，是篇乃孔子礼乐思想之总会。皇侃、程子徒就表面事实而论，不明孔子言外之深意，不可从矣。

二、文化政治：异端问题与礼乐本源

孔子既主张"由而生知"，区分"知之"与"不知"，实行"知之为知之，不知为不知"，推其理也，则必反对暴力战争，"足兵"唯以保民为用，其政治理想可谓之"文化政治"。文化政治，大旨不外教化为主，以文化之力塑造认同，消解强力于无形，俾远近生民，同化乎斯文。与其逞一时之武力，孰与修百世之化功。孔子于异端问题之态度，借是可窥焉。

（一）异端问题：和而不同与化成天下

异端问题，孔子断以"攻乎异端，斯害也已"一语，与"知之为知之"章相承，并载《论语·为政》篇。两章之义，相互发明。

子曰："攻乎异端，斯害也已！"（《论语·为政》）

---

① 程树德：《论语集释》（上），中华书局，2013，第172页。

此章之解，歧见颇多。焦点之一：何谓异端？焦点之二：何谓"攻"？焦点之三：何谓"也已"？以下逐一辩之。

且先明字义。"攻"字，或训为修治，或训为攻击。何晏、皇侃、朱子皆训为治。① 然《论语》"攻"字数见，皆不训治，而训攻击，如"小子鸣鼓而攻之可也"（《论语·先进》）、"攻其恶，无攻人之恶"（《论语·颜渊》）皆是也，"攻乎异端"之攻当同此。"也已"，《论语》惯用法，语助辞也。② 或训"已"曰"止也"，不识文辞，一至于此，能毋叹哉！③

再探何谓异端。何晏曰："善道有统，故殊途而同归。异端，不同归者也。"朱注曰："异端非圣人之道，而别为一端，如杨墨是也。"程子曰："佛氏之言比之杨墨尤为近理，所以其害为尤甚，学者当如淫声美色以远之。"④ 按朱子以"非圣人之道，而别为一端"况异端，得其大旨，唯以杨墨例之未妥。孔子时杨墨未兴，乌得以杨墨佛老为譬乎？较之宋儒，汉世之解犹近古义。《公羊传》文十二年传注："他技奇巧，异端也。"《大学》注："他技，异端之术也。"异端即他技，盖古来相传之说。所谓"他技"，对"圣人之道"而言。圣人之道，不离百姓日用，"他技"虽有可观者，以其背离百姓日用之常，终归于小道。

程树德氏论此章之义甚为允当，其言曰：

孔子时虽无今之所谓异端，而诸子百家之说则多萌芽于此时代，原壤之老而不死，则道家长生久视之术也。宰我短丧之问，则墨家薄葬之滥觞也。樊迟请学稼之请，则农家并耕之权舆也。异端虽训为执两端，而义实通于杂学。《中庸》引子曰："素隐行怪，后世有述焉，吾弗为已矣。"子夏曰："虽小道，必有可观者焉；致远恐泥，是以君子不为也。"所谓素隐行怪，所谓小道，即异端也。君子止于不为。若夫党同伐异，必至是非蜂

---

① 何晏、皇侃皆云："攻，治也。"朱子引范氏曰："攻，专治也。故治木玉金石之工曰攻。"
② 例如"可谓好学也已""可谓仁之方也已""其余不足观也已""虽欲从之，末由也已""斯亦不足畏也已""末之也已，何必公山氏之之也""年四十而见恶焉，其终也已"。或缀一"矣"字而曰"也已矣"，加重语气也，其例多有，不烦俱录。
③ 钱穆解此章曰："专向反对的一端用力，那就有害了。"（钱穆：《论语新解》，九州出版社，2011，第37页）杨伯峻解之曰："批判那些不正确的议论，祸害就可以消灭了。"（杨伯峻：《论语译注》，中华书局，2012，第24页）按钱氏释"攻"为治，错解前半句；杨氏释"已"为止，错解后半句。皆不识文辞之过也。
④ 程树德：《论语集释》（上），中华书局，2013，第123-124页。

起，为人心世道之害，故夫子深戒之也。①

何以攻乎异端，反生弊害？究其深旨，仍本于"由而生知"之原理。盖异端之起，必有其所由。所"由"不同，所"观"自殊。攻乎异端，攻其"观"而已，所"由"未化，攻之何益，徒致激变而生弊害耳。《论语·为政》篇载孔子之言曰：

> 子曰："视其所以，观其所由，察其所安。人焉廋哉？人焉廋哉？"

此孔子观人之法也。"所以"者，所凭靠之用也；"所由"者，所由之道也；"所安"者，所安逸其心也。三者次第，"视""观""察"，渐次加深也。三者俱明，其人可知而无所藏匿矣。此章盖夫子为择君而发，而推以观人，未为不可也。

君子"谋道"，道不同不相为谋，止此而已。道不同，即所"由"不同也。夫"由而生知"，不易其"由"，徒攻其"知"，必徒劳无功，反生敌忌之害。异端害道，义所当攻；圣人所以不攻之者，乃彻知攻之则害尤甚也。子曰："以道事君，不可则止。"（《论语·先进》）又论交友之道曰："忠告而善道之，不可则止，无自辱焉。"（《论语·颜渊》）皆明其义也。故君子弘道，首务不在攻乎异端，而在好学以昌明吾道，吾道既明，弘而大之，异端自熄。

推其极也，与其"攻"之，不如"化"之。以"化"代"攻"，异端终为吾道所化，此圣人之道所以为大也。化之之道，曰"和而不同"。

> 子曰："君子和而不同，小人同而不和。"（《论语·子路》）
> 子贡问曰："乡人皆好之，何如？"子曰："未可也。""乡人皆恶之，何如？"子曰："未可也。不如乡人之善者好之，其不善者恶之。"（《论语·子路》）

二章相承，义相发焉。上章所言之理，下章以例释之。"和""同"之义，《左传》载晏子论齐侯与梁丘据之和同，阐发甚详，摘录其言如下：

> 齐侯论子犹云："唯据与我和夫？"晏子对曰："据亦同也，焉得为

---

① 程树德：《论语集释》（上），中华书局，2013，第126页。

和？"公曰："和与同异乎？"对曰："异。和如羹焉，水火醯醢盐梅以烹鱼肉，燀之以薪，宰夫和之，齐之以味，济其不及，以泄其过。君子食之，以平其心。君臣亦然。君所谓可，而有否焉，臣献其否，以成其可。君所谓否，而有可焉，臣献其可，以去其否。是以政成而不干，民无争心。先王之济五味、和五声也，以平其心，成其政也。"（《左传》昭公二十年）

君子者，有德在位之称，行其道者也。君子和而不同，故能行道以成义。何晏曰："君子心和，然其所见各异，故曰不同。"朱子曰："和者无乖戾之心，同者有阿比之意。"二解徒求诸心以论"和"，非古义矣。古之君子，学先王之道，譬诸规矩准绳，故能知其可否。苟不知其可否所在，其心虽和，乌能相济相成如羹与乐乎？① 徒以心言"和"，与"同"无异。君子之心固和矣，然君子乃治天下者也，君子之和，岂止于心乎？

（二）正本清源：贤能上进与礼乐下学

吾国政治，君民互为主体。以政权言，君为施治者，民为受治者，而辅治者居其间，贯通上下，以成其功。信托政治，论其结构，辅治者最为关键。君民信托之义，实赖辅治者而成之。故信托政治之首务，在得人以辅治。得人之法，贵在知人。知人之道，曰：举直错诸枉。

> 哀公问曰："何为则民服？"孔子对曰："举直错诸枉，则民服；举枉错诸直，则民不服。"（《论语·为政》）
>
> 樊迟问仁。子曰："爱人。"问知。子曰："知人。"樊迟未达。子曰："举直错诸枉，能使枉者直。"樊迟退，见子夏。曰："乡也吾见于夫子而问知，子曰：'举直错诸枉，能使枉者直'，何谓也？"子夏曰："富哉言乎！舜有天下，选于众，举皋陶，不仁者远矣。汤有天下，选于众，举伊尹，不仁者远矣。"（《论语·颜渊》）

二章皆言"举直错诸枉"，上章侧重为政临民言之，下章侧重知人善用言之。直对枉言，皆喻辞也。直者，材之良者，犹言材直也；枉者，材之不良者，犹言材曲也。② 积材之道，以枉者置于下，直者压于上，则枉者可承压而趋直。

---

① 松平赖宽：《论语征集览》（下），上海古籍出版社，2017，第1029页。
② 以直枉为积材之喻辞，乃徂徕先生首见。松平赖宽：《论语征集览》（上），上海古籍出版社，2017，第153-154页；松平赖宽：《论语征集览》（中），上海古籍出版社，2017，第971页。

是以直救枉，而并归于直也。物理如此，事理亦然。德化之功，势位之力，理固然焉。包咸曰："举用正直之人，废置邪枉之人，则民服其上。"朱注曰："错，舍置也。诸，众也。"谬且陋哉！错，放置也。诸，之于也。此章之义，刘宝楠发之甚明：

> 春秋时世卿持禄，多不称职，贤者隐处，有仕者亦在下位，故此告哀公以举措之道。直者居于上，而枉者置之下位，使其贤者得尽其才，而不肖者有所受治。亦且畀之以位，未甚决绝，俾知所感奋，而犹可以大用。①

下章孔子答樊迟问仁，曰"爱人"；答问知，曰"知人"。爱人知人，其语极大极简。大则疑浅，简则嫌疏，故樊迟未达其义。何以爱人，何以知人，固有其方矣，苟不得其方，虽日念爱人知人，而人终不见爱，不见知，徒为空谈虚语。故此，孔子爱以"举直错诸枉，能使枉者直"设譬喻之。何以知其为喻乎？曰直曰枉，不足以尽人之贤不肖也。枉者固不肖，而不肖多品，岂枉之能尽？贤者必直，而贤能多品，岂直之能尽？故知直枉者，以积材之道设譬也。樊迟似仍未彻知，乃退而问子夏。观子夏之语，"举皋陶""举伊尹"，皆"知人"之事也；而皆云"不仁者远矣"，言之者再，又兼"爱人"之功。故知"仁知"虽殊，而功臻一致，此亦"仁知相含"② 之一义也。

细究此章，知孔子所谓"爱人"，非徒以心言之，必能成其爱而安之也；所谓"知人"，非徒以心言之，必能成其知而用之也。徂徕曰：

> 后儒泥《孟子》，而以恻隐视仁，以是非视知，动求诸心，故言爱而不及安之，言知不及用之。爱不能成其爱，知不能成其知，以贻有体无用之诮者，乃坐溺乎流而昧乎源。是以不识古言，失于孔子之心也。③

是故信托政治，必以爱人知人，贤能上进，辅治天下，以成其仁知合一之功，此之谓"正本"。贤能所以辅治天下者，礼乐是也。礼乐必有其本源，得其本源而用之则泰，失其本源而用之则否。"正本"之外，孔子复有"清源"之义。其微旨见于《论语·先进》篇首尾二章。

---

① 刘宝楠：《论语正义》（上），中华书局，1990，第64页。
② 参见本书第三章第一节"仁知相含"部分。
③ 松平赖宽：《论语征集览》（中），上海古籍出版社，2017，第970-971页。

礼乐的乡愁：孔子政治哲学述要　>>>

《论语·先进》首章曰：

> 子曰："先进于礼乐，野人也；后进于礼乐，君子也。如用之，则吾从先进。"

《论语·先进》乃下部《论语》之首，此章又置《论语·先进》之首，其提纲挈领之义，不容等闲视之。而后世解者，昧于文辞，不得其解。礼乐者，所以安天下者也，孔子论政，多寄托礼乐而言之。盖上部《论语》之言礼乐，主学言之；下部《论语》之言礼乐，主用言之。此章明言"如用之"，微旨可窥。"用之"者，用礼乐也。野人者，在野之人。①君子者，在位之人。二者相对而言，以分判礼乐秩序发生之先后也。"先进于礼乐，野人也"，谓先行而进于礼乐秩序者，在野之人也。"后进于礼乐，君子也"，谓后发而进于礼乐，在位之人也。所谓先王"制礼作乐"，绝非向壁虚构者比，必取民间之礼乐而斟酌损益。何以在野之人"先进于礼乐"？此无他，以野人之生活本于自然，扎根天地，其礼乐多为自生自发，不假人工，浑然天趣。故孔子尚之，曰"如用之，则吾从先进"，意在救上层虚文之弊，回归本源，激活礼乐之生命力。所谓"从先进"者，遵从"先进于礼乐"之活泼灵动也。"如用之"之"之"，指代礼乐，非指人也。或解为"用野人"，不识语脉之过矣。此章实为孔子礼乐思想之纲领所在。且释其大旨如下：

> 孔子曰：[由生活自然兴发而]先行形成礼乐习俗者，乃在野之人。而后[采集加工民间礼乐而]制礼作乐者，乃在位之君子。若采用礼乐，则我遵从[由生活自然兴发之]先进类型。

此章之义，颇有以文质关系而解之者。朱注引程子曰："周末文胜，故时人之言如此。不自知其过于文也。孔子既述时人之言，又自言其如此，盖欲损过以就中也。"推其意也，盖以本章与《论语·雍也》篇"质胜文则野，文胜质则史"章合参，故有是说。徂徕驳之曰：

> 殊不知质谓质行，文谓礼乐，凡言文质者皆尔。故彼以人治学礼乐成德者言之，此曰"于礼乐"，曰"如用之"，则以人之为礼乐言之。（中略）

---

① "野人"之称犹袭西周"国野制度"之遗韵；"君子"则略近于"国人"。

孔子曰"从先进",是与"林放问礼之本"章,其义相发也。后世儒者不知古言,以文质论之。夫礼乐,文也。文即中也。岂有所谓文质者乎!①

孔子用礼乐而从先进,意在回归本源,激活礼乐固有生机,拯弊救衰,重正家邦天下。此中微意,《论语·先进》篇末章亦有回应。

> ……"点!尔何如?"鼓瑟希,铿尔,舍瑟而作。对曰:"异乎三子者之撰。"子曰:"何伤乎?亦各言其志也。"曰:"莫春者,春服既成。冠者五六人,童子六七人,浴乎沂,风乎舞雩,咏而归。"夫子喟然叹曰:"吾与点也!"……

此章之义,宋儒喜作穷揣大解,高妙其说,虚玄其论,惜皆隔膜之谈。朱子曰:

> 曾点之学,盖有以见夫人欲尽处,天理流行,随处充满,无少欠阙。故其动静之际,从容如此。而其言志,则又不过即其所居之位,乐其日用之常,初无舍己为人之意。而其胸次悠然,直与天地万物上下同流,各得其所之妙,隐然自见于言外。视三子之规规于事为之末者,其气象不侔矣。故夫子叹息而深许之。②

程树德献疑曰:

> 盖曾皙在孔门中不过一狂士,孔子不应轻许引为同志,一可疑也。既许之矣,何不莞尔而笑,而乃喟然而叹?二可疑也。果系夫子与之,何以后来又被训斥?三可疑也。可见夫子之意,完全感慨身世,自伤不遇。所谓与点者,不过与汝偕隐之意。而以为人欲净尽,天理流行,已属隔膜之谈。况又以为具备尧舜气象,岂非痴人说梦哉!③

程氏疑之甚是。《论语·阳货》篇载,子之武城,闻弦歌之声,夫子"莞尔

---

① 松平赖宽:《论语征集览》(中),上海古籍出版社,2017,第847-848页。
② 程树德:《论语集释》(下),中华书局,2013,第936页。
③ 程树德:《论语集释》(下),中华书局,2013,第936页。

而笑",乐由心生也。此章乃云夫子"喟然叹曰",其心戚戚然,形于声色,岂喜乐哉?且此章曾点答语,若乎答非所问,乃微言也。据《家语》,曾点有志于礼乐之治。① 孟子亦以狂者目之,"其志嘐嘐然",喜言"古之人,古之人"②。嘐嘐然,志大言大也。喜言"古之人"者,信而好古也。总观《家语》《孟子》,曾点有志乎制作礼乐以陶冶天下,甚为明白。徂徕曰:

> 所谓古者,岂非三代之盛时乎?古之人,岂非文武周公乎?大者,岂非治天下乎?外此而语大,非老庄则理学也。然制作礼乐者,天子之事也,革命之秋也,故君子讳言之。且公西华谦于礼乐,而曾点承其后,则不容言礼乐。且其意小三子志诸侯之治也,而难言之,故不言志,而言己今之时也。是微言耳。夫子识其意所在,故深叹之也。③

故知曾点之志,实在礼乐之治。而其所言,白描野人生活气象,勃勃生机,悠悠清气,浑然天真,深得礼乐之本源者,宜乎夫子深与之也。窃谓此章微意所指,恰与"先进于礼乐"章相发。夫子"吾与点也",即"吾从先进"之别辞耳。所谓"礼失而求诸野"④,返本穷源之义也。朱子任臆发挥,所言近于谈禅⑤,不可从矣。

总上,为政之核心力量在君子(辅治者),为政之要道在知人,知人而用之,使贤能上进,人尽其才,此谓"正本"。君子辅治之任,舍礼乐莫能行,礼乐本源在下,兴发于野人生活,故礼乐不断下学,畅通地气,回归本源,此谓"清源"。贤能上进则本正焉,礼乐下学则源清焉,是以上下互动,君民交泰,环转无端,生生不已。礼有广狭之义,广义之礼,总括一切制度风俗而言,故礼乐下学之义,要在体察人民生活,尊重自发秩序,庶几风俗与制度同构并驱,则盛德日新,化成天下。

---

① 《孔子家语·弟子解》云:"曾点疾时礼教不行,欲修之,孔子善焉。"
② 《孟子·尽心·下》:(万章问曰)"敢问何如斯可谓狂矣?"(孟子)曰:"如琴张、曾晳、牧皮者,孔子之所谓狂矣。""何以谓之狂也?"曰:"其志嘐嘐然,曰:'古之人,古之人。'夷考其行,而不掩焉者也。"
③ 松平赖宽:《论语征集览》(中),上海古籍出版社,2017,第908页。
④ 《汉书·艺文志》所载仲尼之语。
⑤ 朱子晚年亦悔此节注语未妥,未及改耳。《丹铅录》云:"朱子易箦之前,悔不改此节注,留后学病根。"[程树德:《论语集释》(下),中华书局,2013,第936页。]

三、主体消融：文化执政与生生不息

吾国信托政治，以所谓二重主体而立名。二重主体可就"人""物"而言，"人"则君与民是也，"物"则政权与土地是也。君民互为信托：民以政权信托于君，君以土地信托于民。此其大要也。信托政治之极功，必至君民共化于生生之德，主体之分际遂不显，乃至消融于无形，此之谓主体消融，言政治之化境也。相较西洋政治之主体明确与主权清晰，吾国政治恒以臻乎化境为其归趋。[①] 所以臻此者，"文化"之力与"生生"之功也。

（一）文化执政：为国以礼与无为而治

《周易》贲卦之彖辞曰："观乎天文，以察时变；观乎人文，以化成天下。"此"文化"一词之所本。文者，文采、文理、文路也。人生在世，必有其文。文而化之，是谓文化。人之为人，文化奠其根据而塑其归依。"人之异于禽兽者几希"，所以异者，人有文化而禽兽无也。此义观孔子论"成人"可见焉。

> 子路问成人。子曰："若臧武仲之知，公绰之不欲，卞庄子之勇，冉求之艺，文之以礼乐，亦可以为成人矣。"曰："今之成人者何必然？见利思义，见危授命，久要不忘平生之言，亦可以为成人矣。"（《论语·宪问》）

"成人"者，谓使人成其为人也。孔子之义，"知""不欲""勇""艺"诸德，尚不足以言成人，必"文之以礼乐"，乃可谓成人。"文之以礼乐"者，以礼乐"文而化之"也。

信托政治之极则，必为文化政治。为政以德之极则，必为文化政治。本文《明德》章释德之义，实德业三，互不相离。德本于生生，成于己身，化于所行。德固包含传统之义，传统必以文化而显，故为政以德，实即为政以文化也。德者，文化之德也；文化者，德之文化也。是故为政以德之贯彻，必体现为文

[①] 梁漱溟论"中国文化五大病"，其一曰"暧昧而不明爽"。例如在宗教问题上，西洋有宗教，明白显然，中国却像有，又像缺乏，又像很多。又如在自由问题上，西洋人古时没有自由就是没有自由，近世以来有自由就是有自由，明朗而确实。中国人于此，既像有，又像没有，又像自由太多。其他如：是国家，非国家？有阶级，无阶级？是封建，非封建？是宗法，非宗法？民主不民主？……凡此之类，在西洋皆易得辨认，而在中国则任何一问题可累数十百万言而讨论不完。（梁漱溟：《中国文化要义》，上海人民出版社，2011，第273页。）按梁氏所谓"暧昧而不明爽"，乃直观感受之言，其实则化境所指也。梁氏谓其为病，难辞"坐西观中"之蔽；至谓"暧昧不明之病与其一成不变之局，原为一事而不可分"（参见同前），则武断之言也，不足为训。

化执政之落实。为政以德，即为政以文化。"以"者，兼含三义：据文化（德）而执政，用文化（德）而执政，为文化（德）而执政。根据、手段、目的，一"以"贯之。

吾国政治，以其主题性质而言，曰道义政治；以其主体关系而言，曰信托政治；以其主要内容而言，曰礼乐政治。一言以蔽之曰：文化政治。文化，统道义、信托、礼乐而言之。文化政治之极功，则文而化之，文妙天人，化裁万事。文化自生自发，秩序自然成就，政治无假他力，唯以文化自我演进，即为政者自身亦为文所化，政治主体乃消融于文化。所谓"人存政举，人亡政息"，为政固赖于人，而人之为政，实赖文化为之，故不妨换辞曰"文存政举，文亡政息"。是故与其谓人在执政，毋宁谓文化在执政，此之谓"文化执政"。孔子屡言"何有于我哉"，亦此义也。

文化执政之义，孔子屡言之，顾不直言"文化"，而言"礼让"焉耳。既云"文之以礼乐"，礼乃文化之大宗，甚为显然。

> 子曰："能以礼让为国乎，何有？不能以礼让为国，如礼何？"（《论语·里仁》）

> 三子者出，曾皙后。曾皙曰："夫三子者之言何如？"子曰："亦各言其志也已矣。"曰："夫子何哂由也？"曰："为国以礼，其言不让，是故哂之。"（《论语·先进》）

所谓"以礼让为国""为国以礼"，文化执政之微旨寓焉。何晏曰："何有者，言不难也。"此解得之，而犹未尽。《论语》凡言"何有"者，皆言化境也。所谓化境者，天人一贯，物我双遣，一任天然，不假人力，故云化境。"何有"之言化境，孔子屡用之。

> 子曰："默而识之，学而不厌，诲人不倦，何有于我哉？"（《论语·述而》）

此章孔子阐发默识之微旨，彰明"不言之教"之化境也。而曰"何有于我哉"，何谓也？孔子平生"学而不厌"，又"诲人不倦"，皆源默识之功，故曰"何有于我哉"，犹云一任天然，自成其功，无假他力。"我"（孔丘）之所做，无非天道本具，自觉行之而已，以天道本具，故我虽做而犹似不做，胥付天机自显，故曰"何有于我哉"。孔子之尚不言之教，以此故也。

358

或问：人何以能默而识之？答曰：此天赋之能，不可致诘也。下章孔子即发明此义。

> 子曰："吾有知乎哉？无知也。有鄙夫问于我，空空如也，我叩其两端而竭焉。"（《论语·子罕》）

古文"吾""我"有异：就己而言则曰"吾"，对人而言则曰"我"。"吾有知乎哉"，"吾"就己而言也；"有鄙夫问于我"，"我"对人而言也。故"吾"多作主语，"我"多作宾语，此一文法，《论语》皆然。孔子自称"无知"，绝非谦辞，乃彻知见真之言也。其为真见，与苏格拉底"我知道我一无所知"，同其理趣。鄙夫，无知之人也。"空空如也"承"我"字而来，况我"无知"之貌也。或以"空空如也"形容鄙夫，非是，既言"鄙"矣，已属空空，何须赘语。孔子自称"无知"，与鄙夫之"鄙"，同其"空空如也"。而孔子"叩其两端而竭焉"，所以发动其本有之知能也。夫名由迹生，知由事显，无迹即无名，无事即无知。"两端"者，凡事皆有两端，叩其两端而竭，则事理自显。故鄙夫虽于事无知，而本有知能，叩其两端而竭，其知能自然显豁也。《论语·子罕》篇大旨在"与命与仁"，所载无非勉人劝学之言，此章则发明学习之根据者，大义深乎。①

孔子论文化执政之微意，又见下章。

> 子曰："出则事公卿，入则事父兄，丧事不敢不勉，不为酒困，何有于我哉？"（《论语·子罕》）

此章论礼之化功，不言礼字而礼在其中。其载于《论语·子罕》篇者，孔子劝人学礼之言也。后儒不识是义，疑惑滋生，不得其解。礼之化功无迹，融贯家国，人人遵礼而行，天下自臻美善。我唯遵礼而为，一任天机，似无为者，故曰"何有于我哉"。②

孔子凡言"何有"者，皆谓化境。"能以礼让为国乎，何有？"与"不能以礼让为国，如礼何？"相对而言。"何有"，言"能以礼让"之化境也。"如礼何"，言"不能以礼让"之穷蹙也。此章之解，昔儒多未窥深蕴。皇疏引范熙

---

① 柏拉图谓"学习等于回忆"，回忆一如唤醒。与此章孔子之微旨，足堪发明。
② 此章之解又见第五章"不言之教"部分。

云:"人怀让心,则治国易也。不能以礼让,则下有争心,锥刀之末,将尽争之,唯利是恤,何遑言礼也?"① 以礼与争对,陋哉。让固可对争而言,然字义之有对待者,其例不一。如圣对狂,以两端相对也。圣亦可对贤,相近而相形也。"不能以礼让为国",乃就"能以礼让为国"形而见之,如贤之不如圣,岂遂至于争乎?不能让,不可谓之争;而但不争,亦不可谓之让。本章"如礼何"者,言有事于礼而终不得当,与"何有"对言。礼之不当即穷蹙矣,而不可遽谓之争。有闻"不能以礼让为国"者,未闻"以争为国"者。②

"能礼让为国",何以遂臻化境?夫国之所以立者,礼也;礼之所自生者,让也。此章"让"字,即《尧典》"允恭克让"之让。孔颖达疏引郑玄曰:"推贤尚善曰让。"《左传》曰:"让,德之主也。"(《左传》昭公十年),"让,礼之主也。"(《左传》襄公十三年)让者,礼之实;礼者,让之文。③ 故礼让常并言。礼让可浅言之,可深言之。"上下不争,以浅言之,亦不是让。天子有天下,诸侯有国,大夫有家,相安而不争夺,岂诸侯让天下于天子,大夫以国让诸侯,士庶人以家让于大夫乎?故以浅言之,亦曰推己所有以与人者,让也。"④ 然孔子此章,非浅言之也。

夫"天秩有礼",礼出于天。礼让为国者,顺天德而治国也。顺天德而治国,一任天然,无邪自化。此深言之也。

《关雎》不得之思,既得之乐,都是从爱敬之心上发出来,以尊亲夫淑女而无所侈肆;《麟趾》之不践、不触、不抵,一倍自然底忠厚,以无犯于物,夫是之谓让。岂但上下截然,不夺不攘之谓哉?汤之"圣敬日跻",文之"小心翼翼",皆此谓也。其非训诂之儒所得与知,宜矣。⑤

礼让为国,生生自庸,推其极功,曰:无为而治。孔子论政,素崇无为而治,唯其臻此者,端赖礼之功用。孔子之"无为"所以异于道家之"无为"者以此。细究孔子论舜之"无为而治",其义可见焉。

---

① 程树德:《论语集释》(上),中华书局,2013,第296页。
② 王夫之:《读四书大全说》,《船山遗书》(第七册),中国书店出版社,2016,第165页。
③ 刘宝楠:《论语正义》(上),中华书局,1990,第145页。
④ 王夫之:《读四书大全说》(《船山遗书》(第七册))中国书店出版社,2016,第166页。
⑤ 王夫之:《读四书大全说》(《船山遗书》(第七册))中国书店出版社,2016,第166页。

子曰:"由知德者,鲜矣。"(《论语·卫灵公》)

子曰:"无为而治者,其舜也与?夫何为哉,恭己正南面而已矣。"(《论语·卫灵公》)

二章相承,义相发也。上章"由知德者,鲜矣",谓由先王之道而知先王之德者,生生自新矣。下章以舜之"无为而治"证上章之旨。盖舜唯"恭己正南面而已矣",其治化功效胥赖人之行礼而成,斯亦由先王(尧)之道而知先王之德之谓也,是谓"无为而治"。

"无为"之义,孔子亦以"简"况之。

子曰:"雍也可使南面。"

仲弓问子桑伯子,子曰:"可也;简。"仲弓曰:"居敬而行简,以临其民,不亦可乎?居简而行简,无乃大简乎?"子曰:"雍之言然。"(《论语·雍也》)

冉雍字仲弓。上章孔子谓冉雍"可使南面";下章即载"可使南面"之由。冉雍问子桑伯子,孔子以"简"字论之;"简"近于"无为"。然"简"有其度,仲弓谓"居简而行简"太简,而以"居敬而行简"为是。孔子许其言。"居敬",即"出门如见大宾,使民如承大祭"之义,孔子答仲弓问仁之语也。"行简",即"恭己正南面"之义,为君之要,贵在正己,民则由道而知德,生生自庸,日新不已。《老子》"大道至简"之说,盖亦发明斯旨乎?

吾国政治之尚"无为",徐复观论之曰:

> 儒家、道家认为人君之成其为人君,不在其才智之增加,而在将其才智转化为一种德量,才智在德量中作自我的否定,好恶也在德量中作自我的否定,使其才智与好恶不致与政治权力相结合,以构成强大的支配欲。并因此而凸显出天下的才智与好恶,以天下的才智来满足天下的好恶,这即是"以天下治天下",而人君自己,乃客观化于天下的才智与好恶之中,更无自己本身的才智与好恶,人君自身,遂处于一种"无为"的状态,亦即是非主体性的状态。人君无为,人臣乃能有为,亦即天下乃能有为。这

才是真正的治道。①

人君要以"无为"而否定自己，以"无为"而解消自己在政治中的主体性，把自己客观化出来，消解于"天下"的这一政治主体性之中，以天下的才智为才智，以天下的好恶为好恶，这才解除了政治上的理念与现实的矛盾，才能出现一种"万物并育而不相害"的太平之治。②

按徐氏论人君"客观化于天下"，消解"政治主体性"，其言甚当。然则何以臻此？徐氏未言也。以孔子之义，人君"客观化于天下"而消解其"政治主体性"，要道即在"为国以礼"。为国以礼，文而化之，主客俱泯，上下同功，一任礼之运化，则主体消融，无为而治，德量莫极。文化执政固有若是之妙者也。

故以政治能力而论，文化执政力堪称最深邃最高妙之能力，由之则易简而有功，舍之则繁难而寡效。"文化执政"一语，可兼手段与目的言之：用文化而执政，此以手段言也；为文化而执政，此以目的言也。文化既为"成人"所必由，则文化堪称"政治"之最深义。文化立则人伦立，文化兴则大道行，政治正当之义，不可舍离文化而言。故曰：为文化而执政，乃政治正当必备之原则；用文化而执政，乃政治正当必由之道路。《中庸》曰："修道之谓教。"修道则文化之事也。文化不可斯须去身，故曰："道也者，不可须臾离也；可离非道也。"

（二）生生不息：孝化天下与主体消融

《中庸》曰："人道敏政，地道敏树。"敏者，审当、适宜之谓也。人道敏政，言人道之所由，即政道之所生，一如地道之所宜，即树木之所生也。③ 故政道之本源，扎根于人道。吾国人道之大者，何也？曰：家是也。家国同构，立国本于正家，未有家不正而国能立者，此即《大学》"修齐治平"之义。《易传·象传·家人》曰："女正位乎内，男正位乎外，男女正，天地之大义也。"正家之道，孝悌为先。

孝道于吾国政治之功效极大，学者多言之，惜仍未谛透。汉代有"以孝治天下"之实，《孝经》有"移孝作忠"之论。此类说法，重于以孝为政治之手段。实则孝之功化，实为吾人生命之归宿，以手段论之，失之于浅。夷考其实，

---

① 徐复观：《中国思想史论集续篇》，九州出版社，2014，第504-505页。
② 徐复观：《中国思想史论集续篇》，九州出版社，2014，第505-506页。
③ "人道敏政，地道敏树"之解，详见第二章第一节"敏求"部分。

与其谓以孝治天下，毋宁谓天下同化于孝。孝何以能化天下？此义深微，尚容徐论。马一浮曰：

> 《论语》有三大问目：一问仁，一问政，一问孝。凡答问仁者，皆诗教义也；答问政者，书教义也；答问孝者，礼乐义也。①

分解论之，其言固当，以孝属礼乐，尤为精谛。然孔子之义，未必若是之支离也。殊不知《论语》之问仁者，未始离政而言；其问政者，未始离孝而言；其问孝者，未始离仁而言。孔子论孝多载《论语·为政》篇，何也？孝不外于政也。问仁、问政、问孝，以"目"而言，庶分三事；以"纲"而言，一以贯之。

今人区划道德、政治、宗教，分门别类，各有所属，非孔子所梦及也。后人以孝纳入道德或伦理范畴，乖于古义，终嫌隔膜。然处今之世，以今语释孔子，不得不坐此窠臼而论之，此又无可奈何之事也。孝之意义，盖可分三方面言之：一曰孝之道德意义，二曰孝之政治意义，三曰孝之宗教意义。然此三者在孔子本自合一，未尝离而判之。以下仍用古语论孝之意义，庶可略少古今之隔。

孝之意义，论其深邃之点：一曰孝之化功，二曰孝之治效，三曰孝之结构力。此三者，皆融贯道德、政治、宗教而一之。

孝之化功者，谓孝可消融主体殊异而同归一道。凡生而为人，皆有父母。吾人之重孝，不分诸色人等，一视同仁，必以孝敬父母为事。无论君主、人臣、庶民，皆统于孝道之下。套用"法律面前人人平等"，绝无法外之人；吾人则"孝道面前人人平等"，不分尊卑贵贱之殊。《孝经》云："自天子至于庶人，孝无始终，而患不及者，未之有也。"殆谓尊卑虽异，事亲以孝则无别，绝无孝外之人。孝既通行于所有人，人人以孝为尚，孝乃成为众人共由之道。由道而成德，孝俨然出于天意，共奉为天伦，遂生认同感与天命感，而化天下于无形焉。故政治意义之主体，由孝道之通行，乃践此天伦而共融于一体。此其为功也甚大，非个中人，莫能彻知。

孝之治效者，谓孝可实现万民自治而成就无为而治。由家国同构，而有齐家、治国、平天下之义，"家齐而后国治，国治而后天下平"。齐家之道，以孝

---

① 马一浮：《复性书院讲录》，载吴光主编《马一浮全集》第一册（上），浙江古籍出版社，2013，第134页。

为先。中国政治之理想，在官民相安，在无为而治，而所以臻此者，首推孝悌之化行。万民以孝悌化行，则家齐于下，而国治于上，此亦"无为"之一义也。孝悌相须，言孝必言悌，孝悌并言，实有深意。孔子曰："弟子入则孝，出则弟。"《礼记·乡饮酒》云："民人孝悌，出尊长养老，而后成教，成教而后国可安也。"① 皆言孝悌之化行，民人赖之自治而成德焉。

孝之结构力者，谓孝可传承家族生命而维系文化整体于生生不息，斯足以开万世之太平也。家乃吾国社会结构之基本单元，而孝为家之精神内含与传承动力。自社会构造言之，孝悌并言，命义良深。盖孝者，偏重纵向（上下关系）之传递与结构也，重孝则仁生焉；悌者，偏重横向（平行关系）之关联与结构也，重悌则义生焉。孝悌并行，则纵横交错，而全社会赖之而凝结为一有机之稳固整体。吾国社会之超稳定结构，吾国文化之超强生命力与传承力，与孝悌之提倡，有莫大之关系。此义观叶公与孔子之对话，足资发明。

> 叶公语孔子曰："吾党有直躬者，其父攘羊，而子证之。"孔子曰："吾党之直者异于是。父为子隐，子为父隐，直在其中矣。"（《论语·子路》）

父子之义，主恩不主直。恩者，父慈子孝也。朱子曰："父子相隐，天理人情之至也，故不求为直而直在其中。"此不识文辞之谈也。孔子"直在其中"，岂许之为直乎？《论语》凡言"在其中"者，皆相为包含之词。其义可分两类：一为以大包小者，如此章"直在其中矣"，言父子之道有其大者，"直"特其小者而已，故父子之道，当从其大道，而小者自寓其中焉。此谓以大包小，而小在大中。一为以显含藏者，如子夏曰："博学而笃志，切问而近思，仁在其中矣。"博学、笃志、切问、近思之类，皆显者也，而"仁"即含藏于其中焉。此谓以显含藏，而藏在其中。② 此章孔子之言，所以明人道之大节，而秩序之本源在焉。后世浮薄之人，乃据此章之言，妄谓孔子徇私枉法，以孝道抗公正，乃

---

① 谢幼伟《孝与中国文化》一文，论孝之政治意义，一曰用孝以感化君上，二曰用孝以破除阶级之分，三曰用孝以成立乡治。（谢幼伟：《孝与中国文化》，青年军出版社，1946，第8-11页。）按前二者可归于本文所谓孝之化功，第三者可归于孝之治效。

② 王船山曰：以显含藏者而曰"在其中"，则见其中已深，而更无内之可入。以大包小而曰"在其中"，则见其中已备，而更无外之可求。（王夫之：《读四书大全说》（上），[《船山遗书》（第七册），中国书店出版社，2016，第149-150页。］按王氏读《论语》甚精细，其分梳"……在其中矣"备矣，足资学者借鉴。

腐败之源头。① 夫人之欲腐败，岂待读《论语》此章孔子之言而后腐败乎？此类头足倒立之论，可笑之甚矣！此章之深意，孔子乃论孝之结构力者也。② 圣人智虑深远，非浮薄之辈所能窥矣。

孝之结构力，关乎社会、政治、道德、宗教之构造，前三者其义甚显，不待多言，而孝之宗教意义，意蕴深邃，尚须发明。

一切宗教，无不导源于人之终有一死。人若永生而不死，宗教即失去根据。费尔巴哈谓坟墓乃一切神之发祥地，语似俏皮，实蕴谛见。宗教之含义极富，殊难准确定义，而以其功能论之，大抵不外三者：一曰不朽之寄托，二曰拯救之企望，三曰情志之慰勉。此三者具，即为宗教，纵非典型之宗教，亦可视为宗教之替代品。而三者之究竟，则生发于人类固有之"信赖感"。费尔巴哈曰：

> 人的信赖感，是宗教的基础；而这种依赖感的对象，亦即人所依靠并且人也自己感觉到依靠的那个东西，本来不是别的东西，就是自然。自然是宗教的最初原始对象，这一点是一切宗教和一切民族的历史所充分证明的。③

费氏所谓"自然"，近于吾人所言之"天"。其间殊异，盖西人恒欲探求"自然"之实体所在；而吾人未曾以实体视天也。此皆各自文化生态所塑，而其思想取向，坐是而迥然异趣焉。《易》曰："天地之大德曰生。""日新之谓盛德，生生之谓易。"吾人不以天为实体，唯以"生生"视之。孝道之提倡，乃与此一观念相表里。盖孝即本于天地生生之德，而赋予人文之价值与内含者也。

深索孝道之义，实兼备宗教之三功能矣。所谓不朽之寄托，换辞言之，即化有限为无限之寄托也。孟子曰："不孝有三，无后为大。"④ 此语外人殊难领悟，吾人则深谙其至理。洞彻此理，则不朽之寄托、拯救之企望、情志之慰勉，皆可借孝而同臻其功。谢幼伟论孝曰：

---

① 郭齐勇：《儒家伦理争鸣集：以"亲亲互隐"为中心》，湖北教育出版社，2004，第1-971页。
② 此章之解又见第五章第一节"直道而行"部分。
③ 费尔巴哈：《宗教的本质》，王太庆译，商务印书馆，2010，第1-2页。
④ 语见《孟子·离娄·上》。今人以孟子此语乃封建糟粕，与现代价值不谐，乃另释"后"字，为孟子平反。殊不知"后"字本义即为后代、后嗣。欲翻旧案，强为之解，徒见其浅陋耳。又按"后"与"後"古文本为二字，"后"本指后嗣、群后，"後"则同今语前后之"后"。简化字混一之，笼统定为"后"，遂滋惑乱焉。

有后无后，所关至钜。祖宗生命及一己生命之继续与否，亦即不死与否，即视有后与否为断。有后，则祖宗生命固不死，一己生命亦不死。无后，则祖宗生命及一己生命，随之而绝。绝祖宗之生命，不孝孰甚？可见儒家重视有后与无后，实与生命之不朽问题有关，大约儒家认个人生命，不论从肉体方面言，或精神方面言，均可由其子孙而继续。

儒家以有子为喜，有子更求其肉体精神之肖己，表面若极无意义，实际则彼之不死问题，即由此而解决。所谓"有子万事足"，有子则个人生命，虽死不死。夫能以子孙生命为一己生命之继续，则个人之有无灵魂，及灵魂之是否不朽，遂非重要问题。①

孝之命义，本不基于"个体"视角，而基于家族乃至宇宙创化之视角，所谓"一己生命"，必参与家族之生命，乃至宇宙创化之生命，始见其意义与价值。西人所以不能悟此者，实因其近世文化皆以"个体"视角为前设而建制其生活价值体系。然偶亦有例外者。尼采尝谓：中国人视生儿子为其宗教义务，其个人在彼岸之得救，取决于生个儿子。② 吾人之信仰形态及精神密码，尼采乃一语道破天机。尼采并无吾人之生活体验，而道出其中三昧，洵属难能，殆非灼识，莫能见也。列维纳斯以现象学而论"生育"，所见亦谛：

在父子关系中，父亲不仅在儿子的姿态中，而且在儿子的实体与唯一性中重新发现自己。我的孩子是一个陌生人（《以赛亚书》49），但这个陌生人不只是属于我，因为它就是我。它不只是我的作品、我的创造物，即使我像皮格马利翁一样可能会看到我的作品重获生命。③

由是，父母与孩子之关系，借由生育而建立与绝对将来或无限时间之关联。④ 生育延续历史，穿越世代断裂，超越个体生命，而人生乃可寄托于永恒。吾人有限之此生，以孝道之立，乃化为无限世代之绵延。

列氏所谓"重获生命"，实为生命意义之兴起与焕发。子女降临世间，即为生命意义之照临，或谓之神性照临，方为恳切。此义吾人最能契会。换辞言之，父母生育子女，而子女亦逆向重塑父母。吾人若不拘于生物学论生育，则生育

---

① 谢幼伟：《孝与中国文化》，青年军出版社，1946，第7页。
② 尼采：《权力意志》（下卷），孙周兴译，商务印书馆，1996，第1164页。
③ 列维纳斯：《总体与无限：论外在性》，朱刚译，北京大学出版社，2016，第245页。
④ 列维纳斯：《总体与无限：论外在性》，朱刚译，北京大学出版社，2016，第246页。

即为人生意义之兴起与绽放，此中包含双向互动：父母生育子女，子女亦"生育"父母——子女以父母作为父母而"生育"出来。故父母与子女缘构命运，相互成全。子女之成长，亦即父母生命意义之成长。借由生育而启动生命意义之绽出，恰如酿酒，弥久弥新，弥久弥深，弥久弥真。意义之绽出，包含最本源最深邃之时间体验，不妨谓之"生育时间"。借由生育时间，父母与子女乃结成一命运共同体，而神性即照临其间焉。《论语》孔子论孝，言简意深，最能发明本真，殊堪玩味。姑录三章。

  子曰："父母在，不远游；游必有方。"（《里仁》）
  子曰："父母之年，不可不知也：一则以喜，一则以惧。"（《里仁》）
  孟武伯问孝。子曰："父母唯其疾之忧。"（《为政》）

  此类论孝，皆就生命情感之最真切者而点拨，语言简白而蕴义深邃。上章所论，强调亲子之"亲"；"不远"者，亲近也，人生在世，宜与父母常相亲近而不远离也。此侧重"空间"言之。中间章"父母之年不可不知"，以生命流逝而点拨人子，常以父母萦怀，喜惧一如，生命情感赖是而兴起不竭矣。此侧重"时间"言之。下章以生活最寻常之"疾"，点拨亲子之相互牵挂，著一"忧"字，直切本源，可谓神来之笔。

  孝之宗教意义，根源于其超越维度。唐君毅论孝，颇能发明孝之超越根据。孝根源于吾人生命之返本意识。人何以当返本？曰：人必须超越一己之生命以观一己之生命，是为一切德行之基本前提。每一个体之来临世间，父母乃唯一之凭介。父母生我之前，我在此现实世间等于零，因而我之来临世间，乃一"无中生有"，由"无我"而变为"有我"，此乃一大创造也。此一创造即出自"生生"之德而成之。

  现实世界中人皆知爱我，然道德生活之开始，即为超越单纯之自爱而爱他人。人能爱他人之根据，在能忘我而视人如己。人之所以能忘我而有视人如己之爱，根据在何处？人之视人如己之爱首当对何人表现？答曰：其根据即在吾人本有视人如己而忘我之仁心仁性，然亦同时即由于父母未生我以前原是无我。当父母未生我而无我之时，如要说一我，此我即为一以父母为我之"无我之我""忘我之我"。吾人本曾无我，或本由"忘我之我""无我之我"，而以父母为"我之我"之来源。故吾人今之"我之我"，能超越其我执，忘我于致我之生之父母之前，以父母为我。由是而吾人欲

367

> 实现其忘我而视人如己之仁心仁性，将必然首先表现于父母之前，将对自己之爱上推而成爱父母之孝。①

子女对父母之爱敬，乃最原始之爱敬。此爱敬首先发于爱敬父母，亦借以实现"无我之我"。此一爱敬可无穷上溯，由父母而及于无穷之父母，及于使我有生之整个宇宙。由此，在我未生之前，我之"无我之我""忘我之我"即在宇宙乾坤之中，此即张横渠所谓"对天地乾坤之孝"。②

故孝之极功，人之"小我"乃获一超越而成为"大我"，与天地宇宙而同流。"我"借由"孝"而超越，"孝"之超越即"我"之超越，"我"与"孝"化为一体，"我执"与"主体"一律破除，融化于天地宇宙间，而超越为一与父母及天地共在之纯粹存在。此一"超越"，包含两重意义：

> 超越之我既超越"对父母宇宙之执"而生我，又超越"对现实之我之执"而孝父母宇宙。执父母宇宙为"我之我"，此为"无我之我"，此"无我之我"自己超越而有我。此我再自己超越而重现"无我之我"，重现即"返本"。孝之价值，唯表现于返本之"返"上。故真正之本，不在所返之本上，而在能返本之"能"之本上（此语重要）。③

洞明孝之超越意义，其宗教内含遂可与一切宗教对谈。吾人之孝道，与一神教之所倡，有异曲同工之妙。以耶教而论，信爱上帝乃其首要之旨，以此为照，彼亦承认亲子之爱。摩西十诫即有"尊尔父母"一诫。唯彼不言"孝"，而言"尊"。盖尊与孝虽含义不同，而大旨可通。

> 耶教由天及人，以天为父，孝天者然后能孝父母。儒家由人及天，孝父母者然后能孝天。严格言之，儒家尊天，耶教孝天，儒家孝父母，耶教尊父母，畸重畸轻，显然不侔。唯孝天与尊天，态度虽异，究可相通。中国人所不能真正了解耶教者，不在其信天事天之说，而在其以耶稣为主之一套奇异神学耳。④

---

① 唐君毅：《文化意识与道德理性》，中国社会科学出版社，2005，第30页。引文有删改。
② 唐君毅：《文化意识与道德理性》，中国社会科学出版社，2005，第31页。
③ 唐君毅：《文化意识与道德理性》，中国社会科学出版社，2005，第32页。引文有改动。
④ 谢幼伟：《孝与中国文化》，青年军出版社，1946，第3-4页。

第七章 立 政

孝悌为中国文化所重，古来即然，众所深悉。梁漱溟谓孝悌之提倡与礼乐之实施，二者同构，即为孔子之"宗教"。① 徐复观亦谓，吾人之家庭本身即为一"圆满无缺之宗教"，不须另有宗教。家庭之精神，落实下来，无非"孝悌"二字，出自人心之自然流露，行之皆人情之所安。殆自西汉起，儒家精神由家庭而浸透社会，其功效至为广大深厚。儒家精神扎根家庭，遂为吾人"生产与文化合一"之"坚强据点"。②

孔子之重孝悌，盖视其为一切秩序之本源与起点。有子曰："孝悌也者，其为仁之本与？"此就本源与起点言之也。孝悌之兴起，与人生之成长、德行之习行，乃同步之进程。是以固本正源，一切秩序爰奠其基础而生其动力。然孔子之重视孝悌，不止于此。孔子寄予厚望者，士君子也。士君子之德行虽自孝悌始，而孝悌并非德行之极致，此又不容不知也。观下章对话可见孔子之义。

> 子贡问曰："何如斯可谓之士矣？"子曰："行己有耻，使于四方，不辱君命，可谓士矣。"曰："敢问其次。"曰："宗族称孝焉，乡党称弟焉。"曰："敢问其次。"曰："言必信，行必果，硁硁然小人哉！抑亦可以为次矣。"曰："今之从政者何如？"子曰："噫！斗筲之人，何足算也。"（《子路》）

子贡问"何如斯可谓之士"，"何如"谓士之行也，非士之定义也，孔子以"行己有耻，使于四方，不如君命"为答，此为最上者；至于"宗族称孝焉，乡党称弟焉"，乃列其次。故知士而止于孝悌，非士之极致也。

总之，家庭即吾人宗教之本源，孝道即吾人信仰之起点。本源固非极致，起点自非终点，然极致不离本源，终点必自起点。故开端即天命，文化之开端，即民族之天命。诺瓦利斯曰：哲学即怀抱乡愁到处寻找家园之冲动。③ 海德格尔亦视"怀乡病"乃哲学活动之基本情绪；而一切本质与伟大之物，皆自人之有家而始。④

---

① 梁氏谓：孝悌乃孔教唯一重要之提倡。推其意也，无非自幼即兴发人之情感生活，由情感之发端处下手，培育对父母兄弟之亲情，以资为长大后一切用情之来源。固本培源，则人对于社会、世界、人类，庶几举一反三，不必绳以过多规矩，而无有不善者焉。（梁漱溟：《东西文化及其哲学》，上海人民出版社，2015，第124页。）
② 徐复观《儒家思想与现代社会》，九州出版社，2014，第21页。
③ 张祥龙：《家与孝》，生活·读书·新知三联书店，2017，第19页。
④ 海德格尔：《海德格尔选集》（下卷），孙周兴选编，生活·读书·新知三联书店，2006，第1305页。

本章概要

　　孔子政治哲学宏富精深，而聚焦于秩序之思。其秩序之思，集中于"正"字。政者正也，奚以正之？此须切入吾国政治之客观构造而论。吾国政治之结构要素，涉及三对范畴：君与民、君子与小人、家与国。君与民以政治主体言，君子与小人以政治层级言，家与国以政治构造言。以功能与力量之发用言之，可归结为三者之动力场：施治者、受治者与辅治者。施治者君也，受治者民也，辅治者士也。概言之，辅治者仍统属于君；具言之，辅治者包括君子与小人。孔子屡以君子与小人对言，命义深焉，所以激活政治结构之动力场，促使政治向善也。深究吾国政治之结构，君民之为施受者，上下悬隔，难以生发作用力，必赖一中介而始能通之。君民之施受，势如阴阳互动，而所以激发其互动者，实在辅治者。辅治者一则施力以左右施治者，故能以学塑政；一则施教以化育受治者，故能以教化下。辅治者既为政治之动力源，故其内部激励机制，乃关乎政治之大局与走向。君民之外，天亦不可或缺。天统摄君民于一体：以君之地位言，一则施治于民，一则受示于天；以民之处境言，一则受治于君，一则凝合民意以诉诸天，故民意即天意，天意即君意，君意即民意，天、君、民三者，循环互动不已。其互动活力能否实现，及实现之大小，关键在辅治者。辅治者之核心，君子是也。君子志学而乐道，乃贯通天、君、民之关键。孔子所以寄君子以厚望者，以此故也。

　　正义之诉求，乃政治之通则。正义并非人为设定之抽象理念，必生长于特定之社会构造，而与之配合。正义预设人类知识之有限或曰永恒无知，苟人类全知全能，正义即失去存在之余地。吾国政治之兴起，不基于"主体"，实赖于"关系"。"关系"秩序诉诸礼，其正义可谓之礼序正义。礼序正义与位分自由对应。礼自身即包含正义与自由之内含。位分自由因位分而立义，因能力而成功。位分乃自由之前提，能力即自由之成就。位分以天人关系而立其本，以人伦关系而定其实。自由建基于位分，而以能力成其高下，故自由虽人人可得，而并非人人均等。礼序所以明位分也，位分自由必在礼序正义中成就。吾国既取礼序正义与位分自由，必有正名之需。孔子正名思想，多贻守旧之讥，实则正名非但不守旧，且有破除世袭旧制之革命意义。"君子名之必可言也，言之必可行也"，"名→言→行"一脉络贯通，名既为名词又为动词，名本身包含实行之动能，故名并非一成不变之物，名不可行则正之，苟不因时损益而正之，必致礼坏乐崩。孔子之正名，旨在破除名之固化，俾与现实运动相宜，以敦促为政者进德修业，日新而正，礼乐赖以兴焉。

礼序正义，有其时序与重心。孔子论政，主张先富后教，仁知互济以成其功。知以富之，故曰知者利仁；仁以教之，故曰仁者安仁。君子喻于义，小人喻于利。孔子区分义利，而不视二者为对立。要而言之，义利分途而同构，吾国政治之"道义"与"信托"，赖此而定其规模与方向，自古已然。小人务于利，以奠富足之本；君子务于义，以启教化之方。为政之核心力量在君子，为政之要道在知人，知人而用之，使贤能上进，人尽其才，以正其本。君子辅治之任，舍礼乐莫能行。礼乐本源在下，兴于野人生活，故礼乐须下学，畅通地气，清其本源。贤能上进则本正焉，礼乐下学则源清焉，由是而上下互动，君民交泰，环转无穷，生生不已。

政治秩序之兴起，循其固有法则，不可人为设计。道行之而成，礼由之而新。孔子之道曰文，而以礼乐为大。秩序之生成，虽出于人之行为，而并非出于人之设计，实属由而生成，是谓自生自发秩序。俗见所谓"自然/人为"之二分不足以澄明秩序生成之原理，适足以遮蔽之。孔子以"由"与"知"之本然关联而论秩序原理：由而生知，由其道而生其德，生其德而知其道，故曰"民可使由之，不可使知之"，又曰"知之为知之，不知为不知"。孔子既主张"由而生知"，推其理也，必反对暴力战争，"足兵"唯以保民为用，其政治理想乃"文化政治"。文化政治，大旨不外教化为归，以文化之力塑造认同，消解强力于无形，俾远近生民，同化乎斯文。故孔子反对"攻乎异端"，而主张"修文德以来之"。政治之极则，必为文化政治。为政以德，实即为政以文化。德者，文化之德也；文化者，德之文化也。为政以德必落实为文化执政。为政以德，即为政以文化。"以"者，兼含三义：据文化（德）而执政，用文化（德）而执政，为文化（德）而执政。道义政治或信托政治，必归诸文化执政。文化执政之极功，趋于主体消融，无为而治，故与其谓人在执政，毋宁谓文化在执政。吾国文化之本源在孝道。孝道兴，家国乃同化于无形，归乎以天下治天下。

结　语

孔子"祖述尧舜，宪章文武"，上承古道传统，下启百世规模。孔子所祖述尧舜者，中庸之德也；所宪章文武者，礼乐之道也。中庸总括生民日新进取之德，生生自庸，莫有穷极，万世不易之恒轨也。礼乐含摄百姓日用与君王南面之道，沟通上下，化民成俗，文明教化之大法也。孔子好古敏求，总括先王治世之教，述之以礼，明之以仁，一言以启百世，一字而定乾坤。当今之世，资本扩张而趋一，文明互鉴而演化，大有囊括人类为一体之势，孔子之学何以应之乎？吾国政治之道义能否一仍其旧？本书结语拟就此稍作展望。

第一节　行仁辟世

方今之世，适逢三千年未有之大变局。当此剧变之时，孔子学说是否仍具理论效力？礼乐政治之大义是否依然成立？解答此类问题，当切入（一）吾国历史文化之"本质性维度"，（二）切入吾国当下之现实逻辑，而总体研判之。二者缺一，则问题不能明了。条件（一）即所谓民族精神，条件（二）即所谓时代精神。所谓"三千年未有之大变局"，即民族精神与时代精神之交融与博弈也。厘清二者之"交融"与"博弈"之何所是，乃可大致研判礼乐文明之现代处境，而推知礼治何以作为中华民族之历史天命也。

为此，马克思对现代社会之批判，其原则性高度与现实性力量，堪称最大之思想富矿，足资取用以探究如下问题：（一）政治国家与市民社会之关系，（二）政治解放与人类解放之关系。据此而研判吾国之政治运动，澄明其现实逻辑，探知其文化天命。此二问题，已然内蕴于现代社会之运动自身，乃其固有之问题逻辑。其为问题也，构成现代社会之内在张力，足以提示全人类之共同命运。不同民族之自我命运，不能外此而获得独立解答。问题可梳理如下：

（一）政治国家与市民社会之一般关系如何？如何把握此一关系在古代与现代之演化？此一演化如何体现于吾国之历史运动？

（二）现代社会之主导原则（资本逻辑）对吾国社会之基本构造（家国同

构），正在生成何种力量？此一力量是否带有根本意义？

（三）基于吾国历史文化之自身逻辑，吾人何以由政治解放进而趋近人类解放？其必然所循之原则与路径能否获得基本揭示？

且先引述马克思相关理论。马克思所言"市民社会"乃一弹性概念，袭用自黑格尔，取义或广或狭①，其义与"政治国家"相对而成，可总括为一切"物质生活关系之总和"②。毋庸置疑，就吾国而言，家庭可纳入市民社会之范畴。家庭与市民社会乃政治国家由以成立之基础。

> 家庭和市民社会都是国家的前提，它们才是真正活动着的；而在思辨的思维中这一切却是颠倒的。
> 家庭和市民社会是国家的现实的构成部分，是意志的现实的精神存在，它们是国家的存在方式。家庭和市民社会使自身成为国家。它们是动力。
> 政治国家没有家庭的自然基础和市民社会的人为基础就不可能存在。它们对国家来说是必要条件。③

据马克思，市民社会乃政治国家之前提。以吾国言之，家国同构之前提在于家，家乃国之天然前提。"天然"者，自然兴起也。《大学》所谓"修齐治平"，亦默认此一天然理路。

市民社会乃政治国家之基础，此一事实在古代与现代有何差异？马克思论古代市民社会与政治国家之关系云：

> 旧的市民社会直接具有政治性质，就是说，市民生活的要素，例如，财产、家庭、劳动方式，已经以领主权、等级和同业公会的形式上升为国家生活的要素。它们以这种形式规定了单一的个体对国家整体的关系，就

---

① 广义而言，市民社会可指谓社会发展各历史时期物质关系之总和；狭义而言，特指资产阶级社会之物质关系。[马克思、恩格斯：《马克思恩格斯全集》（第3卷），人民出版社，2002，第651页。]
② 马克思《〈政治经济学批判〉序言》云："我的研究得出这样一个结果：法的关系……根源于物质的生活关系，这种物质的生活关系的综合，黑格尔按照18世纪的英国人和法国人的先例，概括为'市民社会'，而对市民社会的解剖应该道政治经济学中去寻求。"[马克思、恩格斯：《马克思恩格斯全集》（第31卷），人民出版社，1998，第412页。]
③ 马克思：《黑格尔法哲学批判》，载《马克思恩格斯全集》（第3卷），2002，第10-12页。

是说，规定了他的政治关系，即他同社会其他组成部分相分离和相排斥的关系。①

所谓"旧的市民社会直接具有政治性质"，易以吾人之语，即"家国同构"。家国同构诉诸伦理政治化与政治伦理化。唯其所"化"，仍滞留于"自然状态"，此之谓市民社会（家）"直接具有政治性质"。市民生活要素上升为国家生活要素，并以此获得单一个体对国家整体之政治关系。然而，何以谓此政治关系"同社会其他组成部分相分离和相排斥"？原因如下：

> 因为人民生活的这种组织没有把财产或劳动上升为社会要素，相反，却完成了它们同国家整体的分离，把它们建成为社会中的特殊社会。因此，市民社会的生活机能和生活条件还是政治的，虽然指从封建意义上讲是政治的，就是说，这些机能和条件使个体同国家整体分隔开来……。国家统一体，作为这种组织的结果，也像国家统一体的意识、意志和活动即普遍国家权力一样，必然表现为一个同人民相脱离的统治者及其仆人的特殊事务。②

上述分析，以吾国传统言之，"家国同构"之"组织"尚未实现"把财产或劳动上升为社会要素"，所谓"社会要素"以当今时代言之即以市场机制为主导，故"家国同构"实为"家"之"特殊社会"与"国"之"特殊事务"相分隔而同构。分隔乃同构之天然条件；故同构乃一"天然事实"，而非"社会建构"，即非以市场原则而建构其整体组织。质言之，所谓"同构"，并非基于"社会要素"，而基于家与国之"分隔"而"同构"。此一"分隔"之"同构"，尚未达成"政治解放"。此时"国家"与"人民"处于相互分隔之"自然状态"，或可谓之"想象性共同体"。

政治解放经由政治革命而实现。政治革命一方面实现国家事务由"特殊事务"提升为人民之"普遍事务"，一方面实现市民社会与政治国家之分离（不

---

① 马克思：《论犹太人问题》，载《马克思恩格斯全集》（第3卷），人民出版社，1960，第186页。
② 马克思：《论犹太人问题》，载《马克思恩格斯全集》（第3卷），人民出版社，1960，第186-187页。

等于分隔)①，从而消除市民社会之政治性质。

> 政治革命打倒了这种统治者的权力，把国家事务提升为人民事务，把政治国家组成为普遍事务，就是说，组成为现实的国家；这种革命必然要摧毁一切等级、同业公会、行帮和特权，因为这些是人民同自己的共同体相分离的众多表现。于是，政治革命消灭了市民社会的政治性质。它把市民社会分割为简单的组成部分：一方面是个体，另一方面是构成这些个体的生活内容和市民地位的物质要素和精神要素。……特定的生活活动和特定的生活地位降低到只具有个体意义。
>
> 国家的唯心主义的完成同时就是市民社会的唯物主义的完成。摆脱政治桎梏同时也就是摆脱束缚住市民社会利己精神的枷锁。政治解放同时也是市民社会从政治中得到解放，甚至是从一种普遍内容的假象中得到解放。②

所谓"国家的唯心主义的完成"，即国家作为普遍意义而非特殊事务之抽象共同体之达成；所谓"市民社会的唯物主义的完成"，即市民社会作为独立之物质生活领域分离于政治国家之达成。

政治国家之完成与市民社会之完成，乃同一历史进程，此即所谓政治解放。政治解放乃人类解放所必由之路，而并非人之终极解放。政治解放仍包含人之"双重生活"：政治共同体之生活与市民社会之生活，而后者为前者奠基。

> 在政治国家真正形成的地方，人不仅在思想中，在意识中，而且在现实中，在生活中，都过着双重的生活——天国的生活和尘世的生活。前一种是政治共同体中的生活，在这个共同体中，人把自己看作社会存在物；后一种是市民社会中的生活，在这个社会中，人作为私人进行活动，把他人看作工具，把自己也降为工具，并成为异己力量的玩物。政治国家对市

---

① 传统家与国之分隔而同构，分隔乃自然事实，同构亦自然事实，家直接具有政治意义。现代则市民社会与政治国家分离，分离乃一抽象事实，市民社会唯具有间接政治意义。所谓抽象，经由资本逻辑与市场机制而实现，体现为历史过程。要言之，古代之家国分隔而同构乃一自然事实，家直接具有政治意义；现代之市民社会与政治国家分离乃一抽象事实，市民社会不具有直接政治意义，只具有间接政治意义。
② 马克思：《论犹太人问题》，载《马克思恩格斯全集》（第3卷），人民出版社，1960，第187页。

民社会的关系，正像天国对尘世的关系一样，也是唯灵论①的。政治国家与市民社会也处于同样的对立之中，它用以克服后者的方式也同宗教克服尘世局限性的方式相同，即它同样不得不重新承认市民社会，恢复市民社会，服从市民社会的统治。②

马克思所谓政治解放，有其西方语境，即政治国家自宗教（国教）笼罩中解放出来；政治解放之时，宗教仍然存在，然而不再作为国教而存在，而被纳入市民社会领域，作为私人生活而存在。据此，人必然分裂为两种存在方式：公人与私人。

人分为公人和私人，宗教从国家向市民社会的转移，这不是政治解放的一个阶段，这是它的完成；因此，政治解放并没有消除人的实际的宗教笃诚，也不力求消除这种宗教笃诚。③

市民社会乃政治解放之基础。政治解放经由市民社会自我变革而实现，亦可经由暴力手段而实现。暴力手段所实现之政治解放，并不否定市民社会之基础地位，并不否定市民社会之要素——宗教、私有财产，诸如此类。

当然，在政治国家作为政治国家通过暴力从市民社会内部产生的时期，在人的自我解放力求以政治自我解放的形式进行的时期，国家是能够而且必定会做到废除宗教、根除宗教的。但是，这只有通过废除私有财产、限定财产最高额、没收财产、实行累进税，通过消灭生命、通过断头台，才能做到。当政治生活感到特别自信的时候，它试图压制自己的前提——市民社会及其要素，使自己成为人的现实的、没有矛盾的类生活。但是，它只有同自己的生活条件发生暴力矛盾，只有宣布革命是持久的，才能做到这一点，因此，正像战争以和平告终一样，政治剧必然要以宗教、私有财

---

① 唯灵论乃唯心主义之另一译名。
② 马克思：《论犹太人问题》，载《马克思恩格斯全集》（第3卷），人民出版社，1960，第172-173页。
③ 马克思：《论犹太人问题》，载《马克思恩格斯全集》（第3卷），人民出版社，1960，第175页。

产和市民社会一切要素的恢复而告终。①

政治解放表明人作为双重主体而存在：公共主体（公人）与社会主体（私人）。实现政治解放之国家，必然承认人权，亦必须承认人权，此一"承认"实为政治国家之基础。可见，人权并非天赋之物，实为历史运动之产物。相应于人之双重主体存在，人权亦具有双重含义：其一，公民权，即享有政治自由之权利；其二，市民权，即作为市民社会成员之权利，所谓财产、安全、平等，此类人权，皆由此而生。

> 所谓的人权，不同于公民权的人权，无非是市民社会的成员的权利，就是说，无非是利己的人的权利、同其他人并同共同体分离开来的人的权利。②
>
> 任何一种所谓的人权都没有超出利己的人，没有超出作为市民社会成员的人，即没有超出作为退居于自身，退居于自己的私人利益和自己的私人任意，与共同体分隔开来的个体的人。在这些权利中，人绝对不是类存在物，相反，类生活本身，即社会，显现为诸个体的外部框架，显现为他们原有的独立性的限制。把他们连接起来的唯一纽带是自然的必然性，是需要和私人利益，是对他们的财产和他们的利己的人身的保护。③

可见，承认人权，即承认人作为市民社会成员之权利，"与共同体分隔开来"之个体之人，乃政治解放之必备内容。而古代政治，"家国同构"，市民社会（家）本身具有政治性质，故无论公民权或市民权皆无缘生成，公共领域与私人领域之严格分化亦无缘生成。明乎此，乃知套用现代概念框架以分析古代政治者，实属张冠李戴，谬误之大者也。

政治解放之承认人权，表明政治解放尚未达成一般意义之人类解放。人权乃政治解放之表征，而非人类解放之描述。

---

① 马克思：《论犹太人问题》，载《马克思恩格斯全集》（第3卷），人民出版社，1960，第175页。按马克思此段之理论洞见力，已为吾国1949年以后之历史所证明。
② 马克思：《论犹太人问题》，载《马克思恩格斯全集》（第3卷），人民出版社，1960，第182-183页。
③ 马克思：《论犹太人问题》，载《马克思恩格斯全集》（第3卷），人民出版社，1960，第185页。

> 政治解放当然是一大进步；尽管它不是一般人的解放的最后形式，但在迄今为止的世界制度内，它是人的解放的最后形式。①

"在迄今为止的世界制度内"，政治解放乃人之解放之"最后形式"。政治解放一方面把人归结为市民社会之成员，归结为利己、独立之个体，另一方面把人归结为公民、法人。② 而历史运动之未来，必然指向更为彻底之解放，即一般意义之人类解放，故政治解放有待上升为人类解放。然则何谓"人类解放"？

> 只有当现实的个人把抽象的公民复归于自身，并且作为个人，在自己的经验生活、自己的个体劳动、自己的个体关系中间，成为类存在物的时候，只有当人认识到自身"固有的力量"是社会力量，并把这种力量组织起来因而不再把社会力量以政治力量的形式同自身分离的时候，只有到了那个时候，人的解放才能完成。③

据此可知，政治解放，其特征为：（一）"现实的个人"（市民社会成员）与"抽象的公民"（政治共同体成员）相对立；（二）人之"社会力量以政治力量的形式同自身相分离"。由政治解放上升为人类解放，其条件为：（一）"现实的个人"（市民社会成员）与"抽象的公民"（政治共同体成员）不再对立，而复归为一，复归为"类存在物"；（二）人自身即作为"社会力量"，且此"社会力量"不再诉诸"政治力量"而同自身相分离。

论述至此，礼乐文明何以具有解放之维度，可思而得矣。其一，"乐由天作，礼以地制"，礼乐并非某一群体之专属，实为人群共在之公器，在礼乐中生活，并无所谓"现实个人"与"抽象公民"之对立，人群因礼乐而整合为一体，并体现为"类存在物"。其二，在礼乐中，人本身作为关系之整体，以敬以和，以序以乐，本无"社会力量"与"政治力量"之分离，"社会"与"政治"处于本源合一状态。据此可知，礼乐文明原本具有解放之维度，谓之中华民族最伟大之创造，非过誉之辞也。唯此解放维度，侧重于精神之自觉状态，并非

---

① 马克思：《论犹太人问题》，载《马克思恩格斯全集》（第3卷），人民出版社，1960，第174页。
② 马克思：《论犹太人问题》，载《马克思恩格斯全集》（第3卷），人民出版社，1960，第189页。
③ 马克思：《论犹太人问题》，载《马克思恩格斯全集》（第3卷），人民出版社，1960，第189页。

基于物质生产之高度发展，与马克思所论人类解放，有历史形态之殊异也。故准确言之，礼乐文明乃中华民族原始形态之解放也。

马克思曰："任何解放都是使人的世界和人的关系回归于人自身。"① 此一论断所表述之状态，马克思稍后以"共产主义"之名而发挥如下：

> 共产主义是私有财产即人的自我异化的积极的扬弃，因而是通过人并且为了人而对人的本质的真正占有；因此，它是人向自身、向社会的即合乎人性的人的复归，这种复归是完全的，自觉的和在以往发展的全部财富的范围内生成的。②

基于以上关于政治国家与市民社会之关系、政治解放与人类解放之关系之梳理，反观吾国社会之古今变化，可引出如下基本判断：其一，吾国"家国同构"原则在现代资本逻辑之支配下，正在发生根本变化。"家国同构"之基本事实仍然存在，而其所以"同构"之结构力量与结构原则已然发生重大变化：古代以伦理政治化、政治伦理化之方式实现家国同构，家国以各自"分隔"为特殊事务之方式而实现"同构"，其"同构"基于"天然条件"（伦理、教化）；现代经由政治解放，政治国家与市民社会实现分离，此中社会因素（市场、资本）作为结构力量与结构原则正在生成，此时"家国同构"主要基于"社会条件"（市场、资本）。其二，吾国古代之礼乐文化，本身即包含"人之复归"，包含"人向自身、向社会的即合乎人性的人的复归"，包含超越利己个体及私有财产之诉求。此义深邃而重大，此仅言其大略。

礼乐之源，盖与汉字同其悠久，远自尧舜时代即已奠基，至周公而成其大，经孔子而哲学化，已然塑造中华文明数千年，此之谓传统，此之谓民族精神，此之谓现实力量。礼乐乃吾人之现实"天命"。吾人之解放，亦必经由政治解放，而后趋近人类解放。政治解放以承认人权为基础，此一阶段以法治为核心；人类解放即吾人之复归，必然以礼乐文明之全面复活而实现，此一阶段可谓之礼治。礼治之现代复归，经由对法治（政治解放）之积极扬弃为条件，故不同于古代礼治之简单复归。礼治之现代复归，必将生成某一新型文明形态，此一文明形态以吸纳现代文明为前提，以礼乐文明之复归而实现。经由礼乐之复归，

---

① 马克思：《论犹太人问题》，载《马克思恩格斯全集》（第3卷），人民出版社，1960，第189页。
② 马克思：《1844年经济学哲学手稿》，载《马克思恩格斯全集》（第3卷），人民出版社，1960，第297页。

（一）"现实的个人"（市民社会成员）与"抽象的公民"（政治共同体成员）复归为一，复归为"类存在物"；（二）吾人作为"社会力量"不再诉诸"政治力量"而同自身相分离，此义即孔子所谓"无为而治"之实现。就吾国而言，无为而治必以礼乐文明之全面复活而呈现，并表达为"文化"与"政治"之全面"和解"。此即吾人之解放。

马克思论犹太精神云：

> 犹太精神随着市民社会的完成而达到自己的顶点；但是市民社会只有在基督教世界才能完成。基督教把一切民族的、自然的、伦理的、理论的关系变成对人来说是外在的东西，因此只有在基督教的统治下，市民社会才能完全从国家生活分离出来，扯断人的一切类联系，代之以利己主义和自私自利的需要，使人的世界分解为原子式的相互敌对的个人的世界。①

吾人之"天命"不同于西方之"天命"者，在于一神宗教之空缺，在于礼乐即吾人之宗教，在于"原子个人"不可能出现于礼乐文明之中。此一"不可能性"，即标示吾人未来新文明类型之"可能性"。

借由以上思考，反观孔子学说，其现代意义乃昭然彰显。

子曰：贤者辟世。辟世者，开辟时代之谓也。贤者何以辟世？行仁以辟世也。行仁何以能辟世？此则关涉仁之大义。孔子以仁总括先王长人安民之大德，仁之含义富矣。择其要者言之，一曰仁知互含，一曰仁礼互鉴。所谓仁知互含，曰：仁必备知，知必知仁。先王之教，志在长人安民，爱人而成其爱，故曰仁者安仁。先王之教，以务民之义为大，知人而成其知，举直错诸枉，故曰知者利仁。仁知皆重于行，所以行之者，礼也。孔子所以提出仁，其深意之一，即在于发明礼之大义。仁礼并非后世所谓内外、本末、体用之关系。仁者，先王治世之大德也；礼者，先王教化之大道也。故曰：仁者礼之仁也，礼者仁之礼也。仁礼互鉴，一以贯之。所以贯之者，行之以敬也。敬必有所敬者在焉，而敬天为本。是故仁礼互鉴，言仁必以礼，言礼必以仁：仁以规其方向，礼以正其途辙。仁礼一贯本源于天之所命，包蕴万世不竭之动能。

仁知互含，总摄人道之规模。人道之正，必以仁知互含为备。贤者辟世之道，必以仁知互济而成其功，行仁以用知为备，用知以行仁为归，目标与手段

---

① 马克思：《论犹太人问题》，载《马克思恩格斯全集》（第3卷），人民出版社，1960，第197页。

统一，价值与方法齐驱，帅现实以趋理想，明理想以统现实，而天下可正，人道可明。仁知主行，非行无以成就仁知之德。仁知并行，礼义斯生。子曰"礼以行之"，行仁之道，以礼为大。不知礼，无以立也。洞明此义，乃知吾国政治之大道，必取礼治。礼有广狭之义。广义之礼，囊括一切文明制度、法律规章及生活形式而言之。现代所谓法治，衡以广义之礼，乃礼之一小科而已，可囊括于礼治之名下。现代法治旨在限制权力，俾其发用皆有所准，以划定行为之边界与限阃。礼治则不宁唯是，犹且明确何者可行与不可行，何者当为与不当为，皆以礼为权衡与绳准。礼不止于言"限制"，犹且重于陶冶与颐养。法之所重，在于确定行为之外延框架；礼之所重，在于陶铸行为之内含价值。故礼不止于限制权力，犹且重于调教权力。礼禁于未然之前，法禁于已然之后。禁于未然之前，得其时而颐养本源；禁于已然之后，过其时而追补未逮。礼法殊功，互济成事。

夫贤者之辟世也，成其德而任其用，任其用而弘其道，弘其道而辟其世也。仁知互济，礼以行之。行礼之要，以时为大，以义为归，所谓"义以为质，礼以行之"是也。故礼治不止于言限制权力，犹且进而塑造权力，所以澄明人道之正也。任其事者，君子也。君子以学塑政，以礼行政，养人道之正，功既行于深远，教乃化于自觉。礼治之归，指向礼序；礼序正而义正。礼序正义，以天下之均平为尚。是故"限制"权力之最高原则，在于教化天下，兴发道义，成就信托，彰明礼乐。道行之而成；道义非人所能规定，而自生自发于人民之现实生活。现实生活自我缘构，自我创化，自我革新，"苟日新，又日新"，萌至德于日用之间，辟新世于操行之际。故中庸兴德，即道义之本源；民之所由，即辟世之大本。缘中庸而生道义，据所由以施政教，调教权力，驯化资本，导天下之利动，成万民之义方，此吾国政治之大经大法，万世不易之极则也。

第二节　致敬木铎

吾国政治以君民互构而结为命运共同体。所以沟通君民而贯通上下者，君子也。君子任天命而行仁辟世，其道不外以学塑政，以教化民。是故教学者，君子之天职天事也，孔子之最大道义也。畅发斯义者，莫善于《论语》"仪封人请见"章，请释其义以殿末焉。

仪封人请见。曰："君子之至于斯也，吾未尝不得见也。"从者见之。

出曰:"二三子何患于丧乎?天下之无道也久矣,天将以夫子为木铎。"(《论语·八佾》)

仪,邑名。封人,官名,守封疆之大夫也。丧者,失位而出亡在外之名也。①《檀弓》曰:"丧欲速贫。"郑注:"丧,谓失位也。"孔子其时方失鲁司寇,出亡于外,故曰丧也。天将以夫子为木铎,将字有谦意,不敢断定之辞也。铎,铃之别名,金口木舌,摇振发声以警众也。《说文》云:"铎,大铃也。"铎有金铎、木铎,金铎以振武事,木铎以振文教。《汉书·食货志》云:"行人振木铎徇于路以采诗,献之大师。"木铎之用也如此。天将以夫子为木铎,言天使夫子周流四方以行其教,如木铎之徇于道路而传教令焉。木铎之喻,谓夫子非作教令者,乃传教令者也。其所传之教令,上承古道而徇于道路,述古以徵今,传教以辟世,所谓"吾道一以贯之",不外是也。

此章之义,颇有歧解。朱子《集注》兼收二说:"乱极当治,天必将使夫子得位设教,不久失位也。"又引或曰:"木铎所以徇于道路,言天使夫子失位,周流四方以行其教,如木铎之徇于道路也。"细绎本章语脉辞气,以后说为优。若从前说,乱极当治,天必将使夫子得位,而夫子终生不得其位,则仪封人所见,皆臆测无稽之言,可谓不知敬天矣。且以"不久失位"慰人,亦浅大夫之用心耳,岂足以慰孔子乎,去仪封人之见地远矣。②再者,若从前说,木铎之义未明,传教之义亦陋。木铎之用,以"徇于道路",本有贯通上下古今之义。孔子之"教",岂必"得位"所能囿乎?子曰:"不患无位,患所以立。"故以立称位,所以立即所以位也。"天将以夫子为木铎",此夫子之所以立也,即夫子之所以位也。二三子从夫子流离失所,惶惶焉若丧家之犬,其苦为何如,然此即天所以使夫子周流布教善世,此苦中之大乐。天下之无道也久矣,圣如孔子,何必居位方始有位乎?夫子上述古道而昌明之,振木铎以徇道路,其功岂在一时一世乎?太史公论孔子,可谓"贤者识其大"矣:

诗有之:"高山仰止,景行行止。"虽不能至,然心向往之。余读孔氏书,想见其为人。适鲁,观仲尼庙堂车服礼器,诸生以时习礼其家,余祗

---

① 《论语》"丧"字有三义:一曰丧事,此义最多,如"丧,与其易也宁戚""临丧不哀""丧事不敢不勉""三年之丧""君子之居丧""丧思哀""所重:民食丧祭"等皆是也;二曰失位,如"一言而丧邦""夫如是,奚而不丧"是也;三曰丧失,如"天之将丧斯文也""天丧予"是也。

② 竹添光鸿:《论语会笺》(壹),凤凰出版社,2012,第232页。

回留之不能去云。天下君王至于贤人众矣,当时则荣,没则已焉。孔子布衣,传十余世,学者宗之。自天子王侯,中国言六艺者折中于夫子,可谓至圣矣!(《史记·孔子世家》)。

吾国政治之重心,必落实于教学,此吾国社会构造之所必然,道义信托之所必趋,礼乐文明之所必由也。故曰:教学者,中华民族之天命也。其为天命也,乃中华民族之根本所在。本立则道生,道生则命立。故为政必重教,重教必敬天,皆题中应有之义。孔子者,至圣先师,万世师表,故敬天必敬孔子。敬天所以必敬孔子者,非谓孔子与天等也,谓孔子知天命而畏天命而任天命,弘教于当时,开化于万世,教之泽大矣哉!是敬孔子即敬天之一义也。未有敬天而不敬教,敬教而不敬孔子者。古人云:天不生仲尼,万古如长夜。彻知孔子之所思所行,反观中华民族之历史天命,其言非虚矣。

参考文献

著作

[1][汉]孔安国,传.[唐]孔颖达,正义.尚书正义[M].上海:上海古籍出版社,2007.

[2]屈万里.尚书集释[M].上海:中西书局,2014.

[3]顾颉刚,刘起釪.尚书校释译论(全四册)[M].北京:中华书局,2018.

[4][汉]郑玄,注.[唐]孔颖达,正义等.礼记正义[M].杭州:浙江大学出版社,2019.

[5][汉]郑玄,注.[唐]贾公彦,疏.周礼注疏[M].上海:上海古籍出版社,2010.

[6][宋]程颢,程颐.二程集(上)[M].北京:中华书局,2004.

[7][宋]朱熹,吕祖谦,编.近思录[M].上海:上海古籍出版社,2016.

[8][汉]司马迁.史记[M].北京:中华书局,2011.

[9][汉]班固.汉书[M].北京:中华书局,2012.

[10][战国]左丘明,撰.[晋]杜预,注.左传[M].上海:上海古籍出版社,2016.

[11][战国]左丘明,撰.[三国·吴]韦昭,注.国语[M].上海:上海古籍出版社,2015.

[12][东汉]赵岐.孟子注疏[M].上海:上海古籍出版社,1990.

[13][清]孙诒让.墨子间诂[M].北京:中华书局,2001.

[14][清]王先慎.韩非子集解[M].北京:中华书局,2013.

[15][晋]郭象,注.[唐]成玄英,疏.庄子注疏[M].北京:中华书局,2011.

[16] 张丰乾，编.《庄子·天下篇》注疏四种［C］.北京：华夏出版社，2016.

[17] 王国轩，王秀梅，译注.孔子家语［M］.北京：中华书局，2011.

[18] 黄怀信，张懋镕，田旭东.逸周书汇校集注［M］.上海：上海古籍出版社，2007.

[19] 张世亮，钟肇鹏，周桂钿，译注.春秋繁露［M］.北京：中华书局，2012.

[20] ［三国·魏］何晏，注.［宋］邢昺，疏.论语注疏［M］.北京：中国致公出版社，2016.

[21] ［三国·魏］王弼，注.老子道德经注校释［M］.楼宇烈，校释.北京：中华书局，2008.

[22] ［宋］朱熹.四书章句集注（上）［M］.上海：上海古籍出版社，2006.

[23] ［南朝］皇侃.论语集解义疏［M］.商务印书馆，1937.

[24] ［清］姚永朴.论语解注合编［M］.合肥：黄山书社，2014.

[25] ［清］刘宝楠.论语正义［M］.北京：中华书局，1990.

[26] 康有为.论语注［M］.北京：中华书局，1984.

[27] 杨树达.论语疏证［M］.上海：上海古籍出版社，2013.

[28] 程树德.论语集释［M］.北京：中华书局，2013.

[29] 李泽厚.论语今读［M］.合肥：安徽教育出版社，1998.

[30] 赵纪彬.论语新探［M］.北京：人民出版社，1976.

[31] 钱穆.论语新解［M］.北京：九州出版社，2011.

[32] 杨伯峻.论语译注［M］.北京：中华书局，2012.

[33] 孙钦善.论语新注［M］.北京：中华书局，2018.

[34] 蒋绍愚.论语研读［M］.上海：中西书局，2018.

[35] 杨逢彬.论语新注新译（简体版）［M］.北京：北京大学出版社，2018.

[36] 杨逢彬.论语新注新译（繁体版）［M］.北京：北京大学出版社，2016.

[37] 程石泉.论语读训［M］.上海：上海古籍出版社，2005.

[38] 傅佩荣.傅佩荣译解论语［M］.北京：东方出版社，2012.

[39] 傅佩荣.儒家哲学新论［M］.北京：中华书局，2010.

[40] 傅佩荣.儒道天论发微［M］.北京：中华书局，2010.

[41] 缠中说禅. 缠解论语 [M]. 北京：九州出版社，2014.

[42] 唐汉. 道德经新解 [M]. 北京：北京联合出版公司，2019.

[43] 唐汉. 论语新解 [M]. 北京：北京联合出版公司，2016.

[44] 杨鹏. 杨鹏解读《论语》[M]. 上海：上海社会科学院出版社，2020.

[45] 钱穆. 中国历代政治得失 [M]. 北京：九州出版社，2014.

[46] 钱穆. 文化与教育 [M]. 北京：九州出版社，2014.

[47] 钱穆. 政学私言 [M]. 北京：九州出版社，2010.

[48] 钱穆. 四书释义 [M]. 北京：九州出版社，2010.

[49] 钱穆. 中国古代山居考 [A]. 中国学术思想史论丛（1）[C]. 北京：生活·读书·新知三联书店，2019.

[50] 钱穆. 湖上闲思录 [M]. 北京：九州出版社，2011.

[51] 钱穆. 国史新论 [M]. 北京：九州出版社，2012.

[52] 钱穆. 庄子纂笺 [M]. 北京：生活·读书·新知三联书店，2010.

[53] 梁启超. 新民说 [M]. 北京：商务印书馆，2016.

[54] 梁启超. 先秦政治思想史 [M]. 北京：中华书局，2016.

[55] 牟宗三. 道德的理想主义 [M]. 长春：吉林出版集团有限责任公司，2010.

[56] 牟宗三. 政道与治道 [M]. 长春：吉林出版集团有限责任公司，2010.

[57] 牟宗三. 历史哲学 [M]. 长春：吉林出版集团有限责任公司，2010.

[58] 牟宗三. 中国哲学十九讲 [M]. 长春：吉林出版集团有限责任公司，2010.

[59] 徐复观. 中国政治问题的两个层次 [A]. 学术与政治之间 [C]. 北京：九州出版社，2014.

[60] 徐复观. 中国的治道——读陆宣公传集书后 [A]. 学术与政治之间 [C]. 北京：九州出版社，2014.

[61] 徐复观. 释《论语》"民无信不立"——儒家政治思想之一考察 [A]. 学术与政治之间 [C]. 北京：九州出版社，2014.

[62] 徐复观. 儒家在修己与治人上的区别及其意义 [A]. 儒家思想与现代社会 [C]. 北京：九州出版社，2014.

[63] 徐复观. 两汉思想史（一）[M]. 北京：九州出版社，2014.

[64] 徐复观. 释《论语》的"仁"——孔学新论 [A]. 中国思想史论集

续篇［C］．北京：九州出版社，2014．

［65］徐复观．有关中国思想史中一个基题的考察——释《论语》"五十而知天命"［A］．中国思想史论集续篇［C］．北京：九州出版社，2014．

［66］徐复观．《论语》"一以贯之"语义的商讨［A］．中国思想史论集［C］．北京：九州出版社，2014．

［67］徐复观．国史中人君尊严问题的商讨［A］．儒家思想与现代社会［C］．北京：九州出版社，2014．

［68］徐复观．中国人性论史［M］．上海：华东师范大学出版社，2005．

［69］唐君毅．中国哲学原论·原道篇（上册）［M］．北京：中国社会科学出版社，2006．

［70］唐君毅．中国哲学原论·原性篇［M］．北京：中国社会科学出版社，2005．

［71］唐君毅．文化意识与道德理性［M］．北京：中国社会科学出版社，2005．

［72］马一浮．泰和宜山会语［M］．复性书院讲文章录［M］．见：吴光，主编．马一浮全集（第一册上）［C］．杭州：浙江古籍出版社，2013．

［73］章太炎．国故论衡［M］．上海：上海古籍出版社，2019．

［74］杨树达．高等国文法［M］．长沙：湖南教育出版社，2008．

［75］杨树达．积微居小学金石论丛［M］．长沙：湖南教育出版社，2008．

［76］张东荪．知识与文化［M］．长沙：岳麓书社，2011．

［77］梁漱溟．中国文化要义［M］．上海：上海人民出版社，2011．

［78］林安梧．道的错置：中国政治思想的根本困结［M］．台北：台湾学生书局，2003．

［79］杨泽波．贡献与终结：牟宗三儒学思想研究（第一卷·坎陷论）［M］．上海：上海人民出版社，2014．

［80］杨泽波．孟子评传［M］．南京：南京大学出版社，1998．

［81］刘泽华，主编．中国政治思想通史·综论卷［M］．北京：中国人民大学出版社，2014．

［82］刘晓竹．孔子政治哲学的原理意识：思辨儒学引论［M］．北京：中国妇女出版社，2003．

［83］吴晓明．从社会现实的观点把握中国社会的性质与变迁［A］．黑格尔的哲学遗产［C］．北京：商务印书馆，2020．

［84］胡曲园．哲学与中国古代社会论集［C］．上海：复旦大学出版社，

2015.

[85] 萧公权. 中国政治思想史（一）[M]. 沈阳：辽宁教育出版社, 1998.

[86] 谢无量. 谢无量文集（第二卷）·中国哲学史[M]. 北京：中国人民大学出版社, 2011.

[87] 蔡元培. 中国伦理学史[M]. 北京：人民出版社, 2008.

[88] 冯友兰. 中国哲学史[M]. 重庆：重庆出版社, 2009.

[89] 汪震. 孔子哲学[M]. 长沙：岳麓书社, 2012.

[90] 谢幼伟. 孝与中国文化[M]. 青年军出版社, 1946.

[91] 张岱年. 中国哲学史大纲[M]. 北京：中国社会科学出版社, 1982.

[92] 劳思光. 新编中国哲学史（一卷）[M]. 桂林：广西师范大学出版社, 2005.

[93] 梁涛, 主编. 中国政治哲学史（第一卷）[M]. 北京：中国人民大学出版社, 2017.

[94] 郭齐勇, 主编. 儒家伦理争鸣集：以"亲亲互隐"为中心[C]. 武汉：湖北教育出版社, 2004.

[95] 刘崧. 庄子哲学通义[M]. 北京：团结出版社, 2016.

[96] 刘笑敢. 庄子哲学及其演变[M]. 北京：中国人民大学出版社, 2010.

[97] 傅斯年. 性命古训辩证[M]. 上海三联书店, 2018.

[98] 闻一多. 璞堂杂识[A]. 闻一多全集（3）[C]. 上海：上海人民出版社, 2020.

[99] 闻一多. 周易证类纂[A]. 闻一多全集（2）[C]. 上海：上海人民出版社, 2020.

[100] 闻一多. 龙凤[A]. 闻一多全集（1）[C]. 上海：上海人民出版社, 2020.

[101] 刘咸炘. 中书[M]. 成都：四川文艺出版社, 2020.

[102] 陈来. 古代宗教与伦理：儒家思想的根源[M]. 北京：生活·读书·新知三联书店, 2009.

[103] 陈来. 仁学本体论[M]. 北京：生活·读书·新知三联书店, 2014.

[104] 李泽厚. 中国古代史思想史论[M]. 天津：天津社会科学院出版社, 2003.

[105] [美] 张灏. 转型时代与幽暗意识[M]. 上海：上海人民出版社,

2018.

[106] 杜维明. 中庸：论儒学的宗教性 [M]. 北京：生活·读书·新知三联书店，2013.

[107] 杜维明. 道·学·政：儒家公共知识分子的三个面相 [M]. 北京：生活·读书·新知三联书店，2013.

[108] [美] 郝大维，安乐哲. 孔子哲学思微 [M]. 蒋弋为，李志林，译. 南京：江苏人民出版社，2012.

[109] [美] 狄百瑞. 儒家的困境 [M]. 黄水婴，译. 北京：北京大学出版社，2009.

[110] [美] 芬格莱特. 孔子：即凡而圣 [M]. 彭国翔，张华，译. 南京：江苏人民出版社，2002.

[111] 任剑涛. 伦理王国的构造：现代性视野中的儒家伦理政治 [M]. 北京：中国社会科学出版社，2005.

[112] 彭锋. 诗可以兴 [M]. 合肥：安徽教育出版社，2003.

[113] 张祥龙. 家与孝 [M]. 北京：生活·读书·新知三联书店，2017.

[114] 张祥龙. 孔子的现象学阐释九讲 [M]. 上海：华东师范大学出版社，2009.

[115] [汉] 许慎，[清] 段玉裁. 说文解字注 [M]. 南京：凤凰出版社，2015.

[116] 汤可敬. 说文解字今释（全四册）[M]. 上海：上海古籍出版社，2018.

[117] 董莲池. 说文解字考正 [M]. 北京：作家出版社，2005.

[118] 王力. 王力古汉语字典 [M]. 北京：商务印书馆，2000.

[119] [清] 邵晋涵. 尔雅正义 [M]. 北京：中华书局，2017.

[120] [清] 王引之. 经传释词 [M]. 上海：上海古籍出版社，2014.

[121] [清] 王引之. 经义述闻 [M]. 上海：上海古籍出版社，2018.

[122] [清] 王念孙. 广雅疏证 [M]. 北京：中华书局，2019.

[123] 宗邦福，陈世铙，萧海波，主编. 故训汇纂 [M]. 北京：商务印书馆，2003.

[124] 高树藩，编纂. 中文形音义综合大字典 [M]. 北京：中华书局，1989.

[125] 于省吾，编撰. 甲骨文字诂林（全四册）[M]. 北京：中华书局，2018.

[126] 何景成. 甲骨文字诂林补编 [M]. 北京: 中华书局, 2017.

[127] 徐中舒. 甲骨文字典 [M]. 成都: 四川辞书出版社, 2014.

[128] [清] 章学诚. 文史通义校注释 (上) [M]. 北京: 中华书局, 2014.

[129] [清] 王夫之. 船山遗书 (第八册)·说文广义 [M]. 北京: 中国书店出版社, 2016.

[130] [清] 王夫之. 船山遗书 (第七册)·读四书大全说 [M]. 北京: 中国书店出版社, 2016.

[131] [清] 王聘珍. 大戴礼记解诂 [M]. 北京: 中华书局, 1983.

[132] [清] 颜元. 颜元集 (上) [M]. 北京: 中华书局, 1987.

[133] [清] 阮元. 揅经室集 (上) [M]. 北京: 中华书局, 1993.

[134] [清] 汪中. 述学校笺 [M]. 北京: 中华书局, 2014.

[135] [清] 戴震. 戴震集 [M]. 上海: 上海古籍出版社, 2009.

[136] [宋] 卫湜. 中庸集说 [M]. 杨少含, 校理. 桂林: 漓江出版社, 2011.

[137] [清] 毛奇龄. 四书改错 (上下) [M]. 上海: 华东师范大学出版社, 2015.

[138] 钱钟书. 管锥编 (一) [M]. 北京: 生活·读书·新知三联书店, 2008.

[139] 张光直. 中国青铜时代 [M]. 北京: 生活·读书·新知三联书店, 2013.

[140] 王国维. 观堂集林 [M]. 杭州: 浙江教育出版社, 2014.

[141] 刘师培. 古政原始论 [A]. 中国近代思想家文库·刘师培卷 [C]. 北京: 中国人民大学出版社, 2015.

[142] 刘师培. 文献解 [A]. 中国近代思想家文库·刘师培卷 [C]. 北京: 中国人民大学出版社, 2015.

[143] 廖平. 今古学考 [A]. 中国近代思想家文库·廖平卷 [C]. 北京: 中国人民大学出版社, 2015.

[144] 李峰. 西周的政体: 中国早期的官僚制度与国家 [M]. 吴敏娜等, 译. 北京: 生活·读书·新知三联书店, 2010.

[145] 吴稼祥. 公天下: 多中心治理与双主体法权 [M]. 桂林: 广西师范大学出版, 2013.

[146] 严耕望. 中国政治制度史纲 [M]. 上海: 上海古籍出版社, 2013.

[147] 李宗侗. 中国古代社会新研 历史的剖面 [M]. 北京：中华书局, 2010.

[148] [日] 三野象麓. 论语象义 [M]. 上海：上海古籍出版社, 2017.

[149] [日] 松平赖宽. 论语征集览 [M]. 上海：上海古籍出版社, 2017.

[150] [日] 物茂卿. 辨道 [A]. 荻生徂徕全集（第一卷）[C]. 东京：河出书房新社, 1973.

[151] [日] 物茂卿. 辨名 [A]. 荻生徂徕全集（第一卷）[C]. 东京：河出书房新社, 1973.

[152] [日] 物茂卿. 護园十笔 [A]. 荻生徂徕全集（第一卷）[C]. 东京：河出书房新社, 1973.

[153] [日] 物茂卿. 徂徕集 [M]. 镇江：江苏大学出版社, 2018.

[154] [日] 山本日下. 论语私考 [M]. 上海：上海古籍出版社, 2017.

[155] [日] 田中履堂. 论语讲义并辨正 [M]. 上海：上海古籍出版社, 2017.

[156] [日] 竹添光鸿. 论语会笺 [M]. 南京：凤凰出版社, 2012.

[157] [日] 宇野哲人. 孔子 [M]. 陈彬龢, 译. 太原：山西人民出版社, 2015.

[158] [日] 日本教育学会. 四书研究（上）[M]. 王向荣, 译. 太原：山西人民出版社, 2015.

[159] [日] 五来欣造. 儒家政治哲学 [M]. 胡樸安, 郑啸厓, 译. 太原：山西人民出版社, 2015.

[160] [日] 北村泽吉. 儒学概论 [M]. 太原：山西人民出版社, 2015.

[161] [日] 沟口雄三. 中国的思维世界 [M]. 牟坚, 译. 北京：生活·读书·新知三联书店, 2014.

[162] [日] 渡边秀方. 中国哲学史概论（上）[M]. 刘侃元, 译. 太原：山西人民出版社, 2015.

[163] [古希腊] 亚里士多德. 政治学 [M]. 颜一, 秦典华, 译. 北京：中国人民大学出版社, 2003.

[164] [德] 马克思, 恩格斯. 马克思恩格斯全集（第46卷上）[C]. 北京：人民出版社, 1980.

[165] [德] 马克思, 恩格斯. 马克思恩格斯全集（第3卷）[C]. 北京：人民出版社, 1960.

[166] [德] 马克思, 恩格斯. 马克思恩格斯全集（第4卷）[C]. 北京：

人民出版社，1958.

[167] [德] 马克思，恩格斯. 马克思恩格斯全集（第4卷）[C]. 北京：人民出版社，1995.

[168] [德] 马克思，恩格斯. 马克思恩格斯《资本论》书信集 [C]. 北京：人民出版社，1976.

[169] [德] 马克思，恩格斯. 马克思恩格斯全集（第23卷）[C]. 北京：人民出版社，1972.

[170] [德] 马克思. 资本论（第1卷）[M]. 北京：人民出版社，2004.

[171] [美] 列奥·施特劳斯. 什么是政治哲学 [C]. 李世祥，等译. 北京：华夏出版社，2014.

[172] [美] 列奥·施特劳斯约瑟夫·克罗波西. 政治哲学史（上）[M]. 李天然，等译. 石家庄：河北人民出版社，1993.

[173] [英] 乔纳森·沃尔夫. 政治哲学导论 [M]. 王涛，赵荣华，陈任博，译. 长春：吉林出版集团有限公司，2009.

[174] [英] 哈耶克. 哈耶克文选 [M]. 冯克利，译. 郑州：河南大学出版社，2015.

[175] [英] 哈耶克. 法律、立法与自由（第二、三卷）[M]. 邓正来，张守东，李静冰，译. 北京：中国大百科全书出版社，2000.

[176] [英] 哈耶克. 自由秩序原理 [M]. 邓正来，译. 北京：生活·读书·新知三联书店，1997.

[177] [英] 哈耶克. 致命的自负 [M]. 冯克利，胡晋华，等译. 北京：中国社会科学出版社，2000.

[178] [德] 黑格尔. 法哲学原理 [M]. 范扬，张企泰，译. 北京：商务印书馆，1961.

[179] [德] 黑格尔. 黑格尔著作集（第7卷）·法哲学原理 [M]. 邓安庆，译. 北京：人民出版社，2016.

[180] [德] 黑格尔. 小逻辑 [M]. 贺麟，译. 北京：商务印书馆，1980.

[181] [德] 黑格尔. 逻辑学（下卷）[M]. 杨一之，译. 北京：商务印书馆，1966.

[182] [德] 叔本华. 作为意志和表现的世界 [M]. 石冲白，译. 北京：商务印书馆，1982.

[183] [德] 尼采：权力意志（下卷）[M]. 孙周兴，译. 北京：商务印书馆，2008.

[184] [德] 胡塞尔. 欧洲科学的危机与超越论的现象学 [M]. 王炳文,译. 北京：商务印书馆, 2001.

[185] [德] 海德格尔. 形而上学导论 [M]. 熊伟, 王庆节, 译. 北京：商务印书馆, 1996.

[186] [德] 海德格尔. 路标 [C]. 孙周兴, 译. 北京：商务印书馆, 2000.

[187] [德] 海德格尔. 存在与时间 [M]. 陈嘉映, 王庆节, 译. 北京：生活·读书·新知三联书店, 2006.

[188] [德] 海德格尔. 海德格尔选集（下卷）[C]. 孙周兴, 选编. 北京：生活·读书·新知三联书店, 1996.

[189] 孙周兴. 形式显示的现象学：海德格尔早期弗莱堡文选 [M]. 上海：同济大学出版社, 2004.

[190] [德] 维特根斯坦. 逻辑哲学论 [M]. 贺绍甲, 译. 北京：商务印书馆, 1996.

[191] [法] 列维纳斯. 总体与无限：论外在性 [M]. 朱刚, 译. 北京：北京大学出版社, 2016.

[192] 孟德斯鸠. 论法的精神 [M]. 严复, 译. 上海：上海三联书店, 2009.

[193] 孟德斯鸠. 论法的精神（上卷）[M]. 许明龙, 译. 北京：商务印书馆, 2012.

[194] [美] 弗朗西斯·福山. 政治秩序的起源：从前人类时代到法国大革命 [M]. 毛俊杰, 译. 桂林：广西师范大学出版社, 2014.

[195] [法] 谢和耐. 中国社会史 [M]. 耿昇, 译. 南京：江苏人民出版社, 1995.

[196] [德] 鲁道夫·奥托. 论"神圣" [M]. 成穷, 周邦宪, 译. 成都：四川人民出版社, 1995.

[197] [德] 康德. 康德著作全集（第5卷）·实践理性批判 [M]. 李秋零, 译. 北京：中国人民大学出版社, 2007.

[198] [德] 费尔巴哈. 宗教的本质 [M]. 王太庆, 译. 北京：商务印书馆, 2010.

[199] [法] 贡斯当. 古代人的自由与现代人的自由 [M]. 阎克文, 刘满贵, 译. 北京：商务印书馆, 1999.

[200] [英] 伯林. 论自由 [M]. 胡传胜, 译. 南京：译林出版社, 2011.

[201] 郑开. 德礼之间：前诸子时期的思想史 [M]. 北京：生活·读书·

新知三联书店，2009.

［202］庞朴．天人三式——郭店楚简所见天人关系试说［A］．郭店楚简国际学术研讨会论文集［C］．武汉：湖北人民出版社，2000.

［203］倪培民．孔子：人能弘道（修订本）［M］．北京：世界图书出版公司，2021.

期刊

［1］杨泽波．释仁［J］．孔子研究，1995（3）．

［2］方朝晖．政道重要还是治道重要？［J］．江汉论坛，2014（4）．

［3］白彤东．《幽暗意识与自由传统》之幽暗——对张灏的批评［J］．社会科学，2016（10）．

［4］谢遐龄．论中西文化差异之根与当代中国文化之趋向［J］．复旦学报（社科版），1988（3）．

［5］谢遐龄．释"分"［J］．复旦学报（社科版），1990（3）．

［6］谢遐龄．中国社会是伦理社会［J］．社会学研究，1996（6）．

［7］谢遐龄．''不患寡而患不均''正解［J］．世纪，2000（3）．

［8］钱宗武．《尚书》无"也"字说［J］．古汉语研究，1994（2）．

［9］陈赟．仁的思想与轴心时代中国的政教典范［J］．学海，2012（2）．

［10］周国正．孔子对君子与小人的界定——从《论语》"未有小人而仁者也"的解读说起［J］．北京大学学报，2011（2）．

［11］庞朴．说"仁"［J］．文史哲，2011（3）．

［12］程平源．对殷周之变的再探讨——以殷周"德"义变迁为线索［J］．江苏社会科学，2005（3）．

［13］马士远．《尚书》中的"德"及其"德治"命题摭谈［J］．道德与文明，2008（5）

［14］李德龙．从《尚书·盘庚》看殷代的"德"观念［J］．史学集刊，2013（3）．

［15］施阳九．先秦"德"概念的变与不变——以《尚书·周书》为诠释中心［J］．云南大学学报，2016（2）．

［16］斯维至．说德［J］．人文杂志，1982（6）．

［17］陈来．《论语》的德行伦理体系［J］．清华大学学报，2011（1）．

［18］方旭东．"远者来"：关于外来移民问题的儒家智慧［J］．文史哲，2021（1）．

［19］张昭军．"中国式专制"抑或"中国式民主"——近代学人梁启超、钱穆关于中国古代政治制度的探讨［J］．近代史研究，2016（3）．

［20］倪培民．修炼而成的自发性——以伯林为镜看儒家自由观［J］．哲学分析，2021（1）．

［21］丁四新．"民可使由之，不可使知之"问题检讨与新解［J］．东岳论丛，2020（5）．

［22］吴晓明．论马克思政治哲学的唯物史观基础［J］．马克思主义与现实，2020（1）．

［23］张汝伦．绝地天通与天人合一［J］．河北学刊，2019（6）．

［24］张汝伦．作为哲学问题的"哲学"［J］．哲学研究，2021（11）．

［25］成中英．本体诠释学体系的建立：本体诠释与诠释本体［J］．安徽师范大学学报，2002（3）．

［26］李志春．"兴"的构造：道德之现象学意向性的直接性［J］．国际比较文学，2019（02）．

［27］王德峰．人的本源存在与历史生存——对马克思思想的再探讨［D］．复旦大学哲学系，1998．

［28］苟东锋．孔子正名思想研究［D］．复旦大学哲学学院，2012．

致谢辞

余少年悠游，不谙世务。撒野田园，啸歌溪岭。情窦早开，知识晚成。童蒙即知怀春，束发不明去就。家有塾书，潜心偶得幽趣；乡无宿儒，用力屡陷迷津。既放牛于村野，复读书于草堂。打架无敌于乡党，恋女自许为花痴。九岁粗通翰墨，遣情诗以示爱；十岁略知文体，贵战书而逞强。同学不敢相抗，师长尚云可教。幸蒙师友奖掖于前，家人砥砺乎后，稍改愚顽之性，渐萌向学之心，得以升入重点中学。年与时驰，情随事迁。好学之诚日笃，责任之心转强，一扫曩昔之放浪，渐明未来之担当。惜乎鄙野之区，不务圣贤之道；未化之地，专营官吏之方。群情所趋，升官资以发财；民风之大，搓麻款以喝酒。身非芙蓉，出淤泥而尽染；心似苍松，立岩壁以绝攀。困惑似春藤延绿，孤独如秋草转黄。每登高望远，遥想山外之天；常回乡省亲，暗激心中之愤。踽踽独行，茕茕孑立。幸天命垂青，考入中山大学，专攻政治之术。族人大喜，咸谓发财可期，当官有望。讵知羁鸟出樊笼，天高任意飞。莘莘学子，荟萃一堂。藏龙卧虎，各展所长。知识大开，交接骤广。勤逃无谓之课，旷览有趣之书。嗤以往之浅薄，慕学问之堂奥。自知非吏才，难以供奔走。政治之俗学，乌足畅鄙怀。爰览名著以怡情，复究哲学而遣思。天地之大，何独生我？宇宙杳渺，奚以究诘？世道熙攘，缘何而转？冥思苦想，无门可入。数载以还，情志大改。醒既往之虚妄，明此刻之真我。痛去日之荒废，恨来岁之无多。大学方竟，复遭父丧；赍志以殁，亲人断肠；一目未瞑，牵挂何长。悲梁柱之倾颓兮，痛家庭之难继。哀孤寡之失魂兮，叹生命之流离。悔过往之放浪兮，忧将来之无寄。仰星辰之肃穆兮，悟生死之相即。树欲静而风不止，子欲养而亲不待。徘徊兮无主，苦闷兮难言。尔乃颠沛乎他乡，虽有家而难返；谋生于文字，每寅吃其卯粮。歧路彷徨，几经平仄；黯途辗转，虚度炎凉。自悟此生之坎坷，非哲学莫能惬怀，遂立志大学之道，虽九死而未返。戊子季春，考入复旦。重返校园，研读先秦哲学，渐窥学问之门。硕士竟学，回乡就业。慰母兄于桑梓，克家事于艰难。生子以续香火，育人而乐平生。奈何僻野山城，饭局纷沓而来，酒客接踵而至。知礼者寥寥，慕官者济济。夤缘以攀附，钻营而结党。踩蹦精神，恨无知音之友以辅志；蹉跎岁月，唯有圣贤之书可娱情。情趣难排，辄疣书以养志；时光易老，唯借酒而偷欢。读书弥久，矢志弥坚。戊戌之秋，重返复旦，研究古道大学，以孔子为方向。

呜呼！天地长存，人生苦短。弹指之间，虚掷逾半。蓦然回首，感慨良多。哀半生之碌碌，愧凤志之嘤嘤。凄命运之多舛，喜贵人之相携。方入复旦，幸遇良师。业师杨泽波先生，严正和蔼，博识通达；循循善诱，授学以方；因人施策，各臻其长；所教弟子，莫不各因性之所近而成材焉。硕博论文，皆蒙师之指教，获益何可胜言。师知我也深，爱我也挚，激我也切，过则退之，不及则进之，矫枉救弊，厥功伟焉。自小论文而大论文，皆蒙师之垂训指教。博士论文自选题而立意，自提纲而行文，师皆悉心指点，立其大体，明其细节，贯其文脉。微师之教，愚顽如我，洵乎难以成文。副导师白彤东先生，性情直爽，平易近人，学跨文理，思接中西，自入学而毕业，诸多程序皆蒙师之指点襄助，铭感不尽。就学期间，多蒙徐波师兄关心，诸事颇有劳烦。复旦中哲教研室诸师，敬业乐群，学有专攻，各极所长，关爱学生，能与受学，三生之幸也。奈疫情以来，离多聚少，不能尽聆所教，洵属可惜。近道书院诸友，乐学适道，有志乎继往开来，续圣学于斯世，弘古道于当今，同道中人，其乐莫可极也。博士论文撰稿期间，急需徂徕文集以参，幸蒙碧强兄游学东瀛，于名古屋大学觅得徂徕全集，拍照以微信相传，助我莫大焉。入学期间，母亲任劳任怨，家人各尽其责，庶免后顾之忧，俾我安心问学，此诚平生之大福也。凯里诸友，时相招呼，以酒怡情，娱乐身心，启我之灵感，助我之文思，其功岂小哉。平生诸挚友，身虽遥而心常迩，纵音问久疏，而时相关切，默默祝福，心领神会，溢于言表。诸此因缘，难以尽述，谨此一并致谢。

仁斋先生曰：《论语》者，最上至极宇宙第一书也。其言极大，其誉极高。昔者浅薄，初读《论语》，笑其迂阔。幼时所诵之句，未必得其深诣。时或偶一翻阅，袭取一二名句，终昧全幅道理。年岁渐增，阅历日富，辄又读之，始悟其言近而指远，辞微而义深。自父之离世，恍忆自致必也亲丧之句[①]，其痛发自肺腑；逮子之降生，彻知父母唯疾是忧之言[②]，其情本乎天地。乃觉夫子之语，纯出生命本真，直指人心深处，岂特思虑之效，尤重力行之功，殊非逻辑所能推究，非陋智所可穷极。于是陶然而喜，奋然而乐，读之诵之，品之嚼之，其

---

① 《论语·子张》篇载：曾子曰："吾闻诸夫子：人未有自致者也，必也亲丧乎！"
② 《论语·为政》篇载：孟武伯问孝。子曰："父母唯其疾之忧。"

味弥长，其义弥著，至于手之舞之，足之蹈之，欲罢而不能。至以孔子为论文主题，细绎全书结构，详究全文线索，揭其隐脉，窥其笔法，破其文辞，一旦豁然贯通，势如庖丁解牛，如土委地，快哉快哉。为学之乐，于斯而极。乃悟圣学之大，包蕴万有，百姓日用而不知，唯贤者识其大，不贤者识其小，而今世分科之学，夏虫不足以语冰也。是故《论语》之书，实非书也，所言无非行也，所行无非身也，此行具在此身，此身具在此我，而天下之大，何人无我？何我无身？我有此身，行以此言，久而久之，身与行俱化，我与言胥泯，神解于心，悠然自得。于是焉《论语》是书非书，书即在我，我即在书，是人与书相忘于道也。

夫凡事皆有至性至情，学问莫能例外。为学而不动真情，其学必可疑，非伪即朽。故人择其学，学择其人。苟非其人，其学不成；苟非其学，其人不真：是人与学相互成全也。人得其学，学得其人，则人化于学，学化于人，人与学如一，同臻神妙，此为学之化境欤？子曰："吾未见好德如好色者也。"彻哉斯言！世间最真之情，莫过好色。世间最难之事，莫过好学。子曰："知之者不如好之者，好之者不如乐之者。"知而好之，好而乐之，其难又甚焉。苟能以好色之真，而从好学之事，何患圣学不传，古道不继乎？却顾所来径，同学之人多矣，而最终矢志学问，终身好而乐之者，百无一人，能毋叹哉。盖非学至深处，乐至骨髓，不足与议。谋食且不暇，遑论谋道乎？利害之局，足催英雄迟暮，阮嗣宗之无奈也；世俗之扰，每令英才早凋，方仲永之可悲乎！趋时者缠于功利，媚俗而失性；骛远者荡于虚玄，骋高而忘真。是皆不足与语圣学之大也。夫事有其时，人有其命，不可力强而致。《记》曰："知类通达，强立而不反，谓之大成。"学至于知类通达，强立不反，此大成气象，世所罕有。余虽未能，而心向往之，庶竭驽钝，效命此生。

辛丑年二月廿八日

后　记

　　本书以博士论文修改而成。论文撰成，诸多未善，评阅专家与答辩专家所提意见，皆极恳至，今者改动，多所吸取。本欲尘封时日，以待覃思久索，或能豁然贯通，未可知也。迩蒙单位抬爱，商以资助付梓，以夯学科之基。顾文中所涉问题，关系重大，牵连深远，譬如孔子运思之本源维度，礼乐与资本之同构共生，礼乐文明之解放意义，窃谓非同等闲，特于文末提出问题而已，以俟深究。诸此问题，事关明道。孔子曰："吾道一以贯之。"若徒囿乎现代学术建制，秉持门户之见，推崇一己之专，划地自喜，故步自封，斯无望于明道矣。斯道也，根源于现实，亦展开于现实，事关中国道路之未来，牵涉中华民族之命运，非学力精湛知类通达者，断难明之。今之论中国道路者，学人辈出，成果甚富，而于中华文明往往泛泛而论，溺于现代话语窠臼，未及深究礼乐文明之所以然。庄子曰："道行之而成，物谓之而然。"礼乐也者，中华文明之内在规定，谓之"民族之天命"可也，谓之"永恒之乡愁"可也，谓之"华夏之幽灵"可也，未有礼乐不明而道路能明者。而今之论礼乐者，或泥于话语旧套而难以对接当代语境，或陷于知性解说而无法澄清事情本身，其蔽一也。故论道路与文明，首务在解蔽。解蔽之道，一则突破学术建制，二则解除话语窠臼，三则澄明古今之殊，三者不可或缺——此当代学者明道之重任也。自揆天资愚钝，而学不躐等，其任非短时可期，不如公之于众，或承同道批评指教，相观而善之，砥砺以共勉，进益之方，乐莫大焉。爰重拾旧文，阅览一过，稍作增删，重订目录，调整书名。因交稿日期所促，诸多疑难未之熟思，其错谬或不当者，在所不免，敬请识者不吝指正。

壬寅年三月十八日